清华大学法学院新利益法学研究中心　主办

利益法学

Jurisprudence of Interests

第2辑

梁上上◎主编

法律出版社
LAW PRESS·CHINA
北京

图书在版编目（CIP）数据

利益法学. 第2辑 / 梁上上主编. -- 北京 : 法律出版社, 2024. -- ISBN 978-7-5197-9266-4

Ⅰ. D912.5

中国国家版本馆 CIP 数据核字第 2024605GE0 号

利益法学（第2辑）
LIYI FAXUE（DI-2 JI）

梁上上　主编

策划编辑 似　玉
责任编辑 似　玉
装帧设计 汪奇峰

出版发行 法律出版社
编辑统筹 法律应用出版分社
责任校对 朱海波
责任印制 刘晓伟
经　　销 新华书店

开本 710 毫米×1000 毫米　1/16
印张 21　**字数** 333 千
版本 2024 年 6 月第 1 版
印次 2024 年 6 月第 1 次印刷
印刷 保定市中画美凯印刷有限公司

地址：北京市丰台区莲花池西里 7 号（100073）
网址：www.lawpress.com.cn
投稿邮箱：info@lawpress.com.cn
举报盗版邮箱：jbwq@lawpress.com.cn

销售电话：010-83938349
客服电话：010-83938350
咨询电话：010-63939796

书号：ISBN 978-7-5197-9266-4　**定价**：88.00 元

凡购买本社图书，如有印装错误，我社负责退换。电话：010-83938349

编辑委员会

序 从利益法学走向新法学

利益法学起源于德国,是在批评概念法学的过程中发展起来的。德国学者耶林、赫克、拉伦茨与阿列克西,美国学者庞德,日本学者加藤一郎等不同国家不同时期的学者都形成了各具特色的利益法学(或利益衡量论),浩浩荡荡,汇流入海,使利益法学成为世界上主要的法学流派,对世界法学与司法实务都产生了重大影响。

中国法学进入21世纪,一个被不断拷问的重大命题是:如何形成具有中国自己特色的法学流派?如何形成中国特色的法学知识体系?这是我们这一代学者需要回答的艰巨任务。利益法学传入中国后,对理论界与实务界都产生了广泛影响。本人从1995年接触利益法学(利益衡量)起,就对利益法学产生了浓厚兴趣,也形成了一些颇具特色的原创性研究成果,获得学术界与实务界的认可。本人对利益法学的研究既是兴趣,也是使命。为此,本人成立新利益法学研究中心,创办辑刊《利益法学》。《利益法学》的宗旨:一是推动具有中国特色的利益法学流派的形成与传播;二是促进中国法学的转型,建设中国新法学。

基于中国法学理论界与实务界的实际情况，《利益法学》努力践行如下内容：(1)提供年轻学者优秀论文的发表平台，支持青年学者的成长；(2)建立学术界与实务界的沟通平台，倡导以裁判研究为中心，以裁判研究推动立法研究；(3)建立中国与海外的交流平台，共同促进法治发展。为此，《利益法学》采用的论文并不限于狭义的利益法学，也不限于民商法学与法理学，而是包含所有的法学学科。欢迎大家赐稿。

梁上上
清华大学法学院
2023年9月12日

目 录

一、学术专论

二、域外经典案例

三、名案圆桌会

四、裁判前沿

五、硕士学位论文

一、学术专论

新利益法学

梁上上*

目　次

摘　要　概念法学顺应了19世纪的法律需求,但随着社会经济发展,概念法学已经无法满足社会实践需求,利益法学随之兴起。但是传统的利益法学也存在利益的衡量主体范围较少,衡量恣意等问题。新利益法学是一种关于利益衡量的层次结构理论。该理论把利益分为当事人的具体利益、群体利益、制度利益与社会公共利益,这些不同利益形成一个有机的层次结构。在利益衡量层次结构的理论中,最为关键的是对制度利益的解析、比对与衡量。这种层次结构理论要求法官在判案过程中以当事人的具体利益为起点,在社会公共利益的基础上,联系群体利益和制度利益,特别是对制度利益进行综合衡量后,得出妥

---

* 梁上上,清华大学法学院教授,博士生导师,清华大学法学院新利益法学研究中心主任。

本文是2023年9月13日给清华大学法学院新入学研究生的讲座,地点在法律图书馆模拟法庭。

当的结论，即对当事人的利益是否需要加以保护。这一分析过程实际扮演的是程序法的角色，可以最大限度减少利益衡量的恣意。

关键词 概念法学 利益法学 新利益法学 利益衡量 制度利益

各位新同学：

大家好。

我今天讲的题目是——新利益法学。一种基于利益的层次结构理论而提出的利益衡量理论，它不同于传统的利益法学理论，是一种新的理论，也是一种新的方法。

我报告的时间大概在两小时之内，但是内容是比较多的。我以前给清华在校的学生讲利益衡量大概需要6次课，每次3节课，相当于18节课的容量。但是，今天我们要在两个小时内把它讲完，难度上可能有点大，我尽量把它讲得清楚一点。

首先看一个简单的案例，诽谤韩愈案。我们都知道韩愈是著名的诗人，唐宋八大家之一。而有一个人叫郭寿华，笔名叫作干城，他1976年在《潮州文献》上发表了一篇文章，叫作《韩文公、苏东坡给予潮州后人的观感》。他说韩愈虽然文章写得很好，但人不怎么样，他经常混迹于烟花柳巷中，所以得了花柳病。得了花柳病，怎么办呢？以前的医学手段没有像现在这样丰富、高明，所以他就听信了一些方士的话，吃了一些所谓的丹药，很多丹药里面都含有硫黄这类东西，最后造成硫黄中毒，所以就这样死了。

这篇文章发表之后，有一个人就觉得很不公平。这个人叫作韩思道，他是韩愈的第39代孙。他觉得这篇文章玷污了他的先祖，所以他决定起诉郭寿华。起诉之后，经台北地方法院判决构成犯罪，判处罚金300元台币。

这个判决出来之后，引起了中国台湾地区的轰动：这不就是文字狱吗？但是根据中国台湾地区的“刑法”是没有问题的。中国台湾地区“刑事诉讼法”第234条第5款规定，直系亲属是可以向法院起诉的。而中国台湾地区“民法”第967第1款又规定了什么是“直系亲属”。所谓的直系亲属就是“称直系亲属者，谓己身所从出，或从己身所出从血亲”，所以法院按照法律条文作出这样的判决也是没有问题的。但这个判决出来后，确实让人觉得有点荒唐，尽管从法律的条款本身来看是没有问题的。这就带给人们一些思考：是不是根据法律机械适用就可以了？也引起了法学界很多反思。这是典型的概念法学，没有运用法律智慧，没有进行“利益衡量”才会闹出这样的笑话。从台湾地区角度来看，当时就出现了一个法学方法论研究的热潮，对很多问题的研究都起到了一些促进作用。

从这个案子里我们可以发现，如果机械适用法律的话，可能会产生一些不利的后果。这就是概念法学。我们讲利益衡量，讲利益法学时，要从概念法学而且是比较典型的概念法学说起。

一、概念法学

概念法学是怎么一回事呢？我们先看看法国。

（一）法国的概念法学

我们可以回到1804年制定的《法国民法典》，也就是所谓的《拿破仑民法典》。拿破仑这个人对民法典的投入和贡献是非常大的。在处理繁忙的军国大事过程中，他还亲自主持民法典的制定，主持会议的次数达到97次之多。而且他每次参加会议的时候，都要针对不同的法律问题提出疑问：为什么这样制定，理由是什么，有什么样的效果……拿破仑参与立法，对法典的制定产生了决定性作用。在当时的法国，大家都认为《法国民法典》是天才的创造，甚至被奉为“圣经”。

《拿破仑民法典》的语言很美，很有节奏，简洁、通俗易懂。所以，《红与黑》的作者司汤达曾经说：“我每次在写作之前，一定要好好读一读《法国民法典》，我要寻找语言的灵感”。甚至有这样的描述，法国人家家户户都是带着民法典睡觉——大家在失眠的时候也可以翻看一下法国民法典，这样可以帮助你睡眠。这是当时对《法国民法典》崇拜的一个盛况。

《法国民法典》中有一法律条文，大家看看怎么理解。《法国民法典》第4条规定，法官借口法律没有规定、不明确或者不完备而拒绝裁判的，以拒绝裁判罪追诉之。现在大家普遍认为，凡是法律都是需要解释的，凡是法律都是有漏洞的。我们现在填补漏洞，特别是很多学术著作当中，包括我也曾经援用过这样的说法：因为《法国民法典》规定，不能借口法律没有规定、不明确、不完备而拒绝审判，如果拒绝裁判的话，那是构成犯罪的。这说明，法律是存在漏洞的，需要我们对漏洞进行填补。

其实恰恰相反。这样的理解是不对的。《法国民法典》这条规定的意思是说，法律是没有漏洞的，它不需要你解释，不需要填补所谓的漏洞。如果你说法律没有规定，或者说是不明确、不完备，那肯定是这个法官有问题，这么好的一个法典怎么会有漏洞呢？因为他们当时觉得，人类通过理性，完全是可以认知这个世界的，他们可以把世界上的东西都完整地规定下来，所以上述规定强调的是《法国民法典》是很完备的。如果法官说有漏洞，肯定是这个法官出问题了。

真正认识到法律有漏洞，是在 1907 年的《瑞士民法典》，那是 100 年之后的事情。《瑞士民法典》第 1 条第 2 款明确规定，如果本法没有相应的规定，那么法官应该依照习惯法进行裁判；如果没有习惯法，那么法官依照自己如果是立法者应该提出的规则来进行裁判。这个法条的第 3 款还规定，法官在前述情形下提出来的规则，应该以公认的法理和判例作为依据。这个法律条文是非常了不起的条文，第一次真正从立法上认识到法律是有漏洞的。

法律出台之后，一般会出现很多注释的书，比如我们现在的民法典就有很多解释的书，其实就是对法律的文字做一些解释。这些现象，可以叫作注释法学。注释法学派认为，法律人的任务只有一个，这就是对立法者意思的探究，对法律条文作严格的解释。在当时的法国民法典时代，它更多呈现的是概念法学的色彩。概念法学奉行法典至上主义，奉行法典万能主义，在法典之外没有其他的法律渊源。所以，《法国民法典》的公布实施，对概念法学具有促进的作用。

（二）德国的概念法学

现在，我们把目光转向德国。德国概念法学的出现过程与法国有很大的不同。在德国，概念法学的出现其实和康德、萨维尼有很大的关系。因为从哲学史的角度来看，康德的哲学是非常厉害的，而康德哲学很强调体系。萨维尼是历史法学派的创始人，他很强调历史的方法。历史的方法、体系的方法，就要求把法律当成一个整体来理解。虽然萨维尼本身并不是概念法学的代表人物，但是他强调罗马法的重要性，认为罗马法的概念很精确，任何问题都可以依据概念而计算，强调概念的作用，埋下了概念法学的种子。

体系的方法与后面的概念是相结合的。普赫塔是德国的概念法学的创始人。其实概念法学本身是学者想象出来的一个东西,并没有说谁宣称自己是概念法学,谁也不愿意自己的学说被称为概念法学。但是后面的学者要找一个靶子,一个批判的对象,就想象出一些东西出来,所以说概念法学本身是想象的概念。

普赫塔被认为是概念法学的创始人,他也是历史法学的代表人物。什么是概念法学?概念与体系相结合,形成了概念法学。所谓概念金字塔,我们可以举一个例子来加以说明。比如讲物权的时候,物权可以分为自物权和他物权,自物权是所有权,他物权可能包括用益物权、担保物权等。担保物权下面可以分为抵押权、质权等,这下面又可以不断地细分。所以,它是这么一个概念的金字塔,非常强调体系。其中自下而上是一个从具体到抽象的过程。这个体系具有逻辑自足性,而这里面凡是出现什么问题,都能从概念里面找到解决问题的方案,所以依照这个体系,就会觉得法律规范是概念性推理的产物。

其实,我们法律本身是从现实和实践当中来的,对不对?概念法学反过来认为法律是从概念的不断推演当中来的,所以对此就有人说它是颠倒的逻辑。

概念法学到了温德沙伊德的时候,处于最后一个巅峰状态。他是最后一位强调体系论的人,是潘德克顿法学的集大成者。温德沙伊德首次把"请求权基础"的概念引入德国民法学。平时讲法律方法论的时候我们都说,要讲请求权基础。请求权基础是一个很基本的方法论,法律人都应该掌握。但是,如果法律不完善,出现漏洞的话,有时候就会找不到请求权基础。

另外,像日本这样的东亚国家,也是在民法典出台之后,出现了注释法学,也出现了概念法学的一些问题。

(三)概念法学的基本特征

在这里,我们简单概括一下概念法学的特点。概念法学主要有以下几个特点。

1. 关于法律渊源,概念法学独尊国家制定的成文法,特别是民法。像德国、日本这些国家,它的法律方法论的发展主要是在民法层面,然后向外拓展,或者更多涉及的是民法和刑法。像德国的一些法律方法,主要是在民法学等领域的运用。所以,这里就特别提到民法,在概念法学的视角下,它以成文法作为唯一的法律渊源,排斥习惯和判例。

2. 关于法律是否存在漏洞,概念法学强调法律体系具有自身的逻辑自足性，逻辑是自洽的，体系是自洽的。

3. 关于法律解释，概念法学比较注重形式逻辑的操作，也就是强调演绎推理，强调文义和体系解释，排斥利益衡量。

4. 法官的作用方面，概念法学否定法官的能动性，认为法官不过是一种适用法律的机械，一种机器而已。

这些是它的基本特点。概念法学是 19 世纪、20 世纪初的一种共同现象。从现在的角度来看，我们时下对法律的认识已经有了很大的进步。我们都认为凡是法律都需要解释，而且法律是有漏洞的，法官应该发挥主观能动性，无非就是主观能动性强一点还是弱一点的问题。

二、利益法学的兴起

利益法学是在对概念法学的批判中产生的。

（一）耶林对概念法学的批判

耶林是一个很伟大的德国法学家，他和温德沙伊德是同时代的学者。正是他提出了“概念法学”这个概念。

耶林特别有意思。开始的时候，他非常支持概念法学，后来他又很反对概念法学。这是被称为所谓的“大马士革经历”而造成的思想转向。在这之后他就用各种各样的方式来讽刺概念法学。他说概念法学就是一种技术的操作。比如说我们在讲法人概念的时候，一定要分出很多的学说，比如法人实在说、法人拟制说、法人否定说，等等。然后我们说这个是错的、那个是对的，等等。其实恐怕并非如此。这些是比较典型的概念。

耶林说，概念法学是概念的计算，是技术化的一种法学。有人认为，这像数学上的计算。那什么是技术？它就像是对一根头发的分割一样，把头发分成 999, 999 条，一步一步分割，体现了很好的技术手段。但是这样的分割有什么意义呢？为什么要去分割头发呢？我们国家有研究《红楼梦》的所谓“红学”，以前就有红学家研究贾宝玉，研究他的头发是什么样的，等等，但是，这有什么价值呢？总之，这种技术的法学不一定是合适的。

所以，后来耶林就提出，要以目的来理解法律。法律现象和自然界的现象是不一样的,比如讲物理的时候,它肯定更多是强调因果律,强调因果关系,有什么样的原因导致什么样的结果;但是讲法律的时候就不一样,我们强调目的,人的行为是有一定的目的所指引的,它遵从目的律而不是因果律。所以我们就讲,理解法律也好、分析法律也好,目的很重要。这就是目的法学,到这里是一个很大的转向。

法律的目的是什么呢?它的目的是背后的利益。这样自然就变成了利益法学。利益法学可以追溯到耶林的目的法学。当然也有理论说,再往上追溯,可以追溯到功利主义的代表人物边沁。耶林的很多概念,都是边沁那边过来的,像广义的利益等。

(二)黑克的利益法学

有人说,利益法学的真正创始人可能是德国蒂宾根大学的校长黑克。黑克确实很伟大,他在利益法学上有了许多新的发现。因为德国受纳粹主义的影响,这些学者是很吃亏的,连同黑克也是被打压的那一代人。

黑克的利益法学确实非常有意思。他讲道,每一个法律命令其实都是一种利益冲突,所以要以利益冲突的角度来看法律。他强调利益的细分,强调利益的冲突。他说,概念法学是将法官适用法律规范的行为视为一种认知活动。认知就是理解,不是一种创造,它是理解性的活动,所以在这个过程里面,概念法学强调概念的构建。

我们可以举两个例子对他的思想加以介绍。

1. 装玻璃案

《德国民法典》第 362 条第 1 款规定,向债权人为所负担的给付的,债务关系消灭。也就是说,债务人向债权人履行债务,这个债务关系就消灭了。现在发生这么一个事情,问大家应该怎么来解决。

这个案例是装玻璃案。在一个很寒冷的冬天,装玻璃的工人为这一家装了玻璃,玻璃装好了,寒风吹不进来了。但是出现一个问题,这户的户主是一个精神病患者。那你给他玻璃安装好了,履行算是完成了吗?是受领了吗?好像没有完成。因为行为的受领人应当是精神正常的人,精神不正常的时候,不能作为受领人。从法律的角度来看,是不是这样?但是你说他没有受领完成吗?难道我要把玻璃拆掉?那样又不对。这应该怎么去解释呢?因为这是一个安装玻璃的交易,交易必然是合同,所以到合同里面找概念,就会存在这个问题。这究竟是一种合同行为，还是一种事实行为？又存在很大的争议，所以这个就没办法解决了。

但是黑克认为，把这个问题想那么复杂干什么？你把玻璃装好了，你也没多收户主的钱，从利益的角度讲，户主不用挨冻了，得到了好处，那工作就结束了，但从法律的角度看是存在问题的。所以，在概念法学里，这会存在问题，要去找一些概念，通过这些概念来进行解释。这样的话，很可能会出现裁剪事实的现象，但生活当中很多事实是裁剪不掉的。这是黑克举的一个例子。

2. 侄女遗嘱案

我们再看一个很有名的例子，侄女继承案。有一个退休老先生，他有4个侄女，他对3个侄女立了遗嘱，他说在我死之后，我给你们留有多少的遗产。这3个人都拿到了遗嘱，那就获得了相应利益，但是他因为无心之过，不小心把其中的一个侄女A给遗忘了，没有给她立遗嘱让她获得应得的份额。老人又不想改这个遗嘱，所以他就和银行说好，他在银行里存了一笔钱，这笔钱跟其他3个侄女在遗嘱中可以获得的数额是一模一样的。他把这些钱存到银行的时候，跟银行约定说在我有生之年可以随意提取，如果我死了，这笔钱就留给我侄女A。然后这个老先生去世之后就发生纠纷了。为什么发生纠纷呢？因为其中有债权人出来说，老先生的全部财产不够清偿对他的债务，所以他就要求把留给侄女A的这份银行的钱提出来还债，这样就发生了纠纷。

你们觉得银行里面的这笔钱是优先偿还对债权人的债务呢，还是这笔钱应给侄女A呢？

当时，德国的帝国法院说这笔钱应该给侄女，为什么呢？看一下《德国民法典》第328条的规定，当事人可以约定向第三人履行给付，并且这个约定具有使第三人直接取得请求给付的权利的效力。根据这一条，侄女是不是可以要求银行把钱给她？所以，德国帝国法院就判决这个钱是应该留给侄女的。

但是，黑克认为这个是不妥当的。为什么不妥当呢？他认为这个纯粹就是按照文字表面的意思进行分析，是一种典型的概念法学方法。根据黑克的说法，有三种不同的方法可以解决这个问题。

大家可以回想一下，在一般的继承当中，继承人的权利优先还是债权人的权利优先？肯定是债权人优先。从这里可以看出来，老先生说在他有生之年，他自己可以取用，在他去世之后，这笔钱就留给侄女了。这个和遗嘱是不是很相近？其实这和遗嘱是一模一样的。而遗嘱的价值取向是什么？已经很明确了，债权人的利益应当优先于继承权。同样，债权人利益当然也应该优先于侄女A的利益。在这里，黑克主张可以从立法的利益衡量、价值判断当中，把它移用到本案。在这里可以看出，黑克的利益法学有一个很大的特点，就是强调立法的移用。

第二种思路，我们可以看《德国民法典》第2301条对死因赠与的规定。这个例子中，向银行存钱以及和银行约定的事情，和死因赠与是差不多的。从这个角度来看，也可以借助立法移用的方法来解决。

再来看第三种思路。这种思路与前面的思路有很大的不同。也就是说，通过利他合同的历史发展可以明白，如果可以这么来设置使得侄女A获得优先受偿，那大家都这么做，债权人的利益就完全没办法得到保障了。从社会效果来看这是不好的现象，黑克强调这样的社会效果。

这是德国黑克利益法学的大致情况。

（三）日本的利益衡量

我们再看看日本的情况。其实，我最早开始学习利益法学，就是从日本开始学的。我当时在中国社会科学院研究生院读书的时候，梁慧星教授给我们讲民法解释学，利益衡量是其中的一种重要方法。他讲利益衡量时，主要介绍了加藤一郎的利益衡量。加藤一郎是日本很有名的民法学家，担任过东京大学的校长，是很厉害的一个人。加藤一郎在1966年的时候，写了一篇关于利益衡量的文章，叫作《法解释学的论理与利益衡量》。这篇文章在批判概念法学各种弊端的基础上，提出了利益衡量的方法。它主要是从民法角度加以讨论分析的。还有一个人叫星野英一，也是日本东京大学的教授，他曾经担任日本民法学研究会的会长。在1967年，他写了一篇文章，叫作《民法解释论序说》，讨论了"利益考量"。所以，日本民法学界公认这两个人是利益衡量的首倡者，也就是创始人。从我们的角度来看，这两种学说有很多共同点，似乎区别不大，但是从日本学者的角度来讲，二者之间是有很大区别的。

从一般意义上讲，他们都是在对概念法学进行批判的基础上，做出的利益衡量。加藤一郎的利益衡量，我们可以看一下，他说在裁判当中应当有意识地引入利益衡量，基于实质的判断进行解释。那么在民事裁判当中应该怎么来判决呢？他说要看看原告的利益，要把它弄清楚、罗列出来；再看看被告的利益，也要把它弄清楚、罗列出来，然后综合看看，是应该保护甲的利益呢，还是应当注重乙的利益。进行仔细的利益衡量之后，做一个综合判断，可能会认定甲获胜。也就是说，甲有多少利益、乙有多少利益，要做一个综合的比较，得出结论，究竟是甲获胜还是乙获胜。

日本的利益衡量理论当时在 90 年代传到中国的时候就是这样，我是从加藤一郎论文的学习开始的。德国的利益法学，从传入史的角度来看相对比较晚一点。相比起来看，加藤一郎、星野英一的利益衡量就显得比较简单一些。

三、传统利益法学的问题

（一）利益法学的静态性问题

从德国学者黑克的利益法学来看，其学说有时代的局限性。因为他强调立法的移用，但是有时候我们讲立法移用是很有局限的。比如接下来这个金马克和纸马克的例子。

因为以前的马克都是用金子做的，后来用金子不太方便，就改用纸马克，像现在的人民币一样，用纸来做。当时是怎么来计算呢？是按照 1∶1 的比例来算，一个金马克等于一个纸马克。这样在“一战”之前，德国就按照 1∶1 的比例发行了很多的纸马克。但是“一战”战败之后，德国要赔偿。当时纸马克大大贬值，不再是原来的 1∶1 了。那这要怎么赔呢？当时就有争议，是按照金马克来赔还是按照纸马克来赔。

黑克就说，当时纸马克已经代替了金马克，要用纸马克来赔。但是国际上很多国家都觉得不公平，用纸马克来赔偿就等于没有赔偿了。后来，法院判决还是按照金马克来赔。从这里可以看出来，黑克是以当时的立法的观念来思考，就存在一些问题，难以顺应时代的发展。

（二）利益衡量的恣意问题

日本学者加藤一郎所举的一个例子也是不妥当的。这个例子比较有意思，尽管日本也实行一夫一妻制，但是却有姘居妻的现象。有一个老先生，他和一个姘居妻的关系很好。有一次在交通事故当中，这个老先生被撞死了，之后就发生了纠纷。一是遗产谁来继承的问题；二是交通事故的赔偿。赔偿当然是由司机来进行赔偿，但是司机应赔给谁？对此就出现了纠纷。

我们这里只说赔偿的问题，把问题简单化一点。赔偿上出现的问题在于，姘居妻提出了赔偿请求，而这个老先生还有一个正妻，即原配，老先生没有离婚，还有孩子。这时候产生的问题就是，赔偿中的精神抚慰金，应该怎么赔。姘居妻能不能获得赔偿？加藤一郎说，她是可以获得赔偿的。他说这个姘居妻和老先生生活了十几年，对老先生是有深厚感情的。老先生去世之后，姘居妻每天以泪洗面，非常伤心，应该获得赔偿。

但是，我认为这里就存在一个利益衡量的恣意性问题。如果要赔给姘居妻的话，她是以什么身份获得赔偿呢？我们在刑法当中说，重婚有重婚罪，在民法角度上，重婚当然也是不可以的。日本的民法和中国的民法，或者日本的刑法和中国的刑法，在这一点上是相同的。日本实行的是一夫一妻制，正式的夫妻都需要登记，所以日本民法的第739条和第732条，都规定已有配偶者是不能重婚的。那么如果认为姘居妻可以索赔，就出现了对一夫一妻制的破坏，出现了利益衡量的恣意问题。

那么利益衡量的恣意性应该怎样解决呢？这是在现在社会，利益衡量发展需要解决的问题。为什么会出现恣意呢？从本质上来看，主要是因为利益衡量是基于解释者个人的价值判断。当法官扮演解释者角色的时候，法官的价值判断就变得很重要。如果对法官的解释没有限制，任由其作出自由的解释，那是很麻烦的。有人曾经说过，自由判断是很容易受情绪影响的。比如今天上课老师来得很匆忙，迟到了，可能在调整情绪之前，一开始讲课时候的状态就没有很到位。同样情况，法官也很容易受情绪的影响。今天早上出门的时候，法官和他妻子吵了一架，他今天在审判的时候，可能量刑就会重，因为他不高兴，他很生气，所以就把被告当成出气筒。所以，如果没有限制，利益衡量也会出现这样的问题，很容易出现解释者个人的恣意。

另外，利益衡量作用的领域主要在于弥补法律漏洞的情形。一般来说，依照利益衡量来弥补不确定概念和一般条款，依照利益衡量来排除反对解释，依照利益衡量来弥补法律漏洞，这些是最为常见的利益衡量的适用场景。如果法律规定得很严密，这个时候法官简单适用法律就行了。可是在出现疑难判决的时候，判决越是疑难，越存在利益衡量的需要，也越是缺乏基准，所以这部分是容易出现问题的。我们讲民法强调平等主体，主体地位上存在平等互换性。站在审判者的角度来看,很多时候就不确定究竟应该保护原告还是被告。

四、新利益法学:利益的层次结构理论

(一)利益法学的新阶段

利益法学转入了一个新的阶段,但是这个阶段也并不是同时出现的。比如美国著名的法理学家庞德,他讲的是利益纲目,其实这就是利益精细化的产物,这是美国的情况。

把目光转向德国。德国法学家阿列克西,1985年出版了一本书,叫作《基本权利理论》,讲的是利益的权重。比如新闻自由、言论自由与隐私权之间的冲突怎样解决?怎么进行衡量?他就在这里面加一个权重,加一个系数。例如隐私的权重为0.8,新闻自由的权重为0.4,但问题是这个权重是怎么来的?为什么是0.4而不是0.5?这些都带来了很多问题,不太容易解决。

(二)利益的层次结构理论

我这里则是从利益本身的角度来看,提出了一个利益的层次结构的理论。主要的目的是要实现利益衡量的客观性,尽量避免主观的恣意性。完全避免是很难的,但是研究的是怎样尽量地使利益衡量实现客观性。

1. 利益的层次结构

怎样来理解利益衡量的层次结构呢?我们首先要从权利的角度去看。权利的基础有很多不同的学说,有人对此有过仔细的研究,归纳出了8种不同的学说。从我这里来看,我采取的是耶林的学说。什么是权利?利益加上法律之力。法律之力就是强制力,权利的核心是利益。因为它构成了权利,所以赋予它法律强制力。我们讲权利的基础是利益,什么是利益?利益也是一个很复杂的概念,存在主观说、客观说、折中说、关系说等各种不同的学说。怎么认识利益?可以基于很多不同的方法,其中有一种方法,便是所谓的类型化的方法,也就是分类。不同的学者根据自己的需要,从不同的标准,可以有不同的分类。比如,利益可以分为物质利益、精神利益,也可以把利益分为长远利益、短期利益,这是根据不同维度、不同角度去进行的划分。

我根据利益衡量的需要,把利益分为当事人利益、群体利益、制度利益和社

会公共利益。

从这个角度可以看出，这里面是可以形成一个结构的，彼此是有层次的。比如，法官拿到一个案子的时候，首先面对的是当事人，当事人有他的利益。但是，法官在审案的时候，仅仅看当事人的利益是不够的，我们还要看看它处于一种什么样的法律制度当中。其实，我们从刚才提到的姘居妻案件当中可以看出来，法官或者加藤一郎都只分析了当事人利益——甲的利益还是乙的利益，甲有多少利益、乙有多少利益，然后再比较一下，看看谁的利益值得保护。但是，这是很不够的。

我们还需要看制度利益，还有所作出的判决对社会的影响。特别是疑难案件，往往是以前没有出现过的。而以前没有出现过的话，法官就需要非常慎重，因为它可能会对以后的案子有很大的影响。所以，我们需要考虑这个案子的判决对将来的影响。不能只是往后看，有时候也需要往前看，特别是面对疑难案件的时候。所以，我们讲法官怎么看这个问题的时候，有时候我们就特别希望他们能往前看，给以后的同类案件提供指引。当然这个对法官的要求很高。

利益的层次结构中有一个从具体到抽象的过程。因为抽象的事物往往具有包容性，所以它也是一个包容和被包容的关系。这里要特别强调制度利益，尽管可能每个利益都很重要，但是最核心的是制度利益，它是指一项法律制度所固有的根本性的利益。比如像婚姻制度当中的一夫一妻制，以及禁止重婚，就是婚姻法当中不容挑战的一个制度利益，但是你看加藤一郎对它提出了挑战，可能就是有问题的。像著作权当中，独创性可能是非常关键的制度利益；像交通法规中，交通安全利益是制度利益，是不容挑战的。

2. 利益的广义性

对于当事人利益、群体利益、制度利益、社会公共利益，我再解释一下。首先，看一下利益这个词，它具有广义性，它的范围很广，或者说外延很广，什么都可以包括。我也是遵循边沁、耶林的观点，认为它范围很广。其次，制度利益和当事人利益是不一样的。制度利益是比较抽象的，当事人利益就是比较具体的，这点也不太一样。

还需要注意的是，利益衡量的话，常见的是利益与利益之间的衡量，但它会发生变形。有的案子里面，可能是利益与损失之间的衡量，我们待会儿可以举个例子。有的甚至可能会变形为责任与责任之间的衡量。但是,这些到最后其实都会转化为金钱上的关系,还是属于利益衡量。

在这里,我们举一个利益与损失之间进行衡量的例子。中国台湾地区有个案子,叫作国王大酒店案。国王大酒店有11层楼,这个楼在造好了之后被发现越界了,它把上诉人的土地给侵占了,但是只占了2平方米的土地。上诉人说你占了我的土地,你应该拆除。那应不应该拆除呢？当事人就觉得很为难,最后法院判决不应该拆除。为什么？因为被占的土地只有2平方米,但是11层楼的大饭店是有大柱子支撑它的,而大柱子刚好在2平方米的土地上。你们可以看明理楼的门口就有那种大柱子,如果把大柱子截掉,这个房子就会倒塌。所以拆这个房子的成本太高了,当时,法院就引用中国台湾地区“民法”第148条。这个法条说权利行使不得违反公共利益,或者以损害他人为主要目的也是不可以的。法官说如果把房子拆掉,上诉人获得的利益与被上诉人的损失是不相匹配的,因为上诉人土地被占用的面积也很小,等等。这里具体就不展开了。

还有一个变形,则是可能会出现责任与责任之间的利益衡量。比如,新疆亚坤案,这是最高人民法院公报上的案例。亚坤公司和康瑞公司之间,订立了一个买卖棉花的合同。亚坤公司在结算之后才提出来说,康瑞公司提供的棉花存在两个问题:一是质量问题,质量等级未达到要求;二是重量问题,重量少了。问题在于,亚坤公司是在6个月之后才提出来的。棉花这种货物具有特殊性,它时间放长了,等级会发生一些变化。原本的等级是优等的,可能会变成次优等,另外时间长的话,棉花重量是会减轻的。所以,法院说你本来应该早点提出来的,谁让你这么迟才提出来的,你在责任上有问题。这样,法院就在平衡双方责任的基础上作出了判决。这里涉及全有全无规则的软化。在民法上,特别是学习德国法的时候,会发现我们一般讲的都是全有全无的规则,要么获全胜,要么就遭全负。但是从现在来讲,存在一些变化。像《瑞士民法典》就没有采取全有全无的规则,而是采取或有或无的一些规则,全有全无规则就软化了。受传统文化的影响,中国倾向采用调解、和解来解决纠纷,会采取一些中庸之道。现在来讲呢,这就是全有全无的观念的淡化,也不是没有道理。

3.制度利益

还有一个点,就是结构的问题。我们为什么在利益衡量中需要强调利益层次结构,为什么存在这么一个层次结构？可以举一个例子,我们学物理的时候,会有一个题目说,“小小竹排江中游,巍巍青山两岸走”。我想问一下,对于在这个竹排上的小孩,请你告诉我他是运动的还是静止的?同学们肯定会觉得我这个问题提得不对,因为需要给一个参照物,只有具备了参照物才能确定是运动的还是静止的。所以,这也是我们认为为什么仅仅只是在当事人之间进行利益衡量是不对的。准确来说,它缺少一个参照物。

这个参照物就是法律制度。我们一定要把一个案件放到一个具体的法律制度当中去进行分析。像我们讲数学的时候,要确定一条直线的位置,它存在坐标系的问题。如果没有坐标,就很难去确定它的位置。所以,法律制度就是一种坐标,是参照物。

我们讲制度对权利义务具有规定性,这个很重要。在当事人利益与制度利益的关系中,如果只分析当事人利益,很容易出现偏差,因为没有参照物。权利、义务、责任都是存在于具体的法律制度当中的,反过来,这个法律制度就对它具有规定性。什么叫规定性?就是这个法律制度本身的性质会直接影响当事人的权利义务的性质、内容,会有约束性、有约束力。当然,制度利益需要识别,这是另外一个复杂的问题,我们这里不涉及了。

还有一个关系是制度利益与社会公共利益之间的关系。通常来讲,制度利益、社会公共利益是相互一致的,但是会出现一种非常特别的情况,也就是制度利益与社会公共利益不一致的现象,甚至出现矛盾,但是大家一定要注意,常态是制度利益与社会公共利益相一致的。如果一个国家经常出现制度利益与社会公共利益不一致的情形,那说明这个国家的立法水平实在是太差、太糟糕了。在制度利益和社会公共利益不一致的情况下,就要对制度利益与社会公共利益进行衡量。

这里所说的衡量是一个匹配度的问题。我用的是“匹配”“符合”的概念。当事人之间的衡量是比较轻重,你有多少,我有多少,然后去衡量,像天平一样做一个衡量;但是,当事人利益与制度利益之间的衡量,是看当事人甲的利益是不是与制度相匹配,乙的利益是不是与制度相匹配,匹配度如何。另外,制度利益之间的衡量也是一样,看看这个制度是不是符合社会公共利益,是不是对社会公共利益具有正向的作用或者功能。

另外还需要注意的是,制度利益可能会随着社会的变迁发生变化,这是很关键的。因为社会本身是流动的,像河流一样是向前流动的,所有社会当中的制度都会发生向前的变动。所以我们不能用马车时代的制度来讨论航空器时代的法律制度。为什么说是“马车时代”？这也是有依据的。《法国民法典》第 1 条就说，在王国各部分，法律从其颁布后可以为公众所知悉时起具有执行力。那么什么时候知悉呢？这一法条的第 3 款接着规定，国王颁布的法律，对王室（就是政府所在地）所在省，于颁布的次日，视为公众已经知悉；其他各个省，于上述期限后，视颁布法律的城市与各省首府之间的距离，每 100 公里就增加 1 日。比如说某一项法律，如果在巴黎是 1 月 1 日颁布的话，对于巴黎人民就是 1 月 2 日实施，但在其他地方并不是 1 月 2 日实施，而是要看这个地方与巴黎的距离远近来定。我们来看一下中国的法律，一般都是 7 月 1 日起实施、10 月 1 日起实施等，全国上下的实施时间都是一致的；但在当时法国的法律不是，它是什么时候生效呢？它是按照马车的速度来计算的，马车 1 天走 100 公里，所以如果这个地方距离巴黎有 100 公里，那这个法律就是 1 月 2 日实施的，如果这个地方距离巴黎有 200 公里，那它就是 1 月 3 日实施的，所以，这还是比较科学的。因为法律要公告之后才能实施，让人家明白了，大家才能遵守。那是属于马车时代的规则。但是现在是航空器时代了，杭州到北京两个小时就到了，如果按照以前走路的话，可能 3 个月才能到。航空器时代的法律，当然就不同于马车时代的法律了。所以，我们的法律在全国都是同一天实施了，不再需要有实施时间的差别了。

另外，制度利益也在发生变化。比如原来的婚姻制度遵循的是“父母之命，媒妁之言”，这其实在当时的社会是合理的。为什么合理呢？当时的这些大家小姐们都是大门不出、二门不迈，她怎么知道谁更好、更合适呢？我们现在说自由恋爱，大家都坐在清华里面，男生和女生都是贴着坐，你看这个男生长得什么样，那个女生才华怎么样，都是可以看到的，都是清楚的。但是，以前看不到对方。看不到对方的话，怎么办呢？那就需要媒婆，媒婆有信息。她了解东村有一个少年，西村有一个少女，她了解他们的情况，可以向孩子的父母传递信息。而且，父母也需要媒婆啊，也需要媒婆提供的信息。另外，还需要父母来做判断。父母能害自己的子女吗？一般都不会的。他们一般都会为自己的子女利益考虑，女儿嫁还是不嫁，儿子娶还是不娶。所以，“父母之命，媒妁之言”是这样的一项“制度”。这种制度是符合当时的生活实际情况的，是有它的合理性的；但是，现在就不能这样了。现在都是自由恋爱了，自由恋爱当然比以前的

“父母之命，媒妁之言”要更好，大家更喜欢现在的制度。从这里面可以看出来，法律制度本身是向前迈进的，是越来越进步、越来越好的。

4. 利益层次结构中的价值秩序

在利益层次结构中，利益的价值秩序是隐含在里面的。我们可以举一个例子，比如中国台湾地区有个“背债儿案”。有一个孩子的父亲去世了，留下了数千万元新台币的债务。根据中国台湾地区的相关规定，它采取的是概括继承制度，继承人要把所有的债权债务全部继承下来。但是，对此也有一个预防性的措施，是什么呢？就是这个母亲或者继承人，可以在3个月之内向法院申报，申报一个限定性的继承，那就不适用概括继承的规定了。另外，也可以由继承人在继承发生后的2个月之内，来办理抛弃继承，这样的话也不适用概括继承了；但是很不幸，这个母亲的文化程度不是很高，她不懂法律。所以，她没有在3个月之内向法院申报限定继承。这个小孩还不满10岁，当然也不懂“继承法”，他在继承发生后的2个月之内也没有向法院主张抛弃继承。这样一来，这个还不到10岁的小孩，就已经背负了几千万元的债务了。这个报道出来之后，整个社会一片哗然。不满10岁的小孩背负几千万元的债务，那很糟糕。所以他就起诉到法院，这个法官给他做了一个限定。这里面涉及的“继承法”放在那里，清清楚楚的，是没办法修改的，但法官很聪明，在这里做了一个解释。他非常同情小孩，这个案件的社会舆论影响也很大，所以法官就想到把这条规定的抛弃继承设定在18岁以后的2个月内。为什么是18岁？18岁以后继承人就是完全民事行为能力人了，在18岁生日之后的2个月之内，可以向法院去主张抛弃继承。其实，这个解释是不符合法律条文的文义的，但是为了保护这个小孩，因为对他确实太不公平了，法院作出了不同于文义的解释。应当说，这个解释是很高明的，在这背后隐含了一套价值秩序，法院的解释符合这套价值秩序。这个案子也促成了中国台湾地区“继承法”的修改，现在中国台湾地区“民法”第1153条已经修改成这样了，它规定继承人对于被继承的债务，以继承所得遗产为限，负连带责任，这个就和大陆地区的规定是一样的了。可以说，这个判决也是一个我们前面所说的“向前看”的典型案例。

5. 利益衡量的适用范围问题

利益衡量本身在宪法、刑法、行政法等各种不同的领域都是可以加以运用的，这一点大家要搞清楚。我们对利益衡量的讨论在民法、商法当中讲得多，但是并不意味着利益衡量在其他法律当中不能适用。比如在刑法方面，我有一篇文章，《利益的层次结构与利益衡量的展开——兼评加藤一郎的利益衡量论》，这篇文章发表在 2002 年第 1 期的《法学研究》上。从这篇文章的引用来看，涉及刑法的、民法的各个学科。有很多的刑法学者，比如劳东燕老师在 2016 年的《中外法学》上，专门有一篇文章介绍利益衡量方法，她想把利益衡量引入刑法当中加以运用，还有像我们学院的沈朝晖老师的文章也有运用。总之，从领域来看，利益衡量在各个部门法中都可以运用，但是我们更多的还是在民商法里谈及。

五、新利益法学的展开：以制度利益为中心

（一）制度利益的识别

在具体的实践当中，我们怎么进行讨论，怎么进行分析，怎么进行展开。在这里，我们一定要注意制度利益的刻画与识别。因为我们认为制度利益是核心，这个东西怎么刻画、识别，就成为一个很重要的问题。我们来看两个案例。

1. 王海索尼耳机案

我们先来看第一个案例，就是当年著名的王海索尼耳机案。这个案例是在 1995 年的时候发生的，王海是山东人，1995 年的时候到北京来，到隆福大厦去买耳机。王海这个人非常聪明，他在买之前对这个耳机就有了深入的研究。他从店员那边拿过耳机的时候，他其实已经知道这个耳机可能是假的了。所以，他付了钱，拿到耳机之后，就马上到索尼在北京的一家检测站进行检测。经过检测，发现它确实是假的。王海马上返回去跟店员说，你还有多少耳机？店员说不多了，只有 10 副。他说那我全要了。他把这 10 副耳机全买下来了。店员很开心，以为把货品全卖出去了。

王海把钱付了，店员把票开好了。这个时候，没想到王海说，对不起，你这个耳机是假的，你看我已经有检测证明了，按照 1993 年《消费者权益保护法》第 49 条，也就是 2013 年的第 55 条，你要双倍赔偿。那个店员一下傻眼了，双方就僵持在那儿。王海说让经理来。经理来了说，你这个耳机，前面第一副赔你双倍是没问题的，但是后面的 10 副我不能赔你。他说你都知道是假的了，还来买

同样的东西。这是知假买假,知假买假不能获得双倍赔偿。

这个案例也在法学界引起了很大的争论。大家都知道这种时候就会有否定说、肯定说、折中说。肯定说认为,可以获得双倍赔偿;否定说认为不能获得双倍赔偿;折中说就认为,按照法律的角度不能获得双倍赔偿,但是当时中国假货盛行,根据实际情况,获得双倍赔偿也行,可以阻止一下假货的盛行。

当时还有一位立法专家,《消费者权益保护法》就是他组织制定的,他要支持王海。他特意到北京的书画市场买了一幅画,卖家说是徐悲鸿的真迹。卖家还保证是真的,保证书也已写好;但是大家想想,2000 元能买徐悲鸿的真迹,那不是笑话吗?他当时就到北京的一个法院起诉,法院判决让他获得了两倍赔偿。

从此之后,王海开始在全国到处打假。一会儿在这里买 1000 个拉杆箱,一会儿在那里买 10,000 根皮带,他都去进行索赔,是双倍赔偿的索赔,引起了很大的轰动。当时在南京秦淮区,成立了全国最早的一个消费者法庭,成立时召开了新闻发布会。在新闻发布会上,有人问庭长,他说你认为王海是消费者吗?庭长说王海不是消费者,而且说的话也比较难听。最后王海作为消费者,把消费者法庭的庭长给起诉了。

现在我们可以思考一下,1000 个拉杆箱、10,000 根皮带,你说能获得双倍赔偿吗?如果我们站在制度利益识别的角度,消费者是什么?消费者是以生活消费为目的的,王海是以此为目的吗?你说用于家庭生活的话,1000 个拉杆箱要什么时候才用完呢?10,000 根皮带什么时候才用完呢?所以,这个消费者存在一个真假的问题,是真的消费者,还是假的消费者?只有真的消费者才能获得《消费者权益保护法》的保护,假的消费者当然不能获得《消费者权益保护法》的保护。

一般经营者的利润大概是 10%。有一年,中国农业银行的利润是 18%,大家都认为高得不得了。但是,看看王海,他的"利润"达到了 200%,那这究竟是经营者还是消费者?显然,他已经不是消费者了,他是假的消费者,假的消费者当然不能获得《消费者权益保护法》的保护。

当时有人指出,如果不适用《消费者权益保护法》对消费者利益进行保护的话,那王海的利益就会受到很大的损失,但其实不是这样,无非就是不能获得两倍的赔偿,不妨碍他获得合同法的保护,或者说获得民法的保护,但是它走的路径是不一样的，这是制度的识别问题。

王海购买的这些假货怎么处理呢？其实，这是有办法处理的，即按照普通的买卖合同来处理。一般的买卖合同也可以解决商品瑕疵的问题，所以按照普通的买卖合同该承担违约责任就承担违约责任，对此不用担心。在《消费者权益保护法》这个制度里面没有办法处理的话，在民法这些其他法律上还是可以打开窗口的。

2. 新贵兴公司案

我们再来看一下第二个案例，贵州新贵兴汽车销售服务有限责任公司与杨代宝等买卖合同纠纷上诉案。这个案子是很有名的案子，很多人都看到过，有人把它叫作宾利案，也有人叫新贵兴案。很多同学，特别是学民法的同学可能在本科、研究生期间，听案例分析课的时候都会讨论这个案子。我们这里和以往采用的分析方法有一些不一样的地方。

首先我介绍一下案子的基本情况。这个案涉车辆是一辆宾利汽车，这个宾利汽车是英国生产的。事情发生在贵州贵阳，案中的公司叫新贵兴公司。杨代宝与新贵兴公司签订了一个销售宾利汽车的合同。在 2014 年的时候签订了合同，到了 2014 年 7 月 30 日的时候，车子就不远万里地从英国被运到了新贵兴公司。这真的是不远万里，像汽车要是运过来的话，我们想象一下，先要从英国工厂出发，到码头坐轮船到上海，从上海洋山港卸下来，然后装车再运送到贵州新贵兴公司。汽车在交货之前，一般都会有一个 PDI（pre-delivery inspection）程序。什么叫 PDI 程序呢？它指的是交付前的一个检查。在本案中，就是新贵兴公司把汽车交付给买主的时候，要做一个检查。

新贵兴公司在检查的时候，发现车子有一个小的地方的油漆有轻微的损伤，当然也只是一点点，位置是在车子的左前门。所以，他们给车补了漆，补了之后，完全看不出来。另外，在交付的时候，杨代宝说这个车子的右窗窗帘在起降的时候有一点点异响。这个问题提出来之后，新贵兴公司给他更换了窗帘总成，花了不到 4 万元，当然这个钱不是由杨代宝支付的。相比之下，宾利汽车的售价是要 500 多万元的。其中，新贵兴公司当时没有告诉他油漆的事，但是窗帘异响在当时交车的时候，杨代宝是知道的，当场就换了。

这些流程都有记录。新贵兴公司是宾利公司的经销商，这些流程就在宾利公司的网站上做了登记。3 年之后，杨代宝就到宾利的网站上去浏览，一看上面的记录发现,原来他的车子左前门的漆面经过了一些修补,也发现窗帘更换的记录。所以他就提出质疑,新贵兴公司为什么当时不告诉他这些情况?他据此就提出来,根据《消费者权益保护法》第55条规定,认为新贵兴公司的行为构成欺诈,主张要3倍的赔偿,并且向贵州省高级人民法院起诉,最后一直上诉到了最高人民法院。

你们觉得这构成欺诈吗?如果构成欺诈的话,他是可以获得3倍赔偿的。如果要3倍赔偿,是赔1650多万元,但最后最高人民法院判决赔偿是11万多元。

比较有意思的是,当时消费者协会代表消费者提出来了一些很重要的意见,而汽车业协会也提出了汽车业协会的意见,这两个组织的意见是完全矛盾的。也就是说,原、被告双方背后都有两个不同的协会加持,为他们双方提出了一些有利于自己的意见。

我们应该怎么去处理这个案子呢?我觉得应该把它放到PDI的体系当中去看。PDI就是"交付前的检查",从原理上说,宾利汽车从英国不远万里过来,其实有一些小小的刮蹭是难免的,而经过检查,它完好无损地交给你,没有任何问题,和新车没有任何差别。另外,像窗帘总成也是完全换过的,换的也是原装进口的,从英国宾利汽车公司进口的。如果这都要按照消费者权益保护法3倍赔偿,可能会对汽车行业产生毁灭性的打击。特别是像豪车,往往都是国外原车进口的,在运输汽车的过程当中稍微有一点磕碰很难避免。所以通常认为,宾利汽车的经销公司就相当于宾利公司在中国的一个生产基地,是它的一个"分厂"。在这里面进行销售前检查,相当于在工厂里的销售前检查,潜在的风险通过PDI也可以处理掉。所以,宾利公司网站的记录体现的主要是公司会计处理上的记录。应当说,PDI是有其合理性的,是汽车行业不能缺少的制度。所以,从PDI制度的利益情况看,宾利汽车公司不存在欺诈,不能获得3倍赔偿。最高人民法院就是这样判决的。

(二)利益衡量的展开

我们接下来看看,我们特别强调的,以制度利益为中心的利益衡量应该怎么展开,它可以分为三种情形,是根据制度利益是否存在缺陷为标准来划分的。

1. 制度利益本身没有缺陷时的衡量

在这里,我们以姘居妻为例加以说明。姘居妻案是比较复杂的,因为它有3

个当事人，所以我们这里列了一个表格，打钩是表示他的利益获得保护，打叉是表示他的利益不能获得保护，“○”就表示没有影响。

从判决的角度来讲，结果就有两种：一种是保护姘居妻，另一种是不保护姘居妻，我们列表之后就比较清楚了。由于涉及三方的利益，即正妻的利益、司机的利益，还有就是姘居妻的利益，这里可以又分为三种情况。

第一种情况是假设司机的利益是一定的（见表 1）。这样的话，保不保护姘居妻，对他是没有影响的。所以这个时候在正妻和姘居妻之间对比，如果选择保护姘居妻，正妻就受到损失了。但更重要的是，制度利益，包括一夫一妻、禁止重婚、婚姻登记等就受到很大的挑战，就会对婚姻制度造成毁灭性的打击。如果可以以精神受到损害为由保护姘居妻，可能就会对我们社会的观念造成挑战，那男性都可以借口去找很多“小三”。所以，为什么当时我提出了“群体利益”的概念，因为有的时候一对一是很难去观察和判断，但是如果把它放大到群体看的话，就容易判断。如果不保护姘居妻，当然正妻的利益就获得了保护，因为钱全部赔给正妻了。

表 1　司机赔偿额固定时的利益衡量

选择保护对象	结果							
	当事人利益			群体利益			制度利益	社会公共利益
	姘居妻利益	正妻利益	司机利益	“姘居妻”群体利益	正妻群体利益	司机群体利益	如登记制、重婚制	公平、正义利益，其他利益如法观念
保护“姘居妻”	√	×	○	√	×	○	×	×
不保护“姘居妻”	×	√	○	×	√	○	√	√

第二种情况，假如说正妻所获得的赔偿额是定额，是 20 万元，这个时候如果还要保护姘居妻，那必然司机要多赔。相比于没有姘居妻的案子里，司机是要多赔的。在这种情况下，也对制度利益、社会公共利益造成损害，这是不可取的。表 2 呈现的是第二种情况。

表 2　正妻赔偿额固定时的利益衡量

选择保护对象	结果							
	当事人利益			群体利益			制度利益	社会公共利益
	姘居妻利益	正妻利益	司机利益	"姘居妻"群体利益	正妻群体利益	司机群体利益	如登记制、重婚制	公平、正义利益，其他利益如法观念
保护"姘居妻"	√	○	×	√	○	×	×	×
不保护"姘居妻"	×	○	√	×	○	√	√	√

第三种情况，一种折中的方案，正妻稍微减去一点，该赔 20 万元的，只赔 16 万元，司机适当地多赔一点，该赔 20 万元，赔 26 万元。把这两者加起来，就是把少赔的 4 万元、多赔的 6 万元加起来，就给那个姘居妻，赔偿 10 万元。这个时候我们就会发现，正妻的利益受到损失，司机的利益也受到损失（见表 3）。在这种情况下，也会对制度利益、社会公共利益造成损害。所以，这肯定是不可取的。

表 3　司机、正妻赔偿额调整时的利益衡量

选择保护对象	结果							
	当事人利益			群体利益			制度利益	社会公共利益
	姘居妻利益	正妻利益	司机利益	"姘居妻"群体利益	正妻群体利益	司机群体利益	如登记制、重婚制	公平、正义利益，其他利益如法观念
保护"姘居妻"	√	×	×	√	×	×	×	×
不保护"姘居妻"	×	√	√	×	√	√	√	√

我们从三种情况可以看出来，其实让姘居妻获得赔偿是不妥当的。表 3 主要的目的就在于让思路更清晰一些。法官判决的时候，如果按照这样的一个步骤去做，就会比较清晰了。

这里还有一个典型案例，一个上海的案例，是全国法院系统2019年年度的优秀案例分析，这是上海市高级人民法院民商庭的副庭长毛海波法官审理的一个案子。从题目就可以看出来，“网络食品交易当中各方主体利益平衡考量”，毛法官采用的思路就是我刚才提到的表格的这种思维方式，用它来进行裁判的，这在他的论文当中有详细的阐述。所以，法官在进行裁判的时候，这样的一个表格有利于法官进行思考。

这里讲的第一种情况是制度利益不存在缺陷的时候。

2. 制度利益存在缺陷时的衡量

第二种情况，是制度利益虽然存在缺陷，但它在总体理念层面是正常的。也就是存在一些缺陷，但是总体上问题不是太大，比如杭州的“玻璃幕墙曝隐私案”就是这样的一个案子。

当时是在民法通则的时代，《民法通则》第83条明确规定，不动产的相邻各方，应当按照有利于生产、方便生活、团结互助、公平合理的精神，正确处理截水、排水、通行、通风、采光等方面的相邻关系。给相邻方造成妨碍或者损失的，应当停止侵害、排除妨碍、赔偿损失。

那么这个玻璃幕墙案是怎么回事呢？大概在1998年的时候，杭州有一座大楼造好了，它的外墙面是用玻璃做的，叫玻璃幕墙。不幸的是，相隔10米远的楼里面的所有生活场景，都被像镜子一样映照到了玻璃幕墙上面。如果路过的人驻足看的话，就像放电影一样，隔壁楼的所有生活场景都映照到这里面。大楼造好的时候，刚好是夏天，夏天的时候人穿的衣服都很少，再有像夫妻之间有些亲密的动作，都被反射到玻璃幕墙上面，大家就没有隐私了。居民们也是没办法，在夏天他们就要把窗帘拉起来、门关起来，可是杭州的夏天是很潮湿闷热的，住户们都很难受，所以当时就发生纠纷了。发生纠纷后，这个大厦一方就说，我们什么证件都齐全，土地使用证也有，杭州规划部门的规划许可证也有，建设许可证也有，什么都有。大厦一方说他这是一个合法建筑，怎么就侵害了另一方的合法权益呢？

其实，可以造房子是一回事，如何建、怎么建，又是另外一回事。房屋的建造不能损害别人的利益。所以，我们才说要适用相邻关系的规定。相邻关系的规定本身的精神是好的，有利于增强邻居们的团结互助、公平合理；但是，它对光污染这类问题就没有规定，所以可以做一个利益衡量。这个时候也可以列一个表格来做这个利益衡量,最后的结论是应该保护居民们的利益。我们这里就不展开了。

3. 制度利益违背社会公共利益时的衡量

第三种情况是,如果制度利益真的违背社会公共利益了,这个时候就要勇敢地打破它,当然打破的勇气很重要。我们举一个例子,就是与《医疗事故处理办法》有关。1987 年,国务院制定了《医疗事故处理办法》,这是个行政法规,它的级别是比较高的。我们看一个相关的案子。

在《医疗事故处理办法》中,有一些规定了如发生医疗事故,需要做医疗事故鉴定。鉴定是谁做呢?是由卫生行政部门来请一些医院做鉴定。此时只有构成医疗事故,才能向法院起诉,而且向法院起诉的时候,还要承担举证责任。

事情也是在 1990 年年末,在湖北发生了一对双胞胎医疗事故案件。这个案件的基本情况是这样的,一对农村夫妇到湖北省人民医院去生产,生产出来是一对双胞胎,父母很开心。这对双胞胎生下来之后做了一个检测,检测结果是两个小孩健康程度都是 10 分,10 分是满分,但是这两个小孩体重不够,一般来讲体重应当是达到 2.5 公斤会比较好。当时两个小孩的体重没有达到 2.5 公斤,所以放到保温箱里做一些照护。

放到保温箱里面之后,父亲去查看,发现保温箱里面没什么温度,就把护士叫来,护士检查一看,保温箱电源插头松了,所以把插头摆弄一下就好了,电源接上了。这个父亲就去休息了。到第二天早上的时候,父亲又去看,一摸两个小孩的额头,额头怎么滚烫滚烫的。后来一测,孩子的温度达到了 41℃、42℃,孩子发高烧了,高烧把孩子的脑子烧坏了,烧成脑瘫了。这样一来,双方就发生争执了。医院说我们这不是医疗事故,不承担责任。而且经过鉴定,这个鉴定结果确实认定不构成医疗事故,但是,医院称基于人道主义精神,愿意做出 5 万元的补偿,然后对双胞胎父母来回的车票给予报销,还有对他们在医院的治疗费用也全免了,对住宿之类的费用都给予报销,但是这对夫妇就不同意,后来他们就向法院起诉。由于当时医疗事故鉴定委员会鉴定的结果是不构成医疗事故,而《医疗事故管理办法》明确规定,不构成医疗事故的话,法院是不能受理的,是不能获得赔偿的;但是,武汉市中级人民法院就受理了,不但受理了,而且还判决湖北省人民医院输了。

这里有几个核心的问题，一个就是法院能不能受理，这里我们不讨论了。另外，就是构不构成侵权，那要按照侵权责任来认定。构成侵权的要件是什么？违法行为、损害后果、因果关系，还有过错。损害后果、违法行为没有问题，但是因果关系怎么证明？能说断电一定能造成脑瘫吗？脑瘫是断电造成的吗？不能这么说。如果要让这对夫妇证明，这个脑瘫是断电造成的，那太复杂了，没办法证明，但是，当时武汉市中级人民法院主张要举证责任倒置，医院要举证证明断电和脑瘫没有关系。这样的话，医院也很难证明。所以，最终武汉市中级人民法院就判决湖北省人民医院承担侵权责任。承担多少呢？因为两个小孩刚出生时没什么病症，当时的期待寿命是75岁，结果现在余生都要在轮椅上度过，还要请护工，购买生活辅助工具，等等，把两个孩子获得的赔偿加起来，最终判决的赔偿金达到390多万元。在1990年年末，390多万元是不得了的天文数字。湖北省人民医院说那不行，于是向湖北省高级人民法院提起上诉。湖北省高级人民法院认为，一审的事实也是清楚的、适用法律也是正确的，但是好像赔偿数额太高了，所以减到了290多万元，减了大约100万元。不论是390多万元还是290多万元，放在当时来讲，都是天文数字，所以当时媒体就把它叫作“医疗事故第一案”。由于当时医疗事故确实是频频发生，大家对《医疗事故处理办法》“颇有微词”。像泸州市中级人民法院、中国社会科学院法学研究所的梁慧星教授也曾在《南方周末》上发表文章批评《医疗事故处理办法》，最高人民法院当时也是比较支持武汉市中级人民法院和湖北省高级人民法院的，分管领导在年度会议上表达了对医疗事故处理的一些新的审判思路。

在这个案例中，制度利益就是违背社会公共利益的，是需要突破的。到了2002年，《医疗事故处理办法》就被修改成了《医疗事故处理条例》，做了一系列修改，名字也从“办法”改成“条例”，把医疗事故的范围扩大了，前置要求也给取消了。这是制度利益违背社会公共利益的情形，我们需要突破它。

到此为止，新利益法学基本讲完了。这里的新利益法学主要是针对传统的利益法学来讲，它主要有两个特点，第一，强调层次结构，将利益分为当事人利益、群体利益、制度利益与社会公共利益，并且形成了一个层次结构。这里用到了表格，表格的方式比较形象，便于操作。第二，非常强调制度利益的分析。法院进行判决的时候，存在很多干扰。如果有一些方式方法提供给他们，这个思路就能清晰一点。利益衡量的层次结构理论可以扮演这样的角色。

但是,利益衡量是很复杂的,这里讲的只是最主要的问题,还涉及其他很多问题,例如对法官职权的认识、异质利益衡量的问题、利益衡量界碑的问题等,这些问题的解决共同构成一个完整的利益衡量的理论体系。因为时间的关系,我们就不展开了。你们可以阅读我写的一些文章。

另外,我们也比较强调,法院最好能够把裁判的思路展现出来。很多美国的案例,把利益分析做得很仔细,对于涉及哪些不同利益做了很仔细地衡量。比如,美国有个叫 Grutter v. Bollinger (2003)的案子,我在《制度利益衡量的逻辑》中,也就是发表在《中国法学》2012 年第 4 期上的那篇文章中,做了比较多的介绍。最近,我的博士生袁崇霖也把它翻译过来了,大概 4.5 万字,这个案例里面对怎样进行利益衡量解释得非常清晰。这篇文章即将刊登在我最近主编的叫作《利益法学》的连续出版物上,第一期里面就有这个案子的翻译,大概年底这本就可以出来了。

在讲座的最后,我还要特别提醒大家一下,我们讲利益法学,讲利益衡量,也不是说概念法学不重要。概念法学也很重要,只有经过严格的概念法学的训练,才能更好地理解利益衡量,进而理解利益法学。所以,我们会说,经由概念法学,超越概念法学,再抵达利益法学。

好了,我们今天的讲座就到这里。

谢谢大家!

参考文献

1. 梁慧星:《民法解释学》,中国政法大学出版社 1995 年版。

2. 梁上上:《利益的层次结构与利益衡量的展开——兼评加藤一郎的利益衡量论》,载《法学研究》2002 年第 1 期。

3. 梁上上:《制度利益衡量的逻辑》,载《中国法学》2012 年第 4 期。

4. 梁上上:《异质利益衡量的公度性难题及其求解——以法律适用为场域展开》,载《政法论坛》2014 年第 4 期。

5. 梁上上:《公共利益与利益衡量》,载《政法论坛》2016 年第 6 期。

6. 梁上上:《利益衡量的界碑》,载《政法论坛》2006 年第 5 期。

7. 梁上上:《利益衡量论》(第 3 版),北京大学出版社 2021 年版。

8. 陈林林:《裁判的进路与方法——司法论证理论导论》,中国政法大学出版社 2007 年版。

9. 段匡:《日本的民法解释学》,复旦大学出版社 2005 年版。

10. 黄茂荣:《法学方法与现代民法》(增订 7 版),植根法学丛书编辑室 2020 年版。

11. 吴从周:《概念法学、利益法学与价值法学:探索一部民法方法论的演变史》,中国法制出版社 2011 年版。

12. 杨日然:《法理学》,台北,三民书局 2005 年版。

法学演说视角下德日法学方法论交错的因缘际会

——利益法学的日本法断面考察

吕　行*

目　次

摘　要　过往关于日本民法解释学发展的引介较少关注德国法学方法论何时对日本民法解释学影响式微，利益法学就处在这一关键节点上。通过分析德日法学史上时间相近的几个法学演说可以发现，"二战"前日本的法学方法论与德国法学方法论保持了相当的距离。1953 年是"二战"后德日两国法学方法论重整的起点，也标志着两国方法论的分道扬镳。日本法上始终欠缺"法官受立法者意思约束"的理论前提，利益法学的思想无法融入日本民法解释学的论争，最终进入了日本法哲学界的研究范畴。晚近的日本研究观察到德国"二战"

* 吕行，南京大学法学院博士研究生。本文选题的启发和文献的收集仰赖复旦大学法学院班天可副教授、施鸿鹏副教授和南京大学法学院助理研究员叶周侠博士的帮助，特致谢忱。

后法学方法论研究的反思，有日本学者明确将评价法学区分为少数说和多数说，并且指出“二战”后德国法学方法论不重视利益法学具有潜在危险性。

关键词 利益法学 日本民法解释学 评价法学 菲利普·黑克

以菲利普·黑克(Philipp Heck)作为代表人物、发端于德国法上的利益法学(interessenjurisprudenz)和以加藤一郎、星野英一作为代表人物、肇始于日本法上的利益衡(考)量论，①均将“利益”作为核心概念和理论基点，在我国都具有一定影响力。尽管同以“利益”为名，但两者的实质内涵差异不可谓不大。利益法学强调在制定法的范围内探求利益冲突的决断，立法者的衡量始终优先于法官的评价。即便是在填补法律漏洞的情形，法官依然拘束于制定法的价值判断。从日本法解释论的发展来看，利益衡量论是在我妻荣提出的区分“法律判断”和“法律构成”的框架之下，着重强调价值判断的重要性。加藤一郎的利益衡量论在个案判断中要求法官将利益衡量作为价值判断的全部，与之存在差异的是，星野英一的利益考量论则是在抽象条文的解释中主张通过利益考量获取目的解释中的价值判断。概要地说，从讨论层次上看，利益法学建立在对法律构成绝对忠实的基础之上，而利益衡量论则是基于“法律判断优先于法律构成”的前提；从具体的操作方法上看，利益法学要求法官成为立法者的“仆从”，但利益衡量论则强调法官在适用法律时的主观能动性。

从现有的研究情况看，介绍利益衡量论在日本法上前史后世以及整体性介绍日本民法解释学发展的中文文献不可谓不充分。② 对于利益法学和利益衡量论的异同也进行了直接或者间接的讨论。但与之形成鲜明对比的是，作为继受法的日本民法有无受到利益法学的影响，以及日本法如何看待和回应利益法学，讨论这些问题的日本文献数量寥寥，更遑论中文引介。有日本学者甚至直

---

① 加藤一郎所主张的是利益衡量论，星野英一所主张的是利益考量论，二者应予明确区分。我国学者在引介日本学说时有将二者合称为“利益衡量论”的习惯，本文仅在广义上采用这一合称。

② 参见[日]加藤一郎：《民法的解释与利益衡量》，梁慧星译，载梁慧星主编：《民商法论丛》(第2卷)，法律出版社 1994 年版；张利春：《日本民法解释学中的利益衡量理论研究》，法律出版社 2013 年版。此外，整体性介绍日本民法解释学的中文文献可参见段匡：《日本民法解释学》，复旦大学出版社 2005 年版；[日]濑川信久：《民法的解释》，班天可、陈颖译，载梁慧星主编：《民商法论丛》(第 56 卷)，法律出版社 2014 年版；[日]山本敬三：《日本民法解释学方法论的变迁与其特质》，冯洁语译，载《南京大学法律评论》2019 年第 1 期。

言不讳:日本法上从无利益法学。[③] 这一说法可能言过其实,但利益法学的思想远不如概念法学思潮那样,对日本民法解释论的发展产生了巨大影响。若将利益法学与概念法学在日本的情况进行比较,就会发现:就日本的概念法学尚可以举出石坂音四郎和鸠山秀夫这样的代表性人物,但是谈及日本的利益法学,则很难让人立刻想到印象深刻的人物。由此的追问是:利益法学思潮缘何未能在日本生根结果?

对于这一现象的成因,受德国学者的启发,有日本学者尝试以德日两国的法文化传统作为切入视角,指出德国法遵从立法者意思的保守主义和日本法强调社会拘束感的功利主义之间的明显差异。[④] 此外我国也有学者以"德皮法骨、英美之肉"概括日本法的特点,指出应当重视日本法上的法社会学思潮和判例研究传统。由于日本社会对法官的高度信赖以及法典现代化前没有德国式法学思考的传统,日本法远离德国法学方法论是极其自然的。[⑤] 前述讨论具有启发性。无论是日本学者从法文化传统着手探求原因,还是我国学者强调日本民法的混合继受品性,似乎都在说明:德日法学方法论分道扬镳的趋势有其或显或隐的深层逻辑。由此产生的追问是:德日方法论分道扬镳的态势又在何时趋于形成?

前述的两个追问存在可能的联系,本文尝试解释这种联系。按照本文的观点,利益法学就刚好处于德日法学方法论分道扬镳的岔道口上。文章拟以利益法学的日本法断面作为切入视角,以利益法学在日本法上的踪迹为线索,参照时间维度上相近的德日重要法学演说,回顾"二战"前和"二战"后的方法论发展,探求德日方法论的历史交错。本文还将介绍近来日本学者对作为利益法学发展产物的评价法学的研究和分析。

---

③ 服部寛「戦後初期の日独の法律学方法論の展開と差異」カール・リーゼンフーバー＝高山佳奈子編『法の同化:その基礎,方法,内容:ドイツからの見方と日本からの見方』(De Gruyter,2006年)161頁以下参照。

④ 藤原正則「法ドグマーティクの伝統と発展——ドイツ法学方法論覚え書き」瀬川信久編『私法学の再構築』(北海道大学図書刊行会,1999年)41頁以下参照。

⑤ 参见章程:《日台民法学坛过眼录》,载《北航法律评论》2015年第1期。

一、“二战”前：利益法学与日本法的擦肩而过

1932 年，黑克在法兰克福大学以《利益法学》为题进行客座演讲，该演讲阐述了利益法学的核心思想和理论展开。1933 年，该演讲的讲稿整理出版。黑克的这一演讲大抵可以看作利益法学派批判概念法学、对决自由法学的胜利宣言，但几乎也同时标志着利益法学在“二战”前的德国的由盛转衰。在 1932 年的德国联邦政府选举中，纳粹党获得了多数选票。1933 年，德国正式进入了第三帝国时期。至此，利益法学陷入了一场不可能获胜的论争。尽管利益法学头顶着方法论论战胜利者的光环，但在极权统治之下，方法论的问题已然成为权力的对决，而非黑克设想下价值中立、形式意义的讨论。黑克的利益法学将法官严格约束在立法者的意志之内，在没有依法定程式修改或者制定法律的情形下，立法者主观意思的立场根本无法协助巩固新形成的民族社会主义世界观。因此，黑克和他的学说自然地被极权主义统治下的民族法律更新圈子排除在外。⑥

（一）微观视角：以末弘严太郎的演说和著述为例

就在利益法学派达到鼎盛的同一时期，大洋彼岸的日本也正处在法学方法探索的十字路口。众所周知的是，在石坂音四郎、鸠山秀夫等学者的影响下，作为对注释法学的批判，德国的概念法学在日本被广泛接受。进入大正时期后，从美国留学归来的末弘严太郎被认为是对概念法学方法论展开批判的标志性人物。本部分以末弘严太郎思想中“法官形象的构造”作为切入点进行观察。

同样是在 1932 年，末弘严太郎发表了《法律解释中的理论与政策》一文，该文被定位为关于法的解释、法的适用方法论的完整图景。⑦ 末弘严太郎立论的出发点是，如果法律规范预设的定型的社会关系不能包含具体的社会关系，那么此时存在规范的缺位。为了补充该缺位，必须创设适用于具体社会关系的规

---

⑥ 参见［德］伯恩·魏德士：《法理学》，丁晓春、吴越译，法律出版社 2013 年版，第 240～241 页以下。

⑦ 末弘嚴太郎『民法雑考』（日本評論社，1932 年）18 頁以下参照。

范。法官应当像立法者一样,以相同的程序进行法律判断,并且进行规范创造。具体的程序是:首先要探索社会性法律规范,比如习惯法、劳动协约、公司章程等;如果社会性法律规范依旧缺位,那么就需要法官“自由且创造性”地制定与具体的社会关系相适应的法律规范;末弘严太郎还强调,被创制的规范受到更高位阶规范的约束,需要与其他法律规范保持兼容性。在前述论述中可以明显看到末弘严太郎对法官形象和社会功能的高度期待。末弘严太郎对法官形象的塑造还可以追溯至1922年在庆应大学的演讲《嘘的效用》,演讲内容于1923年整理出版。⑧ 该演讲是日本法上“拟制论”研究的起点,对后继者来栖三郎的思想产生了影响。末弘严太郎将所谓“嘘”解释为“没有存在的事实”,其内涵是“虚构”或者“拟制”。⑨ 该演讲的核心思想是:为了使法律实务具有人情味,应当着重考虑将“嘘”作为法官在实践中熟练掌握、灵活运用的法律技巧。除了强调法律解释的技法,末弘严太郎着重强调的法官职责是:锤炼心性、端正理想,养成能够作出正确且妥当的全人格判断的能力。⑩ 作为对法官形象的连续性思考,末弘严太郎在1934年发表的《法学入门》中系统性地阐述了著名的“三巴理论”。在法律判断中,事实认定与法律解释的界限之间,法官可以自由活动。事实认定、法律解释和产生结论的心的作用三者相互决定。不是作为心理过程先有事实认定,再进行法律解释,从而产生了结论,而是三者之间的相互作用才得到了结论。法官其人、法官的理想、法官的人生观真正决定相互作用。法官既是事实认定的标准,也是决定法律解释的标准,更是产生结论的基本。⑪ 从《嘘的效用》到《法律解释中的理论与政策》,再到“三巴理论”,末弘严太郎越来越重视法官角色的构造,对法官在法体系中的功能提出越来越高的要求。

将末弘严太郎的思想与利益法学派的基本思想进行对比,能够直观感受到法官形象的显著差异。在利益法学中,法官只是立法者的利益判断的仆从,哪怕是在填补法律漏洞的情形也概莫能外。末弘严太郎思想中的法官对法律适

---

⑧ 末弘嚴太郎『嘘の効用』(改造社,1932年)1頁以下参照。

⑨ 需要注意的是,有日本学者指出末弘严太郎该次演讲中的举例不甚恰当,对“拟制”的定位亦不准确。除了我们今天所理解的“拟制”含义,末弘严太郎还不当地将事实认定和解释技法等内容混入了“拟制”的概念。笹倉秀夫「末弘嚴太郎『嘘の効用』考——併せて来栖三郎『法とフィクション』論」早稲田法學90巻2号(2015年)41頁以下参照。

⑩ 末弘嚴太郎『嘘の効用』(改造社,1932年)160頁以下参照。

⑪ 末弘嚴太郎『末弘著作集Ⅰ　法学入門〔第2版〕』(日本評論社,1980年)118頁以下参照。

用、漏洞填补均具有决定性的作用。身为留美博士，末弘严太郎的思想毋庸置疑受到了美国法的影响，日本法上对于法官的信任与重视大抵可以追溯于此。将这种差异放回德国法学方法论和日本民法解释论的历史上去考虑，在“二战”前几近相同的时间节点上，尽管均是指向对概念法学的批判，利益法学派的观点和末弘严太郎选择的路径几乎背道而驰。在这一历史时点上，德日方法论分歧的沟壑已经显现。

（二）宏观视角：日本民法解释学衰弱的再考察

末弘严太郎对法官形象的构造是微观视角下的一个例证，对“二战”前的德日方法论交错的讨论还应回到宏观视角之下。德国的利益法学派于20世纪初期产生，至1910年壮大发展，在1920年后走向成熟。如果仅考虑时间维度，日本法在“二战”前引入利益法学作为批判概念法学的工具具有客观可能性。为何“二战”前日本学界对利益法学漠视甚至无视，有日本学者尝试分析了以下几点原因。

首要的原因是当时日本市民社会的成熟度。尽管“一战”促进了日本的现代化，日本的市民意识也得到了扩大，但是在以颁布法律的方式强行走上现代化道路的日本社会中，仍然残留着村落共同体、家长制等前近代封建残余。作为现代法制根基的“权利意识”未能坚实地支撑起日本的市民社会。相比之下，德国社会在18世纪末就形成了市民阶级，19世纪市民社会基本趋于成熟。在社会成熟度存在明显差异的情况下，日本法在这一时期的法解释没有必要像德国法那样寻求更加精细的解释方法。运用具有自由法特征的广泛解释、注入解释弹性的一般条款等方法，似乎就能够完成对法解释方法的修正。⑫

其次要归因于日本民事法律制度的政策取向。“一战”后，日本社会共同体基础发生了松动，随着民主思想和社会主义思想的传入，土地或者房屋的承租人、农民、佃户以及劳动者的维权主张日益增多。作为对社会动态的回应，日本政府大多采用建立调停制度化解社会矛盾。日本政府于1922年颁布了《借地借家调停法》，于1924年颁布了《小作调停法》，于1926年颁布了《劳动争议调停法》。在金融危机的影响下，金融商事纠纷和金钱债务纠纷频起，日本政府于

⑫ 水本浩『現代民法学の方法と体系』(創文社,1996年)90頁参照。

1926年颁布了《商事调停法》,于1932年颁布了《金钱债务临时调停法》。⑬ 尽管调停制度对日本社会共同体的解体起到了抑制作用,但也同样抑制了国民权利意识的萌发。同时,不同于诉讼制度与仲裁制度,调停制度避免将社会纠纷作为权利义务关系进行处理。在这种民事政策的社会背景下,对于精细化法解释方法的迫切需求被减轻了。⑭

再有的因素是法社会学的优势地位。经由自由法论的发展,制定法至上主义和逻辑主义被击破。紧接着,欧根·埃利希(Eugen Ehrlich)、罗斯科·庞德(Roscoe Pound)、马克斯·韦伯(Max Weber)等群雄并起的法社会学思潮为日本社会带来了丰富的社会科学成果,同时期马克思主义还揭露了日本资本主义社会的实质。相较之下,作为表层逻辑的法教义学则显得黯然失色,法社会学、马克思主义法学的方法论还深入原本应当属于法教义学领域的案例研究中,进一步压缩了作为纯粹技术手段的法教义学的生存空间。⑮

最后,还要考虑到法学大家在法现代化进程中的重要作用。前文详细介绍了末弘严太郎在"二战"前关于法官形象的构想。末弘严太郎在这一时期极力排斥德国式的法解释学,并疾呼"德国法行不通"。放到今天当然不会产生误解——末弘严太郎所称的德国法是指德国的概念法学。据日本学者猜测,在当时日本方法论转换的时代背景下,末弘严太郎作为旗帜性人物的强大影响力可能使得发源于德国法上的利益法学也被卷入消极评价之中。⑯ 除了末弘严太郎外,同时代的另外两位标志性人物是民法学者我妻荣和刑法学者牧野英一。我妻荣民法学综合考虑各种利益要素,如静态的安全、动态的安全、社会法秩序的稳定,风俗习惯、产业的兴废等,在各自的法律关系中寻求具体的原理。更进一步的是,我妻荣在方法论上提出了法律构成和价值判断的层次区分。⑰ 我妻荣所称的"利益"指的是价值判断的要素,与利益法学派对利益的定位完全不同。

---

⑬ 浅古弘＝伊藤孝夫＝植田信廣＝神保文夫編『日本法制史』(青林書院,2010年)352頁以下参照。

⑭ 水本浩『現代民法学の方法と体系』(創文社,1996年)91頁参照。

⑮ 水本浩『現代民法学の方法と体系』(創文社,1996年)92頁以下参照。

⑯ 水本浩『現代民法学の方法と体系』(創文社,1996年)98頁参照。

⑰ 我妻栄『近代法における債権の優越的地位』(有斐閣,1950年)501頁以下参照。中文译本可参见[日]我妻荣:《债权在近代法中的优越地位》,王书江等译,中国大百科全书出版社1999年版,第343~408页。

此外需要指出的是，以我妻荣1926年发表的《关于私法方法论的考察》一文为例，我妻荣在该文仅引用“法的实现就是其生命”时提到了利益法学的先驱鲁道夫·冯·耶林（Rudolph von Jhering），文献引用中全然没有关于利益法学文献的痕迹。与之形成鲜明对比的是，无论是讨论法律的理想、社会的现象还是法律构成的技术问题，我妻荣对马克斯·韦伯以及罗斯科·庞德等法社会学思想及其论述的引用都不甚保留。从中很容易看出这一时期法社会学的巨大影响力。至于牧野英一，作为日本刑法主观主义和自由法学的代表人物，其最著名的观点是“罪刑法定缓和论”，这与强调制定法约束的利益法学思想南辕北辙，自然不可能与利益法学结成缘分。

在微观视角上对比黑克于1932年的演讲中对法官功能的定位和末弘严太郎自1923年在庆应大学演讲起对法官形象的构造，可以感受到两者存在的巨大差异，这两位学者在德日方法论的进展过程中都有着举足轻重的影响力。在宏观视角下，市民社会的成熟度、民事政策的两面性、法社会学的发展等因素均限制了法教义学这一时期在日本法上的发展，这使得在法现代化过程中深受德国法学影响的日本法在“二战”前与来自德国法上的利益法学擦肩而过，德日方法论的岔路已然抵近。

二、“二战”后：德日方法论的分道扬镳

20世纪30年代，日本和德国先后经历了极权主义的登场，随后几乎全人类都被拖入一场长达10余年的劫难中。战争摧毁了肉体，也扼杀了精神。在极权主义的兴衰之间，法治理想黯然失色，法治精神被束之高阁，部分法学学者在这段历史中扮演了极不光彩的角色。对两国而言，战后的重整和复兴必然包含了重新拾起现代法治的环节，这使得法学方法论的重构势在必行。

将“二战”后的德日方法论史进行对比，有日本学者指出，1953年是一个特殊的年份。[18] 这一年，德日民法学界两个具有影响力的演说决定了德日方法论

---

⑱ 服部寛「1953日独の法律学方法論の転換点とその意義の再検討」松山大学論集第23卷第6号（2012年）179頁以下参照。

战后的历史轨迹。1953年11月3日,在第13届日本私法学大会上,日本学者来栖三郎作了题名为《法的解释与法学家》的报告。⑲ 日本学者长谷川正安将“二战”后日本法学的论争区分为三个阶段,即法社会学论争(1949年到1951年),法解释学论争(1953年到20世纪50年代末期)和判例研究方法的论争(20世纪60年代)。冗长的法解释论战被认为是日本“二战”后法学方法论的起点。⑳ 这场法解释论战又以来栖三郎在私法学会上的报告作为标志。无独有偶,1953年11月12日,作为德国明斯特大学校长的就职演说(Rektoratsrede),德国学者哈里·韦斯特曼(Harry Westermann)发表了题为《民法中法官纠纷解决的本质和界限》的演讲,讲稿于1955年印刷成册。㉑ 在该演说中,韦斯特曼介绍了他的法学方法论即规范的三层次说。德国学者卡尔·拉伦茨(Karl Larenz)在20世纪60年代出版发行的《法学方法论》一书中,于从利益法学到评价法学以及具有经验价值的“相对自然法学”(relativen Naturrecht geschichtlich erfahrener Werte)的章节之下首先介绍了韦斯特曼及其方法论,并将其评价为德国“二战”后评价法学(Wertungsjurisprudenz)的先驱者。㉒ 拉伦茨对韦斯特曼的评价日后逐渐成为德国法上的共识,基于这一历史叙事,拉伦茨开启了德国方法论的新篇章。下文依次分析德日两个演说的内容及其历史意义。

(一)哈里·韦斯特曼:对黑克思想的继承

如何评价1953年韦斯特曼的演讲以及此时他所主张的法学方法论,并非一个简单的问题,本文认为至少要将对韦斯特曼的评价与拉伦茨的历史叙事保持谨慎的距离。关于韦斯特曼方法论的构成,已经有不少中文文献做了梳理。㉓ 本文简要概括如下,韦斯特曼方法论的核心是规范的三阶层说:第一层次是法诫命的效果(die Rechtsfolgeanordnung),第二层次是冲突事例中对利益的制定法评价(die gesetzliche Bewertung der im Streitfall gegenstzlichen Interessen),第三层次是正义理念的具体化。以《德国民法典》第932条动产善意取得的规定为例:

---

⑲ 来栖三郎「法の解釈と法律家」私法11号(1954年)16頁以下参照。

⑳ 長谷川正安『法学論争史』(学陽書房,1976年)1頁以下参照。

㉑ Vgl. Harry Westermann, Wesen und Grenzen der richterlichen Streitentscheidung im Zivilrecht, 1955, S. 1ff.

㉒ Vgl. Karl Larenz, Methodenlehre der Rechtswissenschaft, 1960, S. 123ff.

㉓ 参见吴从周:《民事法学与法学方法:概念法学、利益法学与价值法学》,中国法制出版社2011年版,第396页以下;舒国滢:《战后德国评价法学的理论面貌》,载《比较法研究》2018年第4期。

法诫命的效果是“善意取得人获得所有权”。第二层次中的利益评价标准是指对原所有权人的利益与善意取得人的利益的对立评价，评价要素包括权利外观、诱因（Veranlassung）、交易保护和所有权保护。利益评价的结果是取得利益优先于保持的利益。第三层次中，所谓正义理念的具体化是指“因所有权人诱因产生了权利外观，因此所有权人需要承担丧失所有权的结果”。㉔

关于韦斯特曼的方法论与黑克思想的差异与联系需要厘清。拉伦茨重视韦斯特曼方法论中的评价（Wertung）及评价要素（Wertungsfaktor），并且赞赏其区分立法者的价值评价标准和个案中获得法律后果意义上的利益评价要素。㉕ 有观点认为，韦斯特曼所谓“评价”的含义与黑克所谓“利益”的概念相同，黑克之所以将自己的学说命名为“利益法学”而非“评价法学”，是基于“法律是认识立法者对利益的价值判断而非进行价值判断”的哲学观。㉖ 另外，在黑克的思想中也能找到与韦斯特曼“立法者运用诸多评价要素”相类似的表述，即立法判断表达群体价值——法律诞生的过程中必须由法律规范调节的事实认定、观念、价值评估以及利益冲突。㉗ 由此仅通过“利益”与“评价”的用词差异，以及韦斯特曼方法论第二层次中对立法者的价值评价标准和利益评价要素的区分来试图证明黑克和韦斯特曼的差异，略显牵强。真正可能构成二人思想差异的是韦斯特曼的思想中的主观性价值（subjektiven Wertvorstellungen）的来源。韦斯特曼更习惯使用“受法律评价（gesetzliche Wertung）的约束”而非“受立法者的评价（gesetzgeberische Wertung）的约束”的表述。㉘ 这种差异在理解其方法论构成中第二层次与第三层次之间的关系时尤为重要。韦斯特曼认为法官的高度权威并非在于权力判决（Machtspruch）而是基于与最深层正义理念的关联。㉙ 在韦斯特曼 20 世纪 60 年代的著述中可以更清晰地看到，立法者才是将正义理念具体化

㉔ Vgl. Harry Westermann, Wesen und Grenzen der richterlichen Streitentscheidung im Zivilrecht, 1955, S. 13ff.

㉕ Vgl. Karl Larenz, Methodenlehre der Rechtswissenschaft, 1960, S. 124f.

㉖ 参见［德］斯蒂芬·格伦德曼、［德］卡尔·里森胡贝尔主编：《20 世纪私法学大师：私法方法、思想脉络、人格魅力》，周万里译，商务印书馆 2021 年版，第 768 页。

㉗ Vgl. Phillip Heck, Begriffsbildung und Interessenjurisprudenz, 1932, S. 75.

㉘ Vgl. Harry Westermann, Wesen und Grenzen der richterlichen Streitentscheidung im Zivilrecht, 1955, SS. 21, 25.

㉙ Vgl. Harry Westermann, Wesen und Grenzen der richterlichen Streitentscheidung im Zivilrecht, 1955, SS. 19, 36.

的主体。[30] 因此,韦斯特曼同样主张法官受到立法者意思的拘束,只是在立法者意思中融入了“正义理念的具体化”。“正义理念的具体化”的存在兼容了“立法者的利益评价以及立法者意思的客观化”。在法解释的光谱上,这显然不再是利益法学传统见解上的立法者主观意思说,而带有明显的客观意思说倾向。黑克的思想基本建立在立法者主观解释的立场上,并且进一步区分内容的解释(Inhaltsdeutung)即关于规范的一般内容的问题,动机的解释(Motivdeutung)即关于将立法因素与选择语词相联系的问题,对原因的解释(Ursachendeutung)即决定适用个别条款的因素问题,以及状况解释(Umstandsdeutung)即在法律制定中发挥作用的事实问题。[31] 其中,状况解释与立法者客观意思说最具亲和力。但黑克思想中这种若隐若现的立法者客观意思委身在立法者的意愿之下,相较之下,韦斯特曼的方法论则表现出强烈的立法者意思客观化,两者还是存在一定的区别。因此,即便认可“韦斯特曼从利益法学中发展出了价值法学”这一结论,韦斯特曼的这一转变才具有根本性意义。

通过前述分析可以发现,韦斯特曼与黑克方法论兼具重合和差异。就韦斯特曼本人来说,他本人毫不避讳黑克对自己的巨大影响,也从未将自己的方法论称为“价值法学”或者“评价法学”。也就是说,并非韦斯特曼自己而是其他人作出了这种宣示。比如拉伦茨将韦斯特曼定义为“利益法学到评价法学”的过渡人物,又如沃尔夫冈·费肯彻(Wolfgang Fikentscher)将韦斯特曼的方法论评价为“制定法体系内的价值法学”(gesetzesimmanente Wertjurisprudenz)。[32] 虽然韦斯特曼于1953年的演讲及其方法论在德国“二战”后被高度重视,但他本人对方法论的研究浅尝辄止,也并未专注于该主题。[33] 尽管如此,本文认为需要高度评价韦斯特曼对保护德国法学方法论研究地位的重要贡献,韦斯特曼对黑克思想和利益法学的唤醒,对“二战”后德国法学方法论具有重大意义。

(二)来栖三郎:德国法路径的断然排除

来栖三郎1953年演讲的内容可以整理为以下四个方面:一是关于法律解释

---

[30] Vgl. Harry Westermann, Das Verhältnis zwischen Bergbau und öffentlichen Verkehrsanstalten als Gegenstand richterlicher und gesetzgeberischer Bewertung, 1966, S. 24.

[31] Vgl. Phillip Heck, Gesetzesauslegung und Interessenjurisprudenz, AcP 112 (1914), S. 94ff.

[32] Vgl. Wolfgang Fikentscher, Methoden des Rechts, 1976, S. 406f.

[33] 参见[德]斯蒂芬·格伦德曼、[德]卡尔·里森胡贝尔主编:《20世纪私法学大师:私法方法、思想脉络、人格魅力》,周万里译,商务印书馆2021年版,第769页。

行为的属性，法律解释并非确定法律作为客观事实的行为，而是一种主张应当采取何种法律的实践行为。二是关于法律解释的效果，法律解释可以成立复数的见解。三是关于法律解释的正确性，这种正确性最终只能根据个人的价值判断而非法律本身的权威性决定。四是关于法律解释的根据，法律解释需要根据该解释可能带来的社会后果进行的实质性判断。㉞ 来栖三郎的研究中还关注到了法解释中立法者主观意思说与客观意思说的对立。在 1953 年的演说中，来栖三郎引用了德国学者的学说整理引出了这一问题，㉟他主张：无论是立法者主观意思说还是客观意思说，均是对制定法的过度评价，制定法仅是法源的一个部分。“制定法对法官的约束”这一讨论的前提是利益法学的基本主张，而来栖三郎对德国法学说的评价则完全建立在承认法官造法、区分法律和法源的美国法学说基础上，显然已经逾越了这一前提。除此之外，无法看到来栖三郎就排斥德国学说给出的进一步理由。对此有学者评论：来栖三郎非以学说的理论优势作为标准进行了严谨的论证，而是径行作出了不选择德国法学说作为前提的决断。㊱

放眼到来栖三郎学术研究的延长线上进行考察，在 1953 年这一宣言性演说后，来栖三郎原本确定的研究计划分为三步：一是“法与法源”，二是“拟制的功能”，三是“自由法学及其利益法学的意义”。来栖三郎关于法与法源和拟制的研究密切相关。来栖三郎认为，制定法与习惯法、判例、学说、条理等均是法律渊源，作为法的判决必须与作为法源的制定法一致，两者可能产生矛盾时，推论两者一致的方法就是“拟制”。㊲ 由此来栖三郎过渡到了关于拟制论的研究。1975 年，来栖三郎发表了《关于〈法中的拟制〉》一文，区分研究了作为立法技术的拟制和作为法解释技术的拟制。来栖三郎强调，虽然法院通过判决制定了

㉞ 渡辺洋三『法社会学と法解釈学』（岩波書店，1959 年）19 頁以下参照。

㉟ 来栖三郎文中的脚注指引并不明确，其引用的德文文献是德国学者古斯塔夫·拉德布鲁赫（Gustav Radbruch）“二战”前的法哲学著作，但具体版次不清。来栖三郎「法の解釈と法律家」私法 11 号（1954 年）20 頁参照。

㊱ 広渡清吾「法的判断論の構図　法の解釈・適用とは何か」社會科學研究 55 卷 2 号（2004 年）120 頁参照。

㊲ 来栖三郎『法とフィクション』（東京大学出版会，1999 年）16 頁以下参照。

法,但是在三权分立的原则下并不能呈现出这一实质,因此拟制的技术是必要的。[38] 在此之后,来栖三郎的研究逐渐脱离法解释论和狭义法学领域:1983 年他发表了《模型与拟制》,1985 年发表了《文学中的虚构与真实》,1987 年发表了《作为虚构的神》,1996 年发表了《虚构的自由意志》。[39] 进入学术生涯后期的来栖三郎没有继续推进 20 世纪 50 年代拟定的研究计划,而是迈入更为广阔的研究领域。历史无法假设,但试想如果来栖三郎完成了关于自由法学和利益法学的对比研究,他又是否会对自己 20 世纪 50 年代完全倒向法社会学的选择感到遗憾?

在"二战"后日本方法论转型的细枝末节处,具体来说着眼于来栖三郎关于法解释方法论的研究,无论是在战后法学论争初期非理性地排除了对德国法方法论的思考和借鉴,还是其改变了自身的研究方向导致未能细致考察利益法学的思想内涵,都在冥冥之中道出这样一个历史事实:日本民法解释学的学术探讨一次次地错过了与利益法学结缘的契机。

(三)德日方法论的分道扬镳

在韦斯特曼的方法论中可以找到黑克思想的影子,如今越来越多的德国学者开始强调韦斯特曼对黑克方法论的继承而非发展。相类似的是,从来栖三郎的著述中也能明显感受到末弘严太郎的影响,这不仅体现在对"拟制"的浓厚兴趣上,还体现在他们都强调法官的能动性。在战前、战后的时代转变和法学学者的接替间,德日方法论之间的差异被进一步放大了。正如前文的论述,在韦斯特曼那边,尽管存在对黑克方法论的改造,其实质至多被认为是从立法者主观意思说向客观意思说的转变,并没有改变"法官受立法者约束"这一基本前提。来栖三郎的演讲主观地排斥了德国学说关于对法解释中立法者主观意思说和客观意思说的借鉴,也间接失去了导入利益法学的机会,彻底倒向了法社会学。在德国,利益法学的基本立场又被韦斯特曼重新唤醒;在日本,利益法学派思想无处安身,遵从立法者约束的法解释准则无法确立。以韦斯特曼和来栖三郎作为起点的战后德日法学方法论在 1953 年分道扬镳了。

㊳ 来栖三郎「法における擬制」について」来栖三郎『法とフィクション』(東京大学出版会,1999 年)104 頁以下参照。

㊴ 这些先后发表的文章在来栖三郎去世后均被收录于前注《法与拟制》(『法とフィクション』)一书中。

此外还需要适当回应1953年这个时间节点以及将韦斯特曼和来栖三郎作为典型人物可能存在的局限性。没有任何证据可以解释为什么这两个法学演说都发生在1953年,这大抵是历史的巧合,但从这两个演说的后世影响中可以看到,战后的德日方法论复兴均起步于此。另外,以这两位学者作为代表人物也可能存在历史的偶然性。日本学者认为,之所以韦斯特曼的这一演说被重视,存在以下几点原因,一是1952年德国私法学家会议有过关于"现今是否存在法学学派"的讨论。二是德国学者维尔威廉·绍尔(Wilhelm Sauer)比拉伦茨更早以"评价法学"一词描述了韦斯特曼的方法论,并且作为韦斯特曼在明斯特大学的同事,他常常提及韦斯特曼1953年的演讲。三是韦斯特曼具有的个人优势。作为利益法学派学者,韦斯特曼在极权时期没有留下历史污点,这是他相较于非利益法学派学者具有的优势。在战后的20世纪50年代他就已经担任了明斯特大学的校长,这是他相较于其他利益法学派学者具有的优势。[40] 前述关于韦斯特曼具备影响力的第三点理由隐含了战后法学学者时代交替的因素,这一因素同样也适用于解释来栖三郎的影响力。日本学者我妻荣也在1953年发表了题为《法律中的理与情》的演讲,[41]但是其反响已经远不及同年来栖三郎的演讲。对于日本的方法论而言,我妻荣的演讲内容在20世纪50年代的日本学界属于对传统理念的重述,来栖三郎作为新世代学者则为方法论的发展注入了新的动力。[42] 可能稍显多余的说明是,本文的叙事逻辑当然不是要削弱战后其他德国学者如海因里希·胡布曼(Heinrich Ruhmann)、泰奥·齐默尔曼(Theo Zimmermann)、鲁道夫·莱因哈特(Rudolf Reinhardt)等人的重要性,或者贬低战后日本法学论争中川岛武宜、渡边洋三等学者的重要性。在本文的叙述下,在战前和战后德日方法论内部从黑克到韦斯特曼、从末弘严太郎到来栖三郎传承的历史逻辑,也是可以排除以韦斯特曼和来栖三郎作为标志人物具有偶然性这一观点的一项佐证。

---

[40] 服部寛「1953日独の法律学方法論の転換点とその意義の再検討」松山大学論集第23巻第6号(2012年)190頁以下参照。

[41] 我妻榮『法律における理窟と人情』(日本評論社,1987年)1頁以下参照。

[42] 服部寛「1953日独の法律学方法論の転換点とその意義の再検討」松山大学論集第23巻第6号(2012年)207頁以下参照。

三、现时日本学界对利益法学的见解:评价法学的少数说和多数说

作为关于对利益法学在日本法上的断面考察,本文没有进一步考察利益法学派思想由德国传入日本的历史,但较为明显的是:在战后的日本学界,介绍利益法学的文献开始更多地涌现。比如柚木馨在 1952 年发表了《法与法官——以战后德国法论调为中心》一文,其中详细介绍了利益法学派学者海因里希·莱曼(Heinrich Lehmann)及其思想。㊸ 小林直树介绍了利益法学并对自由法学展开批判。㊹ 矶村哲在 1974 年以利益法学为题在九州大学发表了演讲。㊺ 1985 年由日本学者津田利治翻译的黑克文集出版。㊻ 但是,由于"法官受立法者约束"这一思想前提的缺失,利益法学的思想始终无法融入民法解释学论争,这种不兼容性大可以追溯到大正末年末弘严太郎的思想。利益法学派自然地最终成为日本法哲学界的研究对象。本部分想要介绍日本学者青井秀夫关于利益法学向评价法学转向的研究。㊼

概要地说,青井秀夫在自己的《法理学概论》中明确表示要区分评价法学的少数说和多数说,㊽并且将目光聚焦在利益法学和评价法学转换的节点。青井秀夫认为,莱尼克兄弟(Gerhard und Dietrich Reinicke)、泰奥·齐默尔曼、汉斯·布洛克斯(Hans Brox)以及哈里·韦斯特曼构成评价法学的少数说,甚至更加严格地说,他们的学说不应当属于评价法学的行列,而是应当被命名为"评价性利

㊸ 柚木馨「法と裁判官　戦後ドイツにおける論調を中心として」私法 6 号(1952 年)2 頁以下参照。

㊹ 小林直樹「利益法学　現代法思想の一断面の分析」尾高朝雄ら編『法哲学講座　第四巻』(有斐閣,1957 年)259 頁以下参照。

㊺ 磯村哲「利益法学をめぐって」法政研究 40 巻 2-4 合併号(1974 年)1 頁以下参照。

㊻ ヘック著=津田利治訳『利益法学』(慶應義塾大学法学研究会,1985 年)。

㊼ 日本法上关于该主题的另一重要研究是服部寛「利益法学から評価法学への展開に関する一考察(一)(二)(三・完)」法学 73 巻 4 号(2009 年)30 頁以下、73 巻同 5 号(2009 年)83 頁以下、74 巻 2 号(2010 年)74 頁以下。服部宽高度重视青井秀夫区分评价法学少数说和多数说的做法。服部寛「1953 日独の法律学方法論の転換点とその意義の再検討」松山大学論集第 23 巻第 6 号(2012 年)213 頁脚注 86 参照。

㊽ 青井秀夫『法理学概説』(有斐閣,2007 年)310 頁以下、321 頁以下参照。

益法学”。青井秀夫的依据在于，前述学者的方法论思想基本继承了黑克在“二战”前的思想，即便他们各自在“评价”的问题上有程度不同的发展，但是依旧保持了重视立法者和制定法评价的约束性，恪守了利益法学的基本框架。他还特别提到了在战前就认识到利益法学正确性的卡尔·恩吉施（Karl Engisch），以及对将利益法学的方法运用于极权时期司法实践进行了实证研究的伯恩·魏德士（Bernd Rüthers）。[49]

对于前述学者以外的其他学者所主张的评价法学的多数说，青井秀夫的态度非常谨慎。他认为，在“二战”后德国法的法学方法论中，韦斯特曼是少数说和多数说光谱的分界点。韦斯特曼的学说姑且还能从利益出发严格地按照评价标准开展方法论，但在自然法复兴的潮流下，克服法律实证主义的热情再度涌动，方法论的视角再次向克服利益法学的方向倾斜。比韦斯特曼在所谓“评价”上走得更远的学说，呼应拉伦茨所谓“从利益法学走向评价法学”的口号，重新导入了极权主义时代纳粹法学的影响。[50] 青井秀夫对于拉伦茨的评价不甚保守，他直言不讳道：由拉伦茨来完成战后德国系统性的方法论著作是一件不幸的事情。[51] 所谓的不幸在于：拉伦茨对黑克思想中法实证主义的误解和批评，在战前黑克就已经做出了应有的回应。在战后，拉伦茨又高估了韦斯特曼的方法论与黑克的差异，并重新引导了克服法实证主义的潮流，这只是在重复战前自由法学和纳粹法学对利益法学的批判。战后的德国基于对极权年代的反思，本有机会对黑克和利益法学的思想在接近实证法的领域内重新认识和评价，但是随着评价法学的多数说的兴起，少数说被束之高阁了。

关于“从利益法学到评价法学”的介绍，也能够在中文文献中看到对“评价法学的少数说”相关学者的介绍，亦有认为这些学者的学说与战前的利益法学具有同一性或者继承性的评价，[52]但是却找不到和青井秀夫一样明确将评价法

---

[49] 青井秀夫「近代ドイツにおける法理論の展開」岡山商大法学論叢22号（2014年）95页参照。

[50] 青井秀夫「近代ドイツにおける法理論の展開」岡山商大法学論叢22号（2014年）98頁以下参照。

[51] 青井秀夫「近代ドイツにおける法理論の展開」岡山商大法学論叢22号（2014年）104頁参照。

[52] 参见吴从周：《民事法学与法学方法：概念法学、利益法学与价值法学》，中国法制出版社2011年版，第385～407页；舒国滢：《战后德国评价法学的理论面貌》，载《比较法研究》2018年第4期。

学区分为少数说和多数说的做法。这种区分并非只具有形式意义,其更重要的在于青井秀夫道出了战后德国法学方法论发展的潜在危险性——极权时代纳粹法学思想的回流。追溯青井秀夫的思想来源可发现其受到魏德士和海因里希·叔普迈尔(Heinrich Schoppmeyer)深远的影响。魏德士的教授资格论文的指导老师是布洛克斯和韦斯特曼,他们均是评价法学少数说学者。魏德士本人也以该论文《无限制的解释》而闻名,[53]他是德国战后对拉伦茨以及纳粹法学展开批判的旗手性人物。叔普迈尔的著述《作为毕生使命的法学方法论》则是研究黑克生平和思想的重要文献。[54]

在日本法哲学界近时关于利益法学和利益法学派的引介中,已经明显可以看到逐渐摆脱拉伦茨历史叙事的倾向。日本学者青井秀夫敏锐地关注到利益法学向评价法学交替转换这一时点,并且指出评价法学少数说学者的重要性。由此,黑克在利益法学中的核心地位以及对德国方法论史的重要意义、战后德国法方法论对利益法学的关注不足、德国法学方法论对极权时期反思不彻底以及如何看待和评价德国战后评价法学的多数说等问题都被提出。

四、余论

本文以德国和日本在“二战”前后的法学方法论发展对比为视角,透过黑克、韦斯特曼、末弘严太郎和来栖三郎的演讲和著述,大致可以观察到德日方法论分道扬镳的历史逻辑。作为德国法学方法论的重要思想,利益法学不仅没有在日本形成学派,也没有融入日本民法解释学的论争。正如本文几处提到,利益法学在时间维度上有很多次被引入日本法讨论的契机,但都一一错过,这不由得让人感慨历史的捉弄。意犹未尽之处,仍有如下几点感想与评论。

一是关于德日法学方法论发展和演化的积极意义。时至今日,德国的法学

---

[53] Vgl. Bernd Rüthers, Die unbegrenzte Auslegung, 1968, S. 1ff. 前文青井秀夫所称“魏德士将利益法学运用于极权时期司法适用的实证研究”指的就是魏德士的教授资格论文的前半部分。

[54] 叔普迈尔对所谓“从利益法学到评价法学”的评价以及对拉伦茨的评价。Vgl. Heinrich Schoppmeyer, Juristische Methode als Lebensaufgabe: Leben, Werk und Wirkungsgeschichte Philipp Hecks, 2001, S. 239ff.

方法论对于法学共同体而言仍是丰富的思想资源。在我国,无论是拉伦茨著作全译本的出版还是其方法论研究后继者托马斯·默勒斯(Thomas M. J. Möllers)著述译本的出版,都能够明显感受到国内法学方法论研习的热潮。此外,方法论争对法律文明进化的影响也不容小觑。以日本法为例,长达百年的民法解释学论争留下的思想遗产在今天仍然直接或者间接地影响着日本民法的发展,这一点在近年日本民法债权法修改中表现得尤为明显。㊺

二是关于德日法学方法论的分歧。按照本文的论述,在"二战"前可以看到法社会学影响下的自由法学思潮在日本的流行,在战后可以看到日本民法解释学对德国学说的排斥。更加直白地说,由于缺少了利益法学思想的启蒙,日本法没有形成"法官受立法者约束"的传统,也没有通过方法论继受认识到这一理论的价值。日本学者曾有这样生动的描述:日本的利益法学几乎是被自由法学逼到了角落里。㊻ 此外,如果认可青井秀夫对评价法学的少数说和多数说的区分,相较于日本法对自由法学显性的追求,德国法方法论在"二战"后基于不彻底的反思通往评价法学的多数说,极有可能隐藏着对自由法学隐性的取向,对此不能不警惕。从日本学者的视角出发,有学者曾经指出,深究末弘严太郎的法解释论,可以从中看到与拉伦茨的评价法学相类似的地方。㊼ 我国学者也曾指出,在日本民法解释学的框架下,星野英一受法学科学主义思潮影响提出的利益考量论与拉伦茨的评价法学也存在一定相似性。㊽ 前述问题均涉及评价法学的进一步研究,限于篇幅和学力,本文无法展开。但好在,本文结论仅仅约束在 1953 年这一节点上德日法学方法论的分道扬镳——德国的方法论通过唤醒利益法学的基本思想重新起步,日本的解释学基于排斥德国法学说、倒向法社会学的立场开启论争。本文的暂时结论并不排除德日法学方法论在 1953 年之后再度交错的可能,这需要留待未来继续研究,这正是本文以"德日方法论的交错"而非"德日方法论的分歧"作为标题内容的缘由。

㊺ 大村敦志「債権法改正後の解釈論・立法論——進化・連結・多元」安永正昭＝鎌田薫＝能見善久監修『債権法改正と民法学Ⅰ　総論・総則』(商事法務,2018 年)30 頁以下参照。

㊻ 服部寛「戦後初期の日独の法律学方法論の展開と差異」カール・リーゼンフーバー＝高山佳奈子編『法の同化:その基礎,方法,内容:ドイツからの見方と日本からの見方』(De Gruyter,2006 年)161 頁参照。

㊼ 磯村哲『社会法学の展開と構造』(日本評論社,1975 年)43 頁以下参照。

㊽ 参见张利春:《日本民法解释学中的利益衡量理论研究》,法律出版社 2013 年版,第 263 页。

三是对我国法的启发。日本法经由继受法走向现代化,并且形成了开放、多元、动态的法继受体系,就这点来看,我国法与日本法具有相似性。本文中涉及日本法方法论继受以及演化的论述引人联想。尤其是一国法体系中司法的功能定位和法官的形象构造,具有进一步研究的意义。如何在实践中追求日本法上明显缺失的"法官受到立法者约束"的价值取向,是超越历史和国别的难题,对此应当持续关注我国司法实践给出的"中国答卷"。

最后,作为一篇针对黑克 1932 年演讲的发散性评议,本文虽以日本法上利益法学的断面为视角,考察德国和日本法学方法论演化的交错,但根本意义仍在于为阐明黑克思想与利益法学添加一个注脚。80 年前的 1943 年,在时代对他奋斗终生的学说无力辩驳的误解中,菲利普 · 黑克离开了这个世界。80 年后的 2023 年,德国战后法学界的良心伯恩 · 魏德士离开了这个世界。不同的是,无论是在德国还是在日本,在以魏德士为代表的一批学者的不懈努力下,对黑克及其学说的误解已几近消除。由此我们有理由相信:黑克的法学思想和魏德士的良心正道会为更多世人所知,极权主义的悲剧不会重演。

谨以本文向菲利普 · 黑克教授致以崇高的敬意,向伯恩 · 魏德士教授致以由衷的悼念。

结构性住房租赁模式的综合定性与利益平衡

张兆函*

目　次

摘　要　近年来,一种包含“出租人—住房租赁机构—承租人”三方关系、具有法律关系复杂、出租收益被动、租期错配、信息不对称等特点的结构性住房租赁模式,在我国住房租赁市场上韧性生长。本文认为,结构性住房租赁模式是一种综合性法律关系,其部分规则可以参考行纪合同。应当区分住房所有权人和住房租赁机构之间的内部关系和住房租赁机构与实际承租人之间的外部关系,将三方关系还原为“住房所有权人—住房租赁机构”关系和“住房租赁机构—实际承租人”关系,收益、合同解除等问题由此得以妥当处理。两对关系冲突时应运用利益衡量方法妥善分配各方权利义务关系。规制以结构性住房租赁模式代表的新商业模式应尊重商业实践,结构性住房租赁合同代表的我国商

* 张兆函,清华大学法学院新利益法学研究中心研究人员,清华大学法学院博士研究生。

事实践中多级债权债务关系值得进一步关注。

关键词 结构性住房租赁 综合性法律关系 营业规制 利益衡量

党的二十大报告指出,“加快建立多主体供给、多渠道保障、租购并举的住房制度”①。2022年中央经济工作会议指出,“解决好新市民、年轻人等住房问题,探索长租房市场建设”②。随着我国住房租赁市场的发展变迁,以自如租房等为代表的一种新的、结构化的、住房租赁模式产生并迅速发展,而随着鼎家③、蛋壳公寓④等一系列“暴雷”事件的发生和我国住房租赁市场的政策调控,⑤这一新兴的营业形态又很快进入了调整期。

本文认为,规制以结构性住房租赁模式代表的新商业模式应尊重商业实践,谨慎对待其存在,辨析其法律属性,而不宜根据既有框架强行认定法律关系,造成削足适履的结果。本文将首先介绍结构性住房租赁模式的特征,根据其交易结构确定其法律属性,指出区分住房所有权人和住房租赁机构之间的内部关系和住房租赁机构与实际承租人之间的外部关系的处理思路,并以住房租赁机构违约为例,运用利益衡量方法探讨各方权利义务。随着讨论的展开,我们将发现结构性住房租赁模式内涵多级债权债务关系,研究我国商事实践,不可忽视这种交易类型。

---

① 习近平:《高举中国特色社会主义伟大旗帜 为全面建设社会主义现代化国家而团结奋斗——在中国共产党第二十次全国代表大会上的报告》,载求是网2022年11月1日,qstheory. cn/dukan/qs/2022-11/01/c_1129089160. htm。

② 《中央经济工作会议在北京举行 习近平李克强李强作重要讲话 赵乐际王沪宁韩正蔡奇丁薛祥李希出席会议》,载新华网2022年12月17日,http://www. news. cn/mrdx/2022-12/17/c_1310684567. htm。

③ 结构性的住房租赁机构首次引起公众注意的事件是2018年4月的鼎家事件。杭州鼎家网络科技有限公司、杭州鼎家房地产经纪有限公司采取了结构性住房租赁的交易模式,于2016年起迅速发展,但很快出现资金链断裂。参见嘉木木:《长租公寓为何爆雷?无处安放的租房焦虑》,载《三联生活周刊》2018年第35期。2018年12月21日,杭州市西湖区人民法院裁定受理杭州鼎家网络科技有限公司、杭州鼎家房地产经纪有限公司破产清算案,该案至今尚未全面完结。目前,鼎家采取的是引入第三方继续经营以换取和解。参见肖菁、西法:《坑了杭州数千人的长租公寓“鼎家”案最新:实控人被刑拘,涉嫌罪名很少见》,载钱江晚报·小时新闻客户端2019年12月10日,https://www. thehour. cn/news/328745. html。

④ 参见王丽新:《蛋壳公寓商业模式面临大考 多地房东上门解约 租客收到搬离通知》,载《证券日报》2020年11月18日,第A3版。

⑤ 参见潘利群主编:《住房租赁新时代》,中国建筑工业出版社2018年版,第137页。

一、结构性住房租赁模式:新的实践与新的问题

(一)新的实践:结构化的住房租赁模式

2010年以来,结构性住房租赁模式经历了逐渐兴起、扩张发展和暂停修整三个阶段。2012年,以YOU+为代表的创业公司、以链家为代表的房地产中介、以万科为代表的房地产开发商、以如家为代表的旅店业企业都先后进入机构化房屋租赁市场。链家公司更是在原链家品牌外单独设立自如的品牌和子公司以示这种新的住房租赁模式与传统房地产居间行业的区别。2018年,住房机构化租赁行业中的经营管理问题逐渐暴露,出现了"甲醛门""租金贷""暴雷"等事件,各地政府陆续出台政策规范行业秩序,结构性的住房租赁模式逐渐进入调整期。

调整期以"限制"为关键词。例如,南京市于2019年9月发布的《关于进一步规范住房租赁经营行为 防范市场金融风险的通知》第3条规定,禁止住房租赁机构"以'租赁代理''资产托管''生活服务'等名义,从事或变相从事住房租赁代理活动",但允许其通过"分别与产权人(出租人)、承租人签订租赁合同并办理登记备案""以转租人身份从事住房转租业务"。⑥ 2022年5月北京市发布的《北京市住房租赁条例》第26条第1款也承认了"承租他人住房从事转租业务"的合法性,⑦并提出了一系列规制措施。相较而言,司法判决则普遍认可此类合同的效力,但却对其中存在的合同的法律属性有着不同认识。从市场反馈来看,结构性住房租赁模式并未完全消失,也未全面转型为条规认可的"承租他人住房从事转租业务",事实上仍在与住房所有权人分配利益而非简单支付定额租金。这种模式获得了住房所有权人和实际承租人的双重认可。这种现状或许由供需、效率、税务等多种因素造成——对于一些人来说,与其通过传统

---

⑥ 南京市《关于进一步规范住房租赁经营行为 防范市场金融风险的通知》第3条规定,住房租赁机构以转租人身份从事住房转租业务时,应当分别与产权人(出租人)、承租人签订租赁合同并办理登记备案,不得以"租赁代理""资产托管""生活服务"等名义,从事或变相从事住房租赁代理活动。

⑦ 《北京市住房租赁条例》第26条第1款规定,承租他人住房从事转租业务的,应当依法向区市场监督管理部门申请办理市场主体登记,取得营业执照,其名称和经营范围均应当包含"住房租赁"相关字样。

住房租赁居间中介寻找住房并和个人房东持续打交道,不如只与住房租赁机构打交道——本文无意深入,而从治理的角度来说,加强市场建设、完善法律体系是应对之道,⑧故本文主要关注这种新兴交易模式的法律属性。

在这种结构化住房租赁模式下,住房所有权人在一定期限内将全部或部分住房的占有、使用、收益等权限通过合同方式移转给住房租赁机构,住房租赁机构以自己的名义对外出租房屋,收取租金和增值服务收益,并将之分配给住房所有权人。这种结构性的住房租赁关系中存在"住房所有权人—住房租赁机构—实际承租人"三方关系,可以表示为图1。

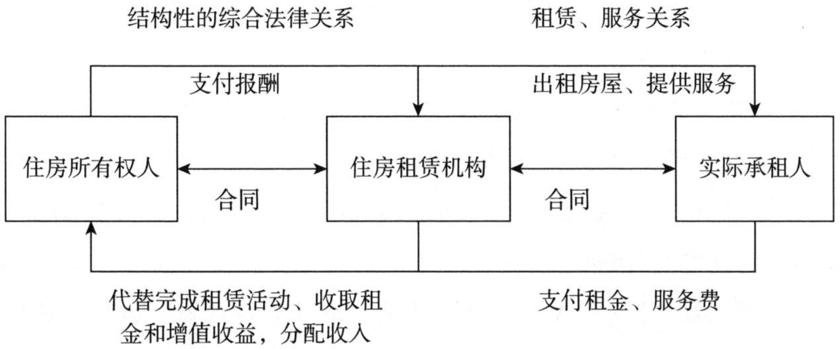

图1　住房所有权人、住房租赁机构和实际承租人的三方关系

它的法律结构的实质是由住房租赁机构作为中间主体,分别与住房所有权人、实际承租人订立合同,从而形成"住房所有权人—住房租赁机构—实际承租人"的三方关系,故它是通过合同联结的一个双重结构,可以称为"结构性"的。它既因向住房所有权人支付非定额报酬显著区别于传统的"租赁—转租"的"包租"模式,又与以资产证券化融资购买房屋的美国式"不动产投资信托基金"(Real Estate Investment Trusts,REITs)存在区别,⑨而且不能简单以"委托"概括,

---

⑧　这种思路参见 Edgar L. Feige, *The Underground Economies: Tax Evasion and Information Distortion*, Cambridge University Press, 1989。

⑨　房地产信托投资基金(REITs)是房地产证券化的重要手段,也称不动产支持信托投资基金。房地产证券化就是把流动性较低的、非证券形态的房地产投资,直接转化为资本市场上的证券资产的金融交易过程。房地产证券化包括房地产项目融资证券化和房地产抵押贷款证券化两种基本形式。See Ralph L. Block, *Investment in REITs* (*Real Estatement Investment Trusts*) (4th edited), John Wiley & Sons (2012).

故有必要对这种交易模式给予法律审视，检讨其营业形态和规制思路。

（二）新的实践与新的问题

1. 交易关系复杂化

房屋租赁平台和房屋租赁企业的涌现，使交易形态发生变化，前者在居间之余还要求租赁双方遵守平台制定的相关规则，后者则进一步先以某种方式取得房屋的占有和使用权益，而后再以自己的名义将房屋进行对外出租，这便是本文所指的狭义的结构性住房租赁。实践中，从事这类业务的有企业也有个体工商户。⑩ 随着合同当事人的增加与交易层级的增加，合同关系的复杂性激增，⑪甚至出现了“暴雷”等信用危机。这些现象都值得我们给予额外的关注。

2. 出租收益被动化

住房租赁结构化的一个重要影响是，住房所有权人的收益由自己直接参与租赁市场并收取租金，转向依赖住房租赁机构的劳动，即由住房租赁机构收房后进行装修、维护，并寻找承租人，收取租金和增值服务费用，并向房屋所有权人分配收益，此可谓“出租收益被动化”。

“收益被动性”往往被认为是“投资”活动的核心特征，这也使得“租赁”这种常见的民事行为具备了商法关注的因素。收益依赖他人的劳动使得委托代理问题中的利益偏好差异问题趋于尖锐。委托代理事务越复杂，委托代理问题就越尖锐，委托代理成本就越高。⑫ 降低委托代理成本问题十分重要。在金融法研究中，有专门“投资被动化”的讨论，参照美国最高法院的表述，是指利润来源主要“依赖于发起人或第三人努力”，⑬且需要注意的是，有些交易会被伪造成主动投资的结构，要区分利润的主要来源。⑭ 收益被动化的本质是市场分工的结果，因而应对其进行规制并非禁止，而是要强化监管。

---

⑩ 参见南京市《关于进一步规范住房租赁经营行为 防范市场金融风险的通知》第 1 条治理的对象。

⑪ 参见陈传法：《论转租——以次承租人租赁权的物权化为中心》，载《中国社会科学院研究生院学报》2017 年第 3 期。

⑫ See Steven Ross, *The Economic Theory of Agency: The Principle's Problem*, 63 American Econ. Rev. 134 (1973).

⑬ See SEC v. W. J. Howey Co., 328 U. S. 293 (1946).

⑭ 参见彭冰：《非法集资行为的界定——评最高人民法院关于非法集资司法解释》，载《法学家》2011 年第 6 期。

3. 结构性住房租赁模式中涌现的其他问题

相较于传统租赁合同关系,住房租赁机构和出租人、承租人通过期限错配、收益互换甚至进行资产证券化和金融衍生活动,创造出了具有不同风险、期限等特征的全新"租房"产品。[15] 结构性的关键只在于住房租赁机构的加入。

例如,当收房和租房的期限不同时,就很可能存在类似商业银行存款"期限错配"的问题。假定收房合同约定的管理期限是 1 年,而出租合同约定的租赁期限是 2 年,后者超出了约定的管理期限,如何处理? 此处同时涉及"住房租赁机构—承租人"之间的合同关系和营业监管两个问题。虽然相较于银行来说,这种单纯的错配不至于出现流动性危机进而破产,但错配的期限关乎房屋占有、收益、使用的权限和租金的分配问题等问题。如果加入金融衍生活动如租金贷,则问题更加复杂,更需要对基础法律关系有深入的理解。

又如,结构性住房租赁的产生有"法律规避"的意味。参与者往往将其活动称为"资产管理""托管",某种程度上是为了规避《房地产经纪管理办法》第 25 条第 2 项[16]的规定;但从条文表述看,该条文有着"对交易当事人隐瞒真实的房屋交易信息"的限定,似乎并不排斥帮助市场发现真实价格的"赚取差价"的行为。因此,不能据此认为结构性住房租赁模式是一种单纯为规避法律法规的产物,它更多地与信托制度类似,可能带有规避法律法规的意味,但却有其独特的市场价值。此外,结构性住房租赁模式兴起的一个重要背景是资产证券化使用较狭。美国也存在轻资产的住房租赁模式,即前述的"REITs",尤其是其中的融资型 REITs。[17] 一般认为,美国的 REITs 行业与其资产证券化行业有关。[18] 但 REITs 与结构性住房租赁模式仍存在法律结构上的根本差异。

---

[15] 这种归纳的思路参考了宋光辉为"结构化金融与证券化系列丛书"作的序。参见[英]阿诺·德·瑟维吉尼:《结构化金融手册》,李楠、杨桦、宋泽元译,机械工业出版社 2018 年版。

[16] 《房地产经纪管理办法》第 25 条规定,房地产经纪机构和房地产经纪人员不得有下列行为……对交易当事人隐瞒真实的房屋交易信息,低价收进高价卖(租)出房屋赚取差价。在实务中该条文通常被扩张解释,即虚化"隐瞒房屋交易信息"这一前提,直接扩张解释为禁止房地产经纪机构和房地产经纪人"低价收进高价卖(租)出房屋赚取差价"。这种解释使得房屋租赁机构化趋势本身的合法性遭受怀疑,并不妥当。

[17] See Jack H. McCall, *A Primer on Real Estate Investment Trusts: The Legal Basics of REITS*, 1 Transactions: The Tennessee Journal of Business Law 1 (2001).

[18] See Jaclyn McLean, *Finance Nouveau: Prospects for the Securitization of Art*, 3 New Mexico Law Review 561 (2008).

综上所述,新的交易结构体现出不同形式的当事人权利义务关系,也带来了许多新类型法律问题。本文主张引入商法思维分析复杂的交易实践及其法律关系,主张结构性住房租赁模式的法律内涵是一种综合性法律关系。

二、结构性住房租赁的交易结构与定性难题

结构性住房租赁作为国内住房市场的新兴业态,其商业上的实质是由住房租赁机构向特定人群提供中长期——从实践来看一般不短于3个月——的居住空间和居住服务。住房租赁的机构参与、结构化交易模式有其在满足细分市场需要的独特意义,它针对的是长于几天、十几天的旅店业、但通常短于3年至5年的租赁需求。结构性住房租赁模式在市场上的快速发展表明结构性住房租赁模式有其存在的合理性,而结构性住房租赁模式涉及住房所有权人、住房租赁机构和实际承租人三方主体。交易主体和交易层级的增加导致了三者之间存在复杂的法律关系,在实践中存在法律定性的难题。

（一）结构性住房租赁的交易结构

1.作为长租公寓类型之一的结构性住房租赁交易模式

住房租赁机构参与的住房租赁交易模式是住房租赁市场发展的产物。商业上通常因此类商业模式周期较长、较为稳定的资产增值、租金和增值服务为收益的特点,统称其为“长租公寓”。本文所关注的结构性住房租赁模式是“长租公寓”的一种新兴形式。长租公寓的常见模式可以分为4种,见表1。

表1　结构性住房租赁模式作为通常所言“长租公寓”的一种模式

模式	特点	盈利模式	代表企业
自有物业并运营	机构住房所有权人成立专门的运营团队,为承租人提供租赁和增值服务	获取资产增值、租金和增值服务收益	万科、龙湖、招商蛇口
转租(包租)	住房租赁机构从住房所有权人处租赁住房,对外出租,并负责出租期间的运营和维护	机构赚取租金差价和服务费,住房所有权人享有资产增值和住房租赁机构支付的固定租金收益	优客逸家

续表

模式	特点	盈利模式	代表企业
结构性住房租赁	住房租赁机构与住房所有权人合作，收房并出租、提供增值服务	机构从租金和增值服务费中收取管理费和服务费，住房所有权人享受资产增值和租金、分红	自如、保利、绿城、复星、链家
代建并运营	住房租赁机构受土地所有权人委托，进行土地规划、建造和运营	机构赚取租金差价和服务费，土地所有权人享有资产增值和固定租金收益	旭辉

如表1所示，住房所有权人和住房租赁机构合一的自有物业并运营模式、住房租赁机构从住房所有权人处租赁住房并对外出租的转租模式（典型意义上的“二房东”模式）是传统住房租赁的交易模式。结构性住房租赁模式和代建并运营模式则是近年来兴起并值得进一步研究的住房租赁模式。

2. 结构性住房租赁的交易结构

结构性住房租赁模式涉及住房所有权人、住房租赁机构和实际承租人三方，如前文图1。住房所有权人在一定期限内将全部或部分住房的占有、使用、收益等权限通过合同方式移转给住房租赁机构，机构以自己的名义对外出租房屋，收取租金和增值服务收益，并将之分配给住房所有权人。这一过程中，住房租赁机构并非简单地向住房所有权人租赁房屋并支付固定租金，而是受住房所有权人所托开发住房，完成出租，代为收取租金和分配利润、获得报酬等一系列复杂的活动。

3. 法律应当如何认识结构性住房租赁交易

以法律视角审视结构化住房租赁模式，其重点毫无疑问是对住房所有权人、住房租赁机构和实际承租人之间的三方关系进行辨析，尤其是住房所有权人与住房租赁机构签订的合同、住房租赁机构与实际承租人之间签订的合同这两个合同的法律性质，分析、判断其是否可以归入某个有名合同项下，还是属于新的无名合同。

准确认定合同的性质，对于正确处理合同纠纷、维持合同有效稳定、当事人权利保障均具有重要意义。但也必须认识到，对有名合同的认识不宜一律奉其为圭臬，否则难免造成削足适履的效果。因此，本文主张结构性住房租赁模式是一种综合性法律关系，承认其混合了租赁、劳务等多个类型的法律关系，但也力图为结构性住房租赁模式寻找一个最接近的有名合同类型，以之作为分析的基准。在本文看来，这个最接近的有名合同便是委托合同中的行纪合同。

分析合同性质时，不能拘泥于合同名称或条款的表面，而应分析当事人利益状态、合同目的及斟酌交易惯例，⑲提取合同的实质特征。例如租赁合同的实质特征是双务、有偿、继续、交付但不移转标的物所有权、转移从标的物中获取收益的权能，而委托合同的实质特征则是单务、信任、处理某个或某些特定事务。

（二）新型模式的法律定性难题

1. 结构性住房租赁模式的重要载体："资产管理合同"

结构性住房租赁模式中的住房租赁机构重塑了主流房地产经纪行业的交易模式。新交易模式下，住房所有权人不再是直接和实际承租人订立合同，而是先与住房租赁机构订立一份"资产管理服务合同"，将住房交付住房租赁机构，住房租赁机构对房屋进行维护、装修等，而后再与实际承租人签订"房屋租赁合同"，交付住房租赁机构管理的住房给实际承租人使用，并向实际承租人按期收取房屋租金（包括增值收益）。

问题的症结在于如何认定"资产管理服务合同"的属性。从理论和实务来看，我国合同法中与该合同直接相关的有名合同首先是租赁合同和委托合同两种合同。

以北京自如生活资产管理有限公司（以下简称自如公司）的格式合同《资产管理服务合同》为例。

粗略地看，住房租赁机构与住房所有权人之间似乎是委托关系，依据至少有四处。第一处是第1条第1款⑳中的规定，住房所有权人将房屋委托自如公司管理运营，显然，这里不是由自如公司承租住房的意思。第二处是第1条第2款中㉑的规定，自如公司通过"管理运营"将房屋提供给第三人使用，而非先承租

⑲ 参见王泽鉴：《债法原理》，北京大学出版社2013年版，第217～220页。

⑳ 自如公司《资产管理服务合同》第1条第1款规定，甲方（作者注：指住房所有权人）同意委托乙方（作者注：指"自如公司"）管理运营的房屋……

㉑ 自如公司《资产管理服务合同》第1条第2款规定，甲方同意授权乙方对标的资产（作者注：指住房）进行管理运营供他人居住、使用，乙方为甲方提供的资产管理服务……

后转租,故而相对于住房所有权人的"承租人"是自如公司之外的第三人。第三处是第2条第3款中[22]的规定,它明确了自如公司"代"住房所有权人向实际承租人收取租金。从这个意义上讲,自如公司对外收取了租金,但对实际承租人而言,租金是交给住房所有权人的。第四处是第5条第1款第1项中[23]的规定,它明确了自如公司的"经办人"身份,自如公司作为受托人有权行使房屋所有权人的权力和权利。以上条款表明住房所有权人与自如公司之间成立的是委托代理关系。

但又有支持租赁关系的依据,例如《资产管理服务合同》第2条第7款[24]中的规定。然而,管理合同通篇都没有提及自如公司向住房所有权人付款的其他附带条件,比如实际承租人拖欠房租的情形,也未提及"实际收益"小于"预期合理收益"情形下如何计算住房所有权人的"应得收益"。换言之,自如公司向住房所有权人支付的款项是定期的、定额的,这就与租赁合同相似;但据笔者调研访谈,自如公司在设计交易结构之初是希望"甲方应得收益"为一个浮动值,只是囿于市场原因,尤其是竞争者负债扩张,不得不给出一个最低值。换言之,此处更像是金融理财领域常见的"真正刚性兑付"[25]。这种刚性兑付的结果是住房租赁机构承担了不必要的成本。对于闲置时的高额成本有时会导致企业不得不采取一些短视行为,例如被迫压缩装修后的通风期,从而引发"甲醛门"等负面事件。因此,对于住房租赁机构来说,它们主观上并不希望承担房屋闲置时的成本。破解刚性兑付的关键,其实正在于受信义务的恰当履行和权利救济机制的完善。

又以房屋所有权人(甲方)与相寓公司(乙方)签订的"资产管理服务合同"条款为例。

---

[22] 自如公司《资产管理服务合同》第2条第3款规定,乙方管理运营标的资产所实际代收资产使用人的租金为实际收益。

[23] 自如公司《资产管理服务合同》第5条第1款第1项规定,甲方同意授权乙方代表甲方管理运营标的资产,签署与标的资产管理有关的合同(包括但不限于房屋租赁合同、补充协议、和解协议、解约协议等相关的协议、文件),处理管理期间发生的纠纷……

[24] 自如公司《资产管理服务合同》第2条第7款规定,每个履约年度内每( )个月为一次结算周期……

[25] 真正刚性兑付,指被动而为的刚性兑付。参见李立新:《债券违约刚性兑付的形成机理与破解法门》,载《河北法学》2017年第11期。

这个条款倾向于将合同性质解释成委托代理:“甲方授权乙方代表甲方运营出租标的资产,签署与资产管理有关的合同,处理资产管理服务期间发生的纠纷;乙方代甲方收取、催收和保管租金、押金及其他各项资金,为甲方转付、扣划各项费用,并将该资金收支进行独立记账管理。”

“甲方将所拥有的标的资产委托乙方进行管理,资产管理服务期限为××××年××月××日起至××××年××月××日止,预计甲方租金收益为××元/月,乙方以季付的付款方式向甲方转付。每个管理周期甲方向乙方支付等于20天租金收益的资产管理服务费和300元维修基金。”而仅看此条款,它完全能够符合租赁关系中出租方交房供承租方租赁使用,约定承租方承担维修责任并抵扣租金,承租方定期支付租金的权利义务关系内容;但如果解释成房主委托租赁企业出租房屋,委托其代收租金并定期转交,委托其代房主承担维修责任并支付报酬,似乎也能成立。

结构性住房租赁模式中的基本法律关系可以制成表2。

表 2 结构性住房租赁模式中的基本法律关系

	住房所有权人	住房租赁机构	实际承租人
民事法律关系的积极方面	受领租金	代为收取租金	占有、使用住房
	获得增值利润	向住房所有权人要求给付报酬	维修、优先购买权等
民事法律关系的消极方面	交付住房	交付住房	支付租金
	向住房租赁机构支付报酬	维护住房	按约定使用住房

2. 既有租赁法律框架不能完全解释结构性住房租赁模式

民法视角的物权化[26]、承租人利益保护[27]、房屋租赁权让与[28]等框架不能完全解释结构性住房租赁模式,见表3。

---

[26] 参见陈传法:《论转租——以次承租人租赁权的物权化为中心》,载《中国社会科学院研究生院学报》2017 年第 3 期。

[27] 参见梁伟:《经营性房屋租赁承租人权益研究——以承租人权益的特殊保护为重心》,载《铜陵学院学报》2011 年第 6 期。

[28] 参见陈本寒、谢靖华:《房屋租赁权让与问题之探讨》,载《政治与法律》2013 年第 3 期。

表 3 我国既有租赁法律框架不能完全解释结构性住房租赁模式

	物权化路径	承租人利益保护	租赁权让与	结构性住房租赁模式
实际承租人给付的租金归属	住房租赁机构	住房租赁机构	住房租赁机构	房屋所有权人,住房租赁机构代为收取租金
住房租赁机构有无报酬	无,租房租赁机构的收益来源于租金差价	无,租房租赁机构的收益来源于租金差价	无,租房租赁机构的收益来源于租金差价	有,报酬非单纯的"租金差价",而来自装修、运营、配套服务等
是否允许对外出租	不明确	不明确	限制主义,需合同明示或默示	是
住房由谁维护	依合同,转租人或实际承租人	依合同,转租人或实际承租人	依合同,转租人或实际承租人	住房租赁机构(有些也区分维护的对象,约定部分由住房租赁机构处理,有些由实际承租人处理)
前合同解除对后合同效力的影响	无效	无效	无效	不明确,待解决

特别需要说明的是,2020 年后,我国监管部门普遍将结构性住房租赁模式的法律属性界定为"承租—转租"。例如 2022 年颁布的《北京市住房租赁条例》第 26 条第 1 款即规定,"承租他人住房从事转租业务的,应当依法向区市场监督管理部门申请办理市场主体登记,取得营业执照,其名称和经营范围均应当包含'住房租赁'相关字样"。这种思路具有一定合理性,本文不采这种观点的核心原因在于"转租"一词在中文语境中具有极大的不确定性,不如直接使用提示我们应当聚焦合同本身、厘清法律关系的"综合性法律关系"一词。学者多把"转租"定义为"将租赁物转租于第三人",㉙但关于它的具体含义是变动物和占

㉙ 参见王一凡:《非法转租的法律构造》,载《上海房地》2023 年第 5 期。

有等法律事实还是变动物上的权利义务关系,则存在巨大的模糊地带,尽管"转租"是我国法律用语,[30]法律意义上更明确的表述是只让与权利的"租赁权让与"[31]或权利义务关系一并让与的"租赁让与",但显然结构性住房租赁关系既不是租赁权让与,也不是租赁让与。前者意味着住房租赁机构负有向住房所有权人支付租金的固定义务,后者意味着住房租赁机构从法律关系中退出,以之认定结构性住房租赁关系的法律属性有削足适履之嫌。结构性住房租赁模式与"承租—转租"存在以下异同,见表4。

表4　结构性住房租赁模式与"承租—转租"的异同点

比较点	结构性住房租赁模式	承租—转租
住房租赁机构的盈利来源	租金及增值利润	租金差价
房租决定者	住房所有权人,房屋租赁机构根据市场状况为住房所有权人的利益调整	房屋租赁机构
保证满租房租	无	有
保证房租按时缴纳	无	有
入住中问题处理	有	有
退租清点	有	有
房屋维护	有	有
押金	住房租赁机构代住房所有权人收取	房屋租赁机构收取

更妥当的做法是聚焦合同,实事求是,承认长租公寓中存在不同交易模式,结构性住房租赁模式是一种新的模式,需要研究者从交易模式的实质深入细究。

3. 实务界对结构性住房租赁的法律理解:在委托和租赁之间取舍

(1)房屋所有权人与住房租赁机构之间的合同关系

本文选取在中国裁判文书网可以检索到的相关案例来归纳司法实践对于房屋所有权人与住房租赁机构之间的合同关系的认识。本文通过法院在案例

---

[30] 例如《民法典》第716条规定,承租人经出租人同意,可以将租赁物转租给第三人。承租人转租的,承租人与出租人之间的租赁合同继续有效;第三人造成租赁物损失的,承租人应当赔偿损失。承租人未经出租人同意转租的,出租人可以解除合同。

[31] 参见陈本寒、谢靖华:《房屋租赁权让与问题之探讨》,载《政治与法律》2013年第3期。

中归纳的争议焦点和裁判思路推断法院对合同性质的认定,见表5。

表5 房屋所有权人与住房租赁机构之间的合同关系的裁判思路

合同性质的认定	争议焦点	裁判概要
认定租赁合同	合同期限内,住房租赁机构设立隔断、擅自转租、群租,拖欠租金,或者因被告将房屋用于非居住用途,住房租赁机构单方解约等,住房所有权人能否直接要求解除合同、支付违约金、赔偿损失	虽然合同形式上表现为居间合同,但事实上是租赁合同,根据合同约定交纳租金,合同的一方不可以擅自解约
	相邻关系下,房屋漏水侵害邻居权益,由何者承担责任	租赁关系中,应当由产权人(住房所有权人)承担责任
	房屋产权不合格,合同是否有效	因为租赁合同要求必须是有产权的房屋,因此无效
	合同期限内,房屋因不可抗力(拆迁)等因素而不能履行,住房所有权人是否构成违约	不可抗力是免责事由,住房所有权人不构成违约
认定委托合同	在住房所有权人与住房租赁机构有矛盾而提前收房,或者是租赁公司出租困难的情形下,能否直接解约	不是租赁合同关系,可以直接解约,住房租赁机构和实际承租人之间的合同履行不能,由租赁公司承担违约责任
	住房所有权人的继承人继承住房后,不同意将房屋出租,住房所有权人是否可以主张任意解除权	不是简单的委托出租合同,还有装修改造等内容的,住房所有权人不得擅自解除合同。住房所有权人继承时应对权利义务一并继承,解除合同应当承担违约责任
	协议中的延期条款的效力问题	住房所有权人将房屋委托给租赁公司出租,通常情况下委托期限和租赁期限不能同步,租赁期限大多晚于委托期限,延期条款有效
	房屋内实际承租人涉嫌从事违法活动,住房所有权人能否解除合同	委托人可任意解除合同,但应赔偿损失,住房所有权人主张解除合同是行使法定权利,不构成违约

从表5归纳的争议类型来看，住房所有权人能否行使解除权是一种相当常见的纠纷类型。要判断当事人是否具有解除合同的权利，除了要看案件事实是否符合合同中约定的行使解除权的情形之外，还应当注意合同的性质问题。租赁合同和委托合同对于当事人合同解除权的处理规则不同，委托合同的当事人原则上享有任意解除委托合同的权利，[32]而租赁合同的当事人则不能任意解除租赁合同。单纯就委托合同和租赁合同比较而言，租赁合同在利益衡量上似乎更胜一筹，但如果参考行纪合同的规定，还可以利用间接代理等规则，平衡房屋所有权人和第三人之间的关系。当然，如果允许房屋之上成立信托，资产分割和破产隔离的效果就更为明显，但这种基金模式并不符合结构性住房租赁模式所描摹的生活实践。

从委托合同和租赁合同双方的权利义务关系的角度来看，在定性为委托合同的案例中，个别案例呈现出媒介居间、履行辅助委托的特征，而认定为租赁合同的案例中，有法院关注到合同关系的综合性，即装修等。因此，本文主张以综合性合同来概括结构性住房租赁模式的特征。

(2)住房租赁机构与实际承租人之间的法律关系

第二对双方关系是“住房租赁机构—实际承租人”关系，这类案例中法院通常识别出了租赁关系，但对“出租人”存不同认识，分情况如表6所示。

表6　住房租赁机构与实际承租人之间的法律关系的裁判思路

法院认定的出租方	争议焦点	裁判摘要
住房租赁机构	房屋居住条件不符(甲醛超标、房屋漏水等)、不可抗力(火灾、拆迁等)、住房所有权人提前收房或产权问题，住房不能再继续居住，或由于住房租赁机构未尽到保洁、修缮义务，乱收费用，设置隔断，擅自转租、群租，上门检查骚扰，涉嫌欺诈等，实际承租人要求解除合同，并返还租金、押金、支付违约金或请求赔偿损失	实际承租人有证据证明其主张具备真实性的情况下，由住房租赁机构承担违约责任

[32] 《民法典》第933条规定，委托人或者受托人可以随时解除委托合同。因解除合同造成对方损失的，除不可归责于该当事人的事由外，无偿委托合同的解除方应当赔偿因解除时间不当造成的直接损失，有偿委托合同的解除方应当赔偿对方的直接损失和合同履行后可以获得的利益。

续表

法院认定的出租方	争议焦点	裁判摘要
	因实际承租人未付租金,改变房屋用途等,对房屋造成损害,从事违法活动,实际承租人转租,入住者系其他人而非承租人或者是实际承租人提前解约等其他因素,住房租赁机构主张解除合同或请求实际承租人支付违约金、赔偿金	有证据证明实际承租人构成违约的,由实际承租人承担违约责任,住房租赁机构可以解除合同,并且抵扣押金用于支付违约赔偿
	合同到期后,住房租赁机构以无法查看水表、未结清采暖费或者房屋家具损坏等其他缘由未返还押金,实际承租人诉至法院	在住房租赁机构自行收取押金的情况下,住房租赁机构应当返还押金。在实际承租人未搬离的情况下,住房租赁机构可以同时履行抗辩不返还押金
住房所有权人	合同到期后,住房租赁机构以无法查看水表、未结清采暖费或者房屋家具损坏等其他缘由未返还押金,实际承租人诉至法院	住房租赁机构是代房主收押金的情况下,实际承租人可以向真正的出租方房主请求返还押金
	合同到期后,实际承租人未及时腾退房屋,住房所有权人、住房租赁机构诉至法院	合同到期后,住房所有权人是房屋的出租方和产权人,有权要求实际承租人腾退房屋
	住房租赁机构是不是适格主体	原告住房租赁机构主体不适格,驳回诉讼请求

实际上,出于诉权行使和取得胜诉利益的考量,在“住房租赁机构—实际承租人”的关系中,住房租赁机构一般不对合同属性提出异议,其格式文本命名为“租赁合同”。对这类纠纷,一般比较容易处理,只是在二者诉讼中牵涉住房所有权人,法院有时就会陷入困惑。例如,在刘某勋与北京爱家营企业管理有限公司房屋租赁合同纠纷案中,实际承租人主张其与住房租赁机构签订合同时,被告并未告知其产权人的情况,亦未向原告出示产权人的委托书或合同,其将租金交付被告,故应为被告履行合同义务。住房租赁机构主张其与产权人之间有出租委托代理合同,代理事项为被告为产权人寻找租户并与租户签订合同,

认为其与原告签订的合同应约束产权人与原告，因而拒绝履行实际承租人所主张的义务。北京市东城区人民法院认为，该合同约束的主体应为原、被告，法院还提及了住房租赁机构和住房所有权人之间的关系，认为住房租赁机构交付给住房所有权人的“租金”少于其收取的“租金”，[33]似有认定转租关系之嫌。单纯从维护实际承租人权益角度，法院作出“转租—出租”关系的认定符合法律逻辑，但有削足适履之嫌。

更复杂的情形是，有时在具体条款方面，住房租赁机构有时会披露住房所有权人和委托关系，在部分住房租赁机构可能面临败诉风险的案例中会以此为由否认租赁关系的存在，表示自己并非真正的出租方和产权人，只是提供居间服务，企图以此规避责任。此时法院如何定性“住房租赁机构—实际承租人”之间的合同，至关重要。

由自如公司《房屋租赁合同》第 2 条[34]这一典型的住房租赁机构同实际承租人订立的合同条款可见，住房租赁机构虽然将格式合同命名为“房屋租赁合同”，在具体条款中也将续展的同类型合同称为“房屋租赁合同”，但也披露了住房所有权人的存在，自称“甲方已获房屋资产出租人授权”，整个合同过程看似是代理人经授权为被代理人订立合同，将自己置于资产管理人的地位，特别是在收取租金和押金方面也明确注明是代理住房所有权人所为；但无论是从自如公司《资产管理服务合同》还是自如公司实际管理行为尤其是以自己的名义起诉的行为——代理人通常无权代被代理人起诉——来看，作为住房租赁机构的自如公司和实际承租人之间成立的关系应为租赁关系，而不是非合同的债务履

[33] “双方签订《北京市房屋租赁合同之补充协议》在合同上手写产权人姓名的为被告工作人员，按租赁合同收取原告租金的亦为被告，被告交付产权人的租金标准低于其收取的原告租金标准，故本院认定该合同约束的主体应为原、被告，合同的甲方应为被告。”参见刘某勋与北京爱家营企业管理有限公司房屋租赁合同纠纷案，北京市东城区人民法院（2017）京 0101 民初 16113 号民事判决书。

[34] 自如公司《房屋租赁合同》第 2 条约定：（一）本合同租金及付款方式以合同附件——《房屋及租赁信息表》载明内容为准。（二）本合同租赁期限届满后，乙方继续承租本合同项下房屋的，应当与甲方另行签署房屋租赁合同，租金以届时甲方报价为准。（三）甲方已获房屋资产出租人授权，代为收取房屋资产管理收益（包括但不限于房屋租金）。房屋发票由房屋资产出租人开具，甲方在法律允许开具发票的范畴内可予以相应协助。（四）鉴于甲方在本合同租赁期限内将持续为乙方提供房屋的维护及管理服务（包括但不限于专属管家、保洁服务、维修服务、客服电话、Wi-Fi 等），乙方应向甲方支付房屋维护及管理服务费（本合同称“服务费”），服务费计收标准以合同附件——《房屋及租赁信息表》中载明的金额为准。

行关系。对于这一点，在李某捷与自如公司房屋租赁合同纠纷案中，北京市石景山区人民法院即依据诚实信用原则对合同性质进行了解释，基于自如公司实际管理房屋、收取租金、拆除房屋架构、提出解除合同等因素，认定自如公司与李某捷之间“已经实际形成了房屋租赁合同关系”。[35] 鉴于该案中列举因素已超代理法律关系的范围，这种实质解释的立场值得本文赞成。

(三)定性难题的根源与新的思路

定性困难的原因在于，一方面，结构性的住房租赁模式是一种全新的营业形态。住房租赁企业重塑了先前主流房地产经纪行业的交易模式，不再是中介公司作为居间方，而是转变为先由住房租赁机构与住房所有权人签订一份《资产管理服务合同》，转委托受房主委托和授权管理该房屋，并进行装修、出租，并按期向房主支付租金收益(不包括装修后的增值收益)；之后再与实际承租人签订《房屋租赁合同》，交付其管理的房主房屋给实际承租人使用并向实际承租人按期收取房屋租金(包括增值收益)。另一方面，随着合同当事人数量的增加与交易层级的增加，法律关系的复杂性也随之激增。

综上所述，我国既有租赁法律框架不能完全适应结构性住房租赁模式。那么，是否可以从当事人自我宣称的“资产管理”角度进行理解呢？本文认为，结构性的住房租赁模式是一种全新的营业形态，住房租赁机构和房屋所有权人是一种直接以委托合同为基础的投资活动，可以参考行纪合同的有关规定。作为一种商事行为，商法内外区别的思维有运用的空间。

三、结构性住房租赁的综合性合同定位

前文阐述了单纯从“承租—转租”角度不能全面理解结构性住房租赁模式。本文认为，结构性住房租赁模式是一种以委托为基础的综合性法律关系，其部

---

[35] “虽然《房屋租赁合同》中约定自如公司为×××号房屋资产管理人，受房屋资产出租人贾某莹委托，签订合同。但自如公司是×××号房屋的管理人，租金的实际收取人。后自如公司自主拆除房屋，并向李某捷表达解除租赁合同的意思表示。故本院认为自如公司与李某捷之间已经实际形成了房屋租赁合同关系。”参见李某捷与北京自如生活资产管理有限公司房屋租赁合同纠纷案，北京市石景山区人民法院(2017)京0107民初18194号民事判决书。

分规则可以参考行纪合同。本章将以实践中常见的住房租赁机构违约为例，说明如何运用利益衡量方法厘清交易中各方当事人的权利义务关系。

（一）组织法的借鉴：区分内部和外部关系

商事组织法的长处在于处理复杂主体之间的权利义务关系。由于结构性住房租赁模式包含了“出租人—住房租赁机构—承租人”三方关系，组织法的一些思路值得借鉴。这种借鉴主要在于内部的治理机制和内外关系的区分上。

组织之所以是组织，在于它是由具体的个人组成的。同理，组织的财产也存在于各种关系中，包括企业内部人与人之间，资产与资产之间，人与资产之间的关系等。因此，组织法的一个功能是确立起协调不同关系的制度，此即组织内部的治理机制。[36]

这些关系仅存在于组织的内部，外人无从知晓，或者说知晓具有额外的社会成本。故组织法切割了内部关系和外部关系，对内规制的重点是解决不同主体之间的委托—代理问题，对外则是保护善意第三人，维护交易安全，降低交易成本，从而促进交易的发生。

（二）内部关系：以委托合同为基础、参考行纪合同的综合性合同

结合司法实践的宝贵经验，本文将结构性住房租赁模式归纳为“受托—租赁”，这种模式可以考虑定性为以委托合同为基础的、参考行纪合同的综合性合同。

1. 综合性合同的定位

对类似的、多种关系复合的经纪类合同，最高人民法院曾在熊某、杨某与正合世纪公司知识产权合同案中，针对涉案演艺合同是否适用原《合同法》第 410 条指出，诉争演艺合同应被界定为一种“综合性合同”，并不当然适用合同法关于委托合同的任一规定，在该案中，原《合同法》第 410 条规定的委托合同任意解除权并不适用。[37] 在这个案件中，最高人民法院实际上运用了利益衡量的方法妥善进行了处理。基于同样的思路，我们可以将结构性住房租赁模式中住房租赁机构与住房所有权人之间的合同可以定性为一种“综合性”合同。

---

[36] See L. E. Ribstein, *Reverse Limited Liability and the Design of Business Associations*, Social Science Electronic Publishing (2004).

[37] 参见熊某、杨某与正合世纪公司知识产权合同案，最高人民法院（2009）民申字第 1203 号民事判决书。

由此，综合性合同与委托合同、租赁合同、行纪合同的异同点可制成表7。

表7　综合性合同与委托合同、租赁合同、行纪合同的异同点

	综合性合同	委托合同	租赁合同	行纪合同
规制行为	委托处理租赁事项	委托处理事务	租赁	委托从事贸易活动
住房租赁机构有无报酬请求权	有	视约定，通常无	无	有
费用的请求权	视情况，涉及住房增值的可能有	视约定，通常有	有	无，包含于报酬内
住房租赁机构对租金、增值收益的权利	实践中尚不明确，本文主张分账管理，有可能发生破产取回权	清偿受领辅助人	从实际承租人处取得的租金为自有资金	分账管理，有可能发生破产取回权
任意解除权	无	通常有	不定期租赁合理期限通知解除	《民法典》不明确
自我交易控制	受《房地产经纪管理办法》第25条第8项约束，实践中尚不明确，本文主张无须禁绝	通常禁绝	无此问题	无须禁绝

结构性住房租赁模式中住房租赁机构和住房所有权人之间的合同在租赁合同与委托合同之间，更接近委托合同，尤其是行纪合同，但本文仍主张用“综合性”合同加以表述。理由在于，其一，“转租”一词在中文语境中具有极大的不确定性，不如直接使用提示我们应当聚焦合同本身厘清法律关系的“综合性法律关系”一词。在“住房所有权人—住房租赁机构”关系一侧，结构性住房租赁关系并不是典型的租赁关系，租赁关系难以解释住房租赁机构向住房所有权人支付价金时的不确定性；在“住房租赁机构—实际承租人”关系一侧，既不是租赁权让与，也不是租赁让与，它与二者存在显著差别，例如，租赁权让与意味着让与人得赚取全部超额利润，这与合同约定并不相符，租赁让与意味着住房租赁机构从法律关系中退出，显然也并不符合实际承租人的理解。保留“综合性法律关系”可以提示我们回归合同。

其二,行纪合同有"从事贸易活动"的限制,[38]是否能够扩大解释"贸易活动"存在争议。据一些文献记载,旧时曾有固有行纪与非固有行纪之分。固有行纪是指以买卖为内容的行纪,非固有行纪则是指以买卖之外的、符合行纪要件的合同关系,例如承揽行纪,运送行纪等。[39]我国台湾地区"民法"有所谓"运送行纪"等规定,但我国原《合同法》及《民法典》并未采此种分类。从苏联民法来看,《苏俄民法典》第275条对于行纪合同的定义是"一人(行纪人)接受他人(委托人)的委托和报酬,用委托人的费用,以自己的名义,办理一种或者数种法律行为"。但在学者们的论述中,行纪合同规制的对象有且仅有"代售",并未提及买卖以外的其他合同行为,[40]但在我国的司法实践中,曾有将贸易活动扩张至买卖之外的案例。例如,在"钦州市钦南区骏锋汽车租赁服务部、林某行纪合同纠纷二审民事判决书"中,广西壮族自治区钦州市中级人民法院判决认为,委托租赁可构成行纪合同关系。钦州市中级人民法院指出,根据双方的身份情况、被告的经营范围、分享租车收入的比例等综合分析,双方的合同符合行纪合同的特征,应确认原、被告之间存在的是行纪合同关系,而非委托代理关系。[41]

其三,即使采纳非固有行纪的概念,结构性住房租赁模式中住房租赁机构和住房所有权人之间的合同在租赁合同仍在对委托物的维修、养护等方面有其特征,且如后文所述,确定无疑应当排除任意解除权的适用。不宜将合同约定中的住房租赁机构提供的服务一概视为合同中的从给付义务,住房租赁机构未提供合同约定的安保、保洁、水电网服务的,根据是否违反合同目的,如违反,应肯认承租人的合同解除权。[42]

综上,将结构性住房租赁模式中的合同关系定性为一种"综合性"的合同,

---

[38] 《民法典》第951条规定,行纪合同是行纪人以自己的名义为委托人从事贸易活动,委托人支付报酬的合同。

[39] 参见邹瑜、顾明主编:《法学大辞典》,中国政法大学出版社1991年版,第564页。

[40] 参见[苏]H. A. 别兹鲁克:《苏维埃民法中的行纪合同》,中午、清波译,法律出版社1956年版。

[41] 参见钦州市钦南区骏锋汽车租赁服务部、林某行纪合同纠纷案,广西壮族自治区钦州市中级人民法院(2016)桂07民终1005号民事判决书。

[42] 持"承租—出租"观点的研究者亦突出强调长租房的"服务合同属性"。参见常鹏翱:《走向住房租赁新市场的长租房及其私法保障》,载《学海》2022年第4期。

较为妥当。

2. 私法规则保障

作为一种新兴营业，结构性住房租赁市场离不开配套的民商法规则的保障。至于其财税、金融、行业等营业方面的监管，本文不作深入探讨。就“住房所有权人—住房租赁机构”之间的内部关系而言，本文提炼出了一些基本规则。

其一，维系合同相对性，原则上肯认，仅后文所述例外得突破。举例而言，在行纪合同中，对尚未取得的租金，即收取租金的权利如何归属，《德国商法典》第 392 条规定，“本于行纪人所订立交易所生之债权，委托人与受让人后，始得主张之。前项债权，虽未经让与，但与委托人与行纪人间及委托人与行纪人之债权人间之关系，视为委托人之债权”[43]。崔建远教授认为，该规定超越形式逻辑，注重便捷、经济。韩世远教授则认为，制度形式上，该债权归行纪人所有。从维护交易安全的角度出发，既然合同的当事人实际上就是行纪人和第三人，因此不宜认为委托人可以越过行纪人直接行使合同权利、履行合同义务，而需要经过债权让与等程序。[44]

其二，明确限缩任意解除权的适用。考虑到住房租赁机构为履约的巨大付出以及外部关系的安定性，无限制地类推适用委托合同的任意解除权给合同当事人恶意解除合同或以解除合同为要挟以谋取不正当利益带来了便利，因此应当限缩住房所有权人和实际承租人解除合同的权利。尤其如下文所述，为实际承租人利益，住房所有权人解除合同的权利还要受进一步限制，此为住房所有权人投资的风险。

其三，明确机构的报酬请求权。原则上，行纪人对委托人具有报酬请求权，是行纪合同与委托合同的一大区别。[45] 从资产管理的角度来说，资产的收益本质上是归属于房屋所有权人的，只是由住房租赁机构作为中间人收取、保有，住房租赁机构可从中获得佣金。委托人负有支付报酬的义务，受托人享有报酬支付请求权。

（三）外部关系：参考行纪合同的部分规定

行纪是以自己的名义为他人的利益考虑，而进行动产的买卖或其他商业上

---

[43] 参见《德国商法典》，杜景林、卢谌译，法律出版社 2010 年版，第 183 页。

[44] 参见邱聪智：《新订债法各论（中）》，中国人民大学出版社 2006 年版，第 250 页。

[45] 参见魏耀荣等：《中华人民共和国合同法释论：分则》，中国法制出版社 2000 年版，第 600 页。

的交易，并接受报酬的营业。[46] 由于行纪人通常以行纪为营业，故而行纪合同一般被视为商事合同，德国、法国等大陆法系国家和地区普遍将行纪置于商事法律体系中加以规定。[47]《日本商法典》第 502 条将行纪行为理解为营业商行为。我们也倾向于认为，行纪活动可能具有接受一般工商行政监管的实质必要性，如此则作为营业的行纪似乎作为营业商行为即为已足，而不必将行纪全面地视为绝对商行为。如这个经典的例子，甲委托乙前往丙处购买礼物赠与访客丁，乙与丙之间进行买卖时，乙并未告知丙他实际上是受甲委托，实际上丙也并不关心乙是否受委托以及受谁委托，[48]这种结构就是行纪或正确意义上的间接代理。

实践中常见的一个难题是，如果认定住房所有权人和住房租赁机构之间成立委托关系，根据《民法典》第 925 条[49]可知，只要机构在与实际居住的人签订租赁合同前，出示了管理合同，那么，租赁合同关系中的出租人还是房东，而不是机构，相对的承租人是实际居住的人而不是机构。这也是相当一部分争议的来源。因此，需要专门讨论《民法典》第 925 条、第 926 条[50]是否可以在结构性住房租赁模式中适用。本文认为，《民法典》第 925 条不能适用于综合性合同，这是结构性住房租赁模式的交易结构决定的，若适用，则会导致结构性住房租赁模式本身落空，且有削足适履之嫌。《民法典》第 926 条是否可以适用以及在多大程度上能够适用，也是本文界定的“综合性合同”与行纪合同的一个区别。

行纪合同强调以自己的名义为他人活动，此活动主要是作出法律行为。“以自己的名义”是行纪与通常意义上的代理制度的区别，这种名义上的差别将

---

[46] 参见崔建远：《合同法》，北京大学出版社 2013 年版，第 658 页。

[47] 参见魏宏：《商事合同法律问题》，中国法制出版社 2000 年版，第 392 ~ 397 页。

[48] 参见马新彦：《民法总则代理立法研究》，载《法学家》2016 年第 5 期。

[49] 《民法典》第 925 条规定，受托人以自己的名义，在委托人的授权范围内与第三人订立的合同，第三人在订立合同时知道受托人与委托人之间的代理关系的，该合同直接约束委托人和第三人……

[50] 《民法典》第 926 条规定，受托人以自己的名义与第三人订立合同时，第三人不知道受托人与委托人之间的代理关系的，受托人因第三人的原因对委托人不履行义务，受托人应当向委托人披露第三人，委托人因此可以行使受托人对第三人的权利，但第三人与受托人订立合同时如果知道该委托人就不会订立合同的除外。受托人因委托人的原因对第三人不履行义务，受托人应当向第三人披露委托人，第三人因此可以选择受托人或者委托人作为相对人主张其权利，但第三人不得变更选定的相对人。委托人行使受托人对第三人的权利的，第三人可以向委托人主张其对受托人的抗辩。第三人选定委托人作为其相对人的，委托人可以向第三人主张其对受托人的抗辩以及受托人对第三人的抗辩。

导致《民法典》第958条这类维持合同相对性的规则的出现。行纪合同强调以自己的名义为他人活动,此活动主要是为法律行为。“以自己的名义”是行纪与代理制度(直接代理)的区别,这种名义上的差别将导致《民法典》第958条这类维持合同相对性的规则的出现。“两个合同”及其各自的相对性,是行纪与通常意义上的代理制度有本质区别。[51]

行纪合同主要规定在《民法典》合同编第25章,并以委托合同的规则为一般规则(《民法典》第960条)。我国民法学界通常将《民法典》第925条和第926条理解为规制间接代理规则,[52]进而将《民法典》第925条和第926条排除在行纪合同适用范围之外。这种观点是不准确的。传统大陆法系中的代理制度强调披露本人的显名原则,因而代理指且仅指直接代理,而以“行纪”发挥着间接代理制度的部分制度功能,我国《民法典》第926条是借鉴英美法系代理制度的产物,因而适用且只适用于非行纪的间接代理情形。[53] 因此,我们有必要重新理解直接代理、间接代理、显名代理、隐名代理这些基本概念。

实际上,诚如学者指出,我国的直接代理、间接代理与显名主义的立法结构是一个立法时“删繁就简”的选择,就事论事,能在一定程度上解决外贸代理的实践问题,但混淆了直接代理与间接代理、显名代理和隐名代理以及两个区分标准之间的关系,造成了学理和实践在法律定性上的困惑。[54]

大陆法系对于直接代理与间接代理的区别在于法律关系是否归属于本人。在这个意义上,直接代理的“直接”表现在法律直接规定代理行为的后果是法律效果归属于本人,而间接代理的“间接”则体现在代理人需要通过某项特别的行为(如债权让与、债务承担或免除)使得法律效果移转给被代理人。[55] 这种立法思路的本质仍然是意思自治原则,以及创设不同法律类型供当事人和法官在实

---

[51] 《民法典》第958条规定,行纪人与第三人订立合同的,行纪人对该合同直接享有权利、承担义务。第三人不履行义务致使委托人受到损害的,行纪人应当承担赔偿责任,但是行纪人与委托人另有约定的除外。

[52] 参见张平华、刘耀东:《间接代理制度研究——以〈合同法〉第402条与第403条为中心》,载《北方法学》2009年第4期。

[53] 参见尹田:《民事代理之显名主义及其发展》,载《清华法学》2010年第4期。

[54] 参见徐涤宇:《代理制度如何贯彻私法自治〈民法总论〉代理制度评述》,载《中外法学》2017年第3期。

[55] 参见[德]迪特尔·梅迪库斯:《德国民法总论》,邵建东译,法律出版社2000年版,第671~672页。

践中选用的立法倾向。

然而，二者的实质标准是不同的。直接代理与间接代理的不同在于法律效果是否直接归属于被代理人，而区分隐名代理与显名代理的关键在于是否公开被代理人；而在一些不注重交易相对人之个人特性的行为场合，大陆法系各国家或地区都承认显名主义的例外，此即显名主义的缓和。据此，如果采不公开被代理人、以代理人名义、效果归属于代理人作为间接代理的一种，则行纪就是间接代理。从这个意义上讲，“行纪”和“间接代理”并非等价概念，“行纪”是也只是一种特殊的间接代理。[56] 行纪是间接代理的一种，《民法典》第 926 条适用于行纪合同关系。

由于本文主张以行纪合同为结构性住房租赁模式这一综合性法律关系的重要参考，关于《民法典》第 926 条是否适用于结构性住房租赁模式，本文将结合案例详述。

四、结构性住房租赁模式纠纷的利益衡量：以机构违约为例

实践中，结构性的住房租赁机构首次引起公众注意的事件是 2018 年 4 月“鼎家事件”。杭州鼎家网络科技有限公司、杭州鼎家房地产经纪有限公司采取了结构性住房租赁的交易模式，于 2016 年起迅速发展，但很快出现了资金链断裂，停止向住房所有权人交付租金。2018 年 12 月 21 日，杭州市西湖区人民法院裁定受理杭州鼎家网络科技有限公司、杭州鼎家房地产经纪有限公司破产清算案，该案至今尚未全面完结。类似的案例还有很多。实践中，这类案例由于涉及复杂的三方主体、涉及的当事人数量较大、法律关系复杂，法院在处理过程中必须慎之又慎，对交易结构进行仔细辨析，对各方利益状态进行仔细考量，进而实现纠纷的妥善处理。

鼎家案例还有一个典型意义在于，鼎家在从事结构性住房租赁活动的同时，引入了金融活动。具言之，实际承租人在与鼎家订立住房租赁合同时，会被要求使用租金贷款业务，由第三方金融机构一次性付清较长时段的房租，鼎家

---

[56] 参见尹田：《民事代理之显名主义及其发展》，载《清华法学》2010 年第 4 期。

在收到房租后按月向住房所有权人给付租金、分配收益，实际承租人按月向第三方金融机构还款。

在分析时，由于各个案例在实际上或多或少会有差异，因此，我们可以简化出一个核心设例进行讨论：住房所有权人与住房租赁机构订立合同，住房租赁机构将房屋出租给实际承租人，住房租赁机构在收到租金和服务费用后因经营原因停止向住房所有权人交还租金、分配利润。此法律关系简化后可制成图 2。

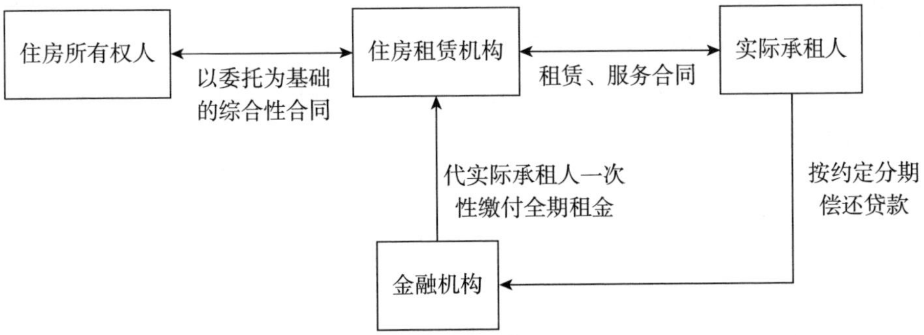

图 2　简化后案例关系

根据图 2，我们可以将实践中住房租赁机构因资金链断裂而违约时的核心争议归纳为：住房所有权人能否解除住房租赁机构与住房所有权人之间的合同？如果能，住房所有权人是否有权收回住房？如果住房所有权人有权收回住房，是否还能保护实际承租人？以上几个问题的法律实质是，住房租赁机构对住房所有权人收益的给付不能的风险，由住房所有权人承担，还是由实际承租人承担。

（一）利益层次的展开

利益可以按照一定层次进行展开，即当事人的具体利益、群体利益、制度利益和社会公共利益的有机层次结构。[57] 利益衡量的具体方法是从当事人的具体利益出发，结合作为基础的社会公共利益，联系群体利益，尤其是对制度利益进行综合衡量后，检视是否需要对特定利益予以保护。[58]

（二）案例中的利益衡量

依次讨论住房所有权人能否解除住房租赁机构与住房所有权人之间的合

---

[57] 参见梁上上：《利益衡量论》（第 3 版），北京大学出版社 2021 年版，第 117～121 页。

[58] 参见梁上上：《制度利益衡量的逻辑》，载《中国法学》2012 年第 4 期。

同、住房所有权人能否收回住房、如何保护实际承租人这几个问题。

第一个问题是住房所有权人能否解除住房租赁机构与住房所有权人之间的合同，涉及住房所有权人和住房租赁机构两方。在这个场景中，当事人的具体利益包括：住房所有权人对房屋的所有权项下占有、使用、收益、处分等权能的实现，因他方当事人违约行为而获得的补偿；住房租赁机构能否继续使用住房并获得租金、服务费等收入的利益。群体利益则包括住房所有权人群体的利益、住房租赁机构群体的利益。制度利益是合同是否需要严守，即本案是否构成契约严守原则的例外。社会公共利益则包括整体租赁市场的稳定（尤其在本案中因金融衍生而涉及租金贷款市场）、承租人的信赖保护等公平正义理念等。我们可以制成表8。

表8　是否允许住房所有权人解除合同但不收回房屋时的利益衡量

	当事人利益			群体利益			制度利益		社会公共利益
选择保护对象	住房所有权人利益	住房租赁机构利益	承租人利益	住房所有权人群体利益	住房租赁机构群体利益	承租人群体利益	一级市场秩序（委托出租市场秩序）	二级租赁市场秩序（承租市场秩序）	整体租赁市场秩序以及公平正义等理念
住房所有权人	√	×	√	√	×	√	√	√	√
住房租赁机构	×	√	√	×	√	√	×	√	√

注：表格中的"√"表示支持住房所有权人或住房租赁机构时该利益得到保护；"×"表示没有得到法律保护或不能得到法律保护。

对于第一个问题，利益衡量的结论是允许住房所有权人解除合同，虽然损害住房租赁机构的利益，但属于契约严守的正当例外，如果住房所有权人不考虑收回房屋，那么对实际承租人的利益也无负面影响。再以实定法观之，可供参考的法律依据包括《民法典》第722条，[59]参考该条文的依据是合同的继续性；

[59] 《民法典》第722条规定，承租人无正当理由未支付或者迟延支付租金的，出租人可以请求承租人在合理期限内支付；承租人逾期不支付的，出租人可以解除合同。

《民法典》第933条,[60]参考该条文的依据是委托合同的一般规则。原《合同法》第410条规制的是原则无偿的委托合同,但对有偿合同,一般认为应当限制原《合同法》第410条的任意适用。但作为有偿的继续性、双务合同,可以参考《民法典》第722条。综上,在无特别规定的情况下,应当允许住房所有权人依据《民法典》第563条第2项、第3项解除合同。

第二个问题是,住房所有权人能否收回住房?在对住房所有权人能否收回住房这一场景进行利益衡量中,当事人的具体利益主要包括:住房所有权人对房屋的所有权项下占有、使用、收益、处分等权能的实现,从对方处获得的补偿;已经履行支付租金这一租赁合同主给付义务的实际承租人能否继续租赁房屋。群体利益则包括住房所有权人群体的利益、住房租赁机构群体的利益、实际承租人的利益。制度利益是所有权的占有返还权能能否实现。社会公共利益则包括住房租赁市场的秩序、公平正义理念等。综上,我们可以制成表9。

表9　住房所有权人解除合同且收回房屋时利益衡量

	当事人利益		群体利益		制度利益	社会公共利益	
选择保护对象	住房所有权人利益	实际承租人利益	住房所有权人群体利益	实际承租人群体利益	所有权的占有返还权能	住房租赁市场秩序	公平正义等理念
住房所有权人	√	×	√	×	√	×	×
实际承租人	×	√	×	√	×	√	×

注:表格中的"√"表示支持住房所有权人或住房租赁机构时该利益得到保护;"×"表示没有得到法律保护或不能得到法律保护。

这个问题实质是住房租赁机构对住房所有权人收益的给付不能的风险,由住房所有权人承担,还是由实际承租人承担。如前所述,结构性住房租赁模式

[60] 《民法典》第933条规定,委托人或者受托人可以随时解除委托合同。因解除合同造成对方损失的,除不可归责于该当事人的事由外,无偿委托合同的解除方应当赔偿因解除时间不当造成的直接损失,有偿委托合同的解除方应当赔偿对方的直接损失和合同履行后可以获得的利益。

中，住房所有权人和住房租赁机构之间具有投资者和受托人的特征。住房租赁机构不能清偿债务的，住房所有权人有权解除合同，若要行使占有返还请求权，则会损害已经履行支付租金的在这一租赁合同中负有主给付义务的实际承租人的利益，同时也会造成住房租赁市场的不稳定。考虑到实际承租人已经向住房租赁机构支付了租金，而住房租赁机构未将租金交付给住房所有权人，住房所有权人应当向住房租赁机构请求支付租金和利益，并为其分配报酬。这是利益衡量的结论。此时还可以做一个相反假设，假设允许住房所有权人收回住房，本案是否属于《民法典》第 926 条规定的“受托人因委托人的原因对第三人不履行义务”的情形，进而允许实际承租人选择租赁合同的相对人？本文认为，其一，结构性住房租赁模式中当事人的意思不是一种委托间接代理，而是资产的管理与收益。其二，效果类似。如果允许，考虑到住房租赁机构已无权对外租赁房屋，实际承租人不可能选择住房租赁机构，而会将租赁合同的当事人选定为住房所有权人。如果实际承租人未一次性缴清租金，则利益无差，但若实际承租人向住房租赁机构缴纳过多期租金，则如果还需再向住房所有权人二次缴纳租金，是不妥当的，因为住房所有权人依然有权向住房租赁机构请求交还已收取的租金，二次缴租对其利益是过度保护了。当然，如果实际承租人愿意二次缴纳租金，相较于解除合同，继续居住才是实际承租人短期现实需求，应当肯定实际承租人的选择权，[61]并将实际承租人和住房租赁机构之间的关系归入典型的非给付型不当得利的情形，可以认为住房租赁机构无法律根据而受有不当利益，应当将租金退还给受有“损失”的实际承租人。

实践中，一些法院也注意到了利益保护的程度问题，并认可了延长合理期限约款的效力。例如，在李某与北京爱家营企业管理有限公司房屋租赁合同纠纷案中，原告房主李某主张租赁公司未及时出租房屋并支付租金而构成违约进而要求解除合同，北京市海淀区人民法院依据合同中对待给付义务的实际情况否定了原告的主张。北京市海淀区人民法院指出，案涉交易结构为李某将涉案房屋委托给爱家营公司对外出租，爱家营公司再依据委托寻找承租人并与承租

---

[61] 持出租人与长租中介、长租中介与承租人分别形成独立的租赁关系观点的研究者，亦赞同至少应该允许承租人通过向住房所有权人支付租金以继续履行合同。参见冯辉：《住房租赁市场法律治理的演进、反思与完善——以租金稳定和合同解除领域的公共政策为视角》，载《政治与法律》2023 年第 10 期。

人签订租赁合同,在这种交易结构的通常情况下,委托期限和租赁期限有时并不能完全一致,租赁期限届至时点多晚于委托期限约定时点,因此,双方在合同第3条第2款及补充协议中约定,委托期限届满后再延长一定合理期限并由爱家营公司支付相应对价的条款,并不存在法律法规规定的合同无效的情形,亦不违反公平原则。法院力图在各方利益之间寻求平衡。[62]

综上,对于实践中较难处理的住房租赁公司大规模违约情形,应当认为实际承租人有权继续占有、使用房屋,住房所有权人应当向住房租赁机构请求支付租金和利益,并为其分配报酬;但这还未解决超出已经支付租金的租期是否仍应继续履行的问题,此时,《民法典》第926条赋予第三人选择权的思路,可供参考。如果住房租赁机构继续存在,住房租赁机构本只是代收租金,如果住房租赁机构破产,租金由住房所有权人收取也更为妥当,由此则双方利益均受到较好保护。

五、结论:作为一种商事实践的结构化合同

本文分析总结了结构性住房租赁模式的法律属性。这种住房租赁模式具有法律关系复杂、出租收益被动、期限错配、信息不对称等特点,使得租赁这种常见的民事行为具备了商法关注的因素。结构性住房租赁模式是一种以委托为基础的综合性法律关系,其部分规则可以参考行纪合同。本文主张区分住房所有权人和住房租赁机构之间的内部关系和住房租赁机构与实际承租人之间的外部关系,将"住房所有权人—住房租赁机构—实际承租人"一对复杂的三方关系还原为"住房所有权人—住房租赁机构"和"住房租赁机构—实际承租人"两对双方关系,在此基础上对缔约主体、收益、保修义务、合同解除等问题进行讨论,尤其指出两对关系冲突时应当运用利益衡量的方法妥善分配各方权利义务关系。

结构性住房租赁模式源自我国的商业实践。对其规制应当首先尊重商业实

---

[62] 参见李某与北京爱家营企业管理有限公司房屋租赁合同纠纷案,北京市海淀区人民法院(2014)海民初字第22962号民事判决书。

践,尤其是合同及其对应的交易结构,认真对待合同条款中蕴含的当事人真实意思,并适当运用利益衡量方法。结构性住房租赁合同代表着我国商事实践中实质性增加信用的商业创新,它作为住房所有权人和实际承租人之间的缓冲,一方面为实际承租人省去甄别出租人的成本,另一方面也为住房所有权人解决房屋供第三人使用而产生的问题。“住房租赁机构—实际承租人”之间的合同蕴含着一种对债务人进行分层的理念,合同的相对人首先是住房租赁机构,但背后仍有住房所有权人的存在,“住房所有权人—住房租赁机构”关系亦类似,这也是本文将之命名为“结构化”合同的根本原因。住房租赁机构实质是租房市场上的信用中介,它带来了新的争议,但我们更要坚持回归法学本身,回归实践本身,不宜以违反法律法规为由叫停其发展,而应该综合考虑交易风险与利益所在,以便正常的市场机制能够发挥作用对其作出检验。[63] 结构性住房租赁合同代表着我国商事实践尤其是平台经济中常见的多级债权债务关系,值得进一步关注。归根结底,我们还需对合同文本、交易结构予以更多重视。

---

[63] 对待新模式的态度,可参见王文宇、缪因知:《收益权信托关系之否认与双债务人合同之肯认:纯高案的民商法原理反思》,载《四川大学学报(哲学社会科学版)》2022年第1期。

论保理合同规范中外观主义方法的运用

袁崇霖*

目　次

摘　要　保理合同是商事法律关系的典型体现。出于商法对交易安全和交易效率的追求，保理合同规范中，债务人保护优先的价值取向应适度让位于促进应收账款债权流通性的考量。保理交易结构中的多层次第三人构造，使得运用外观方法保护保理人及债务人的合理信赖成为必要。在债权人与债务人共同虚构基础交易的场合，基础合同可构成法律关系外观，应据此结合保理交易的类型，赋予当事人相应的法律后果。在基础交易协商变更或终止的情形下，除有利变更和保理人同意外，不应对保理人发生效力，而仅应在债权人和债务人之间生效。在重复保理中，《民法典》第768条应被视为一项保理人之间的权利竞争规则，依外观方法，可从中得出保护债务人对让与通知合理信赖的规

* 袁崇霖，清华大学民商法博士生，清华大学法学院新利益法学研究中心研究人员。

范意义。

关键词 保理合同 应收账款转让 商事法律关系 外观主义 信赖保护

保理合同是我国《民法典》新增加的有名合同类型。保理入典，在回应我国已成为全球第一大保理市场的经济事实同时，①也成为学者们关注和探讨的热点话题。然而，在研究保理合同规范时，学者们多从其在民法体系中的定性、定位等出发，较少关注保理作为商事法律关系的属性及其业务类型的法律特征，从而忽略了民商合一视域中商法一侧调整方法的系统性作用空间。这就使得关于保理合同的研究一定程度上忽视了其背后蕴含的利益关系，难以充分体现出保理规范对交易安全和交易效率的体系性需要。鉴于此，本文试图从商事外观主义视角着眼，分析保理合同作为商事法律关系的特性及其利益特征，并结合保理交易结构，讨论外观主义的调整方法（以下简称外观方法）在《民法典》等相应规范的解释与适用中不可或缺的作用。

一、保理合同及外观方法的运用空间

保理合同作为一种商事法律关系，体现出商法的典型特征，并与外观方法的价值取向具有一致性。加之保理交易中存在的多层次第三人构造，其在客观上提出了运用外观方法解决复杂信赖保护问题的系统性需要。

（一）保理合同的性质和交易结构类型

根据《民法典》第 761 条的规定，保理合同是应收账款债权人将现有的或者将有的应收账款转让给保理人，保理人提供资金融通、应收账款管理或者催收、应收账款债务人付款担保等服务的合同。我国学者一般认为，保理合同立足于债权让与的法律基础之上，以应收账款转让为必备要素，而可以具备融资、管

---

① 参见曲维玺、韩家平：《全球及中国保理行业发展特点、趋势分析与政策建议》，载《国际贸易》2019 年第 1 期。

理、催收、保付等可选要素的部分或全部,是一种混合合同或复合法律关系。[②]民法典的立法者也持上述看法。[③]

从商法一侧着眼,保理合同具有强烈的商属性,其法律关系完全具备"营利、营业、商人"的构成要素,[④]是一种典型的商事法律关系。在承认民事合同与商事合同存在客观区别的前提下,为了妥当地适用法律、激发民商事法律关系的积极价值、完善法律体系的设计,也有必要对保理合同的商法特性予以充分发掘和辨明,[⑤]对此具体分析如下:

其一,保理合同系为营利而产生。作为保理合同的直接当事人,保理人受让应收账款并提供服务,是为了从中获取作为服务报酬的回款差额、利息、费用等经济收入;而债权人或债务人主导或参与订立保理合同,则是为了实现应收账款贴现、应收账款回款管理或者付款担保等各种经营上的利益,从而将其间接转化为金钱收入。面向这一共同目的,双方必然期望并尝试在保理合同中对利益和风险予以合理配置。为此,在对保理合同进行定型化规范时,也应当考虑各主体以营利为核心的缔约目的,借助经济分析而非纯粹依赖逻辑推演,[⑥]理顺所涉主体的利益关系,使之能够体现其中的商业考量和经济关切。

其二,保理合同是在保理营业中形成的法律关系,并日趋表现出明显的现代金融属性。由于涉及资金融通业务,保理业目前在我国接受类似于金融行业的监管,监管规定对其准入条件、组织形式、经营活动和营业资产均有特别要求,其营业性无须再加赘述。[⑦] 随着保理行业的发展,基本的保理交易结构与再保理、供应链金融、金融资产转让、资产证券化等交易模式衔接越发紧密,其不

② 参见李宇:《保理合同立法论》,载《法学》2019 年第 12 期;方新军:《〈民法典〉保理合同适用范围的解释论问题》,载《法制与社会发展》2020 年第 4 期;崔建远:《保理合同探微》,载《法律适用》2021 年第 4 期;黄茂荣:《论保理合同》,载《法治研究》2021 年第 3 期。

③ 参见黄薇主编:《中华人民共和国民法典释义》,法律出版社 2020 年版,第 1402 ~ 1404 页。

④ 参见施天涛:《商事关系的重新发现与当今商法的使命》,载《清华法学》2017 年第 6 期。

⑤ 参见崔建远:《民事合同与商事合同之辨》,载《政法论坛》2022 年第 1 期。

⑥ 参见王文宇:《商事契约的解释——模拟推理与经济分析》,载《中外法学》2014 年第 5 期。

⑦ 保理业目前在我国的法律定位比较特殊,能够经营保理业务的限于商业银行和获准注册成立的商业保理公司,现银行保理和商业保理均由银保监会参照金融行业监管,故其一般被认为是类金融行业或准金融行业。相关规定如:《商业银行保理业务管理暂行办法》(原银监会令 2014 年第 5 号)、《中国银保监会办公厅关于加强商业保理企业监督管理的通知》及一些地方规章和规范性文件等。

同于传统交易模式的现代金融属性也越发凸显。[⑧] 由此，作为保理合同标的的应收账款债权从普通的债权资产逐渐趋于证券化、“账户化”[⑨]。从这一现实角度来看待保理，则使我们无法忽略其背后的涉众性和重复性特征。[⑩] 相关基础规范毫厘间的变化，将可能产生成百上千倍的放大效应，其中对成本与效益的衡平须格外谨慎地予以处理。

其三，保理合同的当事人一般是商人，特殊情况下可能是非商人商事主体等。[⑪] 其中，保理人的主体范围目前限于商业银行和作为准金融机构的商业保理企业，二者无疑都属于商人；而保理人的相对方一般也是因在经营中形成大量应收账款或应付账款而需要融资或付款担保等保理服务的商人，特殊情况下该相对方还可能是医院、学校、公法人等非商人商事主体。对于以商人为主的参与主体形成的法律关系，法律的规范既要免于“父爱主义”的过度保护，也应充分考虑主体的能力范围，为其适当配置合理的义务与责任。

综上，基于保理合同，当事人之间建立起了典型的商事法律关系。与之对应，其中也将产生商事关系的特质，并应受商法原则和方法的制约。不仅如此，考虑到商事关系复杂多变的特质，对保理合同的概括式分析固然重要，更加精细的类型化方法也应在方法论层面得到重视。[⑫] 因此，在揭示保理合同的商事关系属性时，有必要对生成该法律关系的交易结构类型予以必要的厘清，这相当于对承载保理合同的事实情境进行法律意义上的类型化归纳。

按照《民法典》第 766 条和第 767 条规定，根据保理人是否承担债务人付款的信用风险，保理可分为有追索权保理和无追索权保理。这是立法结合保理商业实践而形成的基本分类。若以其业务的一般形态和核心要素作为评价对象，可认为前者的法律性质属于债权让与担保，而后者属于债权买卖。[⑬] 除此之外，在现实的保理交易结构中，还有一些具有重要法律意义的分类，(1)根据应收账款转让时是否立即通知债务人，可分为公开保理和隐蔽保理，这一分类将涉及

⑧ 参见李书文、厚朴保理：《商业保理》，中国民主法制出版社 2016 年版，第 160 ~ 177 页。

⑨ 楼建波：《金融商法的逻辑》，中国法制出版社 2017 年版，第 74 页。

⑩ 参见施天涛：《商事法律行为初论》，载《法律科学》2021 年第 1 期。

⑪ 关于商人和非商人商事主体的区分及二者作为商主体的地位，参见施天涛：《商人概念的继受与商主体的二元结构》，载《政法论坛》2018 年第 3 期。

⑫ 参见杨峰：《商法思维的逻辑结构与司法适用》，载《中国法学》2020 年第 6 期。

⑬ 参见李宇：《保理合同立法论》，载《法学》2019 年第 12 期。

保理合同中债权让与何时对债务人发生效力以及保理人能否事先从债务人处获得债务的确认等问题。(2)根据交易结构中应收账款债权人或债务人哪一方促成保理合同的缔结,可分为正向保理和反向保理,并且还可以衍生出“供应链保理”这一特殊交易形态。其中,应收账款债权人主动促成与保理人之间的保理合同,这一典型交易结构即正向保理。如果保理人系与具备规模和资信优势的债务人(实务中一般称为“核心企业”)达成协议,由核心企业参与并促成应收账款债权人(多为核心企业的上游供货商等中小企业)与保理人的保理合同,可称该交易结构为“反向保理”。若此时保理人还参与核心企业的供应链金融服务,便可进一步称该交易结构为“供应链金融保理”。该分类直接体现出哪一方掌握信息优势这一关键事实特征,在围绕“信息不对称”的商法经济分析中,无疑具有交易成本考量上的重要参考价值。⑭ (3)如果交易结构中涉及一个或多个应收账款债权人将批量的小额应收账款打包转让给保理人,则该保理交易结构一般被称为“集合保理”。⑮ 这类保理业务显示出更强的涉众性,具有向金融商事关系靠拢的趋势,这一点在保理业务与资产证券化交易结合时更加突出,法律对其规制也应当与一般情况有所区别。总而言之,上述各类型的保理业务为法律适用创设了不同的情境,也应成为理解和解释相应规则时考虑的因素,以避免陷入顾此失彼的局面。

(二)保理合同规范中外观方法的运用空间

所谓外观主义,是指交易当事人的主体资格、权利状态或法律行为等外观,如引起了交易相对人或第三人的合理信赖,则即使真实状态与该外观不符,也依此外观使相应交易发生效力。⑯ 外观方法则是外观主义在法律技术上的具体应用和表现。保理交易结构中,保理人和债务人分别在不同情境下居于第三人地位,这种复杂的第三人构造,使得系统地运用外观方法保护交易参与者对于权利外观的合理信赖成为必要。为此,外观方法不应仅被理解为“通谋虚伪表

---

⑭ 参见邢会强:《信息不对称的法律规制——民商法和经济的视角》,载《法制与社会发展》2013年第2期。

⑮ 关于公开保理、隐蔽保理、反向保理,可参见《天津市高级人民法院关于审理保理合同纠纷案件若干问题的审判委员会纪要(一)》(津高法〔2014〕251号)第11条“相关概念解释”;关于集合保理,可参见胡援成、吴江涛:《科技金融的运行机制及金融创新探讨》,载《科技进步与对策》2012年第23期。

⑯ 参见冯玥:《商法中的外观主义研究》,武汉大学出版社2019年版,第12页。

示不得对抗善意第三人"规则的具体化，而是应当结合保理交易的特点，在保理合同规范中得到更加系统性的体现。

1. 保理交易结构中的多层次第三人构造

作为以债权让与为法律基础的商事交易，保理交易结构中不仅充分体现了债权让与中的第三人保护问题，并且由于其标的的特殊性和交易的营业性特征，又将这一问题进一步放大，形成了明显的多层次第三人构造。

其中，第一个层次，即保理人在交易结构中首先表现为基础合同关系之外的第三人。作为保理合同事实上的前提，基础交易合同的成立和生效使应收账款转让得以可能。按照交易安排，该应收账款将成为保理人的回款来源或者回款担保。保理人需要根据该应收账款债权的实际情况，对信用风险和相应收益进行评估，最终决定是否参与到保理交易之中。然而，这一评估和决定并不容易。保理人作为基础交易关系的局外人，无法直接核实基础交易合同的真实性、具体内容和实际履行情况，往往需要信赖债权人和债务人就基础合同和应收账款提供的信息，在债权人与债务人通谋的情况下其利益尤其容易受损。因此，在这一意义上，保理人处于利益需要保护的第三人地位。

第二个层次，保理合同一旦成立，应收账款债务人之于保理合同而言便成为该合同关系外的第三人。虽然保理合同一般在保理人与应收账款债权人双方之间订立，约定的权利义务关系在双方之间产生，但该合同也可能牵涉债务人的利益，尤其是会影响债务人的债务履行对象和履行效果。由于债务人往往无法直接参与到保理合同的法律关系之中，只能被动地信赖接到的让与通知等信息，此时债务人作为第三人的信赖亦应得到保护。此外，在债务人享有基础交易关系上的抗辩权或者变更、终止合同的权利等情形时，债务人的利益保护问题还会更加深刻地表现出来，并且可能与保理人的信赖保护产生矛盾，其中的利益平衡需要特别关注。

第三个层次，如果债权人以同一应收账款叙作多项保理业务甚至是用于重复保理，在后受让应收账款的保理人相对于在先的保理关系而言则居于第三人地位。此时的情形类似于"一物二卖"，但债权公示性的匮乏使得该问题不能简单地类推适用善意取得规则。[17] 各受让人利益的平衡问题需经过更加审慎的考

---

[17] 参见张双根：《股权善意取得之质疑——基于解释论的分析》，载《法学家》2016年第1期。

量。一般债权让与中的优先顺序问题已经引发了债法上深刻的争议,[18]而应收账款债权相较于普通债权又具有定型化、流通性的特征,拆分转让、多手交易的可能性更加现实,居于此种第三人地位的保理人利益保护规范也更应得到妥当配置。

上述三个层次的第三人利益保护问题,从根本上牵动着保理交易的利益关系以及其中的利益平衡,并表现出显著的共性。一方面,各方当事人围绕应收账款这一金钱债权,利益诉求的类型是一致的,即保护其本应享有的金钱利益得到充分实现。另一方面,由于三个层次的问题本质上都是第三人信赖保护的问题,对此既有的法律技术所能提供的有力工具便是外观主义的保护方法。两方面结合来看,由于各方利益的同质性,不存在孰优孰劣的位阶关系,外观方法的系统性展开具备了充分的正当性空间。可以说,保理交易中的多层次第三人构造,与外观方法的逻辑天然地高度契合。

2. 运用外观方法的实质合理性

在民法视角下讨论债权让与时,一般认为,债务人不应因债权让与而陷入不利地位,对债务人的保护是债权让与制度设计中的重要关切。[19] 如果外观方法的运用在保护受让人合理信赖的同时,使得债务人利益受损,或者对债务人信赖的保护不够严密,则该等规范的正当性恐将遭到质疑。相应地,有学者便在《民法典》“保理合同”一章制定期间呼吁,应避免立法政策与法理逻辑冲突,不能“偏惠”保理人而“苛待”债务人。[20]

然而,当债权让与进入商事领域,尤其是进入保理合同这一带有金融属性的商事法律关系领域后,上述理念是否还应被奉为不可动摇的要义呢?对这一问题的回答值得审慎考虑。笔者认为,出于法律典型情境的变化,[21]保理合同规范中制度利益的首要关切应当转变为促进应收账款债权的流通性。相较之下,保护应收账款债务人利益的追求,应当在利益衡量中处于与前者相等乃至次要的位置,由此使得外观方法的运用具备了实质合理性空间,而不必受到民事领

---

[18] 参见李宇:《债权让与的优先顺序与公示制度》,载《法学研究》2012 年第 6 期。

[19] 参见崔建远:《合同法》,北京大学出版社 2016 年版,第 256 页。also see John E. Murray, Jr. , *Corbin on Contracts*, Matthew Bender, 2007, p. 244.

[20] 参见李宇:《保理合同立法论》,载《法学》2019 年第 12 期。

[21] 参见梁上上:《制度利益衡量的逻辑》,载《中国法学》2012 年第 4 期。

域中债权让与法理的苛刻约束。具体分析展开如下：

(1)财富增长是商事交易和商法的价值追求，[22]应收账款债权之于财富增长的价值只有在适当的"流通"中才能得到实现，而外观方法的运用将显著地提升应收账款债权的流通性。单纯停留在债权人与债务人之间的应收账款，只是对一段或多段法律关系中权利义务的金钱结算，不具有财富增值的特别价值。然而，当应收账款进入转让或担保的流通领域时，其价值方得体现——债权人(买方)可以通过转让或者以应收账款作为担保物而获得资金融通，从而进一步用于营利；受让人或担保权人可以通过配置其资本而获得利息等收益；而对于债务人(卖方)而言，在反向保理这类由其主导的保理类型中，其可以直接通过节约资金占用成本，融通资金而获得经营利益；在一般的正向保理中，由于买方的资金能够得到融通，使得作为交易对手的买方更愿意从事交易，债务人则更容易获取交易机会，降低促成交易的成本，从而能够间接分享其中利益。总之，流通性的提升，将增进各方的直接或间接利益，最终还能够使得关于资源合理配置、经济效率增长的公共利益受惠。然而，由于交易参与者在多个层次上的第三人地位，如果规则要求他们对可能影响自己利益的法律关系进行难度较大的实质审查，不免将增加成本，阻碍流通。若进一步要求在交易链条中依事后查明的实质状态赋予相应法律后果，则还可能直接危害交易安全——长远影响便是迫使一部分参与者退出市场，从而使得应收账款债权的流通性进一步衰退。相反，外观方法的合理运用，能够降低当事人的审查成本，保护各方当事人基于权利外观等产生的合理预期，提升保理交易中应收账款的流通性，促进各方的财富增长和整个社会的效率提升。

(2)外观方法下债务人等真实权利人的利益可能受损，但受损的风险同时对应着受益的可能性，这种合理范围内的风险和收益配置只要在合理范围内，便符合商人的利益追求和期待。作为商事外观理论的代表性学说，卡纳里斯的风险责任外观理论指出，如果参照交易中理想的参加者的行为要求，权利外观的形成落入行为人的风险负担领域，则不论其过失与否，均应承担权利外观责任。[23] 与之对应，要求行为人承担这种风险及其造成的损失，除了追求交易效率

[22] 参见施天涛：《商事关系的重新发现与当今商法的使命》，载《清华法学》2017年第6期。

[23] 参见[德]C. W. 卡纳里斯：《德国商法》，杨继译，法律出版社2006年版，第147页。

和安全,还应考虑商人从风险中营利的本性。[24] 例如,在保理交易结构中,保理人并非不知道债权人可能存在重复保理的风险,但其仍愿意参与到交易中,这意味着其做好了接受合理风险、管理风险并据此追求利益的准备。再如,债务人若与债权人虚构应收账款,不管其目的是否在于配合债权人骗取融资,但背后必然有其利益诉求;当债务人面临保理人以该虚构合同向其主张债权时,恐怕也难以否认这恰恰落入其当初故意创造出的"风险负担领域",并应当承担这一风险。由此,外观方法本身并没有错误地配置风险,对于老练的商人而言,这种安排也没有超出其关于风险和利益同在的合理预期。

(3)认可外观方法并非排斥对债务人的保护,而是在商事交易的特定情境下重新配置债务人保护的利益天平。保理合同规范中外观方法的运用应结合交易类型体现出合理的梯度差异,例如,在债务人参与乃至主导了外观形成的情形下,规则待其较为严苛,而在债务人没有参与的情形下,则需对外观方法的适用更加谨慎,从而避免使债务人陷入无法得到补偿的不利地位。[25] 这并非对债权让与中保护债务人的法理的背弃或离经叛道。

总体来看,运用外观方法构造、解释保理合同规范,并不是为了偏惠某方当事人,而是为了契合商事交易中关于流通性和财富增长的追求。当然,外观方法的运用尽管具备形式和实质上的合理性,但该等运用应有其界限,一旦超越了交易参与者的合理预期和必要的经济理性基础,"运用"就成为滥用。至于"孰为合理,孰为滥用"的讨论,还需在具体制度中展开。

二、共同虚构应收账款与外观方法

债权人与债务人虚构应收账款,以虚假的应收账款向保理人叙做保理,是保理合同研究中备受关注的问题。此时若保理人对虚构应收账款一事并不知

---

[24] 参见张雅辉:《论商法外观主义对其民法理论基础的超越》,载《中国政法大学学报》2019年第6期。

[25] 有学者借鉴动态体系论思想解释这一利益平衡问题,其中蕴含的理念是接近的。参见蔡睿:《虚假债权转让中债务人的表见责任——〈中华人民共和国民法典〉第763条的解释论展开》,载《政治与法律》2023年第6期。

情,则构成所谓“保理欺诈”㉖。考虑到实务中保理欺诈的高发性,我国《民法典》第763条特别对此作出了规定。尽管如此,理论界针对该条规定的规范含义看法不一。笔者认为,要回答这一问题,不能离开对外观方法的适当理解和运用,借此才能贯通保理欺诈规制的完整逻辑。

(一)共同虚构的应收账款可构成法律关系外观

《民法典》第763条规定,应收账款债权人与债务人虚构应收账款作为转让标的,与保理人订立保理合同的,应收账款债务人不得以应收账款不存在为由对抗保理人,但是保理人明知虚构的除外。从民法原理上来看,该条也被认为是“通谋虚伪表示不得对抗善意第三人”规则(以下简称对抗规则)在债权存续取得情形下的具体体现。㉗ 不过,如果借道于此尝试理解第763条,不仅会牵涉虚伪表示本体绝对无效与相对无效的解释路径之争,㉘并且也不足以充分解决保理欺诈中的“善意”之认定、善意保理人主张权利的基础等问题。在我国立法者经过审慎考虑而未选择在《民法典》总则编引入一般性对抗规则的背景下,㉙直接经由外观方法展开对第763条规定逻辑的梳理,并由此对齐外观方法在《民法典》“保理合同”一章中的作用空间,是更为合理的分析进路。

基于民法传统上对于物债特性的区分理解,物权因其公示性而产生公信力,从而可形成权利外观,但债权则不然,由于其不具有公示性和公信力,第三人无法因信赖其“权利外观”而得到法律保护。㉚ 于是,坚守合同仅具相对性而无“公示性”的学者,只得折道于“保理人的主观状态”,类比“买者当心”的买卖合同法理,以法律不保护恶意的保理人作为基础解释《民法典》第763条的规

㉖ 参见黄和新:《保理合同:混合合同的首个立法样本》,载《清华法学》2020年第3期。

㉗ 参见施鸿鹏:《通谋虚伪表示基础上对抗规则的教义学展开》,载《东方法学》2022年第1期。

㉘ 参见杨代雄:《恶意串通行为的立法取舍》,载《比较法研究》2014年第4期。

㉙ 该一般性的对抗规则在《民法总则(草案)》最后审议时删除,立法者对此的说明是:“有的代表提出,民事法律行为无效或者被撤销后对第三人产生的法律后果,情况比较复杂,不宜一概规定不得对抗善意第三人,宜区分情形由民法典的物权编、合同编等分编作具体规定。法律委员会经研究,建议将草案第一百四十九条第一款修改为:行为人与相对人以虚假的意思表示实施的民事法律行为无效。”参见《第十二届全国人民代表大会法律委员会关于〈中华人民共和国民法总则(草案)〉审议结果的报告》(2017年3月12日第十二届全国人民代表大会第五次会议主席团第二次会议通过)。

㉚ 参见蔡睿:《虚假债权转让中债务人的表见责任——〈中华人民共和国民法典〉第763条的解释论展开》,载《政治与法律》2023年第6期。

定。[31] 然而,上述解释路径中似乎存在一道基础逻辑上的裂痕:面对虚假应收账款,善意保理人固然可以请求债权人承担欺诈或违约等责任,但其何以要求债务人按照根本不存在的债务依据向其履行义务呢?或许此时再诉诸侵权法等规范,仍可部分弥合这一逻辑裂缝,不过不免徒增问题的复杂程度,也与《民法典》表述中简洁的取向有所背离。

若采取外观方法,认可债权人与债务人共同虚构的应收账款可构成法律关系外观,能够轻松地打通该情形下的权利义务逻辑,充分简化问题。在前文已确认外观方法具有运用空间的前提下,此时唯一的疑点即如何越过所谓合同"公示性"的障碍。然而,正如前文所述,外观方法虽是信赖保护在法律技术上的具体体现,但外观主义本身并不执着于以"物债区分"下的公示性作为其逻辑起点,整体的法律关系也可以构成法律认可的"外观"。[32] 此种信赖,在民法层面,相当于是一种对意思表示外观的信赖,该外观可经由《民法典》第 763 条的规定而获得特殊的有效评价。在商法一侧,信息经济学分析与风险责任理论的引入使其正当性得到更加充分的补强。一方面,保理人面对基础合同处于显著的信息劣势,并面临高昂的核查成本,但基础合同上的债权人和债务人向保理人披露真实信息的成本却极为低廉。此时若在规范配置上允许保理人信赖基础合同当事人提供的信息(尽管这些信息是非公示性的),将促使居于信息优势地位的一方充分向相对方披露真实的重要信息,[33]并且最终降低达成交易的总成本,这无疑对整个市场都有所裨益。另一方面,该法律外观的形成落入债权人和债务人的风险负担领域,除了直接与保理人达成合同的债权人,对参与虚构应收账款的债务人而言,在应收账款融资愈益普遍化的背景下,其应当知晓参与虚构应收账款将面临受让债权的第三人向其请求履行债务的可能,要求其对由此产生的外观风险负责并不失合理性。

因此,可以将《民法典》第 763 条的基本逻辑理解为,由于债权人与债务人共同虚构了基础法律关系,对于信赖该法律关系外观的保理人,法律使该虚构

---

[31] 参见崔建远:《保理合同探微》,载《法律适用》2021 年第 4 期。

[32] 参见刘胜军:《论商事外观主义》,载《河北法学》2016 年第 8 期;王保树:《商法总论》,清华大学出版社 2007 年版,第 75 页。

[33] See Robert E. Scott, *A Relational Theory of Default Rules for Commercial Contracts*, 19 Journal of Legal Studies 597 (1990).

的法律关系如同真实存在一样，要求债务人据此向保理人承担责任。

（二）依保理交易特性划定信赖保护合理边界

围绕《民法典》第763条的另一关键争论在于，如何理解其但书中的“保理人明知虚构的除外”，也即保理人信赖保护的合理边界问题。多数学者认为，此处仅规定“明知”的例外不够合理，遗漏了本应包括的“应知”的情形。㉞ 也有学者更进一步，将“明知”与“应知”的讨论深入到具体的情境分类之中，有的根据应收账款的真伪情况、保理人的身份和主观状态分为六种类型，㉟有的根据债务人是否参与保理交易过程分为两种情境，㊱与之结合判断保理人的信赖是否应得到保护。

笔者认为，沿着前文所指出的法律关系外观的逻辑，要恰如其分地解释和适用第763条但书的规定，除了从已有的解释方法出发，还应结合保理交易作为结构化的商事活动的本质，从保理关系的利益特性和实践类型入手予以分析。

首先，在保理关系中，保理人作为（准）金融机构，对其业务本身负有一定的审慎核查义务。例如《商业银行保理业务管理暂行办法》（银监会令2014年第5号）第7条就规定，“商业银行应当按照‘权属确定，转让明责’的原则，严格审核并确认债权的真实性，确保应收账款初始权属清晰确定、历次转让凭证完整、权责无争议”，第14条、第15条还进一步规定了商业银行应予审核和尽职调查的具体内容。而由中国服务贸易协会商业保理专业委员会发布的，作为商业保理行业规范的《商业保理业务风险管理操作指引》，第16条规定的“标的应收账款分析”中也将真实性核查作为保理企业承做业务时重要的审核内容。由此，很难说保理人仅凭“不明知”虚构应收账款即构成合理信赖。不过，这一核查义务是从金融管理角度出发而对保理人设置的约束，不能直接作为判断法律关系效力和内容的依据。

其次，不同类型保理交易结构的差异直接影响着法律关系外观的形成，宜

㉞ 参见崔建远：《保理合同探微》，载《法律适用》2021年第4期；黄和新：《保理合同：混合合同的首个立法样本》，载《清华法学》2020年第3期；包晓丽：《保理项下应收账款转让纠纷的裁判分歧与应然路径》，载《当代法学》2020年第3期；李宇：《保理合同立法论》，载《法学》2019年第12期。

㉟ 参见何颖来：《保理中虚假基础交易风险的法律规制——基于〈民法典〉第763条之思辨》，载《浙江社会科学》2021年第7期。

㊱ 参见朱晓喆、刘剑锋：《虚假应收账款保理交易中保理人的信赖保护》，载《人民司法》2021年第4期。

主要由此入手进行具体判断。这种判断不应变成对对抗规则的僵化适用,而是应精细地从外观的形成、信赖保护的必要两方面予以分析,必要时还应辅以经济分析和风险承担合理性的评判,以得出合适的结论。根据保理交易的特性,具体分析如下:

(1)在一般的正向保理、隐蔽保理等债务人并不直接参与其中的保理交易中,保理人负有合理的实质审查义务,在其应知虚构而未知的情况下,债务人得以基础交易不存在为由进行抗辩,但债务人事先已向保理人对应收账款予以确认的除外。理由在于,作为不具公示性的基础合同关系,认可其能够形成法律关系外观是有条件的,其中最重要的条件即基础合同上的双方都对该法律关系的存在予以了必要的确认。保理人不能仅凭债权人一方的说辞即主张此时形成了可被信赖的外观——如果说此时存在信赖,也只是保理人与债权人之间的"信赖",该信赖凝聚于双方的保理合同之中,为"契约之法锁"所保护,而非《民法典》第763条的保护对象。从居于第三人地位的保理人视角来看,进一步得到债务人的确认后,该法律关系方才"完整",从而能够形成法律认可的外观。类似地,《德国民法典》第405条规定,债务人在已出具债务证书的情况下做出的债权让与,债务人不得对受让人援用债务关系不存在的抗辩。[37] 在我国法上也可以认为,如果债务人针对基础合同给予了明确的债务承认,则应认为法律关系外观成立,并对保理人的合理信赖给予相应保护。这一思路,我国司法实践中也有最高人民法院的判决及地方司法机关发布的规范性文件予以认可。[38]反之,如缺少债务人的确认,则保理人应当通过证明履行了合理审查义务,从而

---

[37] 参见《德国民法典》,陈卫佐译注,法律出版社2015年版,第147页。

[38] 例如,在中国工商银行股份有限公司乌鲁木齐钢城支行与中铁物资集团新疆有限公司、广州诚通金属公司合同纠纷案中,债务人举证证明保理人的审查可能存在瑕疵,但最高人民法院认为,这些证据无法证明保理人应当知道涉案基础合同系虚伪意思表示,考虑到债务人在《应收账款保理业务确认书》中的确认及保理人的合理审查,认定基础合同不真实的抗辩不得对抗保理人。参见最高人民法院(2014)民二终字第271号民事判决书。再如,《天津市高级人民法院关于审理保理合同纠纷案件若干问题的审判委员会纪要(二)》(津高法〔2015〕146号)第3条认可,在已确定的应收账款保理中,"债务人对应收账款债权数额、还款期限以及基础合同、交付凭证、发票等内容一并进行确认的,或者保理合同中对应收账款性质、状态等内容的具体表述已作为债权转让通知或者应收账款确认书附件的,根据诚实信用原则,可以作为债务人对基础合同项下的应收账款不持异议的有效证据,但债务人能够提供其他证据足以推翻的除外"。

证明其“有理由地对该外观的信赖”[39]，由此才能得到法律的保护，否则这种对一方的轻信无条件地保护就明显逾越了外观主义的边界。在保理人尽到合理审查义务的前提下，将这一风险归责于债务人的正当性，可由债务人客观上制造了相应外观的事实得以加强，这与表见代理等情形的责任归结具有可类比性。

(2)在反向保理、供应链金融保理及其他债务人直接参与或促成的保理交易中，无须债务人再行确认，除保理人明知外，债务人不得以基础交易不存在为由抗辩。债务人直接参与或促成的保理交易在实践中并不鲜见，此类情形与情形(1)相对，可豁免保理人的审查义务。这是因为，在这类保理交易中，债务人往往是资信卓著的核心企业，保理人主要是出于对债务人的信赖而叙做保理，债权人处于被动配合的相对弱势地位，同时债务人也是做成保理的直接受益人。此情形下债务人的参与和对交易的促成，以自己的“积极作为”证明了基础交易的存在，即便涉及虚构也明显属于债务人主导下双方制造了法律关系的外观，相应责任自然应当归属于包括债务人在内的当事人的风险领域，从而与之获益相匹配。[40] 如此认定也有利于直接降低这类保理交易的成本，避免额外使保理交易背负不必要的核查成本负担。

(3)在集合保理等以一定时期内的大量应收账款为基础的保理交易中，保理人的审查义务应限于有限的形式审查，在此基础上，除保理人明知，债务人不得以基础交易不存在为由进行抗辩。这类保理交易结构具有特殊性，一是应收账款数量多、单笔金额相对较小、债务人身份复杂多样，保理人难以审查其实质真实性，提出较高的审查要求将为这类普惠金融手段增加高昂的成本；二是其交易往往具有高度结构化的特征，常与资产证券化等金融创新手段相结合，如果允许债务人动辄以未尽应知之实质审查义务抗辩，[41]则可能对交易效率和交易安全产生较大危害。因此，在此类特殊的保理交易中，出于效率和成本的考虑，应注重外观方法的运用，限缩保理人审查义务的范畴。

---

[39] 崔建远：《论外观主义的运用边界》，载《清华法学》2019年第5期。

[40] 参见张雅辉：《论商法外观主义对其民法理论基础的超越》，载《中国政法大学学报》2019年第6期。

[41] 此时须考虑赋予债务人实质抗辩的道德风险，即基础交易和应收账款虽非虚构，但债务人为拖延还款而滥用抗辩。如果“应知”标准设置过高，此类争议将引发冗长繁杂的纠纷，直接危害交易的效率和安全，引发证券化金融交易的连锁反应。

(三)保理人可依据保理合同和法律关系外观行使权利

外观方法的优势在于,其不必追问真实状态下实际构成的法律关系,在权利外观的构成要件满足时,法律允许依外观状态赋予当事人相应的法律后果。[42]有学者提出,在虚假应收账款保理的情形下,存在侵权法的模式和外观方法的模式可供选择;[43]但是,外观方法的进路明显更符合商法的效率追求,也为当事人提供了更为简单明确的纠纷解决模式。更重要的是,这种对于"动的安全"的保护,将是最有利于降低社会成本的选择。[44] 在商事交易的涉众性与重复性面前,这种社会成本上的经济优势被更加充分地放大,使得选择外观方法的规范进路具备了充分的理由。

依外观方法的理解模式,遭到保理欺诈的保理人除了可以依据保理合同要求债权人承担违约责任,更重要的是,其可以直接请求债务人据基础交易的外观履行清偿义务。当然,允许依外观主义的模式寻求救济,也不排斥保理人选择侵权路径维护自己的权利,其亦可以选择撤销合同、追究债权人的缔约过失责任和债务人的侵权责任等方式,只是这些救济方式已经不是外观方法的作用范畴,本文不再讨论。

三、基础交易协商变更、终止与外观方法

《民法典》第765条规定,应收账款债务人接到应收账款转让通知后,应收账款债权人与债务人无正当理由协商变更或者终止基础交易合同,对保理人产生不利影响的,对保理人不发生效力。从一般的债权让与上理解,学者认为,在债权让与后,让与人失去了就该债权的处分权,因此债务人与让与人再就该债权约定变更、解除等而产生的抗辩,自然不得向受让人主张。[45]

然而,若将上述看法与保理交易相对照,仍在解释和适用上具有力所不逮

---

[42] 参见[德]C. W. 卡纳里斯:《德国商法》,杨继译,法律出版社2006年版,第151页。

[43] 参见李宇:《保理合同立法论》,载《法学》2019年第12期。

[44] 参见丁南:《论民商法上的外观主义》,载《法商研究》1997年第5期。

[45] 参见朱虎:《债权转让中对债务人的延续性保护》,载《中国法学》2020年第5期;姚明斌:《基于合意解除合同的规范构造》,载《法学研究》2021年第1期。

之处。一方面，从失去处分权的角度解释，并未涵盖第765条所表达的全部规范功能。实际上作为保理交易基础的应收账款债权只是以付款请求权为内容的纯粹金钱债权，转让该应收账款不至于使基础合同上的债权人失去其他部分的处分权，但是《民法典》现行规定对这一部分变更或终止之于保理人的效力一并限制。另一方面，就其文义而言，现行法实际上并不意在禁止基础合同的当事人通过协商变更或终止基础合同，而在于限制上述变更和终止对保理人的不利效果，前述看法难以从“不利”这一条文中的关键点着手帮助理顺其中逻辑，对此仍有进一步澄清的空间。

（一）法律关系外观与事实状态效力有别

与本文第二部分的理解一致，若从外观方法着眼，可认为变更或终止前的基础合同对保理人而言构成法律关系外观。作为第三人的保理人，对基础合同的外在表现形式，将产生“基于权利内容的信赖”㊻。在应收账款债权转让中，经合理审查并通知债务人，债务人未提出异议，保理人即有合理理由信赖自己所受让的债权之内容，法律亦当保护这种信赖。

由此，在理念意义上，可认为围绕基础交易，在保理人、债权人和债务人三者间形成了两个层次的权利义务关系。一个层次即以基础合同文本等外观为依据的法律关系，在债权让与通知债务人后，该法律关系成为保理人向债务人主张权利的基础。另一个层次即以真实状态为依据的法律关系，它实际约束债权人和债务人，双方之间无论有何“抽屉协议”或未载于基础合同的特别约定，以及债权让与后发生的合同变更或终止，在债权让与通知后均仅作用于债权人和债务人之间，原则上不应对保理人发生效力。如此一来，在外观与事实状态一致时，自不必讨论二者之分别，两层次合二为一；但在外观与事实不一致时，可分别依两者的效力赋予相应的法律后果。这样不仅可以使《民法典》第763条、第765条规定的逻辑得以贯通，也更加契合第765条在文义中所呈现的规范含义，并有利于排除阻碍应收账款债权流通价值的因素，促进交易效率，保障交易安全。

有学者担心，这种过分强调外观保护的方法，将混淆普通债权与证券化债权的分别，使得普通债权在转让中具备了票据等证券化债权的效力，构成对后

㊻ 施鸿鹏：《通谋虚伪表示基础上对抗规则的教义学展开》，载《东方法学》2022年第1期。

者严格法定形式要件的体系性违反。[47] 的确,外观方法的运用使得应收账款债权具备了优于普通债权的流通性,但这主要限于保理等商事关系的场景,《民法典》将相应规定作为特别条款设置于"保理合同"一章,而非使其成为债权让与的一般规则,恰恰佐证了这一思路。相较于票据立足于要式性、文义性、无因性的完备制度支持,保理合同及法律规定中所运用的外观方法远不能及。更何况,以《民法典》第765条的规定为例,其尚存在"正当理由"下协商变更或终止基础交易以突破法律关系外观的例外,无论如何也谈不上冲击了票据法的体系和制度。相较之下,这种理解方式毋宁说是填补了普通债权与证券化债权之间过渡空间的空白,为应收账款的融资提供了制度性便利。

(二)外观方法对特殊情况的统合

关于基础交易的变更和终止,还可能存在一些特殊情况,例如《民法典》第765条就规定了在有利于保理人或具备正当理由的情形下,基础合同的变更或终止可以对保理人发生效力。沿着外观主义的逻辑,还需要进一步对这些特殊情况予以梳理统合。

1.有利变更或终止的情形

有观点认为,《民法典》第765条对债权人与债务人变更或终止基础合同作了主观上具备正当理由和客观上有利于保理人的"双重限制",言下之意即两个条件同时满足方能准许该变更或终止对保理人发生效力。[48] 这种理解系直接从文义上对《民法典》第765条作反对解释的结果,之于债权人和债务人而言可能过分苛刻。笔者认为,有利变更和正当理由择一具备,即可使得该变更或终止对保理人发生效力。不过,关于这两项条件的理解,也应当遵循外观方法的思路作严格的解释。

其中,对于有利变更或终止的情形而言,倘若果真"有利",从经济分析的角度,理性的保理人自然没有理由拒绝,甚至还会加以欢迎。但是商人对"有利"与否的考量往往是复杂的,尤其是涉及最易产生这类纠纷的将有应收账款保理的情形更是如此。[49] 基础合同的变更或终止对保理人的利益影响复杂而深刻,

---

[47] 参见李宇:《保理合同立法论》,载《法学》2019年第12期。

[48] 参见李志刚:《〈民法典〉保理合同章的三维视角:交易实践、规范要旨与审判实务》,载《法律适用》2020年第15期。

[49] 参见裴亚洲:《民法典应收账款质押规范的解释论》,载《法学论坛》2020年第4期。

其中究竟“有利”与否，不应首先交由法律进行判断，而是应当继续遵循外观方法下既有的结论，认为让与通知后基础合同的变更或终止原则上不对保理人发生效力，如债权人或债务人主张该变更或终止对保理人有利，则应向其提出，由保理人自行判断决定。假如保理人拒绝，而债权人或债务人还坚持认为该变更或终止确属有利，且保理人的拒绝损害了其利益，则可诉至法院，由法院依诚实信用原则进行审查。

2. 具备正当理由的情形

具备正当理由的基础合同协商变更或终止也可对保理人发生效力，但该正当理由应限缩解释为仅含保理人同意一种情形。

这是因为，大多数纯粹只与基础交易的权利义务配置有关的变更，本就是基础合同上双方利益协调的问题，实质上与保理人无关，只是由于可能牵涉应收账款债权的实现，才对保理人发生影响。在区分外观和实质的情况下，基础交易上的当事人完全可以在内部依实质关系解决其利益的调整问题，而允许保理人继续按照法律关系外观享有权利，两者互不干涉。如债务人因按法律关系外观履行其债务遭受损失，可在内部关系调整中向债权人追偿，以此取得利益平衡。不过，如果保理人事先或事后自愿接受基础合同的变更或终止对自己发生效果，则自当允许其承受相应法律后果。其中，依学者见解，该事先接受应当包括基础合同内含可协商变更或终止的情形。[50] 从外观方法的角度来看，若基础合同内原本就包含相应条款，其也一并构成保理人所信赖之权利内容的组成部分，自然应当对保理人发生效力。

3. 让与通知前的变更或终止

在应收账款债权让与通知到达债务人之前，债务人是否可以与债权人协商变更或终止合同？一般而言，此时债权让与尚未对债务人发生效力，变更或终止不受债权让与影响，否则将对债务人殊为不公。[51] 实际上，由于缺少债务人的确认，如前所述，此时保理人并不能主张此时其已对权利内容产生了合理信赖，

---

[50] 所谓“事先接受”，包括基础合同中约定了可作变更或终止而保理人未提出异议的情形、保理合同中特别约定债权人和债务人可作变更或终止而对保理人产生效力的情形等。参见朱虎：《债权转让中的受让人地位保障：民法典规则的体系整合》，载《法学家》2020年第4期。

[51] 参见朱虎：《债权转让中的受让人地位保障：民法典规则的体系整合》，载《法学家》2020年第4期。

尚不能得到外观方法的保护。然而,若债务人已经知道债权让与的事实,却尚未接到让与通知,此时其对合同作协商变更或终止是否可对保理人产生效力呢?笔者认为同样应区分债务人在交易结构中是否直接参与或促成该笔交易,尊重商事交易本身的安排及其多样性。在反向保理、供应链金融保理等这类交易中,债务人作为参与方甚至主导方,明知应收账款债权让与的事实,已经无须等待其接到让与通知。如果在这种情况下还允许让与通知前的变更或终止对保理人生效,将赋予债务人侵害保理人利益的机会。相反,在一般的正向保理中,对处于保理合同之外第三人地位的债务人对于让与通知的合理信赖亦值得保护,在保理人未对权利内容形成合理信赖的情形下,外观方法的天平应当向债务人一侧倾斜,此时仍当允许协商变更合同或终止对保理人生效。

四、重复保理中外观方法对债务人的保护

《民法典》第768条规定了应收账款重复转让("重复保理")时的债权归属和受偿规则,该条由于同时混用登记、通知和按比例受偿等规定方式,被认为存在突破原有债权变动模式并设置多元标准等问题,遭到了不同角度的批评。[52]本文从为《民法典》第768条辩护的角度出发,试图借助外观主义的视角,疏通对该规则的部分理解并尝试重新解读其在保理规范侧面的功能设计。

(一)公示性缺失之上的《民法典》第768条

我国通说认为,债权让与合意达成之时,债权即发生移转,待该让与通知到达债务人后,始对债务人发生效力。[53] 从文义上看,《民法典》第546条采用的也是这一变动模式。考虑到债权本身不具有公示性,债权让与也不具有公示性,债权让与中的"二重让与"将由此成为显著问题。[54] 在作为商事交易的保理场合,虑及交易安全和交易效率,这一点更需特别规范。为此,《民法典》第768条

---

[52] 参见方新军:《债权多重让与的体系解释》,载《法学研究》2023年第4期;李宇:《保理合同立法论》,载《法学》2019年第12期。

[53] 参见崔建远:《合同法》,北京大学出版社2016年版,第256页;韩世远:《合同法总论》,法律出版社2018年版,第619页。

[54] 参见李宇:《民法典中债权让与和债权质押规范的统合》,载《法学研究》2019年第1期。

专门对重复保理的问题作出了规定，最高人民法院《关于适用〈中华人民共和国民法典〉有关担保制度的解释》第66条第1款还将该条的效力扩展到了同时存在保理、应收账款质押和一般债权让与的情形，使之成为"应收账款债权"领域权利冲突的统一规范。

然而，《民法典》第768条并非立足于外观主义基础上的登记对抗规则。如果以物权变动中登记对抗主义的制度设计为参照来观察和评价第768条，不免会有所失望。一方面，享有债权本身不构成一般意义上的权利外观，受让人并不能就此主张对让与人权利外观的信赖；另一方面，由于当前的应收账款登记采取人的编成主义，且登记机关不对该等自愿登记进行实质审查，即便登记也不具有公信力。事实上受让人也无法通过逐一查阅成千上万的登记人各自名下的债权，而获得对其所受让债权权属的合理信赖。因此，在重复保理的场合，即便考虑《民法典》第768条的规则，外观主义也并非确定应收账款债权权属的基础，其在受让人保护中并无直接的用武之地。

那么，要如何理解《民法典》第768条的规则呢？结合日本学者铃木禄弥对金钱债权二重买卖的看法，可认为该规定系对"先下手为强"的权利竞争进行制度化处理后的规则，[55]而不纯粹是传统意义上单层次的优先规则，即在重复保理（包括同时存在应收账款转让和应收账款质押）的场合，法律保护率先以最具证明力的登记手段确认自己权利的人；均不具备登记之时，法律保护率先以通知债务人的方式确认自己权利的人；均未作通知之时，由于无法辨明权利状态，只能由以合同为依据主张权利的各受让人按比例受偿，不足部分再向让与人追偿。赞同该观点的学者进一步认为，受让人经合意取得了债权而未经"公示"时，该债权仅具有相对效力，只得对抗让与人，随着通知、登记等手段的渐次具备，该债权方可具备完整的效力。[56]

在这一解读上也可以看出，试图将《民法典》第768条扩展为多重债权让与的一般规范，使之扩张至普通债权的看法，也即所谓"单轨制"主张本身不尽合理。[57] 保理合同规范中蕴含着商法的特殊价值考量，是对其特殊利益格局的回

---

[55] 参见［日］铃木禄弥：《物权的变动与对抗》，渠涛译，社会科学文献出版社1999年版，第144～147页。

[56] 参见蔡睿：《保理合同中债权让与的公示对抗问题》，载《政治与法律》2021年第10期。

[57] 参见方新军：《债权多重让与的体系解释》，载《法学研究》2023年第4期。

应。权利竞争只能面向从风险中获益的专业商人而证成，但如果将其泛化至一般债权让与之中，将会引发体系性的利益失衡。

（二）保护债务人：外观方法在重复保理中的运用

在《民法典》第768条所覆盖的重复保理情形中，还内嵌着债务人作为保理合同之外的第三人这一层次的构造。该条规定的权利竞争规范也蕴含着保护债务人的意义。只不过该价值遭到了关于登记的规定的遮蔽，需结合《民法典》第546条第1款进行体系性解释，方可以拨云见日。

重复保理的场合，利益受到潜在影响的不止保理人，还有应收账款的债务人，此时债务人作为多个保理合同之外的第三人，也无法判断各保理人与债权人之间的真实权利义务关系。面临多个保理人先后或同时主张债权时，债务人显然不可能重复清偿或者任意择一清偿，此时法律又赋予债务人以何种工具保护自己的利益呢？应当认为，这时外观方法的护盾转向债务人一面，法律允许债务人通过向呈现权利外观的债权人清偿，而从债之关系中解脱出来。具体而言，首先，根据《民法典》第546条第1款，债权让与未通知债务人的不生效力。而由于前述登记缺乏公信力的困境，加之债务人实际上无法穷尽查询而防止存在顺位更先的权利，《民法典》第768条第一个和第二个分句所规定的登记，本身并不能成为债权让与得以对债务人生效的要件。[58] 结合来看，债务人能够合理信赖的只有债权让与通知。其次，《民法典》第768条第三个分句规定，债权让与均未登记的，由最先到达应收账款债务人的转让通知中载明的保理人取得应收账款。这就进一步确认了，在所有到达自己的让与通知中，债务人可以合理信赖最先到达的让与通知中所载的保理人系真实权利人，从而通过向其清偿消灭债务，无须困扰于对真实情况的查明。[59] 至于其他保理人与该得到清偿的保理人之间，可进一步依《民法典》第768条确定实际的权利人，若受清偿保理人非实际的权利人，则实际权利人可向其请求不当得利返还。

通过这样的理解和适用方式，能够防止债务人因债权人转让应收账款债权而陷入不利地位，徒增与自己无关且自己也难于适当履行的查询、核查义务，进

---

[58] 参见方新军：《债权多重让与的体系解释》，载《法学研究》2023年第4期。

[59] 参见朱晓喆、冯洁语：《保理合同中应收账款多重转让的优先顺序——以〈民法典〉第768条为中心》，载《法学评论》2022年第1期。

而保护债务人合理的信赖，使其不受重复保理之扰，可以尽快回归到正常的经营之中，实际上这也部分完成了学者呼吁已久的债权表见让与规则之功能。[60]与《民法典》第768条的权利竞争规则配合，二者能够尽可能缩小重复保理对交易安全的侵扰，使应收账款转让的规则更为简洁而使应收账款易于流通，有效发挥出商事法律制度之于定分止争、提升效率的积极作用。

五、结语

《民法典》将“保理合同”单列一章，足见立法者对于保理合同这一典型交易类型及其个性的特别关注。若对其解释和适用仍旧不加辨别地因循一般债权让与的模式，反而背离了该立法选择的初衷，尤其是无法体现保理合同作为商事关系的特殊性。相反，通过外观方法的系统性展开，将有助于解决保理交易结构中复杂的第三人保护问题，从而理顺诸条文的内在逻辑，最大限度尊重市场参与者对交易安全和交易效率的追求。在《民法典》规范将于相当一段时间内保持稳定的条件下，引入外观方法理解和解释保理合同章的规则，也将成为“由点到线”体现其中民商区分的最为现实的路径，[61]相应思路值得理论和实践中更加精细的研磨。

[60] 参见李永锋、李昊：《债权让与中的优先规则与债务人保护》，载《法学研究》2007年第1期。

[61] 参见李建伟：《〈民法总则〉民商合一中国模式之检讨》，载《中国法学》2019年第3期。

破产中保证债权的利息规则

赵昱刚*

目　次

摘　要　据《企业破产法》第46条第2款，主债务人进入破产程序后利息不再计算，然而，关于保证人是否应当停止计息的争论由来已久。2021年1月最高人民法院针对《民法典》担保部分发布了新的司法解释，第22条支持保证债权停止计息，为争论画上了句号，但学界仍有不少反对的声音。论文在梳理大量司法案例以及文献研究的基础上发现，破产中的保证债权是否止息的背后其实是价值选择的问题。支持止息与反对止息两派的观点虽丰富但较为散乱，论文创造性地采用利益衡量论探究出台支持止息规则背后的价值考量与选择，借鉴利益层次结构作为分析框架，自上而下地进行全面分析。在社会公共利益

* 赵昱刚，清华大学2021届法律硕士，华泰联合证券有限责任公司员工。

层面，现阶段促进经济效率提高以及防范金融风险外溢的社会目标要求停止计息。在制度利益层面，近年来立法中不断强化从属性的趋势要求停止计息以维护法律制度统一协调，而破产法保障各债权人公平受偿、担保法维护担保人追偿权等具体制度利益也需要保证债权停止计息。在群体利益层面，由于债权人可通过及时向保证人主张保证责任的方式进行救济，但保证人却可能由于无法控制破产程序时长而负担过重的利息，因此更需停止计息以维护保证人的利益。通过利益衡量，可以发现关于是否止息的两派观点争论不休的病灶是过度纠结某一群体利益或单一制度利益。在对各层次利益进行整体考量后不难得出支持止息的结论。

关键词　破产程序　利息之债　保证责任　利益衡量

一、问题的提出

市场主体的破产财产是破产程序的保障，[①]市场主体丧失清偿能力进入破产程序后，对其财产的处理将对社会发展产生深远的影响。早在20世纪90年代，学术界与司法实务中对于破产保证债权是否止息即产生了争议，至今争议长达30余年。[②] 在司法实务中支持止息与反对止息的争论几乎势均力敌，且有愈演愈烈的趋势，而在学术界曾一度形成了以王欣新、许德风教授为主导的反对止息的意见潮流。

2020年12月最高人民法院针对《民法典》担保部分发布了新的司法解释（以下称新担保法解释），其中第22条秉持支持止息的态度，[③]似乎为这一问题画上了句号，该司法解释虽能统一司法实务的裁判分歧，但学界仍有不少反对的声音。基于此，最高人民法院为何在仍具有如此巨大分歧的情况下毅然做出

① 参见韦忠语：《破产财产经营论》，载《法商研究》2016年第2期。

② 参见《连带责任担保人是否应承担主债务人从破产宣告之日至破产终结之日的利息?》，载《人民司法》1999年第12期；王欣新：《未到期的无利息破产债权应当扣息吗？——与高校试用教材〈破产法教程〉商榷》，载《法律学习与研究》1991年第2期。

③ 新担保法解释第22条规定：人民法院受理债务人破产案件后，债权人请求担保人承担担保责任，担保人主张担保债务从人民法院受理破产申请之日起停止计息的，人民法院对担保人的主张应予支持。

支持止息的规则设计？背后的合理性何在？值得讨论思考。同时,长期以来形成的反对止息的声音背后蕴含的合理性或不合理性仍值得商榷与思考。

二、破产中保证债权利息规则之法律规定梳理

(一)我国破产止息规则历史演进

我国破产法相关制度起始于清末变法时期,清朝颁布的《破产律》虽颁布后受到各地商人的抵制不久便被废止,④但对我国近代的破产相关法律规定影响深远。清朝《破产律》是我国破产止息法律规则的源头,该法第31条规定,破产时企业所欠款项均免除利息,除了抵押物有可能增值时。在清朝时世界各国的破产法以破产清算为主流,尚未出现破产重整和和解程序,故破产止息仅适用于破产清算。

近代以来,南京国民政府首次构建了相对健全的破产制度,⑤诸多地方继承了清朝《破产律》,⑥例如规定附利息的债权不得计息,⑦但该条规定于该法第三章破产之中,该法第二章规定了和解程序,通过体系解释,第三章的破产仅指"破产清算",所以破产止息在民国时期依旧限于破产清算。后我国台湾地区"破产法"一脉沿用民国相关规定,第103条明确规定不将破产宣告后的利息纳入破产债权。可见破产止息仅适用于破产清算。

1986年,我国《企业破产法(试行)》规定了破产止息,但该法的体例与民国时期《破产法》相似,第五章规定了破产宣告和破产清算。⑧ 第31条规定于第五章之中,按照体系解释,破产止息规则依旧仅适用于破产清算程序。

---

④ 参见王雪梅:《从商人对〈破产律〉的批评看清末的社会法律环境》,载《四川大学学报(哲学社会科学版)》2006年第2期。

⑤ 参见姚秀兰:《近代中国破产立法探析》,载《现代法学》2003年第5期。

⑥ 参见张世慧:《清末破产法的创设、顿挫与遗产》,载《清史研究》2021年第6期。

⑦ 中华民国《破产法》第101条规定:破产宣告后始到期之债权无利息者,其债权额应扣除自破产宣告时起至到期时止之法定利息。转引自贺丹:《企业拯救导向下债权破产止息规则的检讨》,载《法学》2017年第5期。

⑧ 《企业破产法(试行)》第31条规定:破产宣告时未到期的债权,视为已到期债权,但是应当减去未到期的利息。

《企业破产法》于 2006 年正式出台，破产止息规则位于该法第六章"债权申报"，重整、和解与清算分别规定于第八章、第九章与第十章之中，意味着破产止息规则适用所有程序。

然而，自清末民国至现在，关于破产止息规则是否适用于保证债权，法律一直未明确规定，直到最高人民法院 2020 年 12 月颁布新担保法解释，其中第 22 条首次明确支持止息。

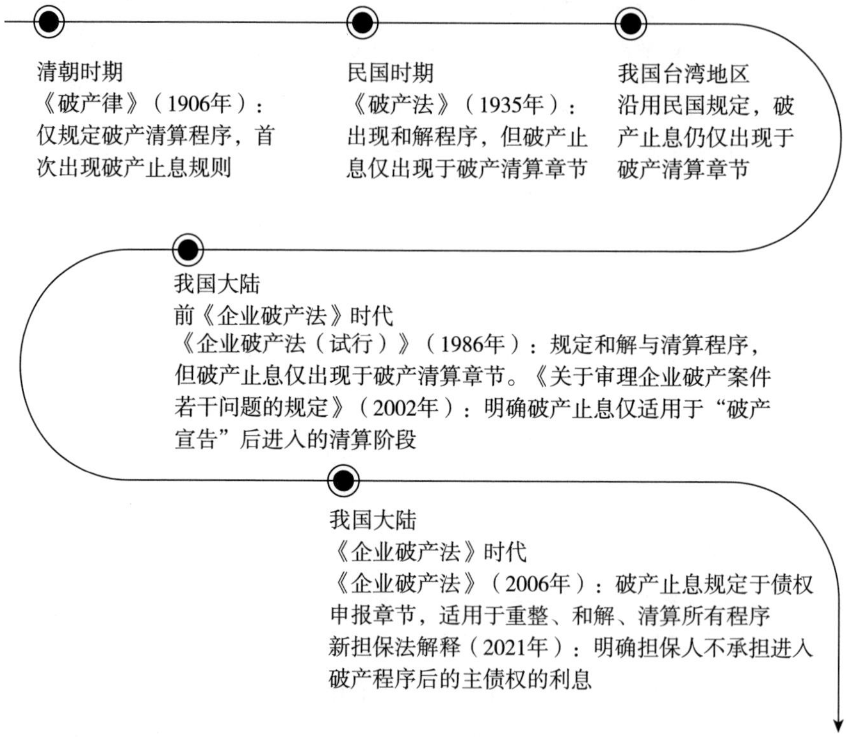

图 1　止息规则历史演进时间轴

从破产止息规则的历史演进来看，我国现行《企业破产法》中规定了破产止息规则，看似与历史源流一脉相承，实则差异很大，现行止息规则适用于所有程序，且明确保证人不再承担破产中主债权的利息，但自晚清至我国前《企业破产法》时代的破产止息规则仅适用于清算程序，且未对保证人是否继续承担利息做出规定。由此可见，破产止息规则在我国并非一脉相承，变化较大。

（二）我国关于破产利息之债的现行法规

1. 破产法相关规定

《企业破产法》第46条明确规定，破产债权不计息，但并未明确如何处理保证债权的利息。

据《企业破产法》第92条以及第101条，破产重整或和解不影响债权人对保证人的享有的权利。

根据《关于审理企业破产案件若干问题的规定》第61条，该条规定认可了破产中利息之债的法律地位，致使有学者认为虽不能在破产程序中得到清偿，但实体债权并未消灭，仍然要进行登记。

2.《民法典》担保部分相关规定

新担保法解释第22条规定担保人主张进入破产程序中的债权停止计息的，人民法院应予以支持。

（三）国外立法例

1. 大陆法系国家

在1877年，德国为了社会经济发展需要制定了《破产法》，由于该法结构清晰，逻辑严密，成为匈牙利、荷兰等国制定破产法时的蓝本，也是我国清朝时期起草《破产律》的主要参考。后随着经济社会发展，1978年德国出台《支付不能法》以适应新的社会需求。德国新旧破产法的主要变化为新破产法更加强调公平受偿观念，旧破产法的债权种类与清偿顺序与我国现行破产法一致。而新破产法废除了优先债权，将清偿顺位调整为一般债权与劣后债权。打破了优先债权、普通债权与除斥债权的顺位。

同样，德国的新旧破产法对利息的规定也历经很大的变化，1877年《德国破产法》第63条第1款规定，破产债权无利息，⑨该条款为清朝《破产律》中的破产止息规则的滥觞。后1978年《德国支付不能法》规定进入破产程序的利息为后顺序债权。⑩ 意味着德国从支持破产止息的立场转变为否定破产止息，将破产中的利息之债划分为劣后债权进行清偿。

日本充分借鉴发达国家的破产制度，在1923年制定《破产法》并沿用至今，

---

⑨ 参见齐树洁：《破产法》，厦门大学出版社2007年版，第227页。

⑩ 参见《德国支付不能法》，杜景林、卢谌译，法律出版社2002年版，第24页。

2005年《破产法》经过较大的修改后颁行。[11] 1923年《日本破产法》第97条和第99条将破产清算中的利息归入劣后债权。[12] 只是为了破产程序的有效推进，在《民事再生法》与《会社更生法》中规定破产利息之债在重整计划中无表决权，但支持债权人主张破产利息的立场未改变[13]。

2. 英美法系国家

英美法系国家以判例法为主，但多数关于破产的法律已成文化，普遍建立了劣后债权制度，将进入破产程序中的利息归入劣后债权。

发达国家最为完备与清晰的破产法为美国破产法，其深受实用主义影响，最初的破产概念源于英国，随着社会经济条件的变化，该概念的内涵也不断得以丰富。[14] 我国破产法工具主义色彩浓厚，[15]也是受美国破产法制度影响的结果。

《联邦破产法》是美国破产法的核心框架，与州法典共同构成了美国破产法。[16]《美国法典》第11编第7章对破产中各类债权的分配级别作出了规定，分配级别分为六层，破产程序中的利息属于第五层级，在优先债权、非优先无担保债权等前面四个层级的债权清偿之后方可得以清偿。[17] 在判例层面，美国司法实务中确定了衡平居次原则（equitable subordination doctrine）。[18] 衡平居次的含义是法官可出于实质公平的考虑，综合考量案件的各种因素，对破产中的受不公平因素影响的特定债权做出居次处理，即对分配顺序做出劣后调整，以此解决破产中关于债权受偿顺位的争议，[19]但对于承认破产中的利息而言，在美国的

---

[11] 参见刘艳军：《日本破产法改革概要》，载《河北法学》2006年第8期。

[12] 参见李飞主编：《当代外国破产法》，中国法制出版社2006年版，第753～755页。

[13] 参见贺丹：《企业拯救导向下债权破产止息规则的检讨》，载《法学》2017年第5期。

[14] See Ronald D. Greenberg, *Municipal Bankruptcy: Some Basic Aspects*, The Urban Lawyer, Vol. 10:266, p. 267－268 (1978).

[15] 参见赵万一：《我国市场要素型破产法的立法目标及其制度构造》，载《浙江工商大学学报》2018年第6期。

[16] 参见高丝敏：《美国破产法二百年流变：立法、司法和学术》，载《清华法律评论》2014年第2期。

[17] 参见［美］查尔斯·J. 泰步：《美国破产法新论》，韩长印、何欢、王之洲译，中国政法大学出版社2017年版，第789～790页。

[18] 参见赵吟：《论破产分配中的衡平居次原则》，载《河北法学》2013年第3期。

[19] 参见党海娟：《我国破产法引入衡平居次规则必要性和可行性的反思——从最高院发布的一则典型案例说起》，载《河北法学》2016年第3期。

司法实务中并无争议。

《英国破产法》发展时间较早，阶段性特征明显，在1570年以前为单轨制，同时适用两大群体，即商人与非商人。1570~1860年采用双轨制，商人适用破产法(bankruptcy)，非商人适用无力偿债法(insolvency)[20]，1860年之后，两者再次合流。1986年英国最新《破产法》经过不断修订后成为当前破产案件的准绳。《英国破产法》关于债权的受偿顺序散落在各个章节。[21] 现行《英国破产法》第328条规定将破产利息列为劣后债权。[22]

3. 国外立法例评析

由于历史传统等差异，各国破产法的章节条文与结构各有不同，[23]但主要的大陆法系和英美法系国家均对破产中的利息持肯定态度，且大多将其归入劣后债权，因此未产生关于利息之债保证责任的争议。我国清末止息规则源于德国在1877年颁行的《破产法》，后德国立法已经摒弃破产止息的立场，然而我国法律将该规则沿用至今，甚至扩展其适用范围于所有破产程序，与世界立法潮流不符。

三、破产中保证债权利息规则之司法现状

(一)最高人民法院的司法实践冲突

本文以裁判文书网为工具，以"破产法、第四十六条、担保法、保证责任、保证合同、利息"为关键词，选择"最高人民法院"为范围，检索到36份最高人民法院的判决书或裁定书，再用北大法宝做案例检索，全文检索关键词："《中华人民共和国企业破产法》第四十六条、停止计息、破产程序、保证责任"，以"最高人民法院"为范围，共检索出最高人民法院案例30个。剔除中国裁判文书网与北大法宝上重复和无关的案例35个(不涉及止息问题、保证人破产情形或法院因破

---

[20] 参见陈夏红：《美国宪法"破产条款"入宪考》，载《中国政法大学学报》2019年第5期。

[21] 参见于新循、彭旭林：《论我国破产债权例外制度——基于劣后债权的制度构建视角》，载《四川师范大学学报(社会科学版)》2015年第3期。

[22] 参见《英国破产法》，丁昌业译，法律出版社2003年版，第244~245页。

[23] 参见李曙光：《破产法的转型》，法律出版社2013年版，第24~29页。

产申请可能被驳回而不对该问题进行判定)，共 31 个案例，最后访问日期为 2022 年 3 月 21 日。

1. 最高人民法院总体态度对比以及变化趋势

根据统计结果，31 个案例中支持保证债权停止计息的案例为 15 个，反对止息的为 16 个。可以看出，一直以来，在最高人民法院支持停止计息的声音与反对止息的声音势均力敌，最高人民法院在该问题的观点上分歧较大。此外，支持止息的案例中未说明理由的为 9 个，说明部分法官所持内心确信较大，倾向于默认支持止息（见图 2）。

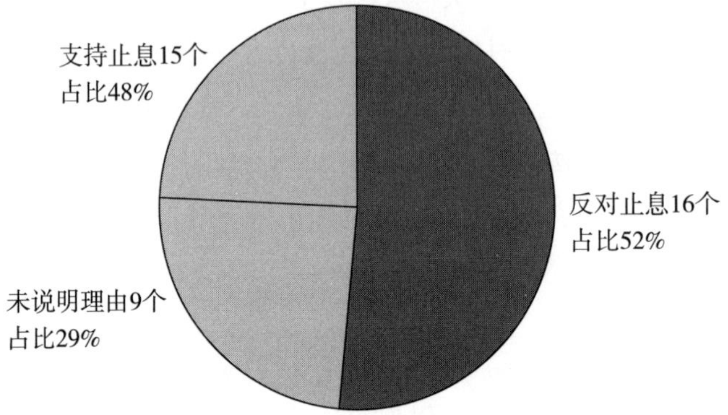

图 2　最高人民法院关于是否止息的总体态度

从发展趋势来看，支持止息的案例与反对止息的案例均处于增长趋势，说明最高人民法院关于该问题的争论不断。值得一提的是，2021 年 1 月 1 日新担保法解释主张支持止息，但截至目前，检索出的审结日期在 2021 年 1 月 1 日之后的最高人民法院案例仍反对止息（见图 3）。在李某等股权转让纠纷案中法官说明了原因，即案件目前处于二审程序，一审中作出的反对止息的判决并不违背当时的法律；[24]但预计随着新担保司法解释施行，最高人民法院的司法实践将统一为支持止息。

[24] 参见李某与中国有色金属工业再生资源有限公司等股权转让纠纷上诉案，最高人民法院（2020）民终 1322 号民事判决书。

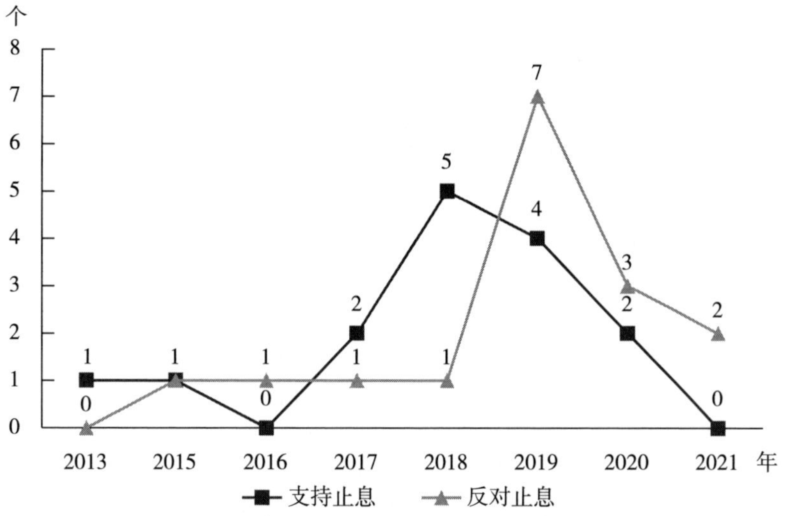

图 3　最高人民法院判例变化趋势

2. 最高人民法院判决所持理由梳理

在支持止息的案例中，已说明理由的案例大部分的理由为担保债务的从属性。仅有 2 个案例提出了不同的理由，一是在中国光大银行等保证合同纠纷案中，最高人民法院从担保制度体系出发，认为若破产后继续计息，不利于追偿权。㉕ 二是在林某征案中，㉖最高人民法院对《企业破产法》第 92 条进行目的解释，见表 1。

表 1　最高人民法院支持止息的理由类型化分析

理由	具体内容	个数(个)
担保具有从属性	担保责任不应大于主债务	6
影响保证人追偿权	若破产后保证债权继续计息，将影响追偿权	1
解释《企业破产法》第 92 条	该条不涉及债权是否继续计息	1

在反对破产中的保证债权停止计息的案例中，理由较为丰富，主要分为三种学说，即法律关系区分说、法律目的说、符合预期说，见表 2。

㉕　参见中国光大银行股份有限公司嘉兴分行与上海华辰能源有限公司保证合同纠纷案，最高人民法院(2019)民申 6453 号民事裁定书。

㉖　参见林某征、李某婷保证合同纠纷案，最高人民法院(2019)民终 546 号民事判决书。

表 2　最高人民法院反对止息的理由类型化分析

理由	内容	个数(个)
法律关系区分说	《企业破产法》第 46 条仅适用于破产债务关系,保证人与债权人的担保关系在不违法的情况下应依据《担保法》与担保合同确定	11
法律目的说	从《担保法》出发,担保的目的在于保证债务清偿,保证人应承担清偿责任。 从《企业破产法》出发,其第 46 条是为了确定债权总额以推进程序	7
符合预期说	保证人在签订保证合同时已经预见到其对主债权承担利息清偿的责任,要求保证人承担清偿利息的责任符合保证人的预期	7
其他观点	继续计息可督促保证人清偿,防止其故意拖延。 破产申请可能被驳回,债权退出破产程序,因此不能停止计息。 引用《最高人民法院关于适用〈中华人民共和国担保法〉若干问题的解释》第 44 条(以下简称原担保法解释) 破产并非债务消灭的理由,债权人也并非自愿免除该部分利息,因此仍然应当计息	5

3. 最高人民法院近年来司法实践总结

从司法案例中可以看出,虽然支持保证债权停止计息的案例多于反对止息的案例,但最高人民法院内部对该问题一直未达成统一意见,从发展趋势上看,反对止息与支持止息的法官各执一词,分歧愈加明显。但预计随着新担保法解释施行,最高人民法院的司法实践将统一支持止息。

在具体理由上,对于支持止息的案例,说理较单一,担保债务的从属性是最主要的理由;对于反对止息的案例,说理丰富,主要包括法律关系区分说、法律目的说、符合预期说等。

综上,在新担保法解释颁布前,是否停止计息在最高人民法院的司法实践中一直是有争议的难题。

(二)地方法院司法实践情况

以北大法宝为工具,以“第四十六条、停止计息、保证人、破产程序、保证责任”为关键词,检索条件为“同段”,共检索出 350 篇判决书。通过进一步整理,去除与主题无关、重复或未说明理由的 67 个案例,有效案例有 283 个,最后访问日期为 2022 年 3 月 21 日。

1. 地方法院支持与反对的总体比例

在283个案例中,最终判决支持止息的案例个数为172个,占判决总数的61%,反对止息的案例为111个,占判决总数的39%。可以看出地方法院对是否止息的态度为支持止息胜于反对止息(见图4)。

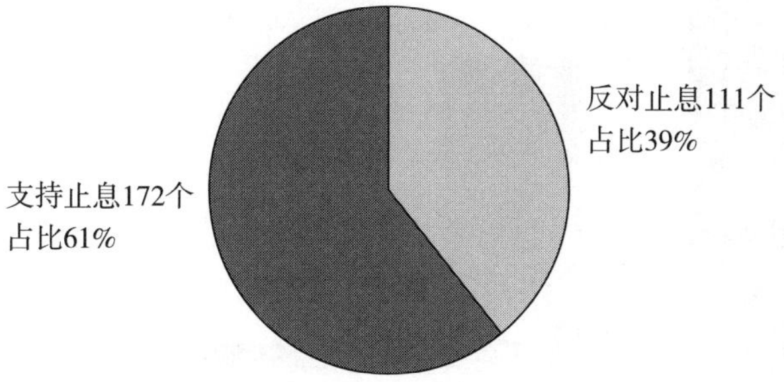

图4 地方法院关于是否止息的总体态度

2. 地方法院判决理由梳理分析

(1)支持止息的案例理由梳理

根据统计结果,地方法院的172个支持止息的判例中,案例判决理由单一,90个案例中的判决理由均采用了保证债权的从属性,其中有3个案例根据原《担保法》第6条[27]解读从属性。[28] 此外,有72个直接引用《企业破产法》第46条而未进行详细说理。[29] 有7个直接引用新担保法解释。[30]

除上述主要理由外,有法官就该问题提出了新的观点,比如有法官认为继

---

[27] 原《担保法》第6条规定:保证是当债务人不履行债务时,保证人按照约定履行债务或承担责任的行为。

[28] 参见招商银行股份有限公司杭州富阳支行诉杭州板桥纸业有限公司等保证合同纠纷案,浙江省富阳市人民法院(2017)浙0111民初4175号民事判决书;浙商银行股份有限公司杭州富阳支行诉孙某灿等保证合同纠纷案,浙江省富阳市人民法院(2017)浙0111民初1451号民事判决书;招商银行股份有限公司杭州富阳支行诉夏某旗等保证合同纠纷案,浙江省富阳市人民法院(2017)浙0111民初72号民事判决书。

[29] 参见中国银行股份有限公司舟山市分行与舟山市融信置业有限公司、浙江欧华船舶机械有限公司保证合同纠纷案,浙江省舟山市中级人民法院(2018)浙09民初44号民事判决书。

[30] 参见陈某芬与中国农业银行股份有限公司义乌分行保证合同纠纷案,浙江省金华市中级人民法院(2021)浙07民终5599号民事判决书;马某会、冯某华等保证合同纠纷案,陕西省紫阳县人民法院(2021)陕0924民初686号民事判决书。

续计息可能剥夺保证人的追偿权，[31]有法官认为继续计息可能导致各保证人承担的责任范围不一致，导致不公平。[32] 有法官对《企业破产法》第92条进行解释。[33] 详情见图5和表3。

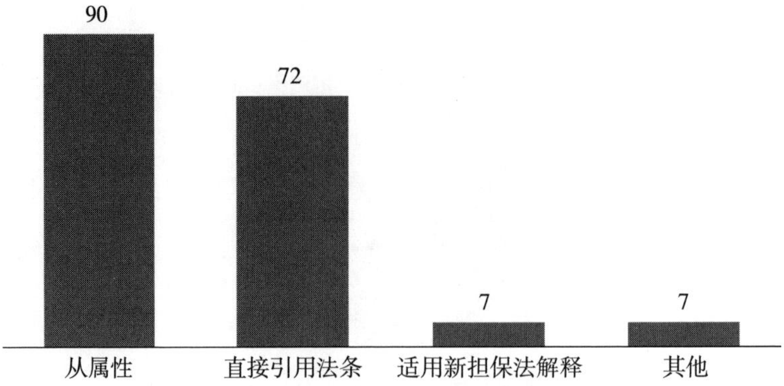

图5　地方法院支持止息的理由统计

表3　地方法院支持止息理由类型化分析

理由	内容	个数(个)
从属性	担保责任不应大于主债务	90
直接引用法条	直接引用《企业破产法》第46条	72
适用新担保法解释	引用第22条	7
其他	继续计息可能剥夺追偿权。 继续计息会导致各保证人承担的责任范围不一致，进而导致不公平。 《企业破产法》第92条不涉及保证债权是否继续计息	7

[31] 参见鞍山市长远焊管有限公司与鞍山鸿拓投资有限公司保证合同纠纷案，辽宁省鞍山市中级人民法院(2019)辽03民终1946号民事判决书；中国信达资产管理股份有限公司浙江省分公司诉绍兴县清远纺织服饰有限公司等保证合同纠纷案，浙江省绍兴市越城区人民法院(2017)浙0602民初13307号民事判决书。

[32] 参见山东惠民农村商业银行股份有限公司与山东龙凤面粉有限公司保证合同纠纷案，山东省惠民县人民法院(2021)鲁1621民初2803号民事判决书；成都小企业融资担保有限责任公司与曹某容、徐某波保证合同纠纷案，四川省成都市中级人民法院(2019)川01民初6797号民事判决书。

[33] 参见山东惠民农村商业银行股份有限公司与山东龙凤面粉有限公司保证合同纠纷案，山东省惠民县人民法院(2021)鲁1621民初2803号民事判决书。

与最高人民法院统计结果相同,支持止息的案例中大多数判例中的理由都是从属性,但也有相当一部分判例中的理由是直接引用《企业破产法》第 46 条第 2 款而未深入分析,说明在相当部分法官心中保证人当然应该止息。

(2)反对止息的案例理由梳理

根据统计结果,地方法院的 111 个反对止息的判例中,相较支持止息的案例,大多数案例对判决理由进行了丰富的说理,主要观点包括法律关系区分说、法律目的说、符合预期说、引用相关法条侧面印证、债务未消灭说五种。与最高人民法院判决案例一致,最常见的观点为法律关系区分说、符合预期说以及法律目的说,判决书中出现这三个观点的案例数分别为 77 个、44 个、38 个,分别占所有反对止息判例中的 69%、40%、34%(见图 6)。

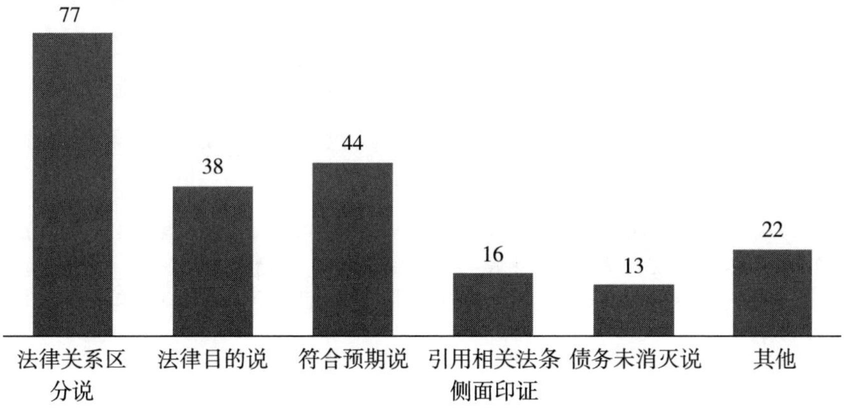

图 6　地方法院反对止息的理由统计

支持法律关系区分说的判例认为《企业破产法》第 46 条仅针对进入破产程序的普通债务关系,而非担保关系,两个法律关系相互独立,但在具体论述路径上略有差异,有的案例论述《企业破产法》第 46 条第 2 款针对的是债权人进入破产程序的情形,不能以此限制保证人的权利义务范围。[34] 有的案例认为保证

---

[34] 参见涟源市六合矿业有限责任公司与湖南临澧农村商业银行股份有限公司、澧县福双酒店管理有限公司、澧县明凯酒店有限公司、涟源市伏口镇温泉煤矿保证合同纠纷案,湖南省常德市中级人民法院(2020)湘 07 民终 1155 号民事判决书;湖南凯乐建设工程有限公司与刘某平保证合同纠纷案,湖南省怀化市中级人民法院(2020)湘 12 民终 2207 号民事判决书;中国民生银行股份有限公司温州分行与瑞安市中德仪表元件厂、谢某选保证合同纠纷案,浙江省温州市鹿城区人民法院(2019)浙 0302 民初 1617 号民事判决书。

债权属于实体债权非破产债权。[35] 有的案例认为担保法与破产法属于不同部门法，仅依据保证合同足以判定责任归属。[36]

就符合预期说而言，法官们的观点是保证人承担的风险是订立保证合同时已预见的，同时，债权人订立借款合同与保证合同是出于对可取得利益的信赖，应当保护债权人的信赖利益。有的法官从双方订立的保证合同出发，认为合同明确约定的保证范围包括利息，合同中约定保证人提供无条件保证，保证效力不受破产事件影响。因此保证人应当承担利息。[37]

法律目的说从破产法与担保法的立法目的与制度功能出发，认为《企业破产法》第46条本质上是为了固定债务，无关保证人的利益。而担保法目的是保障债权，债权面临清偿不能而进入破产程序正是担保法发挥制度功能，保障债权实现的情形。有的案例将法律目的说与法律关系区分说结合起来论证。[38]

关于引用其他法律条文进行说理的案例，不同于最高人民法院仅有1个案例直接引用原担保法解释第44条的法律条文进行说理，地方法院判例中被引用的法律条文除了原担保法解释第44条，[39]还包括《企业破产法》第92条、[40]第

---

[35] 参见江苏银行股份有限公司盐城盐都支行与刘某荣、吴某弟等保证合同纠纷案，江苏省盐城市中级人民法院(2019)苏09民终4442号民事判决书；浙江中申机械股份有限公司与中国农业银行股份有限公司台州海门支行保证合同纠纷案，浙江省台州市中级人民法院(2019)浙10民终2980号民事判决书。

[36] 参见吉林省小额再贷款股份有限公司与麦达斯控股有限公司、吉林麦达斯铝业有限公司保证合同纠纷案，吉林省高级人民法院(2017)吉民初83号民事判决书。

[37] 参见重庆渝康资产经营管理有限公司与刘某烈、刘某羽保证合同纠纷案，重庆市第一中级人民法院(2019)渝01民初305号民事判决书；东营莱商村镇银行股份有限公司牛庄支行与山东汇金化工有限公司、王某鉴保证合同纠纷案，山东省东营市东营区人民法院(2019)鲁0502民初4149号民事判决书等。

[38] 参见保定天威顺达变压器有限公司与交银金融租赁有限责任公司及天威新能源(长春)有限公司保证合同纠纷案，上海市高级人民法院(2018)沪民终381号民事判决书。

[39] 参见丁某全、孔某全等与重庆银行股份有限公司北碚支行保证合同纠纷案，重庆市高级人民法院(2019)渝民申1544号民事判决书；乐山电力股份有限公司与中国外贸金融租赁有限公司保证合同纠纷案，北京市高级人民法院(2016)京民终45号民事判决书；中国银行股份有限公司永康市支行与弘大集团有限公司、应某君保证合同纠纷案，浙江省永康市人民法院(2020)浙0784民初6194号民事判决书。

[40] 参见丁某全、孔某全等与重庆银行股份有限公司北碚支行保证合同纠纷案，重庆市高级人民法院(2019)渝民申1544号民事裁定书；招商银行股份有限公司威海高新支行等诉威海市勤德尔电子科技有限公司等保证合同纠纷案，山东省威海市中级人民法院(2017)鲁10民初103号民事判决书；重庆渝康资产经营管理有限公司与刘某烈、刘某羽保证合同纠纷案，重庆市第一中级人民法院(2019)渝01民初305号民事判决书。

101 条、[41]第 124 条[42]以及原《担保法》第 21 条第 1 款。[43] 地方法院司法实践不统一。

关于债务未消灭说,持有该观点的法官[44]认为,主债务进入破产程序后停止计息并不意味债务消灭。因此保证债权不应停止计息。正是因为债务并未消灭,要求保证人清偿利息也不违背从属性。

除以上主流观点,有少数法官提出了新的观点,有法官认为保证债权不止息,可以防止保证人拖延债务,提高保证人的偿债效率。[45] 有法官从体系解释的角度出发,认为《企业破产法》第 46 条位于第六章,该章节的所有规定适用于债权人而非保证人,因此保证债权并不停止计息。有法官认为保证责任的范围应当依据保证合同确定。[46] 有法官认为无法律、法规或司法解释明确规定进入破产程序后的保证债权应当止息。[47] 还有法官认为,破产程序中主债务并未减免,保证债务也不应当减免。[48] 此外,保证人若不想承担进入破产程序的债权的利

---

[41] 参见天津银行股份有限公司济南分行与徐某某金融借款合同纠纷案,山东省济南市市中区人民法院(2018)鲁 0103 民初 8959 号民事判决书。

[42] 参见湖北省高级人民法院(2020)鄂民申 3734 号民事裁定书。

[43] 参见刘某海、刘某杰保证合同纠纷案,山东省高级人民法院(2019)鲁民终 2706 号民事判决书;招商银行股份有限公司济南分行与山东东方华龙工贸集团有限公司、刘某海保证合同纠纷案,济南铁路运输中级法院(2019)鲁 71 民初 1 号民事判决书。

[44] 参见山东省再担保集团股份有限公司与枣庄市融资担保有限公司保证合同纠纷案,山东省高级人民法院(2020)鲁民终 1211 号民事判决书;枣庄市融资担保有限公司与山东省再担保集团股份有限公司保证合同纠纷案,山东省济南市中级人民法院(2019)鲁 01 民初 3055 号民事判决书;天津银行股份有限公司济南分行与山东省呈祥电工电气有限公司等保证合同纠纷案,山东省济南市中级人民法院(2018)鲁 01 民初 1884 号民事判决书。

[45] 参见湖南凯乐建设工程有限公司与刘某平保证合同纠纷案,湖南省怀化市中级人民法院(2020)湘 12 民终 2207 号民事判决书;上海浦东发展银行股份有限公司重庆分行与孙某陆、伍某等保证合同纠纷案,重庆市江津区人民法院(2019)渝 0116 民初 14505 号民事判决书。

[46] 参见重庆三峡担保集团股份有限公司等诉中国华融资产管理股份有限公司重庆市分公司保证合同纠纷案,重庆市第五中级人民法院(2017)渝 05 民终 2527 号民事判决书;丁某全与重庆银行股份有限公司北碚支行、官某芬等保证合同纠纷案,重庆市第一中级人民法院(原四川省重庆市中级人民法院)(2018)渝 01 民终 7209 号民事判决书。

[47] 参见山东省再担保集团股份有限公司与枣庄市融资担保有限公司保证合同纠纷案,山东省高级人民法院(2020)鲁民终 1211 号民事判决书;枣庄市融资担保有限公司与山东省再担保集团股份有限公司保证合同纠纷案,山东省济南市中级人民法院(2019)鲁 01 民初 3055 号民事判决书;天津银行股份有限公司济南分行与山东省呈祥电工电气有限公司等保证合同纠纷案,山东省济南市中级人民法院(2018)鲁 01 民初 1884 号民事判决书。

[48] 参见江苏高邮农村商业银行股份有限公司城区支行与高邮市信诚工业企业贷款担保有限公司、高某等保证合同纠纷案,江苏省高邮市人民法院(2019)苏 1084 民初 823 号民事判决书。

息，可以在债权进入破产程序时以及时向债权人清偿的方式得到救济（见表 4）。

表 4　地方法院反对止息理由类型化分析

理由	内容	个数(个)
法律关系区分说	与最高人民法院的理由相同	77
符合预期说	与最高人民法院的案例类似，即保证人在签订保证合同时已经预见到其对主债权承担利息清偿的责任，保证人清偿利息符合预期	44
法律目的说	《企业破产法》第 46 条的立法目的是固定债务，无关保证人的利益。担保制度的目的是保障债权，债权包含利息，保证人承担的保证责任自然包含债权的利息，债权面临清偿不能而进入破产程序正是担保法发挥制度功能、保障债权实现的情形	38
引用相关法条侧面印证	根据《企业破产法》第 92 条第 3 款(有少数案例引用第 101 条)，破产重整或和解不影响债权人的权利，因此债权人可继续追偿保证债权的利息。 根据《企业破产法》第 124 条或原担保法解释第 44 条，破产终结后，保证人承担继续清偿责任。由此佐证为实现担保法的目的，保证人应当偿还进入破产程序后的利息。 根据原《担保法》第 21 条，保证范围包括利息，故不应停止计算利息	16
债务未消灭说	关于债务未消灭说，持有该观点的法官认为债务消灭的原因不包括破产，基于法律规定，主债务进入破产程序后停止计息未导致债务消灭。因此保证债权不应停止计息	13
其他	有利于督促保证人承担责任。 无保证债权应当止息的禁止性规定。 保证人若不想承担进入破产债权的利息，可以在债权进入破产程序时以及时清偿的方式得到救济	22

与最高人民法院相比，地方法院反对止息的案例的主流观点中，法律关系区分说、法律目的说、符合预期说与最高人民法院的案例相似，但部分案例论述过程不同。此外，地方法院在司法实践中还提出新的观点，在司法实践层面丰富了是否应当止息的理论争议。

3. 地方法院司法态度变化趋势

新担保法解释颁布前，支持止息与反对止息的案例个数均在增长，但2018年至2020年3年间反对止息的案例数量增长迅猛，于2020年首次超过支持止息的数量，说明近年来在地方各级法院的司法实践中，法院的观点在不断变化(见图7)。若非新担保法解释于2021年1月1日生效，可能未来反对止息的案例数量将继续超过支持止息的案例。

新担保法解释生效后，支持止息的案例数量远远多于反对止息的案例数量，说明在关于破产止息规则方面的司法实践分歧正在统一。

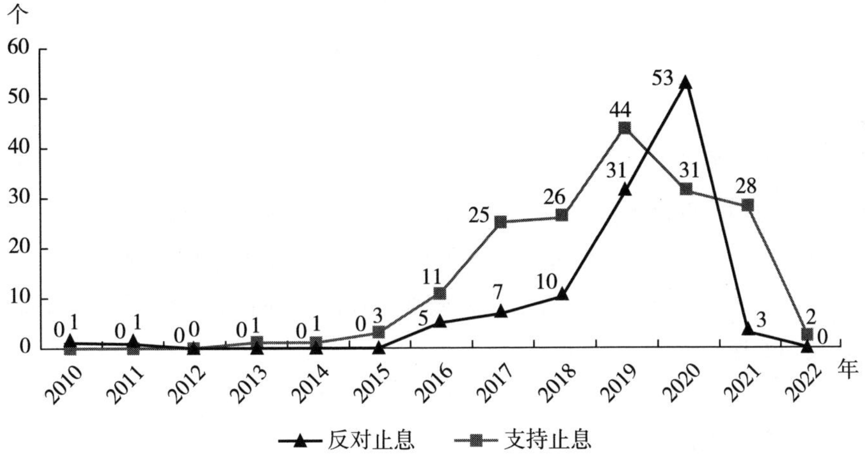

图7 司法判决的发展趋势

4. 不同层级地方法院的倾向性

在283个案例中，一审时，从基层人民法院到高级人民法院，反对止息的案例比例不断增加，基层人民法院反对止息的案例比例仅占36%，到高级人民法院该比例增长到84%；说明在地方法院之中，随着层级越高，倾向于反对止息的声音越多(见图8)。

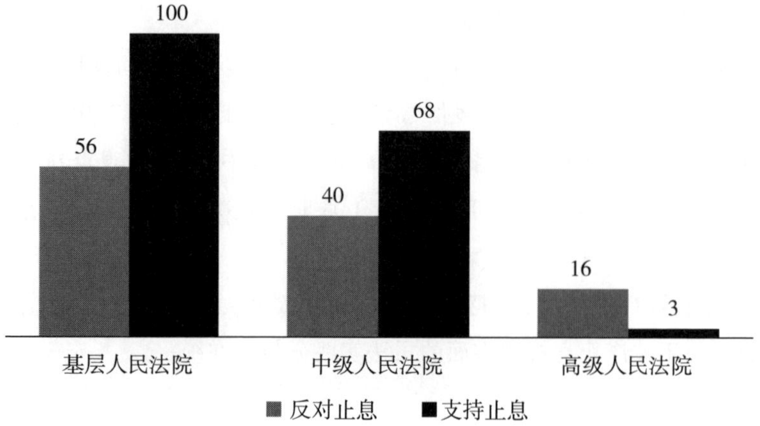

图8　不同层级法院倾向性

5. 地区差异分析

在283个案例中,可以看出比较明显的地区差异,安徽省、河南省、浙江省与四川省四地的法院倾向于支持止息,北京市、广东省与重庆市的法院倾向于反对止息,而山东省与江苏省支持与反对止息的法院比较均衡,争议较大(见图9)。可以看出不同地区的法院对进入破产程序后的债权是否应当止息的态度存在较大差异。

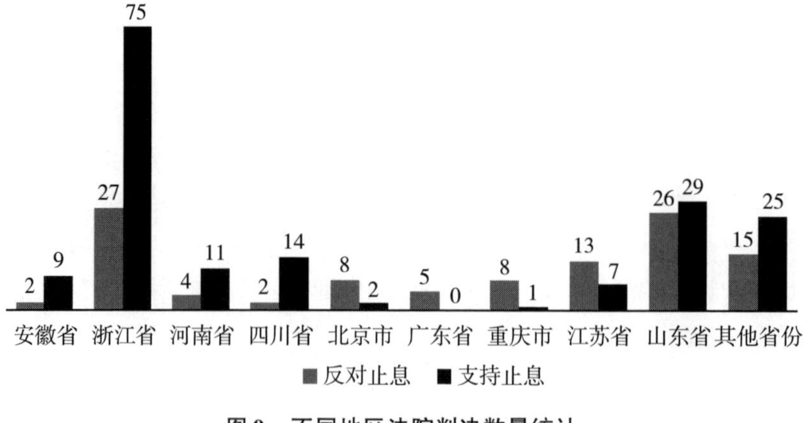

图9　不同地区法院判决数量统计

(三)典型案例分析

由上述统计可知,不同法院对进入破产程序后保证债权是否应当停止计息的态度有很大差别,本文分别选取反对保证债权破产止息以及支持保证债权破产止息的三个典型案例进行分析。

1.反对止息典型案例——中信哈尔滨分行与深圳品牌纠纷案[49]

(1)基本案情概括

本案主体包括:一审原告(被上诉人)为中信哈尔滨分行。一审被告(上诉人)为深圳品牌、吴某良与张某霞。案外人为西林钢铁。(见图10)

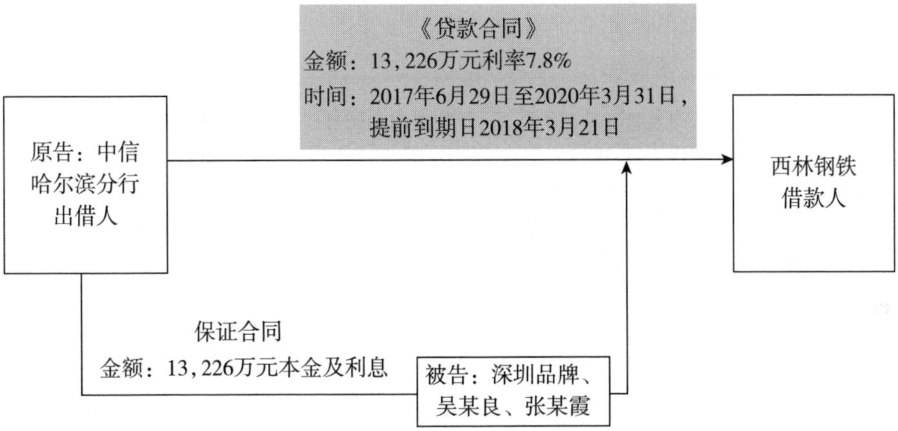

图10 当事人基本关系

本案基本事实为:2017年6月15日,一审原告与案外人签订《贷款合同》,约定贷款利率为年4.9875%,每月20日还息。放款日为2017年6月29日。后分别于2017年9月30日与2018年6月30日偿还本金,偿还金额为146万元与600万元。2017年6月23日,中信哈尔滨分行与深圳品牌、吴某良约定深圳品牌、吴某良对贷款连带担保。2018年3月21日,由于西林钢铁未能按期支付利息,中信哈尔滨分行主张贷款提前到期,在贷款利率基础上加收50%计收罚息利率。2018年6月10日,法院受理西林钢铁破产重整,破产管理人确定截至2018年6月11日的利息为391.51万元,其中,2018年3月31日至2018年6月10日的利息为288.54万元,2018年3月21日前利息为163.09万元。2018年12月15日,法院裁定债权本金剩余13,080万元,利息391.51万元。(见图11)

[49] 参见最高人民法院民事判决书,(2019)民终1710号。

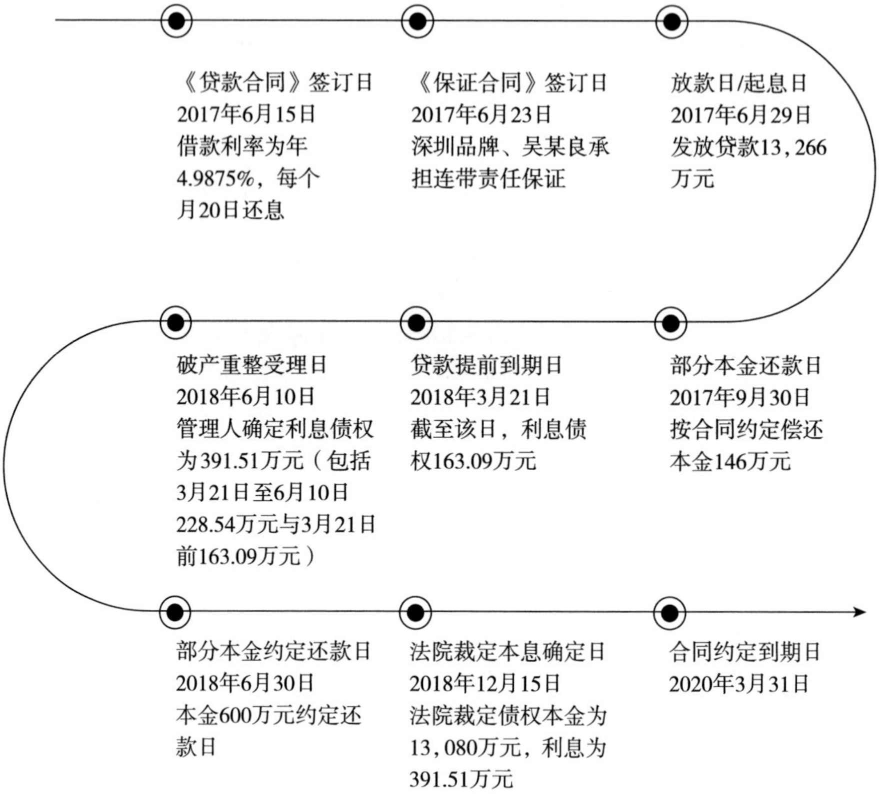

图11 案情时间线索

本案诉讼请求：上诉人请求法院改变利息计算范围，将罚息计算的时间段从2018年3月21日（贷款提前到期日）至实际支付之日改为自2018年3月21日（贷款提前到期日）至2018年6月10日（破产重整受理日），即受理日后的保证债权不再计息。

本案判决结果：一审法院与二审法院（最高人民法院）均驳回了深圳品牌提出的对进入破产程序后的利息之债不承担保证责任的请求。

（2）案例评析

本案是反对进入破产程序的保证债权停止计息的典型案例，一审法院和最高人民法院从破产体系与担保体系两分，保证人责任是否加重，是否违反公平原则三个方面来论述反对止息的正确性，在司法实践中颇具代表意义。一审法院认为，《企业破产法》第46条适用于破产清算法律关系，而保证人与债权人是担保法律关系,责任应当依据合同确定。此外,要求保证人清偿利息是保证的应有之义,并未加重其保证责任。最高人民法院在一审法院的基础上进一步指出,依据原担保法解释第44条,保证人仍应就未获清偿的部分承担责任。保证人依合同清偿利息并未超过其预期,也不违反民法公平原则。上述观点比较具有代表性。

2. 支持止息典型案例——华夏银行与双友机电公司纠纷案㊿

(1)基本案情概括

本案主体包括:原告为华夏银行,为债权人。被告为双友机电公司、蔡某坚、许某妹、中昌公司、爱华集团、爱华房地产、项某铨、陈某丽,均为保证人。案外人为中捷公司,案外人为债务人。(见图12)

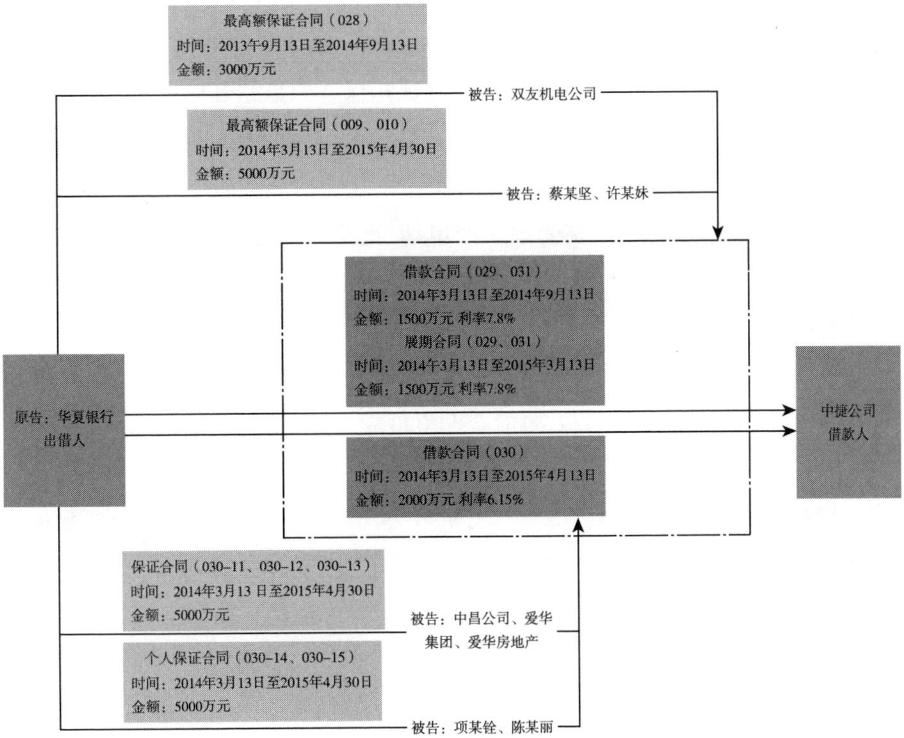

图12 当事人基本关系

㊿ 参见浙江省台州市椒江区人民法院民事判决书,(2016)浙10民终1872号。

本案基本事实：原告华夏银行与借款人中捷公司签订了合同尾号为029、031的两份借款合同，借款金额皆为1500万元，利率为7.8%，开始日为2014年3月13日，期限6个月。后通过展期合同变更为2015年3月13日到期。上述借款共涉及两组保证合同。一是原告与被告签订合同尾号为028的最高额保证合同，金额为3000万元，自2013年9月13日起，保证期间为1年，保证类型为连带责任保证担保。二是原告华夏银行分别与蔡某坚、许某妹签订合同尾号为009、010的最高额保证合同，金额为5000万元，自2013年9月13日起，保证期间为1年，保证类型为连带责任保证担保。

此外，原告华夏银行与借款人中捷公司签订合同尾号为030的借款合同，期限为2014年3月13日起，持续1年1个月，金额为2000万元，利率为6.15%。上述借款共涉及两组保证合同。一是原告华夏银行分别与被告中昌公司、爱华集团、爱华房地产签订合同尾号为030－11、030－12、030－13的保证合同，保证金额为5000万元，保证类型为连带责任保证担保。二是原告华夏银行分别与被告项某铨、陈某丽签订合同尾号为030－14、030－15的个人保证合同，金额为5000万元，保证类型为连带责任保证担保。

2014年10月13日，法院受理破产申请，此日前本案利息均已支付。2014年12月15日，原告申报5000万元（借款本金）债权。2015年6月2日，法院批准重整草案，分三期清偿。

2015年7月1日，原告受偿本金824万元，两个借款合同（尾号029，031）本金余额均为1252.8万元，借款合同（尾号030）本金余额为1670.4万元。（见图13）

本案诉讼请求：华夏银行请求双友机电公司、蔡某坚、许某妹清偿借款本金及至实际清偿日的利息。华夏银行请求蔡某坚、许某妹、中昌公司、爱华集团、爱华房地产、项某铨、陈某丽清偿借款本金及至实际清偿日的利息。

本案判决结果：一审法院与二审法院均支持止息，依据为《企业破产法》第46条。二审法院依据担保债权的从属性，认为从债务范围不能超过主债务，若保证债权包括利息，将超过主债务，因此不予支持原告的请求。

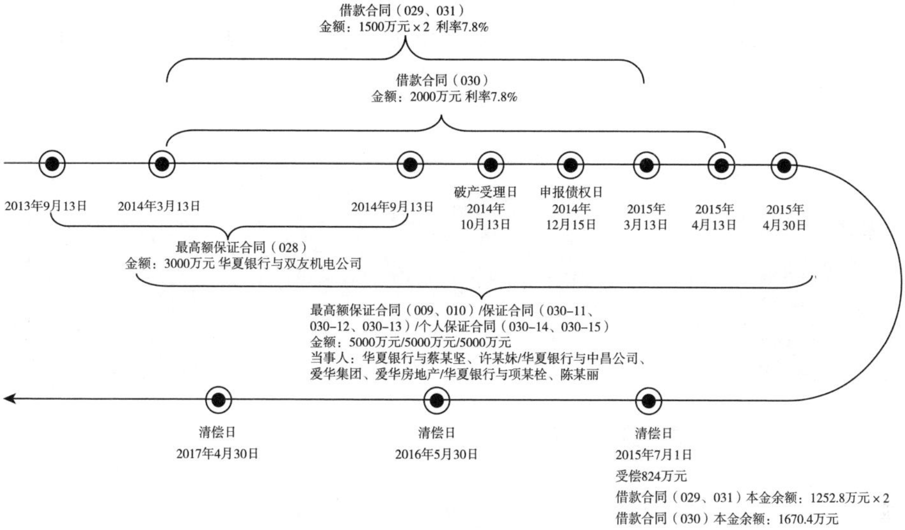

图 13　案情时间线索

（2）案例评析

本案是支持进入破产程序的保证债权停止计息的典型案例，判决中支持止息的主要理由是担保债权具有从属性，这也是大多支持止息的案例共同的理由，非常具有代表意义。本案的二审法官夏某佩、洪某波在随后发表的论文中对该案进行了详细的分析，[33]他们的观点主要有三个，一是担保债权从属性，从范围的从属性出发，从债务的范围不能大于主债务；从消灭的从属性出发，担保利息随主债务消灭。二是从法律的体系解释出发，担保责任的从属性只有在法律明确规定的情况下才受限制，而《企业破产法》第 46 条第 2 款规定仅针对主债权，并未明确规定保证债权要受到限制，因此保证责任的从属性在此情形下依然适用。三是从利益平衡出发，若保证人继续承担利息，会影响其追偿权的实现，进而导致不公平。上述观点具有代表性。

3. 支持止息典型案例——蔡某芳与浦发瑞安纠纷案[51]

（1）基本案情概括

本案主体：原告为蔡某芳，为保证人。被告为浦发瑞安，为债权人。案外人为欧具卫浴，为债务人。（见图 14）

---

[51] 参见浙江省瑞安市人民法院民事判决书，(2019) 浙 0381 民初 6636 号。

本案基本事实：债权人浦发瑞安与债务人欧具卫浴签订贷款合同，金额为 370 万元，时间为 2017 年 7 月 20 日至 2018 年 7 月 20 日，清偿日为每月 20 日。2017 年 7 月 10 日，蔡某芳与浦发瑞安之间订立《最高额保证合同》，金额为 420 万元。

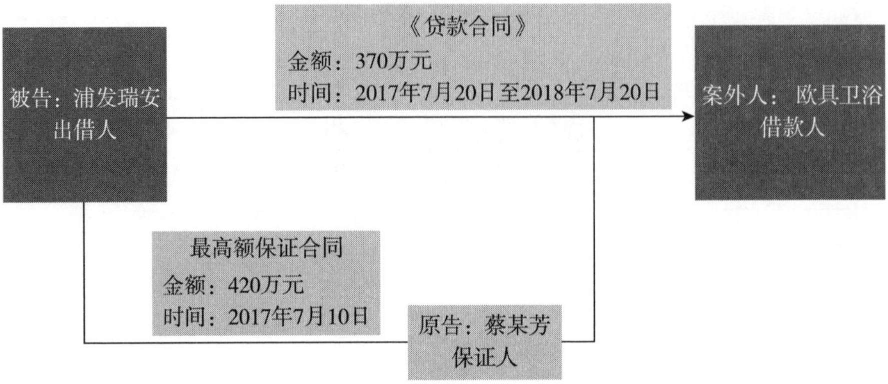

图 14　当事人基本关系

2017 年 11 月 6 日，法院受理破产申请。

2017 年 12 月 26 日，浦发瑞安申报了债权，申报额为 370 万元及截至破产受理日 2017 年 11 月 6 日的利息 6.871224 万元。

2017 年 7 月 20 日至 9 月 20 日的利息由债务人清偿完毕。自 2017 年 9 月 21 日至 11 月 6 日（破产申请受理日）的利息为 28,997.83 元。

2017 年 9 月 20 日至 2018 年 7 月 24 日，在债权人的催收下，保证人蔡某芳代偿利息 131,621.52 元。其中 28,997.83 元为自 2017 年 9 月 21 日至 11 月 6 日（破产申请受理日）的利息，102,623.69 元为 2017 年 11 月 6 日至本金偿还日 2018 年 7 月 24 日的利息。（见图 15）

本案诉讼请求：原告蔡某芳请求被告浦发瑞安返还利息 131,621.52 元。

本案判决结果：法院支持止息。除了提出《企业破产法》第 46 条、担保债权的从属性等理由之外，提出了新的理由，即依据原担保法解释第 44 条，认为在破产程序中未受完全清偿的保证债权的数额应是一个确定的值，因此需要停止计息。

图 15　案情时间线索

(2)案例评析

该案虽然支持保证债权应当停止计息,但在说理部分以及该案审判员随后在《人民司法》上刊登的文章上提出了新的裁判思路,即申报主体不同将导致债权申报产生的法律效果不同。[52]

除本案情形债权人申报全部债权外,若仅保证人申报,保证责任不应当继续计算利息,主债权人继续计算。原因包括由于保证的相对独立性,债权人可以选择不申报,仅仅直接向保证人提出请求,而承担破产风险是其应当预见的。

(四)司法实践评析

就最高人民法院的司法实践而言,在新担保法解释出台前,最高人民法院对破产程序中的保证债权是否止息的态度几乎势均力敌。就地方法院的司法实践而言,在新担保法解释出台前,整体上支持止息的案例略多于反对止息的案例。由于在新担保法解释第 22 条出台前法律规定模糊,最高人民法院在此问题上存在争议,地方法院的司法实践更为混乱,表现在三个方面,一是在反对止息的案例中,许多地方法官另辟蹊径,尝试从不同角度提出新的论据,反对止息的理由更加丰富,比如引用相关法条侧面印证进行说理,各地法院引用的法条

---

[52] 参见朱李江:《破产程序中停止计息的效力范围》,载《人民司法》2020 年第 8 期。

不一,每一个条款下的论证方式不同,造成司法混乱。二是不同层级法院呈现不同的倾向性,从基层人民法院到高级人民法院,反对止息的案例越来越多。三是呈现明显的区域性特征,安徽省、河南省等地的法院倾向于支持止息,北京市、重庆市等地的法院倾向于反对止息,而山东省与江苏省支持与反对止息的法院比较均衡。

法院支持止息的判决书中理由较少,大部分理由为从属性,而反对止息的判决书中理由丰富,包括法律关系区分说、符合预期说、法律目的说等,其中出现频率最高的理由为法律关系区分说。

总之,在新担保法解释出台前,各层级、各地区法院在关于是否止息的问题上存在巨大分歧,整体司法实践处于割裂状态。在新担保法解释出台后,反对止息的案例骤降,2021 年仅有 3 个,而支持止息的案例为 28 个,说明新担保法解释在统一司法裁判的分歧上起到了重要作用。

四、破产中保证债权利息规则之学理探析

(一)反对止息之学说

对于主债务人破产的情形下,破产止息规则是否及于保证人,司法裁判中的说理较为直白浅显且杂乱不一。相较而言,学界反对止息的学说较为集中,主要理由与司法实践中的法律关系区分说、符合预期说、法律目的说一致,但说理更加详尽完善。此外,学界还提出了一些新的观点,如认为保证债权的从属性并非绝对不可突破、反对止息有利于提高经济效率等。

1. 反对止息的前提——保证债权的从属性并非绝对不可突破

反对止息者认为,保证债权从属性并非绝对不可突破。从法律规定分析,保证合同的从属性并不属于强制性规定,而属于学理特征。《民法典》第 388 条第 1 款规定了从属性原则,[53]但附随的但书表明其他法律可排除担保的从属

[53] 《民法典》第 388 条第 1 款规定:……担保合同是主债权债务合同的从合同。主债权债务合同无效的,担保合同无效,但是法律另有规定的除外。

性。[54]《民法典》第682条、第691条与第696条规定了担保合同效力、范围与转让的从属性，[55]但同时均以但书或司法解释的形式规定了例外情形，[56]种种但书在法规层面为突破从属性预留了空间。此外，不少具体的法律制度也突破了从属性。如最高额担保制度使得担保权利与具体债权不再一一对应。[57] 因此，反对止息者认为，保证责任从属性原则并非绝对不可突破，保证债权进入破产程序后可破除从属性。

2. 法律关系区分说

反对计息者认为，破产法作为一部调整债权债务关系的法律，是一部程序性法律，与作为实体法的普通民商事规则有所区别，实体债权与程序债权不可相提并论。[58] 进入破产重整的公司是一种特殊状态的公司，与正常经营的公司不同，法律关系的性质已发生改变。[59] 为实现进入破产程序后的所有债权人公平受偿等目的，出于公共政策的考量，在尊重普通民商事规则对债权债务调整的基础上，破产法将调整进入破产程序的实体权利以便特殊适用。[60] 并且，破产法并非针对单独、个别的债权债务进行调整，而是通过集中的程序，统一调整进入破产程序的债权债务关系。[61] 例如，进入破产程序的劳动债权与税收债权优先清偿。普通债权债务在破产程序中受到特殊调整是破产中的保证债权可以被区别对待的法理基础。

债权人与主债务人的普通债权债务关系、保证人与债权人的担保关系是相

---

[54] 参见崔建远：《论保证规则的变化》，载《中州学刊》2021年第1期。

[55] 《民法典》第682条第1款规定：保证合同是主债权债务合同的从合同。主债权债务合同无效的，保证合同无效，但是法律另有规定的除外。《民法典》第696条规定：债权人转让全部或者部分债权，未通知保证人的，该转让对保证人不发生效力。保证人与债权人约定禁止债权转让，债权人未经保证人书面同意转让债权的，保证人对受让人不再承担保证责任。

[56] 原担保法解释第28条规定：保证期间，债权人依法将主债权转让给第三人的，保证债权同时转让，保证人在原保证担保的范围内对受让人承担保证责任。但是保证人与债权人事先约定仅对特定的债权人承担保证责任或者禁止债权转让的，保证人不再承担保证责任。

[57] 参见高圣平：《民法典担保从属性规则的适用及其限度》，载《法学》2020年第7期。

[58] 参见彭立峰、田桂瑶：《论主债务人破产停止计息保证人责任的承担与追偿》，载《岭南学刊》2020年第6期。

[59] 参见张世君：《论我国破产重整公司治理结构之优化》，载《政法论丛》2021年第6期。

[60] 参见王欣新：《〈民法典〉与破产法的衔接与协调》，载《山西大学学报（哲学社会科学版）》2021年第1期。

[61] 参见贺丹：《企业拯救导向下债权破产止息规则的检讨》，载《法学》2017年第5期。

互独立的法律关系，前者进入破产程序停止计息并不代表后者停止计息，在破产程序中主债权减少并不意味着实体债权减少，从属于主债权的利息也并不因此减少。[62] 此观点实质上与司法实践中的债务未消灭说一致，主债务人破产并非债务消灭的法定原因，主债务进入破产程序后虽停止计息但并未消灭。反对止息者认为《企业破产法》第92条第3款与第101条破产重整或和解不影响债权人对保证人享有的权利，也佐证了此观点。

3. 符合预期说

反对计息者认为，继续计息未加重保证人责任，属于当事人应当预见的商业风险。从保证人的角度出发，其订立的保证合同约定的担保范围系自愿作出的承诺，在当事人合意的情况下，依据民法中的意思自治原则，保证人应当受到其自愿作出的承诺的约束。进入破产程序后，保证人的保证范围并未因此发生变化，并未超越其自愿承担的担保范围，并未加重保证人的责任。[63]

4. 法律目的说

《企业破产法》第46条第2款延续传统破产法的规定，最早出现于晚清，出现的背景是在当时社会经济条件下，破产的情形主要为企业资不抵债，经营活动停止。早期破产法的理念为快速出清破产企业。[64] 在此背景下，设立第46条第2款的目的是减轻破产财团的负担，由于破产企业已无法清偿破产程序中的本金，更遑论利息，追偿利息无实质意义。后随着时代的发展，第46条第2款的立法目的不断丰富，一是为提高破产程序的效率，保证破产程序顺利进行，避免由于利息数额不断变化而导致无法确定债权数额，给后续推进破产重整或清算程序造成难度。二是统一进入破产程序后的债权人的利息标准，破产企业的债权人的不同借款合同的利率是有差异的，进入破产程序后，停止计息可以避免产生不同的债务融资成本造成不公。三是破产企业此时已濒临倒闭，生产经营几近停止，已未占用资金。在假定进入破产程序的企业无法进行正常经营的情况下，设立该条款的目的是防止债务人为未使用的资金支付利息。有学者认为，《企业破产法》第46条第2款的立法目的未包括免除或减轻保证人对利息

---

[62] 参见许德风：《论破产债权的顺序》，载《当代法学》2013年第2期。

[63] 参见王莉：《担保人承担破产债权利息的范围》，载《人民司法》2021年第2期。

[64] 参见李曙光：《破产法的宪法性及市场经济价值》，载《北京大学学报（哲学社会科学版）》2019年第1期。

的责任，因此保证债权应当继续计息。

5. 提高效率说

反对止息者认为，在我国“民商合一”的立法体例下，对商事担保的裁判逻辑应更注重维护当事人意思自治，支持保证债权继续计息可促进经济效率提高。民商事行为的不同体现在逻辑思维与处理方法等方面。[65] 目前《民法典》是“民商合一”[66]。未对民商事担保进行区分。从比较法上看，日本、德国及法国等国均对民商事担保进行区分规制。究其原因，在于二者在交易安全的内容与价值理念上是不同的。就价值理念而言，民法假定民事主体是弱小的人，需进行强制性规制，体现的是“法律父爱主义”，而商法假定的商事主体是理性而强大的人，更鼓励商事主体自由交易，体现的是“法律自由主义”。[67] 因此，民法更重实质意义的公平，商法更重效率。[68] 价值理念的不同映射到交易安全上，民事交易是为了满足参与经济生活的主体的基本需求，商事交易是为了资源的高效利用，促进市场交易及财富的增长。破产案件中，绝大部分的破产主体为企业，大多数债务在企业为扩大再生产而进行再融资时产生，属于商事案件。破产行为是一种典型的商事行为。[69] 从商事裁判应当秉承的价值理念与维护的交易安全内容来看，在保证债权破产止息的问题上应当从维护经济效率出发，维护商事主体依照担保合同的意思自治安排。

提高效率说的另一种解释路径是，若主张保证人承担破产后的利息，破产持续计息，将更能督促保证人履行保证责任，提高经济效率。若利息不再计算，将削弱保证人履责的意愿，债权人承担的风险越高，借出资金的意愿越弱，最终将拖累整体经济运行的效率。

（二）反对止息之学说批驳

自20世纪90年代以来，在将近30年时间的积淀下，学界与司法实务中关于反对破产止息的学说理由颇为丰富，但仍然具备可探讨空间，本文将进行一

---

[65] 参见施天涛：《商事法律行为初论》，载《法律科学》2021年第1期。

[66] 参见张平华、于惠：《〈民法典·继承编〉如何实现民商合一？》，载《求是学刊》2021年第5期。

[67] 参见曾大鹏：《商事担保立法理念的重塑》，载《法学》2013年第3期。

[68] 参见崔金珍：《在〈商法通则〉中设立商法基本原则的路径研究》，载《中国政法大学学报》2021年第6期。

[69] 参见赵万一：《我国市场要素型破产法的立法目标及其制度构造》，载《浙江工商大学学报》2018年第6期。

一回应。

1. 突破从属性须以法律明文规定为前提

反对止息者认为保证债权从属性并非绝对不可突破，进入破产程序后从属性可被破除。不可否认，理论上保证债权具有相对独立性。[70] 法律规定层面为突破从属性也预留了空间，诸如独立保证、最高额担保等法律制度也是对从属性的突破，然而此种种规定也正说明了从属性的突破必须以法律明文规定为前提。对担保财产的分配需以实体规范为依据。[71] 特别是《企业破产法》第92条第3款、第101条规定破产重整或和解不影响债权人对保证人享有的权利，说明在《企业破产法》中对从属性的突破必须以法条明文规定，而《企业破产法》中并无条文明示突破利息之债的从属性，说明就保证责任的利息而言仍应当遵循从属性原则。

2. 法律关系区分说存在逻辑矛盾

主张法律关系区分说的学者认为债权人与主债务人的普通债权债务关系和保证人与债权人的担保关系相互独立，前者进入破产程序后停止计息仅代表程序债权停止计息，实体债权并未减少，依据从属性，保证债权也并不因此减少。[72]

对于此观点，若实体债权未消灭，仍属于债权人享有的债权，但债权人却无请求权，岂不是剥夺了债权的核心权利“请求权”，存在逻辑矛盾，难以自圆其说。[73]

此外，反对止息者依据《企业破产法》第92条第3款与第101条，主张破产重整或和解不影响债权人对保证人享有的权利，因此应当继续计息。但此条指的是重整计划中关于“清偿顺序、清偿比例、清偿期限”的规定不影响债权人对保证人的权利，并不涉及保证债权的利息之债。

3. 符合预期说主观性较强

反对计息者认为，继续计息未加重保证人责任，符合当事人的预期，属于当

---

[70] 参见王毓莹：《民法典背景下人的担保独立性之证成与适用——以独立担保为视角》，载《比较法研究》2021年第6期。

[71] 参见李忠鲜：《论担保权在破产中的别除机制》，载《河北法学》2019年第6期。

[72] 参见王莉：《担保人承担破产债权利息的范围》，载《人民司法》2021年第2期。

[73] 参见沈伟、吕启民：《破产止息规则下保证责任从属性之惑及疑解——兼议独立保证入典》，载《上海财经大学学报》2020年第1期。

事人应当预见的商业风险。此观点将是否止息归因于保证人的主观意识。然而,在法律未明文规定,受过系统法学教育的学者与法官均对该问题存在疑惑的情况下,期待当事人对是否止息具备确定的预期似乎强人所难。完全存在当事人认为保证债权从属于主债权,保证债权应随主债权止息的情形,此时当事人的预期是保证债权停止计息。

4. 立法目的说不应僵化理解

有学者列举了《企业破产法》第46条的立法目的,认为并不包括免除或减轻进入破产程序后保证人对利息的保证责任。此观点有待商榷,首先,人类的理性是有限的,立法者不可能让法律无偏差地反映其所有认识。[74] 其次,立法目的基于法律制定时的社会经济条件,而社会经济条件是不断变动的。正如1904年,法国最高法院院长 Ballot Beaupre 在纪念《法国民法典》颁布时指出,法官不必固执地试图确定《法国民法典》颁布时的原意,应在正义与理性的指引下使该条文更适应现代生活的要求。[75] 最后,由于立法目的的隐匿性、不确定性与价值倾向明显等特点,司法裁判中也不能直接适用立法目的。[76]

破产法肩负着帮助市场主体应对债务危机的职能。[77] 若市场主体的债务危机无法得以消除,将造成债务积压(debt overhang),对市场主体而言,债务积压将大大削弱融资能力,对经济运行而言,债务积压将抑制投融资,导致经济萧条。[78] 随着以美国为源头的破产重整程序在世界资本市场扩展,[79]我国破产法的理念也逐渐由单一清算转变为以企业拯救为核心,对于一些处于困境的企业,若仍具有营运价值,应当尽量兼并重组,[80]解决债务积压的问题。在现今帮助企业走

---

[74] 参见张诚、卢东凌:《立法目的、立法程序探析——兼评〈立法法〉》,载《现代法学》2000年第5期。

[75] 参见沈宗灵:《比较法总论》,北京大学出版社1987年版,第150页以下。

[76] 参见杨铜铜:《论立法目的司法适用的方法论路径》,载《法商研究》2021年第4期。

[77] 参见王佐发:《"市场主体友好型"破产法:理论反思与制度建构——兼论中国破产法的修改》,载《中国政法大学学报》2021年第4期。

[78] See Stuart Gilson, *Coming Through in a Crisis: How Chapter* 11 *and the Debt Restructuring Industry Are Helping to Revive the U. S. Economy*, Journal of Applied Corporate Finance, Vol. 24:23, p. 23 (2012).

[79] 参见李曙光:《破产法的宪法性及市场经济价值》,载《北京大学学报(哲学社会科学版)》2019年第1期。

[80] 参见杜军:《中、英企业破产拯救制度的比较研究》,载《法律适用》2017年第21期。

出困境，重整重生为主导的大环境下，现行《企业破产法》第46条的目的应当更强调减轻破产企业负担，如此便可推导出应当停止计息的结论。

5. 提高效率说忽视了社会背景

反对止息的学者认为破产持续计息，将更能督促保证人履行保证责任，提高经济效率。然而此观点忽视了我国当前经济大环境的背景是“觅保难”，大多数担保是出于人情提供，并非由专业的担保公司、金融机构做出，让保证人承担过重的责任将导致其担保意愿降低。[81] 此外也会加重保证人的流动性压力，导致债务人破产的风险外溢，造成系统性金融风险，最终拖累经济效率。

（三）支持止息之理论惑解——以利益衡量论展开

在对支持止息的学说与反对止息的学说进行大量梳理研究的基础上，本文认为，是否支持止息的本质是价值选择的问题，支持止息与反对止息的学者或实务界人士的争论聚焦于担保债权的从属性，鲜有体系化思考，其争论往往陷入过分纠结某一群体利益或某一制度利益的困境。

本文采用利益衡量论对新担保法解释第22条出台的原因进行系统思考。利益衡量论虽主要应用于司法裁判中，但在立法论上也同样重要。[82] 利益层次可分为四层。对于新担保法解释第22条正当性的分析可以借鉴利益层次结构，分析该制度涉及的宏观的社会公共利益，中观的制度利益与微观的群体利益。具体利益在立法层面并不涉及。

破产止息规则中，保证人与债权人是平等的民事主体，为避免过分注重对此类平等主体的利益的细微衡量而无法进行利益取舍，陷入保护债权人也可、保护保证人也可的境地，可采取自上而下的分析路径，依次分析宏观的社会公共利益、再深入至制度利益，最后剖析群体利益。

1. 社会公共利益的衡量

社会公共利益在内容上包含良善的道德以及为维护经济良好运行所需的秩序。[83] 破产保证债权是否止息，涉及的核心问题是从属性，从属性决定了主债

---

[81] 参见程啸、高圣平、谢鸿飞：《最高人民法院新担保法解释理解与适用》，法律出版社2021年版，第146页。

[82] 参见梁上上：《利益衡量论》，法律出版社2016年版，序言第4页。

[83] 参见梁上上：《利益的层次结构与利益衡量的展开——兼评加藤一郎的利益衡量论》，载《法学研究》2002年第1期。

权无效，担保债权随之无效。[84] 对于从属性的把握存在严格与宽松之分。[85] 在我国目前特定的社会经济背景下考量如何把握从属性，应当考虑两点社会公共利益：一是促进经济效率提高，二是防范金融风险。关于经济效率，如前所述，我国存在"觅保难"的现象，让保证人承担过重的责任更将导致其担保意愿降低，加重"觅保难"，最终损害经济效率。[86] 对于防范金融风险而言，由于我国经济下行压力大，过于严苛的担保责任会加重保证人的流动性压力，导致债务人破产的风险外溢。因此，在经济形势下行的背景下，要防范不断出现的或潜在的金融风险，在一定程度上需特别注意对担保独立性进行限制。[87] 在对社会公共利益衡量的基础上不难得出应严守从属性的结论。《民法典》第 388 条、第 682 条以及新担保法解释第 2 条、第 3 条[88]不断加强从属性的立法趋势也佐证了该结论。

2. 制度利益的衡量

在进行制度利益衡量时，不仅需要以社会公共利益为指引，还需全面考量牵涉的所有具体制度的利益以及维护法律制度的统一完整。

首先，制度利益要与宏观层面的整体社会公共利益一致，这是社会对法律制度的要求。[89] 前述分析得出的两点社会公共利益，即促进经济效率提高及防范金融风险外溢，也是制度利益所需要维护的内容。

其次，就具体制度利益而言，在破产法层面，反对止息符合公平受偿的宗

[84] 参见王利明：《民法学》，高等教育出版社 2019 年版，第 274 页。

[85] 参见崔建远：《债法总论》，法律出版社 2013 年版，第 166 页。

[86] 参见程啸、高圣平、谢鸿飞：《最高人民法院新担保法解释理解与适用》，法律出版社 2021 年版，第 146 页。

[87] 参见高圣平：《民法典担保从属性规则的适用及其限度》，载《法学》2020 年第 7 期。

[88] 新担保法解释第 2 条第 1 款规定：当事人在担保合同中约定担保合同的效力独立于主合同，或者约定担保人对主合同无效的法律后果承担担保责任，该有关担保独立性的约定无效。主合同有效的，有关担保独立性的约定无效不影响担保合同的效力；主合同无效的，人民法院应当认定担保合同无效，但是法律另有规定的除外。第 3 条规定：当事人对担保责任的承担约定专门的违约责任，或者约定的担保责任范围超出债务人应当承担的责任范围，担保人主张仅在债务人应当承担的责任范围内承担责任的，人民法院应予支持。担保人承担的责任超出债务人应当承担的责任范围，担保人向债务人追偿，债务人主张仅在其应当承担的责任范围内承担责任的，人民法院应予支持；担保人请求债权人返还超出部分的，人民法院依法予以支持。

[89] 参见梁上上：《制度利益衡量的逻辑》，载《中国法学》2021 年第 4 期。

旨。[90] 破产法基于特有的制度目的，对进入破产程序的企业进行特殊调整。若附利息的债权仍在继续计算，势必将使得未附利息的债权陷入不公平的境地。[91] 不再计息可促进公平受偿，符合破产的制度利益。在担保法层面，从属性是担保法理最根本的基础之一，即使破产时实体权利将面临进行调整的境遇，但当破产法并未明文作出例外规定时，就应当受到担保法理的约束，否则便使得整个担保的基础性原理受到挑战。并且，从担保制度的构成上看，其拥有分散降低债权面临的风险以及促使担保方的追偿权得以实现的两大功能，若利息继续计算，保证人很有可能无法行使求偿权。[92] 若保证人行使求偿权，最终的结果是导致主债务人清偿破产之后的利息，《企业破产法》第46条功能便无法发挥。因此，支持利息继续计算将破坏从属性并影响担保人追偿权。

最后，维护法律制度之间逻辑统一，体系完整是制度利益的应有之义。在法律适用中利益衡量的裁判结果应与现行法律相符，在立法中创设的法律制度也应与其他法律制度统一协调。自《〈全国法院民商事审判工作会议纪要〉理解与适用》（以下简称九民纪要）、《民法典》与新担保法解释颁布以来，担保的从属性的重要地位不断得以加强。九民纪要规定，特定主体以外开具的独立保函或双方在合同之中约定排除从属性的行为是无效的，体现了加强从属性的立法宗旨。其法理基础是过度进行担保将对公序良俗产生不利影响。[93]《民法典》并未纳入颇具争议的独立担保制度，《民法典》第388条、第682条的规定也体现了对从属性的强调趋势。而新担保法解释第2条、第3条以司法解释的形式确定了在九民纪要中支持的观点。以上规定大大强化了担保的从属性，削弱了独立性，成为规则设计的逻辑起点[94]。恪守从属性背后体现的是国家对担保人的“父爱主义”，避免使担保人承担比债务人更重的责任。[95]

---

[90] 参见《中华人民共和国企业破产法》起草组编：《〈中华人民共和国企业破产法〉释义》，人民出版社2006年版，代序第1页。

[91] 参见蒋新华：《企业破产法对担保物权规定的不足与完善》，载《人民司法》2010年第21期。

[92] 参见夏群佩、洪海波：《主债务人进入破产程序后连带保证人的责任范围》，载《人民司法（案例）》2017年第14期。

[93] 参见最高人民法院民事审判第二庭编著：《〈全国法院民商事审判工作会议纪要〉理解与适用》，人民法院出版社2019年版，第345～350页。

[94] 参见刘贵祥：《担保制度一般规则的新发展及其适用——以民法典担保制度解释为中心》，载《比较法研究》2021年第5期。

[95] 参见谢鸿飞：《〈民法典〉担保制度内在体系的变迁》，载《东南学术》2021年第5期。

担保制度因涉及债权人、债务人、第三人甚至社会公共利益，需要通过法定主义的方式对其进行规制，[96]这是担保具有从属性的法理基础。我国担保制度一向重视保障债权，强调从属性而相对淡化流通性。近来出现不断强化从属性的趋势，背后的原因是防范金融风险外溢，防止恶意扩张担保人的责任，维护担保中的公平原则。[97] 因此，为了保持与现有制度逻辑统一，新担保法解释第22条需力排众议，支持保证债权止息以维护法律体系协调完整。

3. 群体利益衡量

破产止息规则所涉及的群体利益衡量在两个主体之间展开。对债权人而言，继续计息有利于督促保证人偿还债务，提高受偿金额等。对保证人而言，不再计算利息将减轻部分偿债压力。在此具体层面进行利益衡量，停止计息或继续计息必将导致对一方有利，对另一方不利，极具争议。

从利益衡量出发，保证人的利益更需要保护，一方面，债权人可通过及时向保证人主张担保责任的方式进行救济，避免产生利息损失。另一方面，我国对民间利率规定的上限较高，对金融利率上限无限制，借款合同可能约定的利率较高。同时，破产程序耗时长，有学者曾统计，2009年11月至2012年10月，在我国已经上市的公司中，进入重整后，仅就制订并最终向人民法院提交重整计划的平均时长就超过了8个月。[98] 还有学者统计，公开资料显示，2007年至2014年，在43家上市公司的重整计划中，有高达42%的比例执行期限长达6个月之久。[99] 破产程序普遍较长且不可控，可能导致过重的利息，进而给保证人造成巨大的偿还压力。[100] 此外，利益层次结构是一个有机统一、相互作用的整体，在公共利益与制度利益的指引下，为避免破产风险转嫁至保证人，更偏向保护保证人的态度也是应有之义。

综上，通过运用利益衡量论，层层递进地分析利益层次，不难得出保证人的

---

[96] 参见程啸、高圣平、谢鸿飞：《最高人民法院新担保法解释理解与适用》，法律出版社2021年版，第14~21页。

[97] 参见曹明哲：《〈民法典担保制度司法解释〉对担保从属性的贯彻与适用》，载《法律适用》2021年第9期。

[98] 参见张亚楠：《完善我国破产保护制度的若干思考》，载《政治与法律》2015年第2期。

[99] 参见丁燕：《上市公司破产重整计划法律问题研究：理念、规则与实证》，法律出版社2014年版，第171~173页。

[100] 参见郁琳、吴光荣：《与破产法有关的几个担保问题》，载《法律适用》2021年第9期。

利益更需要被维护。

五、对破产中保证债权相关利息规则的适用建议

(一)不同担保形式对适用新担保法解释第22条并无影响

《民法典》无关于担保的一般规定,对保证的规定在实际中起到担保一般规定的作用。[101] 原担保法解释第44条至第46条的一系列规定仅体现了破产程序对保证的影响,[102]然而未提及物的担保等形式。本文以作为担保典型形态的保证进行分析,那么本文探究的保证债权在破产程序中是否止息之法理是否可以适用于其他形式的担保债权?答案是肯定的。

从法理分析,担保可分为三类,人、物与金钱分别对应一种担保。[103] 有学者认为金钱担保从广义上来看属于物的担保的一种形式。[104] 物的担保与保证的区别包括三点,一是作用不同,前者并不影响总资产,而是限制特定财产的处分权。后者将增加债务人的总资产。二是主体不同,即涉及的特定财产的供给方是否仅仅局限于债务人。三是标的物不同,前者涉及的财产为特定财产,后者涉及的财产是一般责任财产。[105] 除上述区别以及不适用保证期间等特殊规则外,物保与人保无实质区别,因而学者时常称其为物上保证人。[106] 在比较法上,推进两者的法律地位平等一向是推进担保制度"平等"理念的重要表现之一,也

---

[101] 参见曹明哲:《〈民法典担保制度司法解释〉对担保从属性的贯彻与适用》,载《法律适用》2021年第9期。

[102] 原担保法解释第44条规定:保证期间,人民法院受理债务人破产案件的,债权人既可以向人民法院申报债权,也可以向保证人主张权利。债权人申报债权后在破产程序中未受清偿的部分,保证人仍应当承担保证责任。债权人要求保证人承担保证责任的,应当在破产程序终结后6个月内提出。第45条规定:债权人知道或者应当知道债务人破产,既未申报债权也未通知保证人,致使保证人不能预先行使追偿权的,保证人在该债权在破产程序中可能受偿的范围内免除保证责任。第46条规定:人民法院受理债务人破产案件后,债权人未申报债权的,各连带共同保证的保证人应当作为一个主体申报债权,预先行使追偿权。

[103] 参见程啸:《担保物权研究》,中国人民大学出版社2019年版,第6页。

[104] 参见杨立新:《债法总论》,法律出版社2011年版,第289页;苏号朋:《民法学》,对外经济贸易大学出版社2011年版,第392页。

[105] 参见程啸:《担保物权研究》,中国人民大学出版社2019年版,第7~8页。

[106] 参见郁琳、吴光荣:《与破产法有关的几个担保问题》,载《法律适用》2021年第9期。

是宪法的平等原则的一大要求。[107]

在法律规定层面，新担保法解释将破产程序对担保的影响放在了第一节“关于一般规定”中，且在表述上，不再适用“保证人”的说法，而使用“担保人”的称谓，适用范围大为扩展，以致包含所有担保形式。此外，《民法典》第392条[108]赋予了第三担保人与保证人相同的法律地位，新担保法解释第20条特别强调第三人提供物的担保同样可以适用保证合同的相关规则，因此，无论从现行法律规定还是学理上分析，人的担保与物的担保在破产程序中的法律地位平等，应当承担的责任与适用的程序无实质区别。

进一步延伸的问题是，不同的保证形式对于破产止息规则的适用是否有影响？答案是否定的。保证的形式有两种，即一般与连带责任保证。先诉抗辩权是这两种形式的主要区别。先诉抗辩权可以决定保证人是否可拒绝履约。由《民法典》第687条可知破产程序中保证人的此种权利失效。故在破产程序中一般保证与连带责任保证法律地位相同，对破产债权是否停止计息并无实质影响。

综上，人的保证或是物的保证平等适用新担保法解释第22条，破产程序对担保的影响不局限于保证，可以扩展至包含物的担保的所有担保形式。

（二）不同破产情形下相关止息规则的适用

主债务人与担保人破产涉及三种情形，一是前者破产，但后者未破产。二是后者破产，前者未破产。三是两者同时破产。

第一种情形是本文讨论的焦点，在这种情况下两大主体均停止计算利息，不再赘述。除此之外另两种情形中如何处理利息需进一步探讨。

在第二种情形下，担保债务需止息，但主债务不需要。究其原因，《企业破产法》第46条规定应当止息的债权的含义包括主债权与担保债权。因此担保债务止息。但于主债务，利息是否计算涉及对从属性的理解。在担保体系中，

---

[107] 参见谢鸿飞：《〈民法典〉担保制度内在体系的变迁》，载《东南学术》2021年第5期。

[108] 《民法典》第392条规定：被担保的债权既有物的担保又有人的担保的，债务人不履行到期债务或者发生当事人约定的实现担保物权的情形，债权人应当按照约定实现债权；没有约定或者约定不明确，债务人自己提供物的担保的，债权人应当先就该物的担保实现债权；第三人提供物的担保的，债权人可以就物的担保实现债权，也可以请求保证人承担保证责任。提供担保的第三人承担担保责任后，有权向债务人追偿。

从属性乃基本属性，[109]主债权与担保债权为主从关系。担保权从属于主债权，但反之并不成立，担保债权效力并不及于主债权。因此主债务继续计算利息。

在第三种情形下，主从债务因进入破产程序均受到《企业破产法》第46条的规制。此时主债权与担保债权从一般民商事债权转化为受破产法调整的特殊债权。因破产法对利息作出了明确的特殊规定，故无须考虑从属性等担保法理的限制。利息应当停止计算。

（三）破产申请被驳回后保证利息之债的处理

主债务人进入破产程序后，破产申请有可能因不符合破产条件而遭到驳回，在此情形下将产生两个问题，一是保证之债的利息是否恢复计算，二是如果恢复计算利息，计息时点是破产申请受理日还是被驳回日。

解决上述问题的核心是从属性。依据从属性原理，担保债权随主债权产生或消灭。[110] 若破产申请被驳回，意味着主债权已经脱离破产程序，自然不适用《企业破产法》第46条第2款，此时主债权将恢复计算利息。仅满足条件的企业才能享有该条规定的止息权利，债务人不符合破产条件，无法享有此权利，因此利息计算时点应为受理时。而依据从属性原理，主债权脱离破产程序，担保债权利息随之恢复。[111] 此时担保债权利息继续计算时点与主债权一致，均为受理时。

六、结论

破产法律制度使商事活动得以持续运行，使市场经济的活力与创造力得以保持。破产制度中保证债权的利息规则看似微小，实则涉及担保法与破产法的诸多理论，并会对市场经济的参与主体产生直接影响。对于破产中保证债权是否应当停止计息，本文通过搭建利益层次分析结构，进行利益衡量后得出，现阶段我国特定经济背景下应当维护两点社会公共利益：一是促进经济效率提高，

[109] 参见刘保玉：《民法典担保物权制度新规释评》，载《法商研究》2020年第5期。

[110] 参见高圣平：《担保法论》，法律出版社2009年版，第44～45页。

[111] 参见郁琳、吴光荣：《与破产法有关的几个担保问题》，载《法律适用》2021年第9期。

二是避免金融风险外溢。以此为基点得出的社会公共利益为分析其他利益提供了导向。分析制度利益是最关键的环节,需跳出单纯的止息规则,整体考量担保制度与破产制度所涉的制度利益。就破产法而言,停止计息可避免造成附利息的债权与未附利息的债权的不公平受偿,符合破产法保障各债权人公平受偿的权利的根本制度利益。并且若继续计息可能损害《企业破产法》第 46 条免除主债务利息的功能。就担保法而言,继续计息将损害担保法理的根基(从属性)以及担保人的追偿权。就整体法律制度而言,我国近年来立法呈现不断强化从属性的趋势,为了保持与现有制度逻辑的统一与协调完整,更需支持保证债权止息。在社会公共利益与制度利益的指引下对保证人群体利益的偏向的重要性不言而喻。并且,债权人可通过及时向保证人主张担保责任的方式进行救济,而保证人可能由于破产程序持续时间过长而被迫承担沉重的利息,这也为利益衡量的天平偏向保证人增强了说服力。在利益衡量过程中,本文发现关于是否止息的两派观点争论不休的病灶是讨论过度纠结某一群体利益或单一制度利益。通过全面地利益衡量,新担保法解释第 22 条背后的正当性与合理性得以明晰。

本文在最后进一步提出关于适用破产中保证债权相关利息规则的注意事项,首先,不同担保形式对适用新担保法解释第 22 条并无影响。原担保法解释将破产程序的影响局限于保证人,而新担保法解释扩展至所有类型的担保,《民法典》也突出了物上保证人和保证人的地位平等。其次,除主债务人破产,保证债权是否止息这种典型情形外,还存在其他两种情形,即仅保证人破产或者两者同时破产。后两种情形可直接适用《企业破产法》第 46 条。最后,若破产申请被驳回,保证债权的利息自受理日起继续计算,不得援引新担保法解释第 22 条进行抗辩。

二、域外经典案例

摩尔诉加州大学校董事会案

(Moore v. Regents of University of California)

加利福尼亚州最高法院于1990年7月9日裁判

案号:No. S006987

皮正德　译*

裁判框架

一、案件总结(case summary)

二、摘要与批注(summary/headnotes)

三、裁判意见(opinion)

四、同意(concur)

五、反对(dissent)

译者按:

医院在治疗过程中发现患者的细胞具有研究价值与商业应用价值,在未取得患者知情同意的情况下,与其他研究机构一同将其细胞用于生物技术的开发并取得了相当的利润,此时患者能否以侵占侵权获得赔偿?加利福尼亚州最高

---

* 皮正德,法学博士,上海交通大学凯原法学院助理教授。

法院的法官针对这一问题展开了激烈的交锋，反对意见成为多数意见并决定了裁判结果。反对者认为患者难以证成自己对离开其身体的细胞仍然“占有”，他们从生物学层面分析了淋巴因子的生产原理，从规则层面探索了加利福尼亚州其他法律对于医疗废物处理规则的立法精神，从专利层面解释了以智识所开发细胞系所受的保护，并从公共政策层面探讨如何鼓励生物医学的进步与发展，由此论证了不能支持患者的侵占侵权之诉。支持者则认为患者应当有权利决定离开自己身体的细胞的具体用途，他们抓住本案患者未获得知情同意这一事实，不仅质疑多数意见对加利福尼亚州其他法律中立法精神的解释，还质疑多数意见所指出的“支持侵占侵权将严重折损医学研究的经济激励”。本案生动地展示了制度利益与公共利益的碰撞、思考与论辩，虽然案件已经裁判逾 30 年，但其所论证与说理迄今仍具有重要参考价值。翻译保留了整个裁判文书的原貌，其对错是非，供诸君自行判断。

约翰·摩尔（原告兼上诉人）诉加利福尼亚大学校董事会（被告兼被上诉人）

本案的后续：被上诉人于 1990 年 8 月 30 日请求重审。Mosk 法官和 Broussard 法官驳回了该请求。

本案的前情：洛杉矶高等法院，案号 No. C513755，由 Warren H. Deering 和 John L. Cole 法官裁判。

判决：上诉法院的判决部分被维持，部分被推翻。案件重新发回上诉法院，上诉法院指示高等法院：（1）驳回 Golde 提出的违反信托责任和缺乏知情同意的抗辩；（2）支持并修改 Regents、Quan、Sandoz 与遗传学研究所提出的违反信托责任和缺乏知情同意的抗辩；（3）支持且不修改所有被告对所谓的侵占诉讼理由提出的抗辩；（4）审理并裁定所有被告的其余抗辩。

核心要素（core terms）

细胞，患者，侵占，诉讼理由，专利，指控，身体组织，研究人员，身体部位，血液，器官，科学，产品，权利，移除，切除，生物技术，遗传学，信息披露，说理，侵占诉讼，目的，侵占原因，被告，利润，利用，知情同意，高等法院，捐赠者，细胞系。

一、案件总结(case summary)

案件裁判程序

案件系对加利福尼亚州上诉法院的判决提出的上诉,在该案中,由于被告在未经原告许可的情况下将原告的细胞用于医学研究,原告以侵占诉由起诉。

案件概况

要求对上诉法院的判决进行审查,在该案中,由于被告在未经原告许可的情况下将原告的细胞用于医学研究,原告以侵占为诉由起诉。法院认定原告陈述了违反医生披露义务的诉讼理由。医生寻求患者医疗程序同意时,必须披露其个人利益与患者健康之间不存在可能影响医疗判断的利益冲突关系。被告并未妥当披露其对原告细胞进行操作时的个人利益,因此原告此前诉由为被告违背了信息披露义务。此外,法院驳回并指出未经许可使用原告细胞并不构成侵占。原告对已经脱离自己身体的细胞并不享有所有权利益,因此不能提起侵占之诉。该侵占之诉不应当受理,否则会挫伤医疗系统对细胞的研究。此外,病人已经被知情同意法规保护得很好,无须担心被恶意利用。

结果

法院推翻了上诉法院的判决,认为被告即使在未经原告许可的情况下将原告的细胞用于医学研究,原告的侵占之诉也不能成立,因为原告在其细胞离开其身体后并不对这些细胞享有所有权利益。当然,原告可以诉请被告违背了其信息披露义务。

二、摘要与批注(summary/headnotes)

摘要

加利福尼亚州官方报告摘要

一名在大学医学中心接受白血病治疗的患者对他的医生和其他相关主体提起诉讼,指控医疗人员在未经他允许的情况下,将从他身上提取的细胞用于可能具有牟利性质的医学研究。原告声称，他的医生在获得同意提取这些细胞的医疗程序之前，没有披露先前在这些细胞中存在的研究和经济利益。基于这些指控，患者陈述了13项诉讼理由。每个被告都对每个声称的诉讼理由提出了异议。但是，初审法院明确考虑第一项诉讼理由的有效性，即侵占诉由，支持并修改了被告对整个诉讼程序的一般抗辩。在随后的程序中，初审法院不加修正地支持了两名被告的抗辩，并将其余抗辩从其日程表中删除。（洛杉矶高等法院，编号No. C513755，Warren H. Deering 和 John L. Cole 法官裁判）上诉法院第二区第四庭推翻了该判决，（编号No. B021195）上诉法院认为第三次修改的诉状陈述了侵占的诉讼理由，并指示初审法院令原告和两名被告修改他们的诉讼文书，并裁判剩余的诉讼理由。

最高法院部分确认并部分推翻了上诉法院的裁决，最高法院将该案发回上诉法院重审并命令：指示初审法院驳回医生对违反信托责任和缺乏知情同意的诉讼理由的抗辩；支持并修改其他四名被告对所谓违反信托责任和缺乏知情同意的诉讼理由提出的抗辩；支持且不修改所有被告对所谓的侵占诉由的抗辩；审理和裁定所有被告的其余抗辩。法院认为，医生在寻求患者对医疗程序的同意时，为了履行其受托责任并获得患者的知情同意，必须披露医生与患者健康无关的个人利益，譬如医疗程序是研究性质还是营利性质，因为这些个人利益会影响其医疗判断。法院认为，患者对医生第三次修正的指控足以说明其诉讼理由，即基于医生在医疗程序和术后采集血液及其他样本时的不披露。法院认为患者并不会被要求陈述被告在第一次采集血液样本时就知道患者的细胞具有潜在的商业价值并形成了利用其细胞的意图，并进一步指出患者亦不被要求陈述手术缺乏治疗目的。

法院还指出患者并未在现行法律下陈述侵占的诉讼理由，现行法律也不应当被扩张解释为对医疗研究中使用人类细胞的主体施加侵占责任。法院对相关政策的底层逻辑进行审查后指出，应当妥当平衡好现有披露义务所生责任以保护患者的隐私权和自主权，而不是对侵占理论进行前所未有的扩张解释来过度保护患者，丝毫不顾及可能对社会价值具有积极意义的医疗研究。法院认为，由于侵占是一种严格责任的侵权行为，它将使所有手上持有相关细胞的人承担侵权责任，无论特定被告是否参与或知晓侵犯患者知情决定权的不充分披露。与侵占侵权理论相反，法院认为受托责任理论和知情同意理论能够更直接地保护患者,而不会惩罚无辜方,也不会抑制对社会整体有益的研究。(观点源自 Panelli 法官,Lucas C. 法官、Eagleson 法官与 Kennard J. 法官赞同,Arabian 法官有独立赞同意见,Broussard 法官有独立的赞同和反对意见,Mosk 法官有独立的反对意见。)

批注

上诉审查 § 128—审查—范围和程度—抗辩裁决

法院审查抗辩裁判的唯一任务是确定诉状是否陈述了诉因。因此,法院假定原告诉状中的重要指控是真实的,通过将控诉书作为一个整体进行解读,对控诉书作出合理的解释。但是,法院并不假定其中论据、推论和法律结论的真实性。

医疗科学和机构 § 31—医师、外科医生和其他医疗从业者—职责和责任—向患者披露的义务—提取细胞用于研究—医师的经济利益

一名患者指控他的医生因为没有获得患者的知情同意而违背受信义务,医生在实施医疗程序前没有获得患者的知情同意,也在未经其许可的情况下将从自己身上提取的某些细胞用于可能有利可图的医学研究,而且医生在征得患者对提取这些细胞的医疗程序同意之前没有披露这些细胞中预先存在的研究和经济利益。关于医生在征得患者同意进行脾脏切除术时未披露其对患者细胞的研究利益的指控,以及关于医生在术后抽取血液和其他样本的程序中隐瞒经济利益的指控,均构成了违反受托责任或缺乏知情同意的诉讼理由。对于患者来说,他没有必要主张医生在第一次进行血液化验时就知道他的细胞具有潜在的商业价值,也没有必要主张手术缺乏治疗目的。

[See 6 Witkin, Summary of Cal. Law (9th ed. 1988) Torts, § 774 et seq.]

医疗科学与机构 § 31—内科医生、外科医生和其他医疗从业人员—职责与责任—向患者披露的义务—医生的个人利益—研究与经济

一个成年且心智健全的人有权控制自己的身体,决定是否接受合法的治疗。患者对治疗的同意必须是在全面知情的基础上才能有效。在征得患者同意时,医生负有受信义务,应当披露所有可能影响患者决定的相关信息材料。披露的信息必须包括该医生与患者健康无关的个人利益,无论是研究利益还是经济利益,这些利益可能会影响医生的专业判断;如果医生没有披露这些利益,就可能会引起对未经知情同意实施医疗程序或违反受信义务责任的诉讼。医生与患者沟通的范围取决于患者的需要，而何为患者需要应当解释为对其决定有重大影响的任何信息。因此，医生在征得病人对医疗程序的同意时，为了全面履行其受托责任以获得病人的知情同意，必须披露可能影响其医疗判断的与病人健康无关的个人利益，无论是研究利益还是经济利益。

侵占§2—构成要件—医生未经许可将病人的细胞用于研究

一名患者针对其医生和其他被告提出的第三次修正申诉，起因是被告在未经其许可的情况下将其细胞用于可能获利丰厚的医学研究，但该申诉并未陈述侵占诉因——因为侵占侵权之诉保护个人财产占有及所有权益免受干扰的侵权行为。根据现行法律，侵占侵权行为并未明确赋予患者诉因，而将侵占理论适用于患者对争议生物材料的所有权主张实际上是对侵占理论的扩张解释。没有先例表明一个人对切除的细胞享有足够的权益以支持侵占诉因，而且患者声称他拥有由其细胞产生的细胞系，这与此类细胞系的相关已授权专利不符，对细胞系的认定专利足以证成细胞系是发明产品。至于扩大侵占责任的问题，在对相关政策考虑进行公平权衡后，我们认为不应扩大侵权行为的范围，这方面的问题更适合通过立法来解决。此外，侵占侵权行为的认定并非保护患者权利所必需。执行医生的披露义务可以间接地保护病人，而不会妨碍无害研究的社会有益活动。

侵权行为§2—定义和区别

侵权行为，无论是故意还是过失，都涉及违反对受损害的人负有的法定义务，这种义务是由法律、合同或其他方面的法规规定的。如果没有这种责任，任何伤害都是于法无可救济的损害（damnum absque injuria）——没有错误的伤害。

侵权行为法§1—规定新的责任—考虑因素

最高法院已经认识到，当在新的情况下适用非常一般的责任理论时会提出非常重要的政策问题，特别要注意正视这些问题并通过公开的方式解决。此外，如果强加新的侵权责任会涉及错综复杂的政策性决定，特别是当这些决定更适合由立法机构审议和解决时，法院应当有所警觉。尽管普通法侵权行为的适用性并不局限于既有案件的历史或事实背景，但在开辟或认可新的侵权责任领域时，法院都应当注意该不法行为和伤害在现有的法律框架内是不是能够被解释和理解的。

侵占§6—起诉与证明

确立侵占行为,原告必须证明其所有权或占有权受到了实际干扰,如果原告既不拥有被侵占财产的所有权,也不占有该财产,他就不能以侵占为由起诉。通常只需要一般性地说明所有权即可,起诉状中的内容或法律结论对法院不具有拘束力。

侵占§1—严格责任

侵占是一种严格责任侵权行为。侵占行为的构成既不需要判断被告是否知情,也不需要判断被告的主观意图。这种侵权行为违背的是一种绝对义务。这种行为本身就是非法的,应当作为侵权行为而使被侵权方得到救济。因此,是否善意、是否缺乏必要的知情以及动机通常都不重要。

律师:Gage, Mazursky, Schwartz, Angelo & Kussman, Sanford M. Gage, Christopher E. Angelo, Jonathan T. Zackey 代表原告与上诉人。

Lori Andrews, Marjorie M. Schultz 作为法庭之友代表原告和上诉人。

James E. Holst, Allen B. Wagner, John F. Lundberg, George L. Marchand, Ball, Hunt, Hart, Brown & Baerwitz, Anthony Murray, Donn Dimichele, Horvitz. Levy & Amerian, Horvitz & Levy, Ellis J. Horvitz, Peter Abrahams, Coleman & Marcus, Richard M. Coleman, Michael D. Marcus, Hale & Dorr, John G. Fabiano, Ian Crawford, Covington & Crowe, Robert E. Dougherty, Robert H. Reeder 代表被告及被上诉人。

Cooley, Godward, Castro, Huddleson & Tatum, Michael Traynor, Brian C. Cunningham, Lloyd R. Day, Louis M. Lupin, Gary H. Ritchey 作为法庭之友代表被告及被上诉人。

法官:

裁判观点源自 Panelli 法官;

Lucas C. 法官、Eagleson 法官与 Kennard J. 法官赞同;

Arabian 法官有独立赞同意见;

Broussard 法官有独立的赞同和反对意见;

Mosk 法官有独立的反对意见。

裁判观点:Panelli 法官

三、裁判意见(opinion)

Ⅰ. 简介

我们同意对本案进行复审,由此确定原告对他的医生和其他被告在未经其许可的情况下将其细胞用于可能有利可图的医学研究是否存在合理的诉讼理由。原告声称他的医生在获取他同意开展提取相关细胞的医疗程序之前,并未披露相关细胞中已有的研究和经济利益。高等法院支持所有被告对第三次修正申诉的抗辩,上诉法院推翻了原判。我们认为,原告的诉状陈述了医生违反披露义务的诉因,但没有陈述侵占的诉因。

Ⅱ. 事实

在审查抗辩裁决时,我们唯一的任务是确定诉状是否陈述了诉因。因此,我们假定诉状中的指控是真实的。通过对诉状进行全面解读,我们尝试对诉状进行合理的解释。(Phillips v. Desert Hospital Dist. (1989) 49 Cal. 3d 699, 702 [263 Cal. Rptr. 119, 780 P. 2d 349]; Blank v. Kirwan (1985) 39 Cal. 3d 311, 318 [216 Cal. Rptr. 718, 703 P. 2d 58]; Tameny v. Atlantic Richfield Co. (1980) 27 Cal. 3d 167, 170 [164 Cal. Rptr. 839, 610 P. 2d 1330, 9 A. L. R. 4th 314].)我们并不假定诉状中论据、推论和法律结论的真实性。(Daar v. Yellow Cab Co. (1967) 67 Cal. 2d 695, 713 [63 Cal. Rptr. 724, 433 P. 2d 732].)为了这一目的,我们简要概述上诉人 50 页申诉书中的相关事实指控。

原告是 John Moore (Moore),他在加州大学洛杉矶分校医疗中心(UCLA 医疗中心)接受毛细胞白血病治疗。5 名被告是(1)David W. Golde 医生(Golde),他是在加州大学洛杉矶分校医学中心为 Moore 提供治疗的医生;(2)加州大学的校董事会(Regents),他们拥有并经营着加州大学;(3)Shirley G. Quan,他是受雇于加州大学的研究员;(4)遗传学研究所有限公司(Genetics Institute);(5)Sandoz Pharmaceuticals 公司及相关实体(以下简称 Sandoz)。

1976 年 10 月 5 日,Moore 在得知自己患有毛细胞白血病后不久,第一次来到加州大学洛杉矶分校医疗中心。在 Moore 住院后 Golde[①] 抽取了“大量的血液、骨髓抽吸物和其他身体物质”，并证实了这一诊断。此时，包括 Golde 在内的所有被告都意识到“其中某些血液产物和血液成分在许多商业和科学活动中具有重要价值”。此外，能够接触到血液中含有这些物质的患者的主体将能提供“具有竞争力的商业和科学优势”。

1976 年 10 月 8 日，Golde 建议切除 Moore 的脾脏。Golde 告知 Moore，他因为担心 Moore 的生命安全，所以建议进行脾切除手术，该手术是减缓 Moore 病情发展的必要措施。根据 Golde 的陈述，Moore 签署了一份书面同意书，授权进行脾切除手术。

在手术前，Golde 和 Quan“达成了共识，并安排在切除 Moore 脾脏后获取部分脾脏样本”，并将其带到一个单独的研究单位。Golde 在 1976 年 10 月 18 日和 19 日作出了相关的书面指示。这些研究活动“与 Moore 的治疗并无任何关联”然而，Golde 和 Quan 都没有告知 Moore 他们进行这项研究的计划，也没有请求他的许可。1976 年 10 月 20 日，加州大学洛杉矶分校医疗中心的某外科医生切除了 Moore 的脾脏，但诉状中并未将其列为被告。

Moore 在 1976 年 11 月至 1983 年 9 月多次返回加州大学洛杉矶分校医疗中心。Moore 这么做是因为 Golde 的医嘱，即“这种回访对他的身体健康是必要的，同时还基于医生—患者之间的固有信任”。在每次回访中，Golde 都会被额外抽取“血液、血清、皮肤、骨髓抽吸物和精子样本”。每一次，Moore 都从西雅图的家中前往加州大学洛杉矶分校医疗中心，因为他被告知，手术只能在那里进行，而且只能在 Golde 的指导下进行。

“实际上，在 Moore 接受 Golde 照顾和治疗的整个阶段……被告积极实施了对 Moore 隐瞒的活动”，具体而言，被告正在对 Moore 的细胞进行研究，并计划“在经济上和竞争中获利……通过利用这些细胞和他们凭借 Golde 持续的医患关系所享有的对 Moore 细胞的独家获取权”。

---

① 诉状经常使用复数形式的“被告”，而不是指特定的被告。这种做法有时会导致明显的错误，例如指控“被告在 1976 年 10 月 5 日前后接见并检查了 Moore，然后将他送进医院……”遗传学研究所和 Sandoz 都不是医生，诉状明确写到直到几年后，这两个主体才参与进来。为了避免在总结诉状的指控时显得荒谬，我们在试图结合上下文辨别 Moore 的实际意思是指哪些被告。（参见 Blank v. Kirwan, supra, 39 Cal. 3d at p. 318［“我们尝试给诉状一个合理的解释，通过结合其上下文进行合理判断”］。）

在1979年8月前后，Golde创建了源自Moore的T细胞的细胞系。② 1981年1月30日，校董事会申请了细胞系专利，并将Golde和Quan列为发明人。“基于已经确立的政策，董事会、Golde和Quan将分享由专利产生的任何版税或利润”。该专利于1984年3月20日颁发，指定Golde和Quan为细胞系的发明人，而校董事会为专利的受让人。［美国专利第4438032号（1984年3月20日）］

校董事会的专利也包括许多利用该细胞系生产淋巴因子的方式。③ Moore在诉状中承认：“每一种淋巴因子的真正临床应用潜力很难预测，但在这一领域内相互竞争的商业公司已经在生物技术工业期刊上发表了研究报告，声称到1990年时这种淋巴因子的潜在市场价值大约为30.1亿美元。”

在校董事会的协助下，Golde就该细胞系及其衍生产品的商业开发进行了谈判。根据与遗传学研究所达成的协议，Golde“成为一名有偿顾问”，并“获得了7.5万股普通股”。遗传学研究所还同意在3年内向Golde和校董事会支付至少33万美元，包括按比例分享Golde的工资和附加福利，以换取对相关细胞系及其衍生品材料与研究的独家获取权。1982年6月4日，Sandoz加入协议，并且将应支付给Golde和校董事会的补偿增加11万美元。在这段时间里，Quan 70%的工作时间都在为校董事会进行细胞系的相关研究。

---

② T细胞即T淋巴细胞，是白细胞的一种。T细胞能产生淋巴因子或特定蛋白质以调节人体免疫系统。某些淋巴因子具有潜在的治疗价值。如果能确定产生某种淋巴因子的遗传物质，有时就能通过DNA重组技术大量生产这种淋巴因子。［参见美国国会技术评估办公室：《生物技术的新发展：人体组织和细胞的所有权》（1987年），第31～46页（以下简称OTA报告）；另见后文注释29］。虽然淋巴因子的遗传密码不会因人而异，但要找到某种淋巴因子的基因却相当困难。由于T淋巴细胞会产生多种不同的淋巴因子，因此要找到相关基因往往如同大海捞针。（OTA报告第42页）被告之所以对Moore的T淋巴细胞感兴趣，是因为它们能过度分泌某些淋巴因子，从而使相应的遗传物质更容易被识别。（在已发表的研究论文中，被告和其他研究人员已经证明，过量分泌是由病毒引起的，而受病毒感染的正常T淋巴细胞也会过量分泌。见注释30）直接从人体提取的细胞（原代细胞）对上述目的作用不大。原代细胞通常繁殖几次后就会死亡，但医学可以通过将细胞培养成“细胞系”（一种能够无限繁殖的培养物）来延长细胞的使用时间，然而这并非易事。“人体细胞和组织的长期生长是很困难的，所以常被认为是一门科学”，任何细胞样本培养成细胞系都是困难的，除了本案不涉及的少数几种细胞。（OTA报告第5页）

③ 参见前注2。

在这些陈述的基础上，Moore 尝试以 13 项诉讼理由起诉。[④] 每个被告对每一项诉讼理由都提出了抗辩，但是高等法院只明确考虑第一项诉讼理由的有效性，即侵占。[⑤] 高等法院认为其余的诉讼理由实际上被包含在先前有缺陷的指控中，因此支持并修改了被告对整个诉讼的一般性抗辩。在随后的诉讼中，高等法院支持了遗传研究所和 Sandoz 的抗辩，理由是 Moore 没有举证证明侵占侵权，而且诉状中关于这些实体次要责任的指控过于笼统。根据其早先的判决，即关于侵占侵权的有缺陷的指控导致整个诉状并不完整，高等法院从其日程表中删除了其余的抗辩。

上诉法院在一名法官反对的情况下推翻了原判，认为诉状确实提出了侵占侵权的诉讼理由。上诉法院同意高等法院的意见，即针对遗传研究所和 Sandoz 的指控不充分，但指示高等法院准许 Moore 对其起诉进行修改。上诉法院还指示高等法院裁定"其余的未经任何明确裁判的诉讼理由"。

Ⅲ. 讨论

A. 违背受信义务与缺乏知情同意

Moore 反复宣称 Golde 在获得对涉及提取相关细胞医疗程序的同意之前，并未披露他对 Moore 细胞的研究范围和相关经济利益。[⑥] 我们认为这些指控陈述了 Golde 侵犯其病人受法律保护的利益的诉因，这一诉因既可以被妥当定性为违反了披露对病人同意具有重要性的事实的受托责任，也能够被定性为在未事先征得病人知情同意的情况下实施医疗程序。

我们的分析从三项公认的基本原则开始。第一，"一个成年且心智健全的人有权控制自己的身体，决定是否接受合法的医疗"。(Cobbs v. Grant (1972) 8 Cal. 3d 229, 242 [104 Cal. Rptr. 505, 502 P. 2d 1]; cf. Schloendorff v. New York Hospital (1914) 211 N. Y. 125 [105 N. E. 92, 93].) 第二，"患者对于治疗的同

---

④ 诉讼理由包括：(1) 侵占；(2) 缺乏知情同意；(3) 违反信托责任；(4) 欺诈和欺骗；(5) 不当得利；(6) 准合同；(7) 恶意违反诚信和公平交易的默示契约；(8) 故意造成精神痛苦；(9) 疏忽失实陈述；(10) 故意干扰预期有利的经济关系；(11) 针对财产所有权的诽谤；(12) 负责任；(13) 宣告性救济。

⑤ 高等法院没有审理：(a) 任一被告对第 2 至 13 项诉讼理由提出的一般性抗辩；(b) 任一被告以诉讼时效为由提出的抗辩；(c) Golde、Quan 和 Regents 以政府豁免为由提出的抗辩；(d) 遗传学研究所和 Sandoz 以不确定性为由提出的多项抗辩。

⑥ 在本意见中，我们使用包含性术语"细胞"来描述取自 Moore 体内的所有细胞，包括血细胞、骨髓、脾脏等。

意只有在全面知情的前提下才是合法有效的”。(Cobbs v. Grant, supra, 8 Cal. 3d at p. 242.)第三,为获得患者的知情同意,医生对于向患者披露可能影响其决定的重要信息负有受信义务。(Cobbs v. Grant, supra, 8 Cal. 3d at p. 242, 246; see also Stafford v. Schultz (1954) 42 Cal. 2d 767, 777 [270 P. 2d 1]; Nelson v. Gaunt (1981) 125 Cal. App. 3d 623, 635 [178 Cal. Rptr. 167]; Berkey v. Anderson (1969) 1 Cal. App. 3d 790, 805 [82 Cal. Rptr. 67]; Bowman v. McPheeters (1947) 77 Cal. App. 2d 795, 800 [176 P. 2d 745].)

这些原则可以引申出以下结论:(1)医生必须披露与患者健康无关的个人利益,无论是研究利益还是经济利益,这可能会影响医生的专业判断;(2)医生未能披露此类利益可能会因“未经知情同意而开展医疗程序”或违反信托责任而被提起诉讼。

可以肯定的是,关于病人对医疗程序知情同意的有效性问题,通常出现在病人指控医生没有披露医疗风险的情况下,典型例子即一些未披露可能风险的渎职案件,而不是像本案一样,病人指控医生在相关程序中具有个人利益。然而,知情同意的概念非常广泛,足以涵盖后者。“医生与患者沟通的范围……必须根据患者需求来衡量,而何为患者需要,实际上包括一切对患者决定有重大影响的信息。”(Cobbs v. Grant, supra, 8 Cal. 3d at p. 245.)

事实上,法律已经承认一个理性的患者当然想知道医生在诊疗过程中是否存在可能影响其专业判断的经济利益。上诉法院认为“病人当然可以对其医生的判断是否被盈利动机影响产生任何合理的怀疑”。(Magan Medical Clinic v. Cal. State Bd. of Medical Examiners (1967) 249 Cal. App. 2d 124, 132 [57 Cal. Rptr. 256].)保护患者不受利益冲突影响的这一呼吁也实际推动了相关立法进程。比如《商业与职业法典》第654.2条,根据该条规定,医生不得代表患者收费,亦不得将患者介绍给与医生利益相关的任何组织,除非医生首先以书面形式向患者披露医生在其中具有这样的利益关系,同时告知患者,他可以选择任何机构以获得医生所建议或要求的服务。(Bus. & Prof. Code, § 654.2, subd. (a). See also Bus. & Prof. Code, § 654.1[规范临床试验室].)根据《健康与安全法典》第24173条,如果医生计划对患者进行医学实验,医生必须告知患者“实验资助的赞助方或来源(如有),支持该医疗实验的组织机构(如有)”⑦。(Health & Saf. Code, § 24173, subd. (c)(9).)

应当指出的是,没有法律禁止医生在其执业的同一领域开展研究。医学的进步往往取决于医生,比如那些在 Moore 接受治疗的大学医院执业的医生,他们会在诊疗患者的同时进行研究。

一名医生在治疗他有研究兴趣的患者时,会有潜在的忠实义务冲突。因为医疗决定是在比例衡量的基础上作出的——权衡患者的利益和潜在风险。正如某法院在裁判中写道,“决定患者是否值得接受某一治疗程序取决于每个案例的独特性”,而“该决定中最关键的要素是患者的利益和意愿”。(Barber v. Superior Court (1983) 147 Cal. App. 3d 1006, 1018 - 1019 [195 Cal. Rptr. 484, 47 A. L. R. 4th 1].)如果医生将自己的研究兴趣加入这一衡量中,他可能会受到来自科学研究的诱惑,下令开展一项在科学上有用的程序或检查,但对病人利益却微乎其微,甚至毫无益处。⑧ 一个通情达理的病人在决定是否同意一个拟议的治疗方案时,会希望知道与他健康无关的其他利益是否影响了医生的判断,这对病人的决定至关重要,所以才需要知情同意作为先决条件。(See Cobbs v. Grant, supra, 8 Cal. 3d at p. 245.)

Golde 指出因为科学研究而使用已经从体内提取的细胞不可能影响到患者的医疗利益,这种论断并非绝对正确。一方面,如果一名医生在建议采取提取病人细胞的医疗程序时,并没有计划对病人的细胞进行研究,那么病人的医疗利益就没有受到损害,这种情况下前述论断是正确的。另一方面,如果一名医生在事前就存在相关研究利益,那么他在建议进行手术时可能会自觉或不自觉地考虑到这一点,在这种情况下前述论断就是不正确的:医生的行为动机可能会影响他的判断,因此医生对相关利益的披露对病人同意而言至关重要。

我们承认这里有一个竞争性的考虑因素。要求披露研究和经济利益可能会

---

⑦ 《健康与安全法典》第 24173 条是《医学实验中的人体受试者保护法》的一部分。根据该法案规定,过失违规的最高赔偿额为 1000 美元,故意违规的最高赔偿额为 5000 美元,故意违规且“使实验对象面临已知的严重伤害风险”的最高赔偿额为 10,000 美元(《健康与安全法典》第 24176 条)。由于下级法院没有触及这一问题,所以无须确定对 Moore 细胞的研究是否构成违规。

⑧ 事实上,这正是 Moore 所称的手术后再抽取血液和其他身体物质的情况。

分散病人对其健康的注意力，从而损害病人自己的判断能力。⑨ 但加利福尼亚州法律并没有授予医生无限制的自由裁量权来决定披露什么。相反，“这是病人而不是医生的特权，自己决定自己的利益所在”。（Cobbs v. Grant，supra，8 Cal. 3d at p. 242.）“医生无限制的自由裁量权与病人在全面知情基础上作出决定的基本权利是不可调和的。”（Cobbs v. Grant，supra，8 Cal. 3d at p. 243.）

因此，我们认为，医生在征得患者对医疗程序的同意时，为了履行其受托责任⑩并获得患者的知情同意，必须披露与患者健康无关的、可能影响其医疗判断的个人利益，无论是研究利益还是经济利益。

1. Golde 博士

我们现在来分析 Moore 第三次修正的指控并确定他是否陈述了合理的诉讼理由。我们首先根据医生在脾切除手术前的披露，讨论 Moore 对 Golde 指控的充分性。

Moore 声称，在脾脏切除手术之前，Golde 就形成了相关的研究意图，安排自己能够在 Moore 切除脾脏后获得部分脾脏，同时还能够定期地接触并获得 Moore 独特而稀有的血液和其他身体样本。Moore 在脾切除手术之前从未被告知 Golde“事先形成的意图”，即获取他的部分脾脏。在我们看来，这些指控充分表明 Golde 在寻求 Moore 同意进行脾脏切除手术时，对 Moore 的细胞有未公开的研究利益。因此，Moore 基于该医疗程序缺乏信息披露的事实，陈述了违反信

---

⑨ 过度披露医疗风险确实会产生相关问题。正如我们在 Cobbs v. Grant 案中确认的，在某些情况下，披露风险可能会“严重的干扰到患者”，以至于影响患者冷静地权衡“拒绝接受被建议治疗的风险”。（Cobbs v. Grant，supra，8 Cal. 3d at p. 246.）在这种情况下，“披露范围不必超出医学界的要求”。（Cobbs v. Grant，supra，8 Cal. 3d at p. 246.）然而，我们是在医患关系不受可能的利益冲突影响的情况下做出的这一判断。Cobbs v. Grant 案要求医生完全以患者的最大利益为出发点，考虑过度披露是否会对患者造成伤害。披露可能的利益冲突会引发不同的考虑事项。举例来说，如果一名医生决定进行一项医疗程序，完全是为了追求与患者健康无关的研究利益，则该医生不能以患者可能反对参与研究为理由来避免披露。然而，在某些情况下，如果医生的研究利益可能在向病人推荐医疗程序时无足轻重，此时就无须要求披露这些无足轻重的研究利益。以此类推，我们没有要求披露“不重要的”风险（Cobbs v. Grant，supra，8 Cal. 3d at p. 245.），如果这些风险对患者管理或拒绝医疗程序的决定不重要。（Truman v. Thomas（1980）27 Cal. 3d 285，293 [165 Cal. Rptr. 308，611 P. 2d 902].）

⑩ 从某种角度来说“受信”一词的内涵过于宽泛。在这种语境下“受信”仅指医生必须披露对病人决策具有重大性影响的所有事实。医生不是病人的财务顾问。正如我们已经讨论过的，医生之所以必须披露可能的冲突，并不是因为他有责任保护病人的经济利益，而是因为某些个人利益可能会影响其专业判断。

托责任或缺乏知情同意的诉讼理由。

我们接下来讨论 Golde 关于术后采集血液和其他样本的信息披露的充分性。在这方面,Moore 声称 Golde“明确地、肯定地和暗示地表明……这些血液和身体物质的提取对他的健康和安全是必要的”。此外,Moore 还声称 Golde 在此期间积极隐瞒了他因 Moore 细胞而享有的经济利益。在每一次回访时……甚至当 Moore 询问他的血液和身体物质是否有可能存在潜在的商业与经济价值或特殊重要性,或者被告是否基于他的细胞而发现了什么时,比如与任何能产生商业或经济价值的科学活动有关,被告多次肯定地向 Moore 表示,他的血液和身体物质没有商业或经济价值,而且积极地阻止这种调查。

Moore 在诉状中承认,被告曾披露他们“正在从事严格且纯粹的学术医学研究”,但是 Golde 谎称他在研究中不具有经济利益,至少在 1979 年 5 月,他就开始研究并启动相关程序……以获得从 Moore 细胞开发的细胞系专利。

在这些指控中,Moore 明确声称 Golde 在术后手术中隐瞒了经济利益。因此,应用已经讨论过的原则,指控陈述了医生违反信托责任或缺乏知情同意的诉讼理由。

因此,我们不同意高等法院认为 Moore 因为缺乏必要的指控而无诉讼理由的裁决,我们逐一讨论这些指控。在高等法院看来,Moore 需要但未能指控被告在 1976 年 10 月 5 日(加州大学洛杉矶分校医学中心首次进行血液测试的时间)知道他的细胞具有潜在的商业价值并且形成了利用这些细胞的意图。我们同意高等法院的意见,即由于缺乏此类指控,Moore 无法根据 1976 年 10 月 5 日进行的手术起诉;但是,正如前面讨论过的,Moore 明确声称,Golde 在 1976 年 10 月 20 日进行脾切除手术时,对他的细胞产生了研究兴趣。因此,Moore 可以根据 Golde 在脾切除手术前未披露该利益提起诉讼。

高等法院还认为,由于缺乏必要的指控,Moore 并未根据脾切除手术而起诉。高等法院称,Moore 并未指控手术缺乏治疗目的或与治疗无关。然而,我们认为这两个指控并不重要,即使脾切除手术有治疗目的,⑪这并不意味着 Golde 没有义务披露他的研究和经济利益。正如我们已经讨论过的,启动与患者健康

---

⑪ 记录显示,脾脏切除术确实具有治疗目的。校董事会的专利申请(高等法院和上诉法院均将其作为记录的一部分)显示,Moore 的脾脏严重肿大,切除脾脏后其病情得到了改善。

无关的医疗程序动机本身就是一种潜在的利益冲突，也是影响患者决定的重要事实。

2. 其余的被告

校董事会、Quan、遗传学研究所和Sandoz都不是医生。与Golde不同，这些被告并没有与Moore建立信义关系，所以没有义务获得Moore对医疗程序的知情同意。如果这些被告中的任何一人因违反信托义务或在未经知情同意的情况下执行医疗程序而承担责任，只能基于Golde的行为和公认的次要责任理论，如雇主责任。然而，本案目前所在的程序使我们没有必要讨论Moore的次要责任指控是否充分。

正如前面已经提到的，高等法院只处理了所谓的侵占侵权诉由。因为高等法院发现Moore没有陈述这一诉由，高等法院无暇处理Moore对校董事会和Quan作为Golde的"代理人"和"合营者"这一指控是否充分。⑫ 然而，在后来的诉讼中，高等法院确实认为，这样的指控过于武断，不能成为对遗传学研究所和Sandoz提起诉讼的理由。

上诉法院并未明示或暗示地认定Moore的次要责任指控对任何被告来说是充分的。法院确实认为，Moore陈述了针对校董事会和Quan的诉讼理由。然而，法院并没有根据次要责任得出这一结论；相反，法院没有区分被告，而是认为每个被告都对侵占侵权负有主要责任。⑬ 暂时还没有法院处理校董事会和Quan的次要责任问题，此外，高等法院还需要考虑发回重审的其他问题，所以目前没有必要处理次要责任的问题。⑭

遗传学研究所和Sandoz的情况略有不同。上诉法院提到了Moore对这些被告的次要责任指控，但没有对这些指控的充分性发表意见；相反，对于这些被

---

⑫ Moore的次要责任指控是该类指控通用模板的典型例子："每名被告都是其余被告的代理人、合伙人和雇员，对其他每名被告的行为负有连带责任。在做以下被指控的事情时，每名被告都是在上述代理、雇佣、合伙和合资的范围内行事，其余每名被告都事先知情、默许或随后追认，每名被告都与其他被告一起……对原告负有信托责任，每名被告都与其他被告一致行动，违反了他们对原告的责任。"Moore在第三次修订的起诉书中并没有明确指出除Golde之外的任何被告知道Moore没有收到足够的信息披露。

⑬ 见下文的讨论，我们拒绝接受这样的结论，即Moore可以对任何被告提出侵占侵权之诉。

⑭ 因此，我们不对以下内容发表意见：Moore是否已经或能够对校董事会提起诉讼，要求其依据雇主责任原则对Golde被指控的侵权行为负责。

告,法院只是推翻了高等法院“未给予修改许可”的命令。我们对上诉法院判决的这一部分的确认将使 Moore 可以再次指控遗传学研究所和 Sandoz 对 Golde 的侵权行为负有次要责任。

B. 侵占

Moore 试图将对其权利的侵犯定性为侵占——一种保护个人财产占有和所有权利益不受干涉的侵权行为。他的理论是,在将细胞从他的身体中取出后,他继续拥有这些细胞,至少能够实现指导细胞使用的目的,而且他从未同意将它们用于可能具有营利性的医学研究。因此,Moore 认为被告未经授权使用他的细胞构成了一种侵占。基于这种侵占侵权,Moore 对被告从其细胞或专利细胞系中创造的每一种产品都主张所有权权益。

然而,没有任何法院在已知的判决中对在医学研究中使用人类细胞施加侵占侵权责任。[15] 虽然这一事实并没有结束我们的调查,但它确实引起了警惕。实际上,Moore 的诉求背后是对医学科学家们施加潜在的侵权责任,要求他们调查研究中使用的每个人类细胞样本的遗传系谱。[16] 强加这样一项义务,将影响对全社会具有重要意义的医学研究,涉及的政策问题与传统的两造所有权纠纷相去甚远,而侵占侵权实际上是在传统的两造所有权纠纷中产生的。[17] 原始的侵权理论用于确定丢马还是发现马的人谁更应当主张对马的所有权,通过援引该理论,Moore 主张对社会具有重要意义的医学研究成果的所有权,包括调节每

[15] 缺乏这种权威判决并非因为最近的技术发展。第一个人类肿瘤细胞系于 1951 年被分离出来,至今仍被广泛用于研究。(OTA 报告第 34 页)

[16] 规定侵占侵权责任相当于规定这种义务,因为只有通过调查,细胞的使用者才能避免责任。侵权行为,无论是故意还是过失,都涉及被告违反法律、合同或其他规定中对受害人应尽的法律义务。如果没有这样的义务,任何伤害都是“于法无可救济的伤害”(damnum absque injuria)——没有过错的伤害。(Nally v. Grace Community Church (1988) 47 Cal. 3d 278, 292 [253 Cal. Rptr. 97, 763 P. 2d 948], quoting 5 Witkin, Summary of Cal. Law (9th ed. 1988) Torts, §6, p. 61, italics in original.)

[17] 侵占侵权产生于普通法诉讼的动产侵占诉讼。“我们可能无法找到最早使用它的例子,但几乎可以肯定的是,丢失货物的发现者没有归还货物,而是自己使用货物,或者将它们出售给其他人……到 1554 年,诉状中的指控已经或多或少地变得标准化:原告拥有但偶然丢失了某些货物,被告发现且拒不归还,而是‘将货物据为己有’(converted them to his own use)。正是从这样的表述中产生了侵权行为的名称。”[Prosser & Keeton, Torts (5th ed. 1984) §15, p. 89.]

个人免疫系统功能化学物质的遗传密码。[18]

我们已经认识到，当一个非常原则化的责任理论在新情况下的适用可能引发重要的政策关切时，直面这些政策关切并开诚布公地解决它们尤为重要。（譬如 Nally v. Grace Community Church, supra, 47 Cal. 3d 278, 291 – 300. 该案拒绝将过失法的适用范围扩大到包括“牧师渎职”理论；Foley v. Interactive Data Corp. (1988) 47 Cal. 3d 654, 694 – 700 [254 Cal. Rptr. 211, 765 P. 2d 373] 该案拒绝对雇佣关系中违反诚信契约的人适用侵权责任；Brown v. Superior Court (1988) 44 Cal. 3d 1049, 1061 – 1066 [245 Cal. Rptr. 412, 751 P. 2d 470] 该案拒绝将严格产品责任适用于制药商。）此外，在“强加新的侵权责任会涉及复杂的政策关切时”（Nally v. Grace Community Church, supra, 47 Cal. 3d at p. 299.），我们应当更加审慎。尤其是当这些决定更适合由立法机构审议和解决时。（Foley v. Interactive Data Corp., supra, 47 Cal. 3d at p. 694 & fn. 31.）这当然不意味着普通法中的侵权行为被局限于历史背景中的既有案件，但在我们开辟或认可侵权责任新领域的场合，我们应当“注意到‘所涉及的不法行为和伤害在现有司法框架内应当是可以理解并合理解释的’”。（Nally v. Grace Community Church, supra, 47 Cal. 3d at p. 298, quoting Peter W. v. San Francisco Unified Sch. Dist. (1976) 60 Cal. App. 3d 814, 824 [131 Cal. Rptr. 854].）

因此，我们首先考虑侵占侵权是否在现行法律框架下明确赋予 Moore 合理诉由。我们并不认为在现行法律框架下他有这样的诉由。由于 Moore 声称争议生物材料归其所有这一主张具有新颖性，在这种情况下应用侵占理论无疑是对该理论进行扩张解释。因此，我们应当考虑是否应将侵权行为扩大到这一范围。

1. Moore 在现行法律框架下的诉求

为确立侵占，原告必须确立对其所有权或占有权的实际干涉……如原告对被侵占财产既无所有权，亦未占有，则原告不能提起侵占财产诉讼。[19]（Del E.

---

[18] Moore 声称：“基因序列……是他的有形个人财产……”但我们不受这一法律结论的约束。（Daar v. Yellow Cab Co., supra, 67 Cal. 2d at p. 713.）此外，如前所述，淋巴因子的遗传密码并不因人而异。（See fns. 2, ante, and 30, post.）

[19] 虽然通常只需一般性地声明自己具有所有权即可（5 Witkin, Cal. Procedure (3d ed. 1985) Pleading, §654, p. 103.），但原告诉状中的内容或法律结论对我们没有约束力。（Daar v. Yellow Cab Co., supra, 67 Cal. 2d at p. 713.）Moore 关于他“拥有”本案所涉生物材料的新说法既是争论也是法律结论。

Webb Corp. v. Structural Materials Co. (1981) 123 Cal. App. 3d 593, 610 – 611 [176 Cal. Rptr. 824], italics added. See also General Motors A. Corp. v. Dallas (1926) 198 Cal. 365, 370 [245 P. 184].)

由于 Moore 显然在其细胞被提取后并不占有它们,[20]为了起诉侵占,他必须享有对它们的所有权权益,但有几个理由可以质疑他是否保留了对细胞的这种所有权权益。首先,没有任何已知的司法判决支持 Moore 的主张,无论是直接支持还是间接支持。其次,加州成文法严格限制了患者对其已切除细胞享有任何持续性的利益。最后,校董事会专利的内容——专利细胞系及其衍生产品——不可能是 Moore 的财产。

无论是上诉法院的意见、当事人的诉状与辩护状,还是我们的研究,都没能找到认为一个人在其被切除的细胞中仍然保有足够的利益,以支持侵占诉由的裁判先例。我们对此并不感到惊讶,因为涉及人体组织、[21]可移植器官、[22]血液、[23]胎儿、[24]脑垂体、[25]角膜组织[26]和尸体[27]的法律将人体生物材料作为自成一类的特殊物品处理,规定其处置以实现政策目标,而不是将其置于个人财产的一

---

[20] 在诉状中,Moore 并未声称占有被切除细胞或宣称对这些细胞享有所有权,这与《健康与安全法典》第 7054.4 条是一致的,该条规定"人体组织……在经科学使用后,应通过埋葬、焚烧或国家卫生服务部门确定的其他方法进行处置,以保护公众健康和安全"。

[21] 《健康与安全法典》第 7054.4 条。

[22] 《统一解剖捐赠法》和《健康与安全法典》第 7150 节。法律允许有行为能力的成年人为某些指定目的"捐赠身体的全部或部分",包括"移植、治疗、医学或牙科教育、研究医学或牙科科学的进步"(《健康与安全法典》第 7151 条、第 7153 条),但该法典不允许捐赠人因捐赠而获得"有价值的报酬"。(《健康与安全法典》第 7155 条)

[23] 参见《健康与安全法典》第 1601 条及以下,规定了人体血液的获取、加工和分配。《健康与安全法典》第 1606 条规定,"获取、加工、分配或使用全血、血浆、血液制品和血液衍生物应当用于注射或输血"。无论出于任何目的,都应当被认为是一项服务,而不应当被认为是一种销售。

[24] 参见《健康与安全法典》第 7054.3 条:"即使有任何其他法律规定,可辨认的、妊娠不足 20 周的人类死胎,如未以埋葬方式处置,则应以焚化方式处置。"

[25] 参见《政府法典》第 27491.46 条,"验尸官在尸体解剖后有权保留脑垂体,但仅限于转交给大学,用于研究或促进医学科学"或"用于制造一种必要的激素,以促进垂体功能减退的侏儒或可能成为垂体功能减退的侏儒的人的身体发育"。

[26] 参见《政府法典》第 27491.47 条:"验尸官可在验尸过程中(在符合特定条件的情况下)从尸体上取下角膜眼组织"用于"移植、治疗或科学目的"。

[27] 参见《健康与安全法典》第 7000 条及以下:"虽然法典并不打算授予死者尸体以财产权,但它确实赋予未亡配偶或其他亲属'控制死者遗体处置的权利,除非死者另有指示……'"(《健康与安全法典》第 7100 条)

般法中。法院就如何处置人体生物材料的问题，应当更关注这些专门的法规，而不是侵权法。

由于缺乏将侵权引入本案的直接权威依据，Moore 和上诉法院一样，主要依赖于涉及隐私权的判决。[28] 其中有一类案件涉及不受肖像主欢迎的宣传，（Lugosi v. Universal Pictures（1979）25 Cal. 3d 813［160 Cal. Rptr. 323，603 P. 2d 425，10 A. L. R. 4th 1150］；Motschenbacher v. R. J. Reynolds Tobacco Company（9th Cir. 1974）498 F. 2d 821.）这些观点认为，每个人都对自己的肖像享有所有权利益，未经授权，对肖像的商业使用可作为侵权行为予以纠正，但在两个案例的两种意见中，法院都没有明确地判决将这种侵权建立在财产法的基础上。（Lugosi v. Universal Pictures，supra，25 Cal. 3d at p. 819，823－826；Motschenbacher v. R. J. Reynolds Tobacco Company，supra，498 F. 2d at p. 825－826.）每个法院在教授的观点下都指出，辩论如何妥当描述肖像中的所有权品格是毫无意义的。（Motschenbacher v. R. J. Reynolds Tobacco Company，supra，498 F. 2d at p. 825，引用了教授“Law of Torts”（4th ed.）第 807 页内容；Lugosi v. Universal Pictures，supra，25 Cal. 3d at p. 819，824.）然而，为了确定侵占侵权行为是否存在，对所涉权利的定性并非毫无意义。只有财产权才能被侵占。

原告所提出的一些理由中涉及先前的判例，这些被他不当解读的判例与本案所涉侵占问题无关，对这些案例的类比甚至会严重混淆本案所涉遗传材料和研究的性质。Moore 采用了上诉法院最初提出的类比，认为“如果法院在一个人的人格中发现了足够的所有权利益，一个人怎么可能对自己的遗传材料没有权利，这不是比姓名或面孔更深刻地触及人类独特性本质的内容吗”，然而，正如

---

[28] 没有任何一方援引支持 Moore 的论点的相关判决，即切除的细胞是“一种可能被侵占的有形个人财产”。在这一点上，上诉法院仅援引了 Venner v. State（1976）30 Md. App. 599［354 A. 2d 483］（以下简称 Venner 案），该判决涉及搜查毒品的警察从医院便盆中没收刑事被告的粪便。法院认为，被告基于第四修正案的目的放弃了他的排泄物。（Venner v. State（1976）30 Md. App. 498－499［354 A. 2d 483］.）在判词中，Venner 案的法院指出：“一个人对排泄物、体液废物、分泌物、毛发、指甲、趾甲、血液、器官或身体的其他部分有理由或无理由地主张持续的所有权、支配权或控制权，这种情况并非罕见……”（Venner v. State（1976）30 Md. App. 498［354 A. 2d 483］.）这一案件几乎可以独自证明上诉法院在本案之前的结论，即“不能说一个人对曾经是其身体一部分的生物材料没有财产权”。然而，由于 Venner 案涉及的是关于隐瞒证据的刑事诉讼争议，而不是关于谁有权获得财产权经济利益的民事争议，该意见基于明显不同的政策，与我们面前的本案几乎没有关联。

被告的专利和诉状所表明的——如果对专利中的科学术语进行解读——被告努力的目标和结果是制造淋巴因子。[29] 淋巴因子,并不像姓名或面容,其在每个人身上都有相同的分子结构,在每个人的免疫系统中都有相同的重要功能。此外,负责淋巴因子自然产生的特定遗传物质,以及被告在实验室中用于制造淋巴因子的特定遗传物质,在每个人身上也是相同的。就像脊柱中的椎骨数量或血红蛋白的化学式一样,Moore 的遗传物质并非更独特。[30]

另一个案件通过类比来支持 Moore 的主张,但该案仅确立了患者有权拒绝治疗。(Bouvia v. Superior Court (1986) 179 Cal. App. 3d 1127 [225 Cal. Rptr. 297].)法院在 Bouvia 案中写道:"每个成年人且心智健全的人都有权决定如何处理自己的身体。"(引自 Schloendorff v. New York Hospital, supra, 211 N. Y. 125 [105 N. E. 92, 93]。)[31]本案中,上诉法院以这一措辞为依据得出了这样的结论:"患者必须拥有控制其身体组织去向的最终权力。否则,将为以医学进步为名大规模侵犯人类隐私和尊严敞开大门。"然而,人们完全可以真诚地保护隐私和尊严而不用接受如此极端的结论,即将侵犯这些利益直接和侵占财产权画

---

[29] 在细胞内,基因能通过吸引蛋白质分子产生淋巴因子,这些蛋白质分子在基因的镜像中结合形成一条"信使 RNA"(mRNA)链。然后,mRNA 链与基因分离,并吸引其他蛋白质分子,这些蛋白质分子结合形成原始基因编码的淋巴因子。(OTA 报告第 38~44 页)在实验室中,科学家有时会使用基因来制造淋巴因子,方法是从染色体上切下一段基因,然后将其移植到细菌的染色体上。由此产生的染色体是"重组 DNA"的一个例子,即由来自一个以上个体或物种的遗传物质组成的 DNA。随着细菌的生存和繁殖,植入的基因继续产生该基因编码的淋巴因子。(OTA 报告第 41~44 页)识别携带特定淋巴因子密码的基因是极其困难的。"由于人类细胞中 DNA 的总量与单个基因的量相比是无比巨大的,因此在细胞内寻找任何单个基因就像是大海捞针。"(OTA 报告第 42 页)正如校董事会的专利申请所解释的那样,过量产生某种 mRNA 细胞的意义在于减轻寻找特定基因的困难。(U. S. Patent No. 4, 438,032 (Mar. 20, 1984) at col. 2.)如果有足够的信使核糖核酸(mRNA)——基因的镜像,就可以用来复制或克隆原始基因。克隆的基因可以用于重组 DNA,如前所述,能够用于淋巴因子的大规模生产。

[30] 根据定义,在许多个体中能发现负责产生蛋白质的基因都是相同的。正是因为每个人都需要相同的基本蛋白质,所以一个人的细胞产生的蛋白质可能对另一个人有治疗价值。(OTA 报告第 38~40 页)因此,被告试图制造的蛋白质——干扰素等淋巴因子,绝不是 Moore 的"肖像"。由于所有正常人都拥有生产淋巴因子的基因,因此有时存在可能使正常细胞过量产生的淋巴因子。(参见 OTA 报告第 55 页)根据被告参与撰写的一篇研究论文,Moore 的细胞过度产生淋巴因子是因为它们感染了一种病毒 HTLV-Ⅱ(人类 T 细胞白血病病毒Ⅱ型)。(Chen, Quan & Golde, Human T-cell Leukemia Virus Type Ⅱ Transforms Normal Human Lymphocytes (Nov. 1983) 80 Proceedings Nat. Acad. Sci. USA 7006.)同样的病毒已被证明可将正常的 T 淋巴细胞转化为像 Moore 淋巴细胞一样的过度淋巴因子的细胞生产者。

[31] Schloendorff v. New York Hospital 案经常被引用为承认知情同意概念的首份裁判意见书。

等号。为了保护病人,也没有必要把“隐私”和“尊严”这两个圆钉硬塞进“财产”这个方孔里,因为信托责任理论和知情同意理论已经通过要求充分信息披露来直接保护这些利益。

使Moore对所有权提出主张成为问题的另外一个考虑因素是加利福尼亚州成文法,相关法律严重限制了患者对已切除细胞的控制。根据《健康与安全法典》第7054.4条:“即使有任何其他法律规定,可辨认的解剖部位、人体组织、人体解剖遗骸在科学使用后的传染性废物应通过埋葬、焚烧或由国家卫生服务部门确定的任何其他方法处理,以保护公众健康和安全。”㉜显然,立法机关并没有明确打算以该法规来解决患者是否有权因未经同意使用切除细胞而获得赔偿的问题。该法规的主要目标是确保安全处理有潜在危险的生物废料。㉝ 然而我们不能逃避这样一个结论,即该法规的实际效果是极大地限制了患者对其已切除细胞的控制权。通过限制被切除细胞的使用方式并要求最终将其销毁,该法规取消了许多通常附属于财产的权利,但我们不能简单地认为,就侵占而言,这类细胞属于“财产”或“所有权”。

一些控制被切除细胞使用的权利在相关法规的实施过程中得以延续。例

㉜ 尽管第7054.4条在《健康与安全法典》中位于“死尸”(Dead Bodies)章节中,但只有“人类遗骸”(human remains)一词仅指代尸体。这是因为该法典第7001条就是这样定义的。(《健康与安全法典》第7001条)“可辨认的解剖部位”和“人体组织”这两个附加术语没有明确定义,必须按照其普通含义来理解,而这些含义并不局限于尸体。手术切除的器官,如脾脏,既是“可识别的解剖部位”,也是“人体组织”。受病毒感染的细胞,如Moore的T淋巴细胞,合理地符合法规中“传染性废物”的定义。(见注释33)第7054.4条中使用的广义术语源自1939年关于尸体的规定,近期经过的一些修改(Stats. 1971, ch. 377, §2, p. 744, and amended by Stats. 1972, ch. 883, §4, p. 1562.)反映了立法对现代需求的考虑,即规定除尸体之外的其他材料的处置,包括使用过的皮下注射针头和医院中产生的其他“传染性废物”材料。

㉝ 将生物材料妥善保管的政策与本案有实质性关联。美国典型培养物保藏中心(American Type Culture Collection)是一个向研究人员分发细胞系的组织,该组织对来自Moore的T淋巴细胞系发出了这样的警告:“这些细胞……含有具有复制能力的人类T细胞白血病病毒Ⅱ(HTLV-Ⅱ)的基因组[即能够复制病毒的遗传物质]它们必须在P-Ⅱ[二级]封闭条件下作为潜在生物危险材料处理。”(American Type Culture Collection, Catalogue of Cell Lines and Hybridomas (6th ed. 1988) 第176页。)二级隔离是美国国立卫生研究院和疾病控制中心为处理危险生物材料制定的标准。二级标准要求在处理细胞系时使用生物安全柜,并对受污染的材料进行高压灭菌(高温消毒)和处理。

如,无须阅读相关法规,就能够允许与患者意愿相反的“科学使用”㉞。完全知情的患者可能总是拒绝同意某一医生的治疗,如果该医生的研究计划不被患者接受。然而,正如前面已经讨论过的,患者的权利受到信托义务和知情同意理论的保护。

最后,校董事会的专利——专利细胞系及其衍生产品——不可能是 Moore 的财产。这是因为获得专利的细胞系在事实上和法律上都不同于从 Moore 体内提取的细胞。㉟ 联邦法律允许对代表“人类创造力”的生物体申请专利,但不允许对自然产生的生物体申请专利。(Diamond v. Chakrabarty (1980) 447 U. S. 303, 309 - 310 [65 L. Ed. 2d 144, 150, 100 S. Ct. 2204].)㊱人类细胞系可以申请专利,因为“人类组织和细胞适应培养基并在其中长期生长是困难的,这通

㉞ 有不同意见认为,《健康与安全法典》第 7054.4 条中的“科学使用”不包括“商业利用”;该意见认为法规表述的是“科学使用”,但实际上指的是“非营利性科学使用”。(Dis. opn. of Mosk, J., post, at p. 164 - 165.)然而,我们没有理由相信立法机构有意做出这样的区分。在现在的背景下这种区分可能也并无实践意义,因为“大学与生物技术公司之间有着无与伦比的亲密关系”。(Dis. opn. of Mosk, J., post, at p. 171, fn. 15.)除非以开发可销售产品为目的的研究必然不再是“科学”研究——这是我们无法接受的主张,人体组织的学术“使用”和商业“使用”在法规中并未体现出区别,立法目的是允许所有的“科学使用”。关于“科学家成为企业家”(dis. opn. of Mosk, J., post, at p. 171.)的哲学问题最好在其他论坛中辩论,因为这一哲学问题并不能阐述立法意图。

㉟ 原代细胞(直接从人体提取的细胞)与专利细胞系之间的区别并不纯粹是法律上的。细胞在培育成细胞系的过程中会发生变化,并随着时间的推移继续变化。(OTA 报告第 34 页)“很明显,大多数已建立的细胞系……并不完全正常。除了相对于原代细胞的生长潜能增强外,它们的染色体数目也经常高度异常……”(2 Watson et al., Molecular Biology of the Gene (4th ed. 1987) p. 967; see also OTA Rep., supra, at p. 36.)例如,本案中的细胞系在多次复制后开始产生有缺陷和重新排列的 HTLV - Ⅱ 病毒。被告参与撰写的一篇已发表的研究论文指出:“有缺陷的病毒可能是在细胞在复制过程中产生的,而不是存在于患者的原始肿瘤细胞中。”可能由于病毒发生了这些变化,该细胞系发展出了在不同培养基中生长的新能力。(Chen, McLaughlin, Gasson, Clark & Golde, Molecular Characterization of Genome of a Novel Human T-cell Leukaemia Virus, Nature (Oct. 6, 1983) Vol. 305, p. 505.)我们发现有趣的是,Mosk 法官在其反对意见中,明确反对我们在阐述本案技术背景时对相关科学文献“结论的总结”。(People v. Guerra (1984) 37 Cal. 3d 385, 412 [208 Cal. Rptr. 162, 690 P. 2d 635] [opn. by Mosk, J.].) (Dis. opn. of Mosk, J., post, at p. 182.)本庭之前曾引用科学文献来说明,催眠回忆的报告“在科学上不足以作为对绝大多数人的记忆过程得出结论的依据”。(People v. Shirley (1982) 31 Cal. 3d 18, 59 [181 Cal. Rptr. 243, 723 P. 2d 1354] [opn. by Mosk, J.].)目击证人证词可能是不可靠的。(People v. McDonald (1984) 37 Cal. 3d 351, 365 - 367 [208 Cal. Rptr. 236, 690 P. 2d 709, 46 A. L. R. 4th 1011] [opn. by Mosk, J.].)

㊱ 在 Diamond v. Chakrabarty 案中,美国最高法院认为,根据《美国法典》第 35 编第 101 条,基因工程细菌作为“具有创新性和可利用性的……制造或物质组成”可以申请专利。(447 U. S. at p. 308 - 310 [65 L. Ed. 2d at p. 149 - 150].)

常被认为是一门科学……”而且成功的概率很低。（OTA 报告第 33 页）专利法奖励的正是这种创造性的努力，而不是发现天然存在的原材料。因此，Moore 关于其拥有该细胞系及其衍生产品的指控与专利本身的目的不一致，这构成了该细胞系是发明产品的权威认定。[37] 由于这些声明不过是论据或法律推论，它们当然对我们没有约束力。（Daar v. Yellow Cab Co., supra, 67 Cal. 2d at p. 713.）

2. 侵占责任是否应当被扩大解释

正如我们前面所论证的，Moore 声称其拥有本案中有争议生物材料的新颖主张无论如何解释都是有问题的。因此，他试图在这一背景下应用侵占理论，我们必须坦率地承认这是一种扩大解释。虽然我们并不认为已切除细胞永远不能以任何目的成为财产，但 Moore 索赔的新颖性要求明确我们必须考虑扩张责任范围背后的政策意义，（cf. Nally v. Grace Community Church, supra, 47 Cal. 3d at pp. 291 – 300; Foley v. Interactive Data Corp., supra, 47 Cal. 3d at p. 694 – 700; Brown v. Superior Court, supra, 44 Cal. 3d at p. 1061 – 1066.）而不是盲目听从诉状中宣称的法律结论，声明存在这样的诉讼理由。

对于 Moore 所提出的侵占责任的指控，有三个理由说明其不适当性。第一，对相关政策考虑因素进行公平平衡，应当反对扩大侵权的范围。第二，这方面的问题更适合立法解决。第三，侵占侵权不是保护患者权利的必要条件。综上，我们得出结论，在医学研究中使用已切除人类细胞并不等于侵占。

在相关政策考虑中，有两项内容是最重要的。第一是保护有能力的病人自主作出医疗决定的权利，这一权利的基础是公认和长期存在的信托责任和知情同意原则。（See e. g., Cobbs v. Grant, supra, 8 Cal. 3d at p. 242 – 246; Bowman v. McPheeters, supra, 77 Cal. App. 2d at p. 800.）当医生隐瞒那些可能影响其专业判断的医疗动机时，这一政策有利于向患者提供相应的措施。第二个重要的政策考虑是，我们不应威胁那些从事对社会有益活动的无辜者，使他们承担民事责任，例如那些没有理由相信他们使用某一特定细胞样本可能违背捐赠者意

[37] 为了反对这一结论，反对意见支持一项提案，即扩大国会对“共同发明人”(35 U. S. C. § 116)的定义，使其包括研究中使用的生物材料的人类来源。（Dis. opn. of Mosk, J., post, at p. 168 – 169.）由于修改专利法的专属权力属于国会和联邦法院（U. S. Const., art. I, § 8, cl. 8; 28 U. S. C. § § 1295, 1338.），因此反对者对专利法现状的批评与我们对本案的处理没有法律上的关系。

愿的研究人员。

在这些政策考虑之间达成适当的平衡极为重要。国会技术评估办公室在向国会提交的报告中强调,法院解决生物样本来源及其使用者之间争议的不确定性可能会对学术研究人员和新兴生物技术产业造成损害,尤其是在生物样本获得很久之后才主张权利的情况下。生物样本来源方主张权利不仅会影响到获得原始样本的研究人员,或许还会影响到其他相关研究人员。

“生物材料通常会出于实验目的分发给其他研究人员,科学家从原研究人员处获得细胞系或其他样本衍生产品(如基因克隆),也可能会由于某些法律理论(如侵权)而被起诉。此外,不确定性还可能影响产品开发和研究。由于含有人体组织和细胞的发明可能会获得专利和商业使用许可,因此在产权不明确的情况下,公司不太可能投入巨资开发、制造或销售产品。”(OTA 报告第 27 页)

事实上,生物材料法律所有权的不确定性对研究造成的潜在障碍是如此巨大,以至于技术评估办公室得出了这样一个惊人的结论:“无论不同利益相关方的主张是否有法律依据,对于生物技术的未来而言,解决当前的不确定性可能比以任何特定方式解决它都更重要。”(OTA 报告第 27 页)

然而,我们不必在有责任与无责任之间作出武断的选择。相反,对相关政策考虑因素的审查表明了一种适当的平衡:不必求诸侵占理论前所未有的扩张解释,只需基于现有披露义务所施加的责任,就既保护了患者的隐私权和自主权,又不会阻碍相关研究。

可以肯定的是,侵占责任的威胁可能有助于间接地落实患者的权利。这是因为医生可以通过尽可能广泛地征得患者的同意来避免承担责任,以便在随后的研究中使用被切除的细胞。遗憾的是,扩张解释侵占理论将彻底牺牲保护无辜当事人的目标。由于侵占是一种严格责任侵权,㊳这将使所有获得细胞的人承担责任,无论特定被告是否参与或知晓不充分的信息披露侵犯了患者知情

㊳ 侵占诉讼的基础既不在于被告的是否知情,也不在于被告的意图……相反,侵占行为在于违反所谓的绝对义务;行为本身……是非法的,可以作为侵权行为予以纠正。(Byer v. Canadian Bank of Commerce (1937) 8 Cal. 2d 297, 300 [65 P. 2d 67], quoting Poggi v. Scott (1914) 167 Cal. 372, 375 [139 P. 815]. See also City of Los Angeles v. Superior Court (1978) 85 Cal. App. 3d 143, 149 [149 Cal. Rptr. 320] (“侵权是一种严格责任,是否善意、是否知情以及动机在其中都不重要”).)

决定的权利。与侵占理论相反，受托责任理论和知情同意理论直接保护患者，而不会惩罚无辜的当事人，也不会对开展有益于社会的研究产生抑制作用。

人体细胞研究在医学研究中起着至关重要的作用。之所以如此，是因为研究人员逐渐掌握了分离天然存在且对医学有用的生物物质，并通过基因工程生产这些物质的方法。这些努力在临床中已经开花结果。通过生物技术开发的产品已获准在美国上市，包括治疗和检测白血病、癌症、糖尿病、侏儒症、乙型肝炎、肾移植排斥、肺气肿、骨质疏松症、溃疡、贫血、不孕症和妇科肿瘤等。（Source Compensation for Tissues and Cells Used in Biotechnical Research：Why a Source Shouldn't Share in the Profits（1989）64 Notre Dame L. Rev. 628.）（另可参见 OTA 报告第 58 ~ 59 页）

将侵占法扩展到这一领域将限制必要原始生物材料的获得，严重阻碍研究。数千种人类细胞系已经存在于生物组织储存库中，例如美国典型培养物保藏中心（American Type Culture Collection）以及由美国国立卫生研究院（National Institutes of Health）和美国癌症协会（American Cancer Society）运营的生物组织储存库，这些存储库每年响应成千上万的样本请求。由于专利局要求细胞系专利的持有者向任何人提供样品，许多专利持有者将其细胞系放在储存库中，以避免回应请求的行政负担。（OTA 报告第 53 页）目前，人类细胞系通常被复制并分发给其他研究人员用于实验目的，通常是免费的。[39] 如果每个细胞样本都成为诉讼的潜在客体，那么这种仍然相对自由和高效的科学生物材料交换肯定

[39] 在目前的储存库系统下，许多公司都可以获得生物组织，因此有效利用这些生物组织的可能性就增加了。目前，研究人员只需要请求生物组织样本，并且他们的请求通常由他们自己的研究机构、其他研究机构或组织库批准。（Source Compensation for Tissues and Cells Used in Biotechnical Research：Why a Source Shouldn't Share in the Profits（1989）64 Notre Dame L. Rev. 628.）（另可参见 OTA 报告第 52 页）

会受到损害。(OTA 报告第 52 页)[40]

通过将侵占法进行扩张解释以扩展生物研究领域的责任将产生广泛的影响。美国国会众议院科技委员会(House Committee on Science and Technology of the United States Congress)发现,"在接受调查的医疗机构中,49%的研究人员在研究中使用了人体组织或细胞"。许多人因此获得了美国国立卫生研究院(National Institute of Health)的拨款。(OTA 报告第 52 页)此外,美国有近 350 家商业生物技术公司积极从事生物技术研究和商业产品开发,其中 25%至 30%都从事医疗技术或诊断试剂的研究。大多数(但不是全部)人类医疗产品都来源于人类组织和细胞或人类细胞系、克隆基因。(OTA 报告第 56 页)

在决定是否设立新的侵权责任时,我们曾考虑过扩大责任对社会有意义活动的影响,如科学研究。例如,在 Brown v. Superior 案中,由于担心严格的产品责任会阻碍药物研究,我们认为药品制造商的责任不应以通常标准来衡量。我们裁判时写道:"如果制药商受到严格责任的约束,他们可能不愿意开展研究项目来开发一些将来会被证明有益的药物,或者分发、销售其他准备用于上市的药物,因为他们害怕被判处巨额罚单。"

正如 Brown 案一样,Moore 敦促我们支持的侵占理论将会严重折损重要医学研究的经济激励。如果在研究中使用细胞是一种侵占,那么研究人员每使用一种细胞样本,都属于购买一张存在潜在诉讼的彩票。因为侵占的责任是以所有者权益为基础的,"当所有者权益存在不确定性时,公司不太可能将大量资金

[40] 反对意见者认为侵占责任不会使研究人员的处境变得比现在更糟,因为他们认为,研究人员之间的细胞系交换越来越受到合同的限制。(Dis. opn. of Mosk, J., post, at p. 170 – 171.)然而,正如技术评估办公室在其报告中所解释的那样,这种谨慎是"对专利和所有权的担忧的结果",包括"不确定法院将如何解决生物样本来源和使用者之间的争议"。(OTA 报告第 27 页、第 52 页)显然,扩大侵占责任只会使问题恶化。此外,反对意见者关于生物材料在研究人员之间不再自由传递的事实前提被大大夸大了。在最重要的研究场景下,生物材料的传递基本上不受限制。技术评估办公室发现,"非正式转让在全国各地的研究人员和大学中很常见"。(OTA 报告第 52 页)此外,生物组织储存库向任何合格的研究人员提供细胞系和组织样本时,不收取费用或仅收取象征性费用。(OTA 报告第 53 页)细胞系的专利保护实际上增加了研究材料的可用性,因为美国专利局要求专利持有者在专利发布后会立即向研究人员提供专利微生物。(See generally In re Lundak (Fed. Cir. 1985) 773 F. 2d 1216, 1220 – 1222.)可获得的细胞系对学术研究和商业研究都非常重要。事实上,一些生物技术公司在研究中不使用任何原始人体组织,而是将研究精力集中在已建立的细胞系上。这些公司获得通常可获得的细胞系并加以改造,产生新的、独特的或改良的细胞系。(OTA 报告第 55 页)

投向开发、制造或营销产品”。（OTA 报告第 27 页）[41]再次借用 Brown 案的观点，“可以合理推断，即使对侵占责任施以更严格的检验标准，也不会促进这些重要产品的开发和利用方面的公共利益”。（Brown v. Superior Court, supra, 44 Cal. 3d at p. 1065.）[42]

事实上，这是一个远比 Brown 案更具说服力的限制侵权责任扩张的案例。在 Brown 案中，消除严格责任使原告更难以获得因其母亲产前使用药物己烯雌酚（DES）而造成的严重身体伤害的实际损害赔偿。（Brown v. Superior Court, supra, 44 Cal. 3d at p. 1054 – 1055.）在本案中，相比之下，限制侵占理论的扩张解释只会使 Moore 难以获得理论中更高的赔偿。通过信托义务和知情同意理论，他仍然可以针对他知情同意权所受的损害提起诉讼。

如果人类细胞的科学使用者因未能调查其原始生物材料的遗传谱系而被追究责任，我们认为立法机构应该作出决定。这涉及影响到社会方方面面的复杂政策选择，“立法机构在作出这种政策决定时有能力收集经验证据，征求专家意见，并举行听证会，让所有利益相关方提出证据并发表意见……”（Foley v. Interactive Data Corp., supra, 47 Cal. 3d at p. 694, fn. 31.）关于使用和处置人体生物材料的现行法规表明了在这一领域采取行动的立法能力。[43] 美国国会最近委托的广泛研究表明了其立法兴趣。许多评论员也在提出立法方案。（See Danforth, Cells, Sales, and Royalties: The Patient's Right to a Portion of the Profits

---

[41] Broussard 法官在其赞同和反对意见中建议，我们可以在不威胁研究的情况下扩张解释侵占责任，比如要求原告除了要举证侵占的要件外，还要举证医生对原告的知情同意存在欺诈使同意无效，（Conc. and dis. opn. of Broussard, J., post, at p. 157 – 159.）但是，没有必要创造新的诉讼理由。正如我们已经解释过的，根据现行法律，医生如果隐瞒重要事实，患者可以指控其违反信托责任。即使将侵占责任限制在患者知情同意无效的场景下，也不会显著缓和对医疗研究的威胁。在提起诉讼并解决之前，没有人可以确切地知道同意是否有效。此外，由于侵占责任要求原告拥有持续的所有权利益，对所有权链条中的任何人提起诉讼的威胁将都使研究材料的所有权受到质疑。

[42] 为了使侵占责任对研究的威胁较小，反对意见者认为，研究人员可以通过只使用附有同意文件的细胞系来避免相关责任，（Dis. opn. of Mosk, J., post, at p. 172, 173.）但同意书并不保证其有效性。正如医疗事故诉讼所显示的那样，对同意有效性和充分性的质疑并不罕见。此外，希望目前在细胞库中已经被研究人员广泛使用的成千上万种细胞系和组织样本都获得豁免的想法，纯粹是天方夜谭。例如，自 1984 年以来，美国典型培养物保藏中心的任何研究人员都可以获得衍生自 Moore 的 T 淋巴细胞的细胞系。（American Type Culture Collection, Catalogue of Cell Lines and Hybridomas, supra, at p. 176.）其他一些细胞系早在 1951 年就已被广泛使用。（OTA 报告第 34 页）

[43] 参见前注 21 ~ 27。

(1988) 6 Yale L. & Pol'y Rev. 179, 198 – 201; Note, Source Compensation, supra, 64 Notre Dame L. Rev. at p. 643 – 645.)

最后,目前通过司法来创造严格责任规则的需求并不强烈,因为强制执行医生的披露义务将保护患者免受 Moore 所受的特定类型的伤害。只要医生披露可能影响其判断的研究和经济利益,患者就不会受到利益冲突的影响。在知晓所有利益冲突的情况下,患者可以作出知情决定,或同意治疗,或拒绝同意并转寻他处医疗。正如我们已经讨论过的,医生的信息披露义务能够直接保护患者,而不妨碍无辜研究人员所从事的对社会有益的研究活动。

基于这些理由,我们认为,Moore 第三次修正申诉的指控陈述了违反信托责任或缺乏知情同意的诉讼理由,而不是侵占。[44]

Ⅳ.

上诉法院的判决部分被维持,部分被推翻。案件发回上诉法院,上诉法院应指示高等法院:(1)驳回 Golde 对违反信托责任和缺乏知情同意的抗辩;(2)支持并修改校董事会、Quan、Sandoz 和遗传学研究所对违反信托责任和缺乏知情同意提出的抗辩;(3)支持且不修改所有被告对侵占的抗辩;(4)审理并裁定所有被告的其余抗辩。

同意人:ARABIAN; BROUSSARD(部分同意)

四、同意(concur)

ARABIAN 法官赞同

我同意多数意见令人信服的观点。我单独写一意见是为了表达一种关切,

[44] 我们对本案的处理使得没有必要对 Sandoz 的主张作出裁决,即 Moore 的细胞即便是个人财产,校董事会也是根据法定征收权将其征收的。根据《教育法典》第 92040 条规定:"校董事会……可以通过征收权获得行使加利福尼亚大学任何权力或职能所必需的任何财产。"该大学的职能之一是成为"主要的国家支持的学术研究机构"。(《教育法典》第 66500 条)我们注意到,Sandoz 没有向下级法院提出这一论点。我们的处置也使得没有必要考虑 Golde 的主张,即联邦专利法将优先于 Moore 对校董事会专利内容(包括细胞系)拥有任何财产权的主张。Golde 的论点基于一个公认的原则,即州法律不得"给予与联邦专利法目标相冲突的保护"。(Sears, Roebuck & Co. v. Stiffel Co. (1964) 376 U. S. 225, 231 [11 L. Ed. 2d 661, 667, 84 S. Ct. 784]; see also Kewanee Oil Co. v. Bicron Corp. (1974) 416 U. S. 470, 480 [40 L. Ed. 2d 315, 324 – 325, 94 S. Ct. 1879].)

这种关切在裁判意见中在很大程度上得到了反映，但很少被直接表达出来。这就是道德问题。

原告要求我们承认并执行出售自己身体组织并由此牟利的权利。他恳求我们把人类本身——任何文明社会中唯一最受尊敬和保护的主体——与最基本的商业商品同等看待。他敦促我们将神圣与世俗混为一谈。他要求得太多了。

我博学的同事 Mosk 法官，在一次令人印象深刻但不具有最终效力异议中承认了这件事的道德层面。“我们的社会”，他写道，“承认一种深刻的道德义务，即尊重人的身体，因为它是独特的人类人格在物理上的表达”。（Dis. opn. of Mosk，J.，post，p. 173.）然而，他的结论是，道德倾向于承认原告对其身体组织侵占之诉的主张。为什么？他回答说，本质上是因为这些被告的道德缺陷、口是心非且贪婪。他认为，应当让他们被迫吐出他们的一部分不义之财给不知情的个人，这些个体的身体被侵犯和利用的情况，如果没有他们这些利润是不可能出现的。

我和 Mosk 法官一样感到愤怒，但我并不同意他的理念。他对人类精神的雄辩赞歌阐明了问题，但没有解决问题。将人体组织视为交易流通的商品，是提升还是降低了“独特的人类人格”？通过原告的主张传递法律的威严，会在精神上或科学上促进或阻碍人类现状吗？我不知道这些问题的答案，我也不愿意像 Mosk 法官一样，把它们简单地当作“侵权”法的问题并通过司法解决。

的确，本法院不会因为裁判涉及棘手的法律问题就退缩，更不会因为裁判需要在相互竞争的社会或经济政策之间作出选择而不敢裁判。（Foley v. Interactive Data Corp.（1988）47 Cal. 3d 654，719－723［254 Cal. Rptr. 211，765 P. 2d 373］（conc. and dis. opn. of Kaufman，J.）.）然而，这里的不同之处在于所涉及的相互冲突的道德、哲学甚至宗教价值观的性质，以及不同主张立场背后的深刻含义。承认并执行人体组织的财产权利益的后果并不为人所知，但人们非常担心——人体器官市场对人类尊严的影响，对此类生物材料的竞标购买对研究和开发的影响，以及研究人员可能面临缺乏限制、未知的侵权责任。（See Danforth，Cells，Sales，& Royalties：The Patient's Right to a Portion of the Profits（1988）6 Yale L. & Pol'y Rev. 179，195；Note，Source Compensation for Tissues and Cells Used in Biotechnical Research：Why a Source Shouldn't Share in the Profits（1989）64 Notre Dame L. Rev. 628，634.）

在我看来,是否应原告主张将其细胞视为被能侵占的财产,这不是我们能决定的。这个问题的选择不仅反映而且在某种意义上最终确定我们人类的本质。作为法律的解释者,我们智慧的重要标志是认识到我们不能治愈每一种疾病,调解每一种争端,解决每一道难题。有时,正如 Brandeis 法官所说:"我们所做的最重要的事情就是不去做。"[45]

那在哪里可以找到完整的解决方案呢?显然,正如多数人的意见所表明的那样,立法机关是最适当的问题解决者。事实上,已经有人提出了创建法律许可的立法框架建议,该框架规定研究人员和受试者之间的固定利润分享比例。(Danforth, supra, 6 Yale L. & Pol'y Rev. at p. 198 – 201.)这样一种安排不仅可以消解对人体组织市场化运作的道德和哲学层面的争议,而且能够消除豁免制度固有的强制作用,同时还能不受时间限制地补偿捐赠者。

多数人的观点并非没有注意到这一结果表面上的不公正,即驳回原告所提出的侵占其身体组织的诉讼,同时允许被告保留其研究成果。正如我们所解释的,我们坚持这么裁判的理由主要有两个,第一,原告在这件事上并非没有补救办法;他仍然可以根据违反信托义务追究被告责任或要求其他侵权索赔,但不是在本院。第二,司法判决虽然灵活,但并非没有局限性。法院不能也不应该为每一次"心灵创伤和肉体所受的千百种痛苦"[46]寻求一种补救措施。有时,克制的判断实际上更能反映出勇气。本案就是这样一个场合。

反对意见:BROUSSARD(部分反对);MOSK

五、反对(dissent)

BROUSSARD 法官同意意见与反对意见

鉴于这一案件发生时的新科学背景,以及这一诉讼在医学研究界和公众中引起的巨大关注,很容易忽视这样一个事实,即这一案件中的具体指控是相当不寻常的,通常情况是,为支持医学科研和开发新医疗产品而捐赠生物样本如

---

[45] Bickel, The Least Dangerous Branch (1962) page 71.

[46] 莎士比亚,哈姆雷特,第三幕,第一场。

器官或细胞，但本案所涉及的问题应与通常情况区别开来。通常，当患者同意将身体某一部分用于科学目的时，切除的器官或细胞的潜在价值只有通过随后的实验或研究才能发现，通常是在切除器官数月或数年后。然而，在本案中，原告声称，原告的医生在将原告的细胞从原告体内取出之前，就认识到了其独特的研究和商业价值。尽管知道这一点，但据称医生没有向原告披露这些事实及他对细胞的研究利益，无论是在原告的首次手术之前，还是在其后的 7 年内（医生通过定期检查的方式继续从原告身体中提取额外细胞）。

当然，多数人的意见并没有无视这些不寻常的指控。意见正是依据这些指控而得出结论，认为诉讼陈述了违反信托责任的诉讼理由。我完全同意这一观点。

然而，当面对侵占的起诉理由时，多数意见未能将重点放在这一案件此前的具体指控上。考虑到强加侵占责任将阻碍使用既有细胞库资源的无辜科学家的医学研究（此处并未提供事实背景），多数意见认为，该侵占诉讼不能被支持，主要是基于患者通常对已经从其身体中取出的身体部分不享有权利。然而，在本案中，原告声称被告在他的身体部位被切除之前干涉了他的合法权利。尽管患者在同意切除其身体部位并将其用于科学研究目的后，不得在切除身体部位后对该身体部分保留任何合法权益。根据加利福尼亚州法律，在身体部位被切除之前，患者有权决定切除后身体部位的用途，而不是其医生或医院。如果如本案原告所称，原告的医生通过在切除其身体部位之前故意隐瞒重要信息，不适当地干涉了原告决定身体部位的使用权利，根据传统的普通法原则，原告可以提起侵占诉讼，以恢复决定其身体部位使用权利的经济价值。因此，我不同意多数意见，因为它拒绝了原告的侵占诉由。

I

首先，我完全同意多数意见中认为诉状所指控事实构成对 Golde 博士违反信托义务的诉讼理由这一观点。正如多数意见令人信服的解释，由于医生的研究活动和相关的商业活动可能会潜移默化地影响其专业判断，医生有义务向他的病人披露其个人利益。在本案中，诉状明确指控 Golde 博士未能履行这一职责。

关于其他被告——加州大学校董事会，Shirley G. Quan，遗传学研究所和 Sandoz 制药公司——我不能完全同意多数意见的结论。虽然我认为初审法院确实错误地支持了这些被告对违反信托责任的抗辩,但在我看来,多数意见对这些被告的判决是模棱两可的。(See maj. opn., ante, p. 133 – 134.)正如多数人所承认的那样,诉状中指控的违反信托责任的行为包括术后行为,如定期从原告体内抽取血液、血清、骨髓抽吸物和精子样本。要求原告从西雅图前往加州大学洛杉矶分校的医疗中心,这一要求一直持续到1983年9月。根据诉状,截至该日期,包括遗传学研究所和Sandoz在内的所有被告都已经参与了该商业项目。尽管申诉中的一些代理指控具有"模板文件"性质(See maj. opn., ante, p. 134, fn. 12),从整体上看,㊼申诉人指控所有被告在术后不当行为中有足够的同谋关系,因此可以驳回被告的抗辩。如果在取证之后,其他被告显然对最初或持续违反信托义务的行为不承担任何责任,这些被告当然可以就这一罪名申请简易审判。然而,在目前的辩护阶段,免除任何被告违反信托义务的责任还为时过早。

然而,我不同意反对意见中的建议,即被告能够避免违反信托义务下的所有责任,只要证明即使被告披露了他们对其细胞的研究和商业利益,原告也会同意切除其患病脾脏的手术。(See dis. opn., post, p. 179 – 180.)首先,由于被指控的违反信托义务的行为包括被告术后的行为以及术前未能全面披露信息的行为,原告显然有权根据信托义务相关理论,通过证明如果他充分了解被告的研究和经济利益和动机,他不会同意术后的一些医疗程序,由此获得赔偿。其次,更普遍的情形是——不同于传统的"知情同意"(Cobbs v. Grant (1972) 8 Cal. 3d 229 [104 Cal. Rptr. 505, 502 P. 2d 1].),原告不应被要求证明,如果他的医生作出了充分的披露,他就不会继续进行有关的医疗,而只需证明医生错误地未能披露相关信息给原告造成了可赔偿的损害。多数意见并未试图在审判前确定原告可以从违反信托义务诉讼中获得赔偿的各种损害或伤害,这是可以

㊼ 除了多数意见所引用的非常笼统的代理指控外,诉状还指控(1)"Golde作为医生和从事商业活动的研究人员,是校董事会的雇员、经理和/或代理人";(2)"在1980年前后一直持续到现在……Golde既是一名与原告有医患关系的医生,又是一名研究人员和投资者,从事基于原告身体提取物相关产品的商业开发,他是遗传学研究所和Sandoz的雇员、高级职员、投资者、顾问、咨询师和/或代理人";(3)就这些身份而言……Golde的行动得到了校董事会、遗传学研究所和Sandoz的了解和支持,它们知道或应该知道Golde持续获得原告血液和身体物质的手段,Golde已经获得并将继续获得原告的血液和其他生物样本的证据,通过他们的行动和对Golde的经济补偿,它们实际上授权或批准了Golde在这方面的活动。

理解的。然而，值得注意的是，在适当的情况下，惩罚性和补偿性损害赔偿在这种诉讼中显然是可以请求的。因此，反对意见者低估了违反信托义务诉由的潜在影响力，将该诉讼作为“纸老虎”驳回。（Dis. opn.，post，p. 180.）

Ⅱ

关于侵占的诉讼理由，我不同意多数意见的结论，即本案中指控的事实没有说明侵占诉由。

如果这是一个典型的案例，即患者同意将其切除的器官用于一般研究目的，而患者的医生事先并不知道患者器官或细胞的科学或商业价值，我同意患者不能以侵占为由提起诉讼。在这种常见的情况下，患者已经放弃了对被切除器官的任何利益，即使后来发现该器官或细胞具有某种意料之外的价值，患者也无权要求赔偿。然而，我不能同意多数观点，即患者永远不能以侵占为由起诉未经授权使用其已切除的器官或细胞的行为，即使是那些针对在器官或细胞被切除之前就知道其价值并违反了相关信息披露义务的一方。由于原告声称被告在切除其身体部位之前，不当地干涉了其决定切除后如何使用这些身体部位的权利，由此我认为，诉状所陈述的诉因符合传统的普通法侵占原则。

在分析侵占问题时，多数意见从普通法侵占诉讼的既定要求开始，解释原告必须证明其对所涉财产的“所有权或占有权”受到实际干涉。（maj. opn.，ante，p. 136.）尽管多数意见在几个方面暗示，被移除的身体部位就其性质而言，可能永远不会构成侵占之诉的“财产”。（See maj. opn.，ante，p. 138，140.）没有理由认为多数意见实际上打算接受如此可疑的主张。例如，如果另一家医疗中心或制药公司从加州大学洛杉矶分校医疗中心实验室窃取了所有有问题的细胞，并将其用于自己的利益，那么毫无疑问，侵占诉由将是对窃贼不利的最合适诉由，而多数意见并没有提出其他建议。因此，多数意见的分析基础并不是已切除身体部位不是财产这一宽泛的主张，而是一旦身体部位从患者身体中切除，则他对该已切除身体部位不保留任何所有权权益。

然而，多数意见未能认识到，根据本申诉的指控，争议焦点并非患者在身体部位被切除后是否普遍保留其所有权权益，而是患者在身体部位被切除前是否有权决定该部位在切除后的用途。尽管多数意见认为，有“理由怀疑”患者在切除后对其器官或细胞保留“任何”所有权权益（maj. opn.，ante，p. 137.），该意见未能找出任何法定条文或普通法权威，指出病人在身体某部分被切除前，一般无权选择该被切除部分的用途。相反,最密切相关的法律规范——《统一解剖捐赠法案》(《健康与安全法典》第7150条及以下[48])——相当清楚地表明,病人确实有这种权利。

《统一解剖捐赠法案》是一项全面的法律规范,于1970年在加利福尼亚州生效,最近于1988年进行了修订。尽管该法案的条款仅适用于"在捐赠者死亡时或死亡后生效"的人体捐赠(§7150.1, subd.(a).),因此不能直接适用于涉及活体捐赠者的本案,但该法无疑对本州个人捐赠者有权控制捐赠部位使用的一般政策具有指导意义。该法案授权向一家医院或一名医生等捐赠解剖样本……用于移植、治疗、医学或牙科教育、医学或牙科的研究或促进,(§7153, subd.(a)(1).)明确规定这种赠与"可以赠与指定的受赠人,也可以不指定受赠人",(§7153, subd.(b).)并且赠与人可以"为了任何法令中规定目的将解剖捐赠限制在一个或多个目标下……"(§7150.5, subd.(a).)。因此,该法明确承认,器官捐赠者,而不是接受器官的医院或医生,有权在法定授权的范围内指定器官的特定用途。

虽然,《统一解剖捐赠法案》仅适用于在捐赠人死亡时或死亡后生效的解剖赠与,但该法所体现的"捐赠人控制"原则显然并不局限于这种情况。例如,在移植的情况下,活体捐赠者指定特定的受赠人(通常是亲属)接受捐赠的器官是很常见的。如果一家医院在从这样的捐赠者身上摘取器官后,自行决定将器官捐赠给另一位受赠者,没有人会否认这家医院擅自使用捐赠的器官侵犯了捐赠者的合法权利。因此,应当认为加利福尼亚州的法律中确立了这样的规则,即在切除器官之前患者有权控制器官在切除后的用途。

同样清楚的是,根据传统的普通法原则,病人控制其器官的未来使用的权利受到侵占法的保护。作为一般事项,侵占侵权不仅保护个人不受对其财产占有权的不当干涉,而且保护个人不受未经授权使用其财产的行为的不当干涉,亦保护个人不受对其使用财产方式的不当干涉。《第二次侵权行为重述》第227条和第228条在这方面特别规定,"如果使用动产的方式严重侵害了该动产权利人控制该动产使用的权利,应对动产权利人承担侵占责任","经授权对动产以特定方式使用但以超越授权的方式使用动产的人,如果他人控制该动产使用

[48] 除非另有说明,所有章节参考均为《健康与安全法典》。

的权利因此受到严重侵犯，则应承担侵占责任”。加利福尼亚州的案件也早已认识到，财产“未经授权的使用”会引起侵占诉讼。（See Hollywood M. P. Equipment Co. v. Furer （1940） 16 Cal. 2d 184， 189 ［105 P. 2d 299］. See generally 5 Witkin， Summary of Cal. Law （9th ed. 1988） Torts， §622， p. 716. ）

这些原则对本案的适用是显而易见的。如果被告在手术前告知原告其身体部位可能的用途，且原告已授权某一特定用途，则根据上述授权，如果被告无视原告的决定，为了自己的经济利益以未经授权的方式使用身体部位，则被告将承担侵占责任。尽管在本案中，被告并未无视原告关于未来使用其身体部位的具体指示，但诉状称，在身体部位被切除之前，被告故意隐瞒了他们有义务向原告披露的重要信息，而这些信息是原告行使对身体部位的控制权所必需的。诉状还称，被告为了自己的经济利益，隐瞒了这些信息，以便对这些身体部位的未来使用进行控制。如果这些指控属实，被告显然在原告有权决定其身体部位的未来用途时，不适当地干涉了原告对其身体部位的权利，从而为自己的利益盗用了原告的控制权。在这种情况下，诉状完全满足侵占诉由的既定要求。

正如已经指出的那样，多数意见认为，有许多“理由怀疑”患者在切除器官后对其器官是否保留任何受法律保护的利益（maj. opn.， ante， p. 137. ），但这些理由都经不起推敲。多数意见首先依赖的事实是，“没有任何被报道的司法判决支持 Moore 的主张，无论是直接的还是间接的”。（maj. opn.， ante， p. 137. ）然而，出于同样的原因，没有任何被报道的驳回这种主张的司法判决。这只是第一印象的问题。虽然多数意见强调，法院在确定患者对切除后的器官是否享有任何法律权利时，应寻求指导意见的是处理人体生物材料的“专门法规”（maj. opn.， ante， p. 137. ），多数意见没有认识到，正如我们所看到的，《统一解剖捐赠法案》明确确认患者有权在切除之前指定身体部位的用途。（See ante， p. 154 – 155. ）

多数意见还依据的是《健康与安全法典》第 7054.4 条规定，[49]该法规解决了人体器官的不当处置所造成的潜在健康危害，理由是该法规“极大地限制了患

---

[49] 《健康与安全法典》第 7054.4 条规定：“即使有任何其他法律规定，科学使用结束后，可辨认的解剖部位、人体组织、人体解剖遗骸或传染性废物应通过埋葬、焚烧或国家卫生服务部门确定的任何其他方法进行处置，以保护公众健康和安全。”

者对切除细胞的控制”。(maj. opn. , ante, p. 140.)虽然我同意多数意见中的这种观点,即第 7054. 4 条应合理地解释为适用于从活着的患者身上以及从尸体上切除的身体部位,但该法规并未支持多数意见的结论。尽管第 7054. 4 条限制了病人对切除的身体部位的控制,即禁止他将切除的身体部位带回家并放在壁炉架上,该法规并没有说病人无权在法律允许的用途中进行选择。同样,第7054. 4 条中没有任何内容表明,切除患者器官的医生或医疗机构拥有比患者本人更大的权利来选择被切除器官的进一步用途。由于多数意见并未将第 7054. 4 条解释为禁止本案中有争议的研究或商业活动,我同意该法规不能被合理地解释为禁止此类使用,因此我无法理解第 7054. 4 条是如何为多数意见的论点提供了论据。

最后,多数意见认为原告的侵占诉讼是不可行的,因为“校董事会专利的客体——专利细胞系及其衍生产品——不能是 Moore 的财产”。(maj. opn. , ante, p. 141.)即使这是联邦专利法的准确陈述,也不能解释为什么原告不能对被告未经授权使用自己的身体部位、血液、血清、骨髓和精子提起侵占诉讼。尽管原告在侵占诉讼中可能获得的损害赔偿可能不包括专利和衍生产品的价值,但原告可能无权获得其起诉所寻求的损害赔偿事实并不能否认其提起任何侵占诉讼的权利。同样,尽管原告的细胞是否“独特”的问题很可能影响原告在侵占诉讼中能够获得的损害赔偿金数额,但独特性问题对原告提起侵占诉讼的基本权利没有影响;当然,普通财产和特殊财产都受到保护,不得被侵占。

因此,不同于多数意见,我的结论是,根据既定的普通法原则,申诉中指称的事实说明了侵占的诉讼理由。[50]

Ⅲ

尽管多数意见并不承认原告的侵占诉讼得到了现行普通法原则的支持,但

---

[50] 多数意见不准确地将这一意见描述为提议创建“新的诉讼理由”,通过要求在侵占诉由的传统要素之外增加新的欺诈要素来“扩大侵占责任”。(See maj. opn. , ante, p. 146, fn. 41.)如上文所述,我的立场是,本申诉中指称的事实已经符合了对侵占的起诉条件,即使根据传统的、公认的普通法原则。与多数意见主张的含义相反,我的观点不要求扩大既有的普通法原则,无须证明被告以欺诈方式获得了原告的知情同意,侵占诉讼本就成立。(See generally 5 Witkin, Summary of Cal. Law (9th ed. 1988) Torts, §621, p. 715; Rest. 2d Torts, §§221, 229.)事实上,多数意见偏离了既定的普通法原则,创造了一个新的例外,使本案中的被告免于承担普通的侵占责任。

其推理表明，多数意见在任何情况下都会得出这样的结论：出于公共政策的考虑，会支持对患者诉讼权利的限制，如果诉讼对象是在研究活动中侵占了患者的被切除器官或细胞的研究人员。（maj. opn. , ante, p. 142 – 147. ）基于若干原因，我不能同意本法院对一般侵权原则给予如此广泛的豁免。

多数意见的主要政策关切之一是，“将侵占法延伸到这一领域将限制研究人员获得必要的原始生物材料，从而阻碍研究”——细胞和组织库中已有数千种细胞系和组织。（maj. opn. , ante, p. 144. ）多数意见认为，“科学材料的交流目前仍然是相对自由和高效的，如果每个细胞样本都成为潜在的诉讼标的，那么这种交流肯定会受到损害”。（maj. opn. , ante, p. 145. ）

这一政策论点在许多方面存在缺陷。首先，多数意见所述的担忧并不能为以下事实提供正当性：禁止原告对未从细胞库获得器官或细胞但直接干涉患者控制其器官或细胞使用权利的一方提起侵占诉讼。尽管多数意见认为，违反信托义务诉由的存在排除了对这类被告提起侵占诉讼的任何必要性，（See maj. opn. , ante, p. 147. ）但是违反信托义务诉由并不能提供完整的解决方案。即使在这种情况下，原告可以根据违反信托义务理论获得与他在侵占诉由下获得相同的救济，但在没有违反信托义务的情况下，也可能发生对患者控制其身体部位使用权利的非法干涉。例如，如果患者将其取出的细胞捐献给医疗中心，并保留批准这些细胞用于何种研究项目的权利，如果另一家医疗中心或药品制造商在取出细胞后窃取了这些细胞，并以未经授权的方式使用这些细胞为自己获取经济利益，虽没有违反信托责任的诉由，但有必要提起侵占诉讼以维护患者的权利。然而，根据多数意见，病人没有权利提起侵占诉讼，即使是针对这样的盗贼行为。正如这一假设所表明的，即使有令人信服的政策理由来限制从现有细胞库获得细胞的无辜研究人员的潜在责任，这些政策考虑也不能证明多数意见中豁免未经授权使用身体部位的侵占责任是合理的。

其次，即使对于那些没有参与最初侵占的人，多数意见政策论点也不那么令人信服。首先，多数意见担心侵占侵权的存在会限制对现有细胞系的获取，这是不现实的。在绝大多数情况下，现有储存库中的组织和细胞不会成为潜在的诉讼责任来源，因为它们来自同意将其器官用于科学目的的患者，在这种情况下，这种同意不会因未能披露细胞的已知有价值性质而受到影响。由于侵占理论下的潜在责任仅存在于罕见的情形下,如医生故意向患者隐瞒其身体部位的价值或患者关于使用身体部位的具体指示被忽视,没有理由认为应用已经固化的侵占法会对使用组织和细胞库的医学研究人员的行为产生任何负面影响。

此外,即使在罕见的情况下——如本案,侵占诉讼可能被成功提起,潜在的责任也不太可能像多数意见主张的那样"破坏重要医学研究的经济激励"。(maj. opn., ante, p. 146.)如果真如多数意见所说,细胞系专利和衍生产品的大部分价值来自医学研究人员和制药公司的努力,而不是来自从患者身上提取的"原材料",(maj. opn., ante, p. 141 – 142.)患者的损害自然将相应地受到限制,无辜的医学研究人员和药品制造商将保留其工作所赚取的可观经济利益。根据既定的侵占法,"后来的无辜侵占者"不会丧失他自己的创造性劳动的收益,而是"有权享有他在财产上花费的任何工作或劳动的利益……"(1 Harper et al., The Law of Torts (2d ed. 1986) §2.34, p. 234. See generally Rest. 2d Torts, §927, coms. f, g.)

最后,大多数人对相关政策考虑的分析显然忽略了一个最相关的考虑。在确定是否承认侵占诉由决定所涉及的患者利益时,该意见只提到了"患者自主作出医疗决定的权利",(maj. opn., ante, p. 143.)甚至没有提到病人在获得经济价值方面的利益,如果有的话,这些经济价值可能会在随后使用他自己的身体部位时产生。尽管这种经济价值对患者来说可能是偶然的"意外之财",(maj. opn., ante, p. 147.)经济价值的偶然性并不能证明创造新的侵占责任例外是合理的,该例外专门用以制裁那些故意盗用患者生物材料的行为。

最后一点也许揭示了本案多数意见中公共政策分析最严重的缺陷。这当然是有争议的,作为一个政策或道德问题,更明智的做法是禁止任何私人或实体从附着在人类身体某一部分的偶然价值中获利,同时要求将有价值的被切除人体部分存放在一个公共仓库中,使所有科学家都能免费获得这些材料,以提升整个社会的价值。如果立法机关愿意,它可以建立这样一个系统,就像它对捐赠用于移植的器官所做的那样。(See §7155, subd. (a); Pen. Code, §367f. See also 42 U.S.C. §274e.)然而,迄今为止,立法机关尚未对用于研究或商业目的的器官采用这种制度，[51]多数意见也是如此，尽管有一些与此相反的间接建议，（See maj. opn.，ante，p. 144 – 145.）但其在本案中的裁定显然没有做到这一点。Arabian 法官的赞同意见表明，多数意见的结论是基于出售人体器官牟利是不道德的这一原则。（See conc. opn.，ante，p. 149.）但是，多数意见驳回原告的侵占诉由并不意味着不得为研究或商业目的买卖身体部位，也不意味着任何个人或实体都不得从原告患病细胞中获得经济利益。多数意见并没有将这些生物材料提升到市场之上，而是简单地禁止原告（细胞的来源）获得源自细胞的利益，但允许被告（据称通过不正当手段从原告处获得细胞）保留和利用其非法所得的全部经济价值，而不承担侵占的普通法责任。

我的结论是原告诉状符合根据传统普通法原则下的侵占诉由，我不同意多数意见，因为它拒绝了这样的主张。

MOSK 法官

我不同意

与上诉法院的主要裁定相反，多数意见的结论是，申诉没有，事实上也不能以侵占起诉。我不同意这一结论及上诉法院所述的所有理由。至于为何不同意，我将陈述我的理由。为方便起见，我将讨论多数意见结论所依据的 7 个前提。

1.

多数人首先采取的立场是，根据现行法律，Moore 没有理由提起侵占之诉，因为在他的细胞从他的身体中取出后，他没有保留细胞的“所有权权益”。

---

[51] 正如反对意见所指出的，（dis. opn.，post，p. 176 – 177.）尽管《统一解剖捐赠法案》明确授权出于“移植、治疗、医学或牙科教育、研究或促进医学或牙科科学”目的而捐赠身体部位，（§7153，subd.（a)(1).）该法案中关于购买或出售身体部位的条款仅禁止个人在知情的情况下购买或出售“用于移植或治疗”的身体部位，（§7155，subd.（a).）并未将其禁止范围扩大到为法规授权的其他目的而购买或出售身体部位，如研究、教育或促进医学科学发展。《统一解剖捐赠法案》第 7155 条的一条评论解释了禁止为移植或治疗目的出售身体器官的依据：“利他主义和造福社会其他成员的愿望是促使许多人捐献的重要道德原因。如果公众认为移植不公平地惠及了社区外的人，惠及了那些有钱负担得起移植的人，或者认为进行移植主要是为了盈利而不是治疗，都会严重危害这一制度的道德基础，从而影响这一制度的效力。”（8A，West's U. Laws Annot.（1990 pocket pt.）Anatomical Gift Act (1987) §10，p. 25.）该条款的起草者显然认为，这一逻辑并不能证成扩展禁止购买或出售的范围，比如禁止移植和治疗外的其他法定授权用途。鉴于《统一解剖捐赠法案》的现行规定，没有理由认为本州有一项普遍的公共政策，禁止医院或医疗中心为将用于医学研究或促进医学科学发展的人体器官提供有价值的对价，或禁止病人接受有价值的对价。

(maj. opn., ante, p. 137.)要提起侵占之诉,原告必须主张其“在侵占时对财产享有所有权或占有权”。(Baldwin v. Marina City Properties, Inc. (1978) 79 Cal. App. 3d 393, 410.)在此,诉状将 Moore 的“血液和身体物质”定义为包括他的血液、他的身体组织、他的细胞以及由此衍生的细胞系。[52] Moore 声称:“他是他的血液和身体物质以及由此产生的副产品的所有者。”他还声称,这些血液和身体物质“是他的有形个人财产,被告的活动构成了对原告所有权的实质性干涉。此外,被告错误地对原告的血液和身体物质这些个人财产权行使支配权”。

多数意见认为这些指控在法律上是不充分的,他们找到了三个理由质疑 Moore 在其细胞被切除后仍然对其保有足够的所有权利益以提起侵占之诉。(maj. opn., ante, p. 137.)在我看来,多数意见的三个理由,无论是单独或一起看都不足以质疑所有权利益。

多数人的第一个理由是“没有任何被报告的司法判决支持 Moore 的主张,无论是直接的还是间接的”。(maj. opn., ante, p. 137.)然而,也没有任何关于驳回这种索赔判决的相关报告。这个问题就像它的来源一样是全新的——最近生物技术商业化的爆炸式增长。

多数意见援引了几项法规,这些法规规定了人体某些部位的商业用途或处置方式,并由此论证在本案中应向立法机关“寻求指导”,而不是诉诸侵占法。在本州最高法院的意见中,这一论点肯定是不合适的。正如多数意见所承认,侵占法是普通法的产物。“普通法自身成长和变化的内在能力是其最重要的特征。它的发展是由它所服务社区的社会需求所决定的。它不断扩大和发展,以适应不断发展的文明和社会条件的进步,并适应贸易、商业、艺术、发明的逐渐变化和国家的需要。”正如美国最高法院所指出的,“这种发展和适应的灵活性和能力是普通法特有的优势和优点”。虽然立法机关也可以谈论这个问题,但在普通法体系中,这一演变主要依赖定期审理社会中形形色色案件的法院。(Rodriguez v. Bethlehem Steel Corp. (1974) 12 Cal. 3d 382, 394 [115 Cal. Rptr. 765, 525 P. 2d 669].)

在侵权领域尤其如此。我不需要回顾本法院通过宣布新的侵权法规则而开辟新判例规则的许多例子:每每需要一项新规则时,我们不会仅仅因为这是第

---

[52] 细胞系是能够在体外连续和无限生长的细胞培养物。(OTA 报告第 33 页)

一次而无动于衷。[53] 例如，在 Sindell v. Abbott Laboratories 案中，我们采用了“市场份额”理论处理原告因服用处方药而遭受损害的责任，原告在没有过错的情况下无法找到造成损害药品的特定制造商。与法庭审理案件中的意见一样，Sindell 案中的意见反对市场份额责任是“一种全新的理论”和“前所未有的责任延伸”，并宣称鉴于这一新规则的经济、社会和医疗影响，采用这一规则的决定应由立法机关作出。然而，我们宣布新规则是出于合理的政策原因，我们认为，在我们当代复杂的工业化社会中，科学和技术的进步创造了可交易的商品，这些商品可能会损害消费者的利益，且无法追溯到任何特定的生产者。法院的反应可以是严格遵守先前的原则，拒绝向受此类产品伤害的人提供赔偿，也可以是制定补救措施以满足这些不断变化的需求。我们采取了后一种做法。[54]

当然，这起案件并不涉及药物引起的伤害。然而，它所提出的主张，像 Sindell 的主张一样，产生于“科学和技术的进步”，这在传统的侵权学说（如侵占法）被制定时是无法预见的。我的观点是，如果根据这些事实，侵占诉讼是适当的补救措施，我们不应仅仅因为其他法院尚未作出这样的裁决，或者因为立法机关尚未解决这个问题，就不去解决它。我们不需要等待前述事件的发生，因为这两件事都不是行使我们长期拥有的“确保普通法在本国公正且合理发展的权力”的先决条件。（Rodriguez v. Bethlehem Steel Corp.，supra，12 Cal. 3d 382，394.）[55]

2.

多数意见质疑 Moore 在切除细胞后仍保留细胞所有权的第二个理由是“加州成文法……极大地限制了患者对切除细胞的控制”。（maj. opn.，ante，p.

---

[53] 例如案例：Rodriguez v. Bethlehem Steel Corp.，supra，12 Cal. 3d at pages 394 – 396。

[54] 其他法院也采取了我们的观点，最近的采纳来自纽约州最高法院。（Hymowitz v. Eli Lilly and Co.（1989）73 N. Y. 2d 487［541 N. Y. S. 2d 941，539 N. E. 2d 1069］.）

[55] 多数意见引用了三个案例，拒绝在不同的事实背景下适用其他侵权理论，但在每个案例中，我们的决定都主要是基于传统的政策原因。（Nally v. Grace Community Church（1988）47 Cal. 3d 278，294 – 300［253 Cal. Rptr. 97，763 P. 2d 948］；Foley v. Interactive Data Corp.（1988）47 Cal. 3d 654，696 – 700［254 Cal. Rptr. 211，765 P. 2d 373］；Brown v. Superior Court（1988）44 Cal. 3d 1049，1061 – 1065［245 Cal. Rptr. 412，751 P. 2d 470］.）如后文所示，我认为多数意见所提出的在此拒绝侵占诉因的唯一政策理由是没有说服力的，而且被相反的政策理由所压倒。

140.)对于这一主张,多数意见依据《健康与安全法典》第7054.4条。[56] 多数意见承认,该法令并不是要直接解决处于Moore地位的人是否有侵占的诉讼理由这一问题,而是要通过限制患者对其切除细胞的控制来间接解决这一问题:通过限制如何使用切除细胞并要求其最终销毁。该法令取消了许多通常附属于财产的权利,因此不能简单地假定剩下的就是侵占法意义上的"财产"或"所有权"。(maj. opn., ante, p. 140 – 141.) 显然,我认为第7054.4条并不支持刚才引用的多数意见的结论。

首先,在我看来,该法令并未授予被告所声称的开发Moore身体组织的权利,譬如其商业开发。当然,在解释第7054.4条时,"我们应当首先看法规本身的文字",(Long Beach Police Officers Assn. v. City of Long Beach (1988) 46 Cal. 3d 736, 741 [250 Cal. Rptr. 869, 759 P. 2d 504].)并赋予这些文字通常和普通的含义。(California Teachers Assn. v. San Diego Community College Dist. (1981) 28 Cal. 3d 692, 698 [170 Cal. Rptr. 817, 621 P. 2d 856].).

根据其条款,第7054.4条只允许在必须销毁之前"科学使用"被切除的身体部位和组织。因此,我们必须确定这句话的通常和普通含义。我同意"科学使用"至少包括病理学家出于诊断或预后原因对切除组织进行的常规术后检查(例如,验证术前诊断或协助确定术后治疗)。我也进一步同意,"科学使用"可以扩展到包括由无利害关系的研究人员为促进医学知识而对组织进行的纯科学研究,当然,前提是患者对该使用给予及时和知情的同意。然而,如果说本案所涉及的商业开发的种类和程度也是"科学使用"一词的通常和普通含义,这将使英语文字面目全非。

多数意见指出我将"科学使用"定义为"非营利科学使用",并发现"没有理由相信立法机关打算作出这样的区分"。(maj. opn., ante, p. 141, fn. 34.)反对意见忽略了我的观点。我不强调利润的概念,而是强调科学的概念:我所作的区分不是在非营利的科学使用和意在产生可销售产品的科学使用之间,而是在真正的科学使用和对Moore身体组织的赤裸裸的商业利用之间。根据这些指控,被告David W. Golde博士和Shirley G. Quan不仅是科学家,也是成熟的企业家:诉状反

[56] 《健康与安全法典》第7054.4条规定,即使有任何其他法律规定,科学使用结束后,可识别的解剖部位、人体组织、人体解剖遗骸或传染性废物应通过埋葬、焚烧或国家卫生服务部门确定的任何其他方法进行处置,以保护公众健康和安全。在本节中,"传染性废物"是指已经或可能已经接触到传染性疾病的任何材料或物品。

复声明，他们挪用 Moore 的身体组织是为了促进被告的独立研究和商业活动，促进其经济发展，获得金融和竞争利益。诉状还称，被告加利福尼亚州大学校董事会积极协助被告个人申请专利权，并与生物工程和制药公司进行谈判，以开发 Moore 身体组织的商业潜力。最后，诉状详细指控了上述被告与被告遗传学研究所和 Sandoz 之间的合同安排，该合同给予后者独家开发商业潜力的权利，同时以现金、股票期权、咨询费和附加福利的形式向被告个人提供大量经济利益。从“科学使用”一词中排除这种传统的商业活动，正如我在这里所做的，并没有给它一个限制性的定义；相反，正如既定法律所要求的那样，它赋予了这句话通常应该有的普通含义。

其次，即使第 7054.4 条确实允许被告在“科学使用”的幌子下对 Moore 的身体组织进行商业利用，这并不意味着多数意见的结论是正确的，即该法规“消除了许多通常附属于财产的权利”，以至于就侵权法而言，剩下的内容并不等于“财产”或“所有权”。（maj. opn.，ante，p. 141.）

我国法律中的财产和所有权概念极为宽泛。（See Civ. Code，§§654，655.）本法院的一项主要判决批准了以下定义：“财产”一词足够全面，包括每一种不动产和个人财产，以及一个人可以拥有和转让给另一个人的一切。它延伸到每一种可以享受的权利和利益，并且可以用货币对其估值。（Yuba River Power Co. v. Nevada Irr. Dist.（1929）207 Cal. 521，523［279 P. 128］.）

从广义上讲，财产这一概念也是抽象的：财产不是直接指实物，如一块土地或在土地上耕作的拖拉机，而是指可以对该实物行使的“一系列权利”——主要是占有财产、使用财产、将他人排除在财产之外的权利，还包括以出售或赠与的方式处置财产。“所有权不是单一的权利，而是一系列权利、特权和义务。”（Union Oil Co. v. State Bd. of Equal.（1963）60 Cal. 2d 441，447［34 Cal. Rptr. 872，386 P. 2d 496］.）但并非所有形式的财产都享有同样的权利。出于各种政策原因，法律限制甚至禁止对某些形式的财产行使某些权利。例如，法律和合同都可能限制不动产所有人以其认为合适的方式使用其地块的权利。[57] 各种形

[57] 分区法、妨害法、与土地或衡平法地役权有关的契约、共管声明等，可禁止该地块的某些用途，或规定业主可在其上建造的建筑物的数量、大小、位置等。即使房产的租赁是允许的用途，租金管制法也可能限制该用途可能获得的利益。相反，其他用途可能是强制性的：例如，如果财产是开采矿物的租约，如果承租人不开采资源，租约可能被法律或合同没收。历史保护法律可能禁止业主拆除地产上的建筑物，甚至禁止改变其外观。濒危物种法可能会限制土地所有者在自然状态下开发土地的权利。

式的个人财产的所有人可能同样受到使用时间、地点和方式的限制。[58] 对不动产处置的限制,虽然不太常见,但也可以加以限制。[59] 最后,某些类型的个人财产可以出售但不能赠送,[60]而其他类型的个人财产可以赠送但不能出售,[61]还有一些个人财产既不可以赠送也不可以出售。[62]

在上述每一种情况下,限制或禁止都减少了本应依附于财产的财产权利束中的权利,但剩余的权利在法律上仍被视为受保护的财产利益。由于财产或产权是权利、义务、权力和豁免的综合体,删除部分要素并不会完全破坏所有权(People v. Walker (1939) 33 Cal. App. 2d 18, 20 [90 P. 2d 854][即使是违禁品的所有人也对国家以外的任何人拥有某些财产权].)。同样的规则也适用于Moore对自己身体组织所享有的权益:即使我们假设第7054.4条限制了其已切除组织的使用和处置权。Moore仍然保留了对该身体组织的宝贵权利。最重要的是,在切除身体组织时,他至少有权处理自己的身体组织。他可以与研究人员和制药公司签订合同,以开发和利用其身体组织及其衍生产品的巨大商业潜力。被告当然认为,他们进行上述行为的权利并未被第7054.4条所禁止,并且是一项重要的财产权,因为他们已经通过故意向Moore隐瞒其组织的真实价值、努力获得Moore细胞系的专利、利用该材料的合同协议、排除Moore对利润诉求以及对本诉讼的有力辩护证明了这一点。上诉法院承认了被告的立场,即原告不能拥有他的身体组织,但被告可以,这不仅充满了讽刺,在法律上也是站不住脚的。如上文所述,多数意见并未援引任何案例,即认为个人开发和利用其自身组织的商业潜力的权利不是一项具有足够价值或尊严的权利,不能被视为受保护的财产利益。在没有这种权威或缺乏立法的情况下,该权利应当属于我们法律中传统上广泛的财产概念。

---

[58] 公共卫生和安全法以各种方式限制食品、药品、化妆品、烟草、酒精饮料、枪支、易燃易爆材料和废品等财产的制造、分销、购买、销售和使用。其他法律规范私人和商业机动车辆、飞机和船只的运营。

[59] 共管公寓合同中的条款可赋予业主协会对成员拟议出售房屋的优先购买权。商业租约中的条款可能要求租约转让时需出租人同意。

[60] 考虑破产的人可以以“合理的等值”出售其财产,但不得将同一财产赠与他人。[参见《美国法典》第11卷第548(a)条]

[61] 运动员可以赠送他根据许可证捕获或杀死的野生鱼类或猎物,但不得出售。(Fish & G. Code, § § 3039, 7121.)人体器官和血液的移转是我接下来会讨论的特殊事项。

[62] 例如,执业执照或患者依据其处方所开的处方药。

3.

多数意见的第三个也是最后一个理由是，根据现行法律，Moore 没有理由对侵占提起诉讼，“校董事会专利的内容——专利细胞系及其衍生的产品——不能是 Moore 的财产”。（maj. opn. , ante, p. 141. ）多数人随后提出了两个方面的解释：“这是因为获得专利的细胞系在事实上和法律上都不同于取自 Moore 身体的细胞。”（Ibid. , italics [*** 111] added. ）这两方面解释都经不起推敲。

首先，为了支持他们的说法，即 Moore 细胞系与 Moore 细胞在“事实上不同”，多数意见声称“细胞在发育成细胞系的过程中发生变化，并随着时间的推移继续变化”，特别是可能获得异常数量的染色体。（maj. opn. , ante, p. 141, fn. 35. ）没有人对这些说法提出异议，但这一论证与本案毫不相关。就本案目的而言，Moore 细胞和 Moore 细胞系之间没有区别。建立细胞系的主要原因不是为了“提高”亲代细胞的质量，而只是为了无限延长其寿命，以便长期研究和/或利用这些细胞所反映出的性状。诉状称，Moore 的细胞自然产生的某些有价值的蛋白质高于正常值。事实上，这就是为什么被告一开始就急于培养他们。被告没有声称 Moore 细胞系的细胞在任何程度上比 Moore 自己的细胞更能产生这种蛋白质。即使事实中 Moore 细胞系的细胞具有异常数目的染色体，在目前阶段，我们也不知道该事实是否对它们产生蛋白质的能力有任何影响；然而，正是在对这种蛋白质生产能力的商业开发中，Moore 试图维护自己的利益，而不是纠结于它们的染色体数量。因此，对于本案，多数意见所强调的事实是一种没有意义的区别。

其次，多数意见声称 Moore 不能拥有 Moore 细胞系的所有权权益，因为被告为其申请了专利。[63] 该意见完全不能满足 Moore 的主张，即他有权因被告在获得 Moore 细胞系专利之前未经授权使用其身体组织而获得赔偿：被告在 1976 年 10 月 20 日脾切除手术后立即开始使用其细胞，并持续提取和使用

[63] 多数意见认为专利构成了“权威”决定，即 Moore 细胞系是一项可申请专利的发明；（maj. opn. , ante, p. 142. ）但就“权威性”意味着“结论性”而言，这是对专利法的错误理解。当美国专利局授予专利时，专利只有“表面上的有效性”：它被推定是有效的，但侵权诉讼中的被告可能会无法“证明专利因若干可能的理由中的任何一个而无效，如缺乏新颖性、缺乏创造性、缺乏实用性等”。（Amdur, Patent Fundamentals (1959) p. 86, fn. 7. ）

Moore 的细胞和组织直到 1983 年 9 月 20 日；然而，直到 1984 年 3 月 20 日，也就是未经授权的使用开始 7 年多后，该专利才发布。无论该事件的法律后果如何，它都不具有追溯力，以免除被告在专利被授予之前所从事行为的责任。

1984 年专利的颁发也不一定会产生多数意见所主张的巨大影响。可以肯定的是，该专利授予被告在 17 年内制造、使用或销售该发明的专有权；(35 U.S.C. § 154.) 但 Moore 并没有为自己主张任何这样的权利。相反，他试图证明，在公平和公正的原则下，他有权分享被告从其对 Moore 细胞系的商业开发中已经获得和将要获得的利润。我并不怀疑该细胞系主要是被告创造性努力的产物。然而，同样没有人可以质疑 Moore 对该发明的关键贡献。具有讽刺意味的是，该发明是以他的名字命名的：如果不是被告提取了 Moore 身体的细胞，就不会有 Moore 细胞系。因此，诉状称，Moore 的血液和身体物质对被告的研究和商业活动是绝对必要的，这些研究和商业活动与他的细胞、细胞系和 Moore 细胞系有关。如果没有获得并原告血液和身体物质的样本，被告不可能申请并获得 Moore 细胞系专利和本文所述的其他专利。被告通过抗辩承认了这一指控，他们也应该承认这一指控：尽管被告拥有专业知识，但并未声称他们可以凭空创造 Moore 细胞系。

然而，多数意见认为，该专利以某种方式剥夺了 Moore 的所有权利——过去、现在和将来——分享被告对源自其自身身体组织的细胞系进行商业开发的收益。多数意见并未援引任何权威意见，我不相信这是一般专利法所包含的强制要求，专利不是欺诈的许可证。[64] 也许答案就在于类比“共同发明人”的概念。我知道“为研究提供细胞的病人和研究对象不会被视为发明人”。(OTA 报告第 71 页) 严格来说，这样的人也不是联邦法律所指的“共同发明人”；(35 U.S.C. § 116.) 但他确实符合该法律的精神：共同发明条款保证所有对产品开发做出实质性贡献的人都能从产品带来的回报中获益。因此，对共同发明人的保护

---

[64] 例如，hornbook law 规定，在寻求衡平法救济的专利侵权诉讼中，可以插入脏手辩护。专利所有人可能强迫其专利下的被许可人采用非法许可条款，或者他可能实施了构成欺诈或欺诈行为的行为中的任何一种。虽然只有美国政府可以提起诉讼，以欺诈为由取消专利，但在侵权诉讼中，向欺诈专利权人颁发了专利是一种有效的辩护。[Seidel, What the General Practitioner Should Know About Patent Law and Practice (ALI 1956) p. 118.]

鼓励科学家相互合作，并确保每个贡献者都能得到公平的回报。

尽管捐献细胞的患者并不完全符合联合发明人的定义，但联合发明人专利背后的政策理由也应适用于细胞捐献者。无论是Moore还是任何其他细胞成为专利细胞系的患者，都没有资格成为"联合发明人"，因为患者没有在任何智识意义上进一步开发该产品。患者作为细胞系组成部分的唯一所有者的地位也不能使他们有资格获得联合发明者的地位。患者所做的，不管是有意还是无意，都是通过捐献自己的身体组织来与研究人员合作。通过为研究人员提供独特的原材料（没有这些原材料，最终的产品就不可能存在），捐赠者成为产品的必要贡献者。不可否认的是，该专利并不是针对自然界中发现的细胞，而是针对经过修饰的生物基因产品。然而，产生其可专利性的独特性源于原始细胞的独特性。患者要求分享专利产生的利润可以通过类比进行解释，即其合作对最终产品的成功至关重要。患者对细胞系的贡献不是同等的，而是必不可少的。（Danforth, Cells, Sales, & Royalties: The Patient's Right to a Portion of the Profits (1988) 6 Yale L. & Pol'y Rev. 179, 197, fns. omitted, italics added (hereafter Danforth).）

根据我认为有说服力的这一推理，专利法不会成为Moore主张其细胞及其衍生产品所有权权益的障碍，这足以保证他分享其商业开发的收益。

4.

在得出在我看来是错误的结论——认为Moore在现行法律框架下没有侵占的诉讼理由之后，多数意见接下来考虑是否将侵占诉由"延伸"到本案背景中。多数意见找到了三个不这样做的理由，我再一次恭敬地反对每一个理由。

多数意见的第一个理由是"相关政策考虑"的平衡反对在本案情况下承认侵占诉由。（maj. opn., ante, p. 143.）多数意见的概要中确定了两项此类政策，但承认其中一项——"保护有行为能力的患者自主做出医疗决定的权利"——实际上会承认侵占诉由，即使是"间接地"承认侵占诉由。

大多数人将注意力集中在第二个政策考虑上，即他们关注"我们不能使那些从事对社会有益活动的无辜方受到民事责任的威胁，例如那些没有理由相信他们对特定细胞样本的使用违背或可能违背捐赠者意愿的研究人员"。（maj.

opn., ante, p. 143.) 在我的观念中,这种担忧被夸张和夸大了。[65]

多数意见在开始分析时都强调了一个显而易见的事实,即对人类细胞的研究在医学进步中发挥着越来越重要的作用,并且通过生物技术的方法对这些细胞进行研究已经产生了许多有益的产品和治疗方法。然而,这并不一定意味着如多数意见所称的那样,将侵占法应用于这一领域"将限制必要原材料的获得(细胞、细胞培养物和细胞系)并阻碍研究"。(maj. opn., ante, p. 144.)多数意见写到,许多研究人员以低成本或免费从细胞培养库中获取组织样本。然后,多数意见推测,"如果每个细胞样本都成为诉讼的潜在对象,那么这种仍然相对自由和高效的科学材料交换肯定会受到损害"。有两个理由可以怀疑这个预言是否会应验。

首先,如果科学资料的交流曾经是"自由和有效的",那么今天已经不是这样了。自从基因工程的生物产品在 1980 年获得专利以来,(Diamond v. Chakrabarty (1980) 447 U. S. 303 [65 L. Ed. 2d 144, 100 S. Ct. 2204].)人类细胞系已经受到专利保护,正如上诉法院在其意见中所指出的,"为独家使用而申请专利的热潮已经泛滥"。当然,在那些利用这一发展的人中就有被告。正如我们所见,被告 Golde 和 Quan 于 1984 年获得了 Moore 细胞系的专利,并将其转让给被告校董事会。有了这样的专利,研究人员自由接触新细胞系及其产品的机会大大减少:可专利性的"新颖性"要求禁止在提交专利申请前 1 年内公开披露发明。(35 U. S. C. § 102(b).) 因此,被告在他们的专利说明书中提到,"除了参与最初发现的研究者之外,其他研究人员从未获得 Moore 细胞系,只有少数研究者可以获得该细胞系的条件培养基,以便与 Moore 细胞系的原始发现者进行合作工作"。

---

[65] 根据这一记录,多数意见对保护"无辜方"的关注颇具讽刺意味。诉状充满了事实指控——我们必须接受这次上诉的真实性——大意是被告一再向 Moore 撒谎,隐瞒他们对他身体组织的商业开发。例如,起诉书包含详细的指控,即被告错误地告诉 Moore,他在 1976 年至 1983 年多次从西雅图的家中前往加利福尼亚州大学洛杉矶分校医疗中心进行的手术后检查是必要的,因为他的血液和其他体液只能由他们在后者的设施中提取。被告错误地告诉 Moore,这种提取的目的是促进他的健康,而事实上,这完全是为了促进被告正在进行的研究和商业活动;甚至当摩尔明确询问被告是否在他的血液中发现了任何可能具有潜在商业价值的东西时,被告错误地告诉他"他们在他的血液或身体物质中没有发现任何具有商业或经济价值的东西,事实上,他们积极地阻止这种调查"。这些都不是"无辜方"的行为。

限制新细胞系及其产品自由交换的更大阻力源自生物技术产业的兴起和学术研究人员越来越多地参与该产业。[66] 当科学家成为企业家，并与生物技术和制药公司进行谈判，以开发和利用其发现的商业潜力时——正如本案中的被告所做的那样——专利法的保护中增加了多层合同限制。[67]

反过来，生物技术和制药公司通常要求获得科学发现的排他性专有权，并经常将这些发现置于商业秘密保护之下。商业秘密保护在生物技术公司中很受欢迎，其中最重要的原因是，不需要满足专利所要求的严格标准，且商业秘密保护可以快速获得，在持续时间上也不受限。（Note，Patent and Trade Secret Protection in University-Industry Research Relationships in Biotechnology（1987）24 Harv. J. on Legis. 191，p. 218 – 219.）[68]保密作为一种正常的商业习惯也在大学研究实验室中扎根，这是源自行业的压力：在高校与产业合作研究中最重要的共识之一是保持工作的私密性，不向同行透露。产业和高校之间的经济合作抑制了研究人员之间的公开交流，特别是对那些与小型生物技术公司有直接经济联系的研究人员而言。（Howard，supra，44 Food Drug Cosm. L. J. at p. 339，fn. 72.）

其次，就细胞培养物和细胞系仍可“自由交换”而言，即使纯粹出于研究目的，也并不意味着获得此类材料的研究人员对其使用的限制一无所知：通过保存记录，研究人员可以确信材料来源已同意其所提议的使用，因此这种使用不是侵占。为了达到这一目的，组织样本的原创者应首先确定样本来源者对其使用的知情同意程度，例如，仅用于研究，或用于公众学术研究，或用于特定或一

---

[66] 生物技术本身最初是一种学术研究活动，大学仍然是该领域专门知识的主要来源。这种联系导致了大学和生物技术公司之间无与伦比的亲密关系：大学和生物技术行业之间的商业投资现在包括咨询安排、新技术开发许可、赞助研究项目、研究伙伴关系、行业联合计划以及研究部门和研究所的形成。（Howard，Biotechnology，Patients' Rights，and the Moore Case（1989）44 Food Drug Cosm. L. J. 331，338，fn. 65（hereafter Howard）；accord OTA Rep.，supra，at p. 61 – 62.）

[67] 除专利保护外，人类生物制品的无形产权通过合同而创设。在人类细胞基因工程的商业潜力变得明显之前，科学家们自由地转移细胞系和细胞产品。随着细胞系商业价值的发展，细胞系和细胞产品的发明者发现越来越有必要签订书面协议，以保护其创造过程中的经济权利。（Note，Toward the Right of Commerciality：Recognizing Property Rights in the Commercial Value of Human Tissue（1986）34 UCLA L. Rev. 207，223，fns. omitted（hereafter Toward the Right of Commerciality）.）

[68] 在加利福尼亚州，刑法也明确对新微生物以商业秘密进行保护。（Pen. Code，§499c，subd.（a）（2）.）

般商业目的;然后,他将该信息输入该组织样本的记录中,这一记录会随着样本一起到达此后使用该样本的任何研究人员手中。“保存记录并不会产生过多麻烦,因为研究人员通常出于其他原因而保持组织来源的准确记录:追踪患者的病史异常,为其他研究人员和他们自己保留相关权益,以及确保实验的可重复性。”(Toward the Right of Commerciality, supra, 34 UCLA L. Rev. at p. 241.)正如上诉法院正确指出的那样,鉴于严肃的现代医学研究所必需的细致谨慎和计划,任何相反的主张都是可疑的。

多数意见依赖于 Brown 案(Brown v. Superior Court, supra, 44 Cal. 3d 1049.),但该案的情况是显而易见的。在我为法院撰写的一份意见中,特别考虑了制药商是否应对“设计有缺陷”的处方药所致伤害承担严格责任。我们拒绝这样做是出于几个政策原因。(Id. at p. 1063 – 1065.)其中一个原因是我们担心“巨额货币赔偿判决的恐惧”可能会阻止这些制造商开发或销售有益的新药。(Id. at p. 1063.)多数意见现在试图在 Brown 案和本案之间进行类比,但这种类比是失败的,因为 Brown 案的责任风险在性质上比本案要大得多。正如我们在 Brown 案中所承认的,“与其他重要的医疗产品不同……处方药对一些使用者的伤害是不可避免的”。因此在整个行业范围内,对有缺陷的处方药施加严格责任将无可避免地导致成百上千受到伤害的原告提起有相关索赔,其中大多数人可能会寻求惩罚性和补偿性损害赔偿。[69] 考虑到这类案件中典型原告的无辜和脆弱,富有同情心的陪审团很可能会一次又一次地作出实质性的判决,而该行业所负担的总体责任可能会令人望而生畏。事实上,在 Brown 案中,我们记录了一些实际案例,在这些案例中,仅仅是这种潜在责任的威胁就已确实导致该行业拒绝供应新的处方药。(Id. at p. 1064.)

上述情况在本案中均不成立。多数意见声称,侵占诉由可能会“破坏”进行此类研究的“经济激励”(maj. opn., ante, p. 146.),但很难严肃看待这种夸张的说法。第一,多数意见认为研究人员对每个细胞样本都“购买了一张存在潜在诉讼的彩票”。(Id. at p. 146.)这是一个颇具色彩的想象,但它并不一定反映现实:正如上文所解释的,通过适当的保存记录,研究人员获得的不是一张存在

---

[69] Brown 案本身就是这种集体诉讼的一个例子:该案件涉及至少 69 起在同一法院提起的诉讼,都是源于同一种药物造成的人身伤害,该案将 170 多家制药公司列为被告。

潜在诉讼的彩票,而是他实际需要的避免诉讼的信息。因此,与Brown案相反,本案所涉损害绝不是“不可避免的”。第二,眼下所讨论风险并不涉及集体诉讼,在Brown案中,损害会涉及公众中的诸多个体,即开发新药后的最终产品的使用者,而在本案中,损害只涉及一个人,即开始研究时研究材料的原始来源者。第三,对后者的伤害主要是经济性质的,而不是Brown案中的潜在严重人身伤害。

在我的观点中,无论多数意见中的单一政策考虑具有什么优点,都可能被两个相反的考虑所抵消,即承认每个人对自己身体及其产物拥有受法律保护的财产利益的政策。我们的社会承认一种深刻的道德义务,即尊重人的身体,将其作为独特人类人格在物理上的表达。这种尊重的一个表现是我们禁止通过酷刑或其他残忍或不寻常的惩罚虐待身体。另一个表现是我们禁止仅为他人利益而滥用身体以进行经济剥削,其中最令人憎恶的剥削形式是奴隶制,较次级的形式,如契约奴役和债务人监狱,现如今也已消失;但是,他们的幽灵仍然困扰着当今生物技术与工业综合研究体的实验室和会议室,它产生于科学家与实业家的主张,正如被告在此主张的那样,为了他们唯一的经济利益而占有和利用病人身体组织的权利,自由地挖掘并利用病人身体特性的潜在价值,用人体细胞进行研究,为研究人员带来巨大的经济收益,而病人却没有任何收益,这以一种无法量化的方式冒犯了我们社会的传统习俗。这种研究倾向于把人体当作一种商品——以实现盈利目的。当我们允许研究人员在缺乏患者参与的情况下,使用患者的细胞制作可销售产品以实现他们自己的利益时,我们对待整个人类(包括身体、思想和灵魂)的尊严和神圣性就消失了。(Danforth, supra, 6 Yale L. & Pol'y Rev. at p. 190, fn. omitted.)

第二个政策考虑是在伦理之外增加了公平观念。我们的社会重视其成员之间的基本公平,并谴责任何成员以他人为代价的不当得利。尤其是在双方谈判地位不平等的情况下。我们被反复告知,生物技术革命生产的商业产品“有可能带来巨大的利润”(Toward the Right of Commerciality, supra, 34 UCLA L. Rev. at p. 211.)[70]在本案中,原告声称由Moore细胞系所生产蛋白质的市场份额

---

[70] 引用的文章报告了对生物技术产品市场的评估,预计到21世纪末,从150亿美元到1000亿美元不等。(Toward the Right of Commerciality, supra, 34 UCLA L. Rev. at p. 211, fn. 16.)

到1990年将预计超过30亿美元。这些利润目前由生物技术产业和支持该产业的大学所共享,利润共享方式包括“与基因工程公司的直接合作关系”“新兴生物技术公司的股权”。(Howard, supra, 44 Food Drug Cosm. L. J. at p. 338.)因此,诉状称,被告Golde因开发了Moore细胞系而成为被告遗传学研究所的有偿顾问,并以每股1美分的价格获得了该公司75,000股股票;此外,遗传学研究所还与他签订了合同,在3年内向Golde和校董事会支付至少33万美元,包括按比例分享Golde的工资和附加福利;被告Sandoz也签订合同,将该金额再增加11万美元。

然而,对生物技术企业而言还有第三方——患者,正是患者的血液和身体组织成就了他们的利润。虽然他可能是一个沉默的合伙人,但他对企业的贡献至关重要:正如上文所指出的,如果不是被告从Moore的身体中提取细胞,根本就不会有Moore细胞系,[71]但被告否认摩尔有权分享该细胞系的任何收益。这既不公平,也不道德。正如受人尊敬的伦理学和公共政策教授Thomas H. Murray博士在国会做证时所说,“(提供身体组织的)人应该得到公正的补偿……如果生物技术专家不能公平地与使利润成为可能的身体组织捐赠者一起分享利润,公众的正义感就会受到冒犯,这将是一场没有赢家的竞争”。(Murray, Who Owns the Body? On the Ethics of Using Human Tissue for Commercial Purposes (Jan. – Feb. 1986) IRB: A Review of Human Subjects Research, at p. 5.)[72]

如果法院承认患者在自己的身体及其产物中拥有受法律保护的财产利益,就会产生这样的公平分享:“对自己身体组织的财产权将通过实现公平和防止不当得利而提供道德上可接受的结果……公平和公正的社会观念要求承认财产权。从人类生物制剂中可以获得丰厚的金钱利益和其他利益。不让贡献原始材料的人公平分享这些丰厚的利益,既不公平,在道德上也是错误的。”(Toward the Right of Commerciality, supra, 34 UCLA L. Rev. at p. 229.)“承认

[71] 值得重申的是:“人类细胞对于人类生物制剂的创造和生产是不可或缺的。”(Toward the Right of Commerciality, supra, 34 UCLA L. Rev. at p. 209.)关于这一点有文章解释说,许多人错误地认为生物技术允许科学家创造生命,实际情况并非如此。目前,生物技术只允许操纵生命,而不是创造生命。尽管生物技术人员能够切割和拼接基因,融合细胞,甚至将人类的遗传信息与细菌的遗传信息混合,但他们必须从作为原始材料的已有活细胞开始。

[72] 此处引用的Murray博士的观点与多数意见的轻蔑评价形成鲜明对比,后者将Moore分享这些利润的权利描述为“高度理论化的意外之财”。(maj. opn., ante, p. 147.)

捐赠者的财产权可以防止不公平不当得利的后果,因为捐赠者对其身体组织的财产权将要求捐赠者和研究人员按其各自贡献成比例的分享金钱报酬。生物技术成功与否同时取决于患者和研究人员的贡献。如果不是患者贡献了具有独特属性的细胞,生物工程细胞的医学价值只能是无源之水。如果不是医生在开发细胞产品中贡献的知识和技能,患者细胞的商业价值也只是无本之木。不对患者进行相应的补偿将会使研究人员获得不公平的财富,因为只有研究者的贡献才会得到承认。"(Id. at p. 230.)总之,正如上诉法院所指出的"如果这门科学已经成为以盈利为目标的科学,那么我们就没有理由将患者排除在这些利润之外"。

5.

多数人拒绝将侵占诉由扩大到本案情况的第二个理由是"立法机关应作出决定"(maj. opn., ante, p. 147.)我不怀疑立法机关有能力就这一问题采取行动。然而,立法机关何时以及如何干预,并不免除法院对此处不法行为实施有效司法补救的职责,或在必要时创造有效司法补救的职责。正如我在上面所观察到的,如果侵占诉由是对本案事实的适当补救,我们不应仅仅因为立法机关尚未解决这个问题而不接受它。如果这样做,就等于放弃了我们对侵权法律体系的责任,而这套法律其实本身是普通法的产物。这种抵抗心理在目前也是不合时宜的,因为生物技术和生物工业的迅速发展使解决这些问题成为日益迫切的需要。

此外,我从人类生物材料的相关现行法规中得出的结论与多数意见得出的结论相反。通过有选择性地引用法规,(maj. opn., ante, p. 137, fns. 22 & 23.)多数意见似乎认为人体器官和血液不能合法地在公开市场上销售,因此推论如果立法机关在本案中采取行动,亦将对生物技术研究和开发中使用人体组织的金钱补偿施加类似的禁令;但是,如果这是论据,其前提是站不住脚的:与流行的误解相反,人体器官和血液不能合法出售是不正确的。

至于器官,多数意见依据《统一解剖捐赠法案》(Health & Saf. Code, §7150 et seq.)主张,有行为能力的成年人可以对其身体的任何部分进行死后赠与,但不得因赠与而获得"有价值的对价";但是,《统一解剖捐赠法案》对人体器官销售的禁令比多数意见承认的要更加克制:根据其条款(Health & Saf. Code,

§7155, subd. (a).) ,该禁令仅适用于"移植"或"治疗"的销售。[73] 然而,《统一解剖捐赠法案》的其他部分内容授权转让和接收人体器官,用于"医学或牙科教育、研究或医学或牙科科学的进步"。(Health & Saf. Code, §7153, subd. (a)(1).)《统一解剖捐赠法案》的任何条款都不禁止任何人为这些已列举目的出售人体器官;因此,根据法律的明确含义,这种销售是合法的。[74] 事实上,《统一解剖捐赠法案》并不禁止除"移植"或"治疗"以外的器官销售,这进一步暗示任何人向生物技术公司出售人体组织用于研究和开发目的也是合法的。

出售人类血液问题则要简单得多:事实上并不禁止这种出售。多数意见依靠(maj. opn., ante, p. 137, fn. 23.)《健康与安全法典》第1606条,该条规定,输血用血液的采购和使用"应被解释为并宣布为……服务的提供……而不应被解释为出售"。然而,这里的规定实际上比看上去更少:法律并没有规定一个人不能出售他的血液,也并未明示他的血液不是他的财产。"虽然许多法域将血液或其他人体组织的转移归类为服务而不是销售,但这一立场与人体组织是财产的概念并不冲突。"(Columbia Note, supra, 90 Colum. L. Rev. at p. 544, fn. 76.) 原因很简单:"没有任何州或联邦法令禁止出售血液、血浆、精液或其他补充性组织,如果出售量并不致死。"然而,州法律通常将这些有偿转让定性为提供服务,而不是销售商品。将这些交易定性为服务而不是货物销售的主要法律理由是,避免根据一般产品责任原则或《统一商法典》的默示保证条款对受污染的血液产品承担责任。(OTA 报告第76页)法院一再承认,前述内容是这一无害的法律拟制的真正目的。(See, e. g., Hyland Therapeutics v. Superior Court (1985) 175 Cal. App. 3d 509 [220 Cal. Rptr. 590]; Cramer v. Queen of Angels Hosp. (1976) 62 Cal. App. 3d 812 [133 Cal. Rptr. 339]; Shepard v. Alexian Brothers Hosp. (1973) 33 Cal. App. 3d 606 [109 Cal. Rptr. 132].) 因此,尽管多数意见提供了其所依据的法规,但在本州,一个人为输血或任何其他目的出售

---

[73] 它也适用于"修复"销售的特殊情况,譬如心脏起搏器。(See, e. g., Health & Saf. Code, §7153, subd. (a)(4).)

[74] 根据法律条款……相关法规只禁止用于移植和治疗的销售。鉴于对用于研究和教育的捐赠有相当明确的授权,不难得出结论,在非治疗目的的情况下销售是允许的。科学家实际上一直在买卖人体组织用于研究,显然不受这些法规的干扰。(Note, "She's Got Bette Davis['s] Eyes": Assessing the Nonconsensual Removal of Cadaver Organs Under the Takings and Due Process Clauses (1990) 90 Colum. L. Rev. 528, 544, fn. 75 (hereafter Columbia Note).)

血液是完全合法的——事实上，这种销售是司空见惯的，特别是在血浆市场。（OTA 报告第 121 页）

因此，规范人体器官和血液转让的法规并不能成为多数意见的论据（多数意见拒绝承认未经同意对人体血液细胞进行商业利用成立侵占诉由）。相反，由于这些法规将器官和血液都视为在某些情况下可以合法出售的财产，因此它们实际上支持 Moore 的观点，即他的血液细胞是他的财产，他可以而且应该通过侵占法律获得赔偿。

6.

多数意见拒绝承认本案事实构成侵占的最后一项理由是“没有迫切需要”，因为原告还陈述了另一项诉讼理由，多数意见认为该诉由即已足（maj. opn.，ante，p. 147.）。这一诉讼理由是“违反了信托义务，没有披露对患者知情同意具有重要性的事实，或者……未在获得患者知情同意的情况下执行医疗程序”（Id. at p. 129.）。[75] 这个原因并非多数意见中最重要的原因，事实上，它是意见中关于侵占诉由讨论的基础，在整个讨论中会反复出现。

多数意见认为，打算治疗患者的医生，如果对患者有研究兴趣或经济利益，则有在治疗前向患者披露这种利益的受信义务，如果不这样做，可能会产生不披露诉由，本案的诉状至少对被告 Golde 提出了这样的诉由。我同意这种观点。

然而，我不同意多数意见进一步的结论，即在目前的情况下，不披露诉由是一种适当的甚至更好的能够替代侵占诉由的存在。在我看来，不披露诉由至少在以下三个方面有所欠缺。

首先，多数意见认为“强制履行医师告知义务”将确保患者的选择自由。（maj. opn.，ante，p. 147.）多数人没有详细说明如何“执行”这些义务；但是，由于它们源于司法裁判（此处的多数意见），而不是立法或行政法规，我们可以推断，这些义务将主要通过传统的司法救济来执行，即对其所造成损害的赔偿诉讼。因此，多数意见认为这种诉讼行为的威胁将产生预防效果：它将激励医生和研究人员在治疗前披露任何利益冲突，从而保护患者就如何处理其身体组织作出知情决定的权利。

这一补救措施实际上是虚无缥缈的，对医生未能披露重要信息而提起诉讼

---

[75] 为简洁起见，我在下文中将这一复合诉讼理由简称为“不披露诉由”。

属于对过失行为起诉。然而,作为一个实践问题,可能很难根据这种过失理论获得赔偿,因为患者必须证明其所受的伤害与医生未能告知之间的因果关系。(Martin & Lagod, Biotechnology and the Commercial Use of Human Cells: Toward an Organic View of Life and Technology (1989) 5 Santa Clara Computer & High Tech L. J. 211, 222, fn. omitted, italics added.)有两个障碍去证成这种因果关系。第一个障碍是,"患者必须证明,如果他已被告知所有相关信息,他或她会拒绝同意相关程序"。正如我们在典型案例 Cobbs 案中所解释的,医生未告知与原告受伤害之间必须存在因果关系,这种因果关系只有在以下情况中成立,即如果披露患者就不会同意治疗。[76]

证明因果关系的第二个障碍更难,并且建立在第一个障碍之上:原告仅证明如果他被充分告知时会拒绝提议的治疗还远远不够;他还必须证明,在同样的情况下,没有一个合理谨慎的人会同意提议的治疗。这一"客观"标准的目的是显而易见的:"由于在审判时,未告知的危险已经成为现实,如果患者/原告声称如果他被告知危险时不会拒绝治疗,这将是难以置信的。主观上,他可能相信这一点,毕竟此时属于后见之明,但我们怀疑,将对医生的裁判置于病人的痛苦中,正义是否一定会得到伸张。因此,客观测试是更可取的,即如果充分了解所有重大风险,处于患者位置的理性谨慎人会做出什么决定。"(Cobbs v. Grant, supra, 8 Cal. 3d 229, 245.)[77]

即使在普通的 Cobbs 案中,原告也很难证明,如果医生披露了最终导致身体伤害的特定风险,理性谨慎的人不会同意提议的治疗。(See, e. g., Morganroth v. Pacific Medical Center, Inc. (1976) 54 Cal. App. 3d 521, 534 [126 Cal. Rptr. 681] [缺乏证据证明如果原告获知有中风风险,他会拒绝接受冠状动脉造

---

[76] 这也是其他领域所适用的规则:在某一典型判例中确立了这样的规则,与一般的渎职类诉讼一样,医生未能充分披露与对患者的损害之间必须存在因果关系。当且仅当披露治疗附带的重大风险会导致患者作出反对治疗的决定时,才存在因果关系。(Canterbury v. Spence (D. C. Cir. 1972) 464 F. 2d 772, 790, fns. omitted; accord, 2 Louisell & Williams, Medical Malpractice (1989) Informed Consent, para. 22. 14, p. 22 - 49 to 22 - 50.)

[77] 这一规则也是一般性的,"审议这一问题的绝大多数司法管辖区都适用客观标准",侧重于"处于原告地位的通情达理的病人在充分知情的情况下会怎么做"。(2 Louisell & Williams, op. cit. supra, para. 22. 14, at p. 22 - 50 to 22 - 51.)该规则还被纳入一项标准的陪审团指示:当一个理性谨慎的人被充分告知所有重大危险时不会同意治疗手术,那么医生在获得同意之前不充分披露信息就会产生责任。(BAJI No. 6. 11 (7th ed. 1986 bound vol.).)

影].)这是因为在许多情况下,治疗对原告的潜在利益明显超过未披露的伤害风险;但是,在多数意见所考虑的那种不披露诉讼中,这种不平衡将会更大:在这里,我们处理的不是中风等身体伤害的风险,而是医生以后可能会将源自患者的一些身体组织用于科学研究或商业产品开发的可能性。几乎没有法官或陪审团会相信,披露这种研究或开发的可能性会阻止理性谨慎的人同意接受相关治疗。例如,在法庭现在审理的案件中,任何审理者都不可能相信,如果被告披露了他们使用 Moore 细胞的计划,那么处于 Moore 位置的理性谨慎的人(严重肿大脾脏的白血病患者)不会同意能够挽救或延长其生命的常规手术。在本案中,正如 Morganroth 案一样,因未能证明近因而提出的不起诉动议将终结本案。因此,在这种情况下,不披露诉由的诉讼威胁在很大程度上就是纸老虎。

其次,不披露诉由不足以完成多数意见赋予其使命的第二个原因是,它未能解决我们面前问题的另一半:它只赋予患者拒绝同意的权利,即禁止其身体组织被商业化利用的权利;而没有赋予他同意其身体组织被商业化利用后分享收益的权利。尽管有充分的理由支持知情同意的身体组织的商业化利用,但披露要求只是承认患者充分参与的第一步。对商业化利用的知情同意如果不附有分享商业开发所获利润的权利,只会仅赋予患者对自己的剥削拥有否决权。承认患者对自己的身体组织拥有所有权权益,将赋予患者积极的参与权。然后,患者将能够在商业生物技术研究与开发中承担与医生平等合作的角色。(Howard, supra, 44 Food Drug Cosm. L. J. at p. 344.)

应当把老套的陈词滥调颠倒过来,不披露诉由强调了消极的一面,忽视了积极的一面:患者可以说“不”,但他不能说“是”并由此分享他的贡献收益。然而,正如上文所解释的,有充分的伦理和公平理由承认患者有权享受这些福利。不披露诉由并不保护这一权利;就此而言,它不是侵占救济的适当替代,而侵占救济确实保护患者的这些权利。

最后,不披露诉由未能触及一大批潜在被告:所有与原告处于严格医患关系之外的人。多数意见认为在本案中,只有被告 Golde,即治疗医生,可以直接对 Moore 承担不披露诉由所生责任,Regents、Quan、遗传学研究所和 Sandoz 不是医生。与 Golde 相反,这些被告都没有与 Moore 建立信托关系,也没有义务获得 Moore 对医疗程序的知情同意。(maj. opn., ante, p. 133.)对于这些被告,多数意见只能给 Moore 提供一丝希望:多数意见认为,如果他们要对不披露诉由负责,只能是因为 Golde 的行为,求诸公认的次要责任理论,如雇主责任。(maj. opn., ante, p. 133.)尽管多数意见拒绝就申诉中的次要责任指控是否充分的问题作出决定,但他们强烈暗示不赞成这些指控。[78] 此外,多数意见指出,初审法院已经裁定对被告公司的代理指控不充分。(maj. opn., ante, p. 134.)

如果原告(如 Moore)无法证明次要责任理论的充分性,则不披露诉由将不足以影响对其身体组织进行商业利用的各方当事人,包括不亲自治疗患者的任何医生兼研究人员、不是医生的任何其他研究人员、上述人员的任何雇主(或者甚至是治疗医生的雇主),以及此后参与组织的商业开发的任何人或公司。然而,这些当事人中的一些人很可能比与原告有正式医患关系的特定医生更多地参与了这种经济开发并从中获利更多。

总之,不披露诉由:(1)在大多数情况下不太可能成功;(2)不能保护患者分享其身体组织的商业化开发所获收益的权利;(3)可能允许真正的开发者逃避责任。因此,在我看来,它不是侵占诉由的适当替代品。

7.

我对本法院的尊重迫使我提出最后一点:我完全不赞同多数意见中强加给我们的业余生物学说教。(maj. opn., ante, fns. 2, 29, 30, 33 and 35, and text at p. 138 - 139.)出于几个原因,将大部分材料纳入本法院的意见是不恰当的。

第一,除被告的专利外,根据《加利福尼亚州法院规则》的规定,所有相关材料均不在上诉记录中。由于这一上诉是在一般抗辩和特别抗辩成立后作出的驳回判决,因此除诉状外几乎没有其他记录。这起案件从未在本院审理过,因此,没有任何关于晦涩难懂的医学主题的证据,而多数意见却想就此对

---

[78] 引用第三次修正申诉第 4 段中陈述的代理指控的一部分,多数意见批评它们是“恶劣的通用模板文件”,(maj. opn., ante, p. 134, fn. 12.)但是,如果“通用模板文件”是一种有效的驳回意见,那么在这个司法委员会强制表格、广泛使用的示范表格书籍和律师办公室在计算机程序上起草文件的时代,很少有诉状能够通过审查。的确,诉状中引用的语言笼统地指控了代理的事实,但这种指控是适当的。(5 Witkin, Cal. Procedure (3d ed. 1985) Pleading, §868, p. 309 - 310.)此外,诉状还声称存在各种不同的代理关系(“代理、雇佣、合伙和合资企业”),这些关系可能支持次要责任;但是,这样的指控是一种温和起诉形式,当原告不确定这几种代理形式中的哪一种或哪几种将在审判中得到证明时,应该允许这样的指控。(4 Witkin, op. cit. supra, Pleading, §355, at p. 410.)此外,多数人没有提及第三次修正诉状的第 5 段,我认为该段包含了充分的指控,即 Golde 是被告公司的代理人,这些被告认可了他对 Moore 的行为。

我们进行指导。相反，多数意见所依赖的医学解释的所有文件都出现在被告Golde关于案情的开审摘要的附录中。然而，这样的附录并不是记录的一部分，也不是摘要本身的一部分，因为记录只包括审判法院作出裁决时收到的材料。（See Cal. Rules of Court, rules 4 through 5.2.）Golde也不可能增加记录以包括任何这些文件，因为这些文件都不是“原始高等法院文件的一部分”，而这是增加记录的先决条件。（Cal. Rules of Court, rule 12(a).）“作为一般规则，未提交初审法院的文件不能作为上诉记录的一部分。”（Doers v. Golden Gate Bridge etc. Dist. (1979) 23 Cal. 3d 180, 184, fn. 1 [151 Cal. Rptr. 837, 588 P. 2d 1261].）

第二，这些文件中的大多数内容仅涉及或主要涉及多数意见中关于Moore的“遗传物质”是否“独特”的讨论，（See maj. opn., ante, p. 139.）但整个讨论在法律上与本上诉无关。正如Broussard法官在其个别意见中指出的那样，独特性问题与原告提起侵占诉讼的基本权利没有关系；当然，普通财产和独特财产都受到保护，不得侵占。（Conc. and dis. opn. of Broussard, J., ante, p. 157.）

第三，这个事项也是一个非争论点。多数意见声称Moore主要依靠某些隐私权判例的类比，（maj. opn., ante, p. 137 – 138.）但这并不准确。根据我们的规则，与一般上诉实践一样，上诉仅限于在当事人诉状中提出的争议。（See Cal. Rules of Court, rule 29.3.）在本法院的案情摘要中，Moore甚至没有引用，更没有“主要依赖”多数意见讨论的隐私权问题，也没有对相关规则进行任何类比。的确，在本法院的口头辩论过程中，Moore的律师简要地陈述了多数意见中所说的类比论点；但是，当事人不得在口头辩论中提出新的争议。

第四，多数意见在裁判时所依赖的许多材料都是由当代分子生物学领域的专家以高度技术性的科学术语撰写的。（See, e. g., articles cited in maj. opn., ante, fn. 30, 2d par., & fn. 35, 2d par.）据我所知，本法院没有人接受过成为分子生物学家的训练，甚至没有人接受过成为医生的训练；因此，在没有专家证词的情况下，多数意见没有能力解释医学科学的这些神秘观点，就像医生没有能力解释流通票据、联邦所得税法律、反对永续规则的深奥问题一样。[79] 在试图阐述这门科学时,多数意见冒着两个严重的风险。首先,因为他们没有分子生物学的背景,多数意见可能误解了他们正在阅读的内容,就像一个门外汉可能误解了专业法律期刊上的一篇高度技术性的文章一样。事实上,我认为多数意见已经掉进了这个陷阱,因为他们的一些解释要么是错误的,要么是混乱的,要么是不完整的。(e. g. , maj. opn. , ante, fn. 29.)

第二种风险是遗漏。多数意见能接触到本国出版的大部分法律文献;但是,即使多数意见能够理解医学文献,从实际上来讲,他们几乎无法接触到这些文献。事实也证明了这一点,多数意见所依赖的每一篇医学文章都是由这起诉讼的一方当事人提供给本法院的版本,这显然不是一个公正的来源。因此,多数意见没有能力独立研究他们想要提出的医学观点,他们很可能提出的是一面之词。其他研究人员很可能得出不同甚至相反的结果并发表在公开出版物上,但被告出于自身利益,没有向法院提供这些材料。我把它留给分子生物学的专业人士来判断多数意见对这个话题的解释是否做到了准确与公平。因为我担心他们可能两者都不满足,所以我不能同意多数意见。

我将确认上诉法院的裁决,指示初审法院驳回对侵占诉由的抗辩。

---

[79] 与多数意见的暗示相反,(maj. opn. , ante, fn. 35, 3d par.)在我为法院撰写的关于证词可采性的三份意见中没有任何不一致之处。因此,在 People v. Shirley (1982) 31 Cal. 3d 18 [181 Cal. Rptr. 243, 723 P. 2d 1354]案和 People v. Guerra (1984) 37 Cal. 3d 385 [208 Cal. Rptr. 162, 690 P. 2d 635]中,我们认为由于证人为了恢复其对争议事件的记忆而接受了催眠,所以其证词是不可接受的,尽管在这样做的时候,我们参考了心理学领域的专业文献,但这两个案例与本案在几个方面都不同。第一,他们向我们提供了完整的审判记录,在这些记录中,专家证人就争议点进行了详细的做证。第二,我们参考专业文献并不是为了所声称的事实真相,而只是为了表明其"完全支持专家证人的证词",并确定被质疑的证词并不被科学界普遍认为是可靠的,因此源自 People v. Kelly (1976) 17 Cal. 3d 24 [130 Cal. Rptr. 144, 549 P. 2d 1240]案和 Frye v. United States (D. C. Cir. 1923) 293 Fed. 1013 [34 A. L. R. 145](People v. Shirley, supra, 31 Cal. 3d 18, 66.)案所确立的规则是不可接受的。正如我们在 Shirley 案中所解释的,在这种情况下"我们的责任不是决定催眠诱发的证人回忆作为科学事实是否可靠,而只是决定它是否被相关的科学界普遍接受为可靠"。(Id. at p. 55.) 第三,我们引用的文章讨论的是人类心理学问题,心理学文献相较于高度复杂的医学研究报告对于外行来说也更容易理解。在另一起此类案件(People v. McDonald (1984) 37 Cal. 3d 351 [208 Cal. Rptr. 236, 690 P. 2d 709, 46 A. L. R. 4th 1011])中,我们认为,证据所显示的可能影响目击者指认准确性的心理因素的专家证词可予采纳。尽管我们引用了某些心理学文献,但这种情况同样是有区别的。它是在完整的审判后提交给我们的,记录中包括专家证人对其提出的证词的详细解释。(Id. at p. 361 – 362.)我再次提到专业文章,主要是为了支持专家证词。(Id. at p. 368 – 369.)同样,这些文章的内容比大多数人所依赖的医学研究报告更容易为外行所理解。

三、名案圆桌会

车函倩诉连云港亲亲袋鼠教育咨询有限公司、连云港苏宁置业有限公司苏宁广场购物分公司等侵权责任纠纷案*

裁判摘要:商场商铺承租人因经营不善等原因倒闭或歇业后,主动与消费者联系退费等事宜,且不存在经营者下落不明导致消费者无法找到交易对象、亦不存在租赁主体不清导致消费者无法区分交易对象的情形,消费者以消费者权益保护法第四十三条为依据,主张商场作为商铺出租人与商铺承租人共同承担赔偿责任的,人民法院不予支持。

原告:车函倩,女,1988 年 6 月 4 日出生,汉族,住江苏省连云港市开发区。

被告:连云港亲亲袋鼠教育咨询有限公司,住所地:江苏省连云港市海州区通灌北路。

法定代表人:晏斌,该公司总经理。

被告:连云港苏宁置业有限公司苏宁广场购物分公司,住所地:江苏省连云港市海州区通灌北路。

法定代表人:楼晓君,该分公司经理。

被告:北京英启迪教育科技有限公司,住所地:北京市海淀区清河安宁庄东路。

法定代表人:杨丹丹,该公司总经理。

原告车函倩因与被告连云港亲亲袋鼠教育咨询有限公司(以下简称袋鼠公司)、连云港苏宁置业有限公司苏宁广场购物分公司(以下简称苏宁公司)、北京

---

* 本案原载于《最高人民法院公报》2022 年第 33 ~ 40 页,选载于本刊时未作修改。

英启迪教育科技有限公司(以下简称英启迪公司)发生侵权责任纠纷,向江苏省连云港市海州区人民法院提起诉讼。

原告车函倩起诉称:原告与被告袋鼠公司签订了早教合同,在合同没有到期和履行完毕的情况下,被告单方面撤离,给原告造成了损失和痛苦,构成违约,应当承担赔偿责任,故请求判令三被告共同承担退还原告未授课程学费11224 元,三倍赔偿金 33673 元,共计 44897 元。

被告袋鼠公司辩称:1. 确认与原告车函倩之间存在早期教育培训合同法律关系并就袋鼠公司因经营状况严重困难,致使公司停业,并导致公司无力为学员提供服务,给原告带来困扰的情况,表示歉意。但对原告的两项诉求均不认可。根据袋鼠公司与原告签订的具体合同及合同履行情况看,原告的实际剩余课时费为 781 元(12500 元 ÷ 12 个月 ÷ 8 课时 × 剩余 6 课时),不是 11224 元。根据双方签订的合同,合同期限为:2017 年 5 月 6 日至 2018 年 5 月 6 日,原告购买的课时总数为 90 节课时;总价为 14400 元;会员类型为:年卡,期限 12 个月。协议中还约定了合同期限内学员上课的时段及频次为一周两次。根据双方合同约定,学员应在协议规定期间内完成所有课程,袋鼠公司未收到学员请假通知的,视为学员自动放弃该节课程。2. 本案诉争事项应适用合同法,而非依据消费者权益保护法。原告主张三倍惩罚性赔偿没有事实和法律依据。如果适用消费者权益保护法,消费者应为接受早教的学员儿童。本案不存在欺诈的事实前提,无论是合同的签订还是合同的具体履行,袋鼠公司均按照诚实信用原则履行着合同的各项条款,不存在提供的商品或服务具有欺诈的情况。即使在袋鼠公司陷入困境后仍在四处借钱努力退还客户剩余课时费,并积极与多数学员家长达成了善后协议。综上,请求驳回原告的诉求。

被告苏宁公司辩称:1. 本案纠纷系原告车函倩与被告袋鼠公司之间的教育培训合同纠纷,原告的诉求与苏宁公司没有关联性。本案中原告与袋鼠公司签订教育培训合同,购买袋鼠公司提供的教育服务,原告相应的款项是直接进入袋鼠公司的指定账户,享受的优惠政策也是袋鼠公司单方向原告提供。现由于袋鼠公司单方面撤离导致原告与袋鼠公司签订的合同目的不能实现,根据合同的相对性,本案与苏宁公司没有任何关系,苏宁公司对此不应该承担任何责任。2. 苏宁公司与袋鼠公司之间为商铺租赁关系,苏宁公司不参与袋鼠公司的经营活动,苏宁公司不应承担赔偿责任。苏宁公司与袋鼠公司仅为商铺租赁关系,苏宁公司对袋鼠公司自身的商业经营活动没有管理权，也不存在管理义务，苏宁公司不能介入袋鼠公司的内部经营管理，所以苏宁公司对袋鼠公司给原告造成的损失不承担责任。袋鼠公司与苏宁公司之间不存在管理与被管理的关系，亦没有任何法律、法规规定授予苏宁公司作为出租人对承租人即袋鼠公司享有监管的权力，苏宁公司对袋鼠公司的经营行为没有管理的权限和职责，袋鼠公司的日常经营行为独立于苏宁公司的经营行为，原告主张的要求苏宁公司承担连带责任，没有任何法律依据。3. 苏宁公司在本案中已经尽到管理义务，袋鼠公司具有独立的法人资格，苏宁公司不应承担赔偿责任。作为商铺的出租方，苏宁公司在与袋鼠公司签订租赁合同时，已尽到应尽的管理义务：书面要求袋鼠公司在开业之日起在店铺内亮照经营，将相关主体及经营证照（包括但不限于营业执照、税务登记证、组织机构代码证、行政许可审批手续及相关证照等）等证件正本置放在经营场所的醒目位置。并且袋鼠公司也取得了工商经营相关证照，合法开业经营，苏宁公司已经尽到对袋鼠公司的应尽的管理义务，因此苏宁公司不应当承担赔偿责任。因此，本案中原告是单独支付预付款给袋鼠公司，双方单独签订合同、履行合同，这些行为与苏宁公司没有关系、不存在关联性。请求依法驳回原告对苏宁公司的诉讼请求。

被告英启迪公司辩称：英启迪公司与被告袋鼠公司之间是独立的法人关系，是商标授权经营关系，再无其他任何法律关系，请求驳回原告对于英启迪公司的诉讼请求。

江苏省连云港市海州区人民法院一审查明：

2014 年 6 月，晏斌从被告英启迪公司取得被告袋鼠公司品牌特许经营权。2014 年 7 月，晏斌与被告苏宁公司签订商铺租赁合同。2014 年 8 月 29 日，晏斌取得袋鼠公司营业执照（自然人独资，晏斌为法定代表人）。2014 年第四季度，袋鼠公司开始营业。车函倩等人均与袋鼠公司签订会员协议，其子女在袋鼠公司接受早教服务。2018 年初，袋鼠公司出现资金周转困难。2018 年 3 月 23 日，袋鼠公司向苏宁公司申请延期支付租金，苏宁公司回绝。2018 年 4 月 14 日，袋鼠公司向苏宁公司提出解除双方租赁合同。2018 年 4 月 16 日，袋鼠公司正式停业，并在店铺张贴告示：由于经营状况变化，本中心暂时停止营业，我们为因此给您带来的不便深感抱歉，合同期内的会员家长我们会与您及时联系办理退款手续。由于车函倩与袋鼠公司就剩余课时存在较大争议，经消费者协会调解不成诉至一审法院。袋鼠公司在应诉时称应苏宁公司要求，清场时刷课系统已经处理，无法提供刷课记录，要求按照剩余合同期限计算剩余课时（已经过的合同期限视为车函倩已全部正常上课）。

再查明，2017年5月6日，原告车函倩与被告袋鼠公司签订会员协议，约定课时96节，赠送2节课，定价14400元（实际交纳12500元），起始日2017年5月6日，到期日2018年5月6日，上课时段为周中周末，上课频次为一周两次。车函倩的刷课小票未予以保存，但车函倩陈述其剩余课时为88节。

会员协议内容：会员协议背面为格式条款，其中特别声明：本协议签订后，乙方（袋鼠公司）将向甲方（车函倩）提供会员卡一张，会员系统会登记会员的课时情况，上课时甲方务必携带会员卡并交乙方前台登记刷卡，该会员卡的使用方式为一节课刷卡一次，会员卡性质包括服务期限、每周上课频次、每周上课时段（周中/周末），在会员合同服务期限内课次消耗与卡类有效期两者任意一种完成，均视同乙方完成对甲方的服务，甲方可通过续费为孩子获得下一个阶段课程体验。

另附《合同重要信息》，主要为上课守则。签到：到达中心以后，请先至前台使用会员卡签到，做好刷课的手续。请假：如有特殊原因不能来上课，请家长至少提前一天致电中心请假，若中心未收到任何请假通知，视为家长自动放弃本节课程，系统将自动扣课。补课：家长可随时和顾问联系并提前确定补课时间，连续3周以上的请假，需在中心前台办理书面停课请假手续……会员必须在协议规定期内完成所有课程（包括补课和赠送的课时），一旦课程有效期截止，未结束课时将自动取消。

又查明，2014年7月11日，被告苏宁公司（甲方）与晏斌（乙方袋鼠公司的法定代表人）签订《商铺租赁合同》，约定将苏宁广场第3层第304号商铺出租给乙方使用，租赁期限60个月（2014年9月30日至2019年9月29日），自该商铺开业日起计算。第三条商铺用途：3.1 该商铺仅供用于经营袋鼠公司，类别为儿童早教。3.2 乙方如拟将该商铺用于本合同约定之外的经营活动或用途，应经甲方书面同意。3.4 乙方在该商铺内应合法经营，……并保证甲方不因乙方在该商铺内销售的商品、提供的服务或其他行为而受到任何第三方的投诉、索赔或遭受其他损失、责任。由此给甲方造成损失及责任的（含甲方为解决纠纷支付的各项费用），乙方应予以承担并负责赔偿。

第四条租金、费用及支付方式：4.2.1 乙方应向甲方交纳租赁保证金 118625 元，该租赁保证金不是乙方预付的租金、物业服务费或其他费用，仅是乙方履行本合同、全部附件及各项管理制度约定义务的保证。4.2.3……甲方有权从租赁保证金中抵扣乙方拖欠的租金、物业服务费、其他费用、乙方应承担的赔偿、违约金、甲方代乙方承担的赔偿等。……4.2.4 本合同解除或终止时，甲方应于以下条件经甲方确认全部满足之日起三个月内将租赁保证金无息返还乙方（共 7 个条件），其中第 5 个条件为：乙方发放的以该商铺为经营场所或其他与该商铺有关的会员卡、预付款类卡及类似卡片、资格证件的退还以及退费问题已经完成，被投诉等售后服务问题已经解决（乙方应向甲方提供证明文件）；第 6 个条件：乙方与甲方及/或消费者之间的纠纷（如有）已妥善解决，且无纠纷（乙方应向甲方提供甲方认可的相关证明文件）。

第九条经营条款 9.1 乙方应于甲方确定的时间正常营业。乙方应服从甲方对苏宁广场营业时间的安排，未经甲方书面同意，不得于营业时间内无故停止、暂停营业、撤离派驻人员或商品。9.3 乙方应遵守甲方对苏宁广场进行的推广活动及时间安排。9.4 乙方应独立承担因利用该商铺进行经营而产生的一切责任。如因乙方经营行为引起消费者直接向甲方提出修理、更换、退货或其他正当合理的要求时乙方应积极妥善处理。否则，甲方有权视具体情况，直接做出修理、更换、退货或其他合理的决定，有关费用由乙方承担。若因此导致甲方遭受损失时，乙方应负责赔偿。

被告袋鼠公司经营困难，无资金继续缴纳被告苏宁公司的租金及物业费，无法继续履行上述租赁合同。2018 年 4 月 14 日，袋鼠公司提出解除双方租赁合同。

另查明，2014 年 6 月 23 日，被告英启迪公司与晏斌签订《特许经营合同书》，许可晏斌在连云港市海州区 58 号苏宁广场投资设立加盟店，并授予被告袋鼠公司（特色课程）特许经营权，合同有效期五年，自 2014 年 8 月 23 日至 2019 年 8 月 22 日，特许经营费为 24 万元，年度特许经营费为第一年 8 万元、第二年 8 万元、第三年 10 万元、第四年 10 万元、第五年 12 万元。

江苏省连云港市海州区人民法院一审认为：

本案一审争议焦点为：1. 剩余课时费如何计算，被告袋鼠公司是否构成欺诈；2. 被告苏宁公司、英启迪公司是否应承担责任，承担何种责任。

根据《江苏省消费者权益保护条例》第二十七条规定，预付款消费，经营者发行单用途预付卡（含其他预收款凭证）的，单张记名卡限额不得超过五千元。预付卡不得设定有效期。经营者应当保存合同及履行的相关资料，方便消费者查询、复制；相关资料应当保存至合同履行完毕后两年。第二十八条规定，经营者停业、歇业或者变更经营场所的，应当提前一个月通知已交预付款的消费者，并按照前款规定承担责任。经营者未事先通知已交预付款的消费者并做出妥善安排，不提供或者不按照约定提供商品、服务又无法联络的，视为欺诈行为。本案中，原告车函倩与被告袋鼠公司存在早期教育培训合同关系，在合同履行期间，因袋鼠公司经营不善致使公司停业，袋鼠公司应当承担退还原告剩余课时费的责任。

关于剩余课时费的计算问题。首先，因为被告袋鼠公司掌握刷课系统，完全有能力举证证明剩余课时，而原告车函倩持有的刷课小票难以保存，消费者丢失也属正常。现袋鼠公司拒不提供刷课系统记录，应承担举证不能的法律后果。其次，从同期在袋鼠公司上课的朱某某、韩某等人提供的刷课小票看，课时并未按照会员协议约定计算，而是以实际上课次数计算，应视为双方对合同约定的变更。第三，根据《侵害消费者权益行为处罚办法》第十条的规定，对于退款无约定的，按照有利于消费者的计算方式折算退款金额。综上，一审法院支持原告自认剩余88课时的主张，经计算，原告剩余课时费为11224元（12500元÷98课时×剩余88课时）。

关于被告袋鼠公司是否构成欺诈问题。袋鼠公司因经营不善致使公司停业，停业后积极与原告车函倩协商退款事宜，因双方对剩余课时存在争议，没有达成一致意见，故袋鼠公司并无欺诈行为，对原告主张三倍赔偿的诉讼请求，不予支持。

关于被告苏宁公司、英启迪公司是否应承担责任、承担何种责任的问题，消费者权益保护法第四十三条规定，消费者在展销会、租赁柜台购买商品或者接受服务，其合法权益受到损害的，可以向销售者或者服务者要求赔偿。展销会结束或者柜台租赁期满后，也可以向展销会的举办者、柜台的出租者要求赔偿。展销会的举办者、柜台的出租者赔偿后，有权向销售者或者服务者追偿。根据该规定，结合本案案情，原告车函倩有权要求苏宁公司承担赔偿责任。首先，苏宁公司将位于苏宁广场第3层第304号商铺出租给被告袋鼠公司使用，用于经营儿童早教中心。根据双方签订的商铺租赁协议,双方不是简单的房屋租赁关系,苏宁公司对于袋鼠公司营业时间、商铺用途、消费投诉等方面都有限制性规定。苏宁公司的管理较一般的展销会举办者、柜台出租者更为严格。该经营场地相对独立,与其他客户相对隔离,经营形式符合柜台租赁的特征。苏宁公司应认定为"柜台的出租者"。其次,袋鼠公司已经停止经营,苏宁公司已将涉案商铺收回。再者,袋鼠公司向苏宁公司缴纳保证金 118625 元,该保证金仅是袋鼠公司履行合同、全部附件及各项管理制度约定义务的保证。苏宁公司有权从保证金中抵扣袋鼠公司拖欠的租金、物业服务费、其他费用、袋鼠公司应承担的赔偿、违约金、苏宁公司代乙方承担的赔偿等。综上,苏宁公司作为出租者,其在市场的管理经营过程中获得了经济收益,根据权利义务对等原则,出租者应在一定情形下承担一定的责任风险,其也预见到消费者与袋鼠公司发生纠纷时可能直接向其投诉,消费者选择到袋鼠公司进行预付款消费,也部分基于对苏宁广场的信任,故从保护消费者权益的角度和立场出发,苏宁公司应对原告承担连带赔偿责任。苏宁公司在承担赔偿责任后,可向袋鼠公司进行追偿。对于苏宁公司提出的袋鼠公司与苏宁公司之间不存在管理与被管理的关系,其不应承担连带赔偿责任的抗辩意见,与事实不符,不予采纳。袋鼠公司与英启迪公司是品牌特许加盟关系,双方系独立的法人,综合本案案情,原告要求英启迪公司承担连带赔偿责任,无法律依据,不予支持。

综上,江苏省连云港市海州区人民法院依照《中华人民共和国消费者权益保护法》第四十三条、《中华人民共和国民事诉讼法》第六十四条之规定,于 2019 年 4 月 18 日作出判决:

一、被告连云港亲亲袋鼠教育咨询有限公司于本判决生效之日起十日内给付原告车函倩剩余课时费 11224 元;

二、被告连云港苏宁置业有限公司苏宁广场购物分公司对上述第一项承担连带赔偿责任。其在承担赔偿责任后,可向连云港亲亲袋鼠教育咨询有限公司追偿;

三、驳回原告车函倩的其他诉讼请求。

袋鼠公司、苏宁公司不服一审判决,向江苏省连云港市中级人民法院提起上诉。

上诉人袋鼠公司上诉称:1. 根据合同的约定,截止袋鼠公司停业时即 2018

年4月16日，被上诉人车函倩的剩余课时为6节课，应退金额为12500元除以12个月(有效期)，再除以8课时/月，再乘以6(剩余课时数)合计为781元。2. 车函倩主张按照消费者权益保护法处理诉争事实，突破了合同相对性。本案系教育培训合同服务纠纷，不属于生活消费领域。如果本案适用消费者权益保护法，消费者应该是接受早教的儿童，而不是家长作为原告。3. 袋鼠公司在2019年1月份收到了一审法院十多份判决，均确认相关纠纷属于教育合同培训纠纷，亦明确引用了合同法，本案结果却与之前的多起案件截然不同。请求二审法院撤销一审判决并依法改判。

上诉人苏宁公司辩称：本案纠纷系上诉人袋鼠公司与被上诉人车函倩之间的商业行为，与苏宁公司无关，苏宁公司不应承担责任。

被上诉人车函倩辩称：本案教育培训合同合法有效，上诉人袋鼠公司应当将所有的课程培训完毕，但事实上袋鼠公司在没有告知车函倩的情况下，突然将店铺关闭，搬离店内物品，其行为已经严重违约，给车函倩造成经济及时间上的损失。袋鼠公司涉嫌欺诈，应支付车函倩未授课时费的三倍违约金。袋鼠公司的电脑系统保存有完整的上课记录，但其拒不提供，应当由其承担相应的不利后果。

上诉人苏宁公司上诉称：1. 苏宁公司与上诉人袋鼠公司之间属于房屋租赁关系，并非柜台租赁关系。其一，涉案商铺套内面积达650平方米，与其他商铺相互独立、隔断封闭经营，且悬挂、摆放其经营的品牌和企业名称。其二，苏宁公司仅向袋鼠公司提供商铺并收取租金和物业管理费，袋鼠公司自行装饰装修，负担水电等费用，独立经营。苏宁公司对袋鼠公司的经营活动完全不参与，不具有支配和控制权。其三，苏宁公司作为出租方，对广场内所有承租商户的卫生、物业、开业时间等进行管理，系日常的公共管理，并非对袋鼠公司进行实质管理。其四，袋鼠公司用自己的品牌和影响力对外展示经营能力，与消费者形成合同关系。被上诉人车函倩非常清楚交易的对象和品牌，并直接向袋鼠公司付费，双方形成教育培训合同关系，与苏宁公司没有任何关系。2. 袋鼠公司停止经营后，以实际行为表明不再履行租赁合同，苏宁公司为了防止损失进一步扩大，与袋鼠公司及时解约，系苏宁公司正当处分租赁合同权利义务的行为。苏宁公司向袋鼠公司收取的保证金，用于担保袋鼠公司违反租赁合同给其造成损失时的赔偿，包括欠付租金、违约金等，系民事合同常见的履约担保方式，而非苏宁公司的收益,更不能表明双方之间存在管理与被管理的关系,况且保证金不足以抵扣苏宁公司的损失。3. 车函倩独立地与袋鼠公司签订合同、履行合同,车函倩享受的优惠政策也是袋鼠公司提供的。根据合同相对性原则,违约责任应由袋鼠公司承担,与苏宁公司无关。根据一审判决的逻辑,对商业广场的经营者(出租方)极不公平,增加了交易成本,阻碍了市场的发展,赋予了出租方不应该承担的义务,不利于行业的发展。4. 一审法院就相同案件前期做出了判决且已经生效,这些判决均依据合同相对性原则,认定苏宁公司不承担责任。5. 根据《商业特许经营管理条例》和《江苏省消费者权益保护条例》的规定,被上诉人英启迪公司与袋鼠公司之间为特许加盟关系,英启迪公司有义务对袋鼠公司的经营活动加强指导、监督,并在袋鼠公司拒不履行消费者权益保护义务时,承担相应的法律责任。综上,请求二审依法撤销一审判决第二项。

上诉人袋鼠公司辩称:同意上诉人苏宁公司的上诉意见,苏宁公司不应承担责任。袋鼠公司在营业期间均是以袋鼠公司作为主体对外经营,苏宁公司是合同履行的案外人,对袋鼠公司对外签订的合同不承担任何义务和责任。

被上诉人车函倩辩称:当事人之所以去上诉人苏宁公司和上诉人袋鼠公司签订早教合同,就是因为苏宁公司巨大的品牌价值,其有理由相信所有入驻苏宁广场的商家都是经过苏宁广场的严格审核,是对苏宁品牌的信赖,相信入驻商家的实力也是与苏宁广场的实力相匹配,与路边商铺不同。苏宁广场的入驻商家都是各行业的佼佼者,而且苏宁公司对入驻的商家有严格的管理与被管理的关系,苏宁公司对袋鼠公司的营业时间、商务运作、消费投诉等都有限制性规定,苏宁公司的管理较一般展销会的举办者,柜台出租者更为严格。本案符合消费者权益保护法第四十三条相关规定,故苏宁公司应当承担连带责任。

被上诉人英启迪公司提交书面答辩意见:英启迪公司与上诉人袋鼠公司之间是商标授权的特许经营关系,不参与袋鼠公司的实际经营活动,只是提供早教的教学方法,一审判决英启迪公司不承担责任合法合理。

江苏省连云港市中级人民法院经二审,确认了一审查明的事实。

江苏省连云港市中级人民法院二审认为,本案二审的争议焦点为:1. 被上诉人车函倩诉讼主体是否适格以及剩余课时费如何计算;2. 本案能否依据消费者权益保护法第四十三条的规定,判决上诉人苏宁公司承担相应的法律责任。

关于第一个争议焦点。第一,《亲亲袋鼠国际早教连云港中心会员协议》明确载明被上诉人车函倩系会员,其提起本案诉讼符合协议约定,本案诉讼主体适格。第二,一审考虑到车函倩与上诉人袋鼠公司对于剩余课时费的举证能力,结合同期上课的学员刷课小票,根据《侵害消费者权益行为处罚办法》关于退款的规定,从有利于消费者的角度出发,认定双方对合同约定已作变更,支持车函倩关于剩余课时为88节课、剩余课时费为11224元的主张并无不当,二审予以认同。

关于第二个争议焦点。二审认为,上诉人苏宁公司在本案中不应承担责任,理由如下:第一,苏宁公司不是合同相对方,其承担责任没有合同依据。本案的合同双方为被上诉人车函倩与上诉人袋鼠公司,袋鼠公司系自主品牌,自己提供教育培训服务并收取教育培训费用,苏宁公司并非涉案合同的当事人。消费者对自己的交易对象是袋鼠公司应当是清楚明知的,不存在因标识不全而产生混淆的情况。根据合同相对性原则,车函倩应当依据合同约定,向合同的相对方袋鼠公司主张合同权利,苏宁公司无承担责任的合同依据。第二,本案不适用消费者权益保护法第四十三条的规定,该条款的立法本意是在商品展销会结束后消费者无法找到其具体的交易对象,或商场租赁柜台主体不清导致消费者无法区分交易对象的情况下,为了维护消费者权益而要求主办方和出租方承担责任,给予消费者的一种保护。该条款的适用范围不应无限扩大,应有一定的适用范围,即只有在展销会结束后或者柜台租赁期满后,经营者下落不明,消费者找不到合同相对人的情况下,才能要求主办方和出租者承担责任。本案中袋鼠公司在经营不善关门歇业后,主动与消费者联系后续退费事宜,不存在联系不上或拒绝退费等情形,故不属于消费者权益保护法第四十三条规定的适用范围。第三,苏宁公司虽然对袋鼠公司进行管理,但该管理行为只是商场自身的正常经营管理,并没有参与袋鼠公司的经营管理,苏宁公司收取的租赁保证金性质是为了确保租赁合同的履行并非为替代处理纠纷而预先收取。合同中并未约定苏宁公司全权替代处理消费者纠纷,收取租赁保证金的行为与袋鼠公司和消费者之间的纠纷没有关联性,不能据此要求苏宁公司承担因袋鼠公司自身经营行为而产生的风险责任。

综上,上诉人袋鼠公司关于本案诉讼主体以及剩余课时费的上诉请求依法不能成立,不予支持。上诉人苏宁公司关于其不承担责任的上诉请求依法成立,予以支持。一审判决认定的基本事实清楚,但适用法律不当,依法予以纠正。据此，江苏省连云港市中级人民法院经审判委员会讨论决定，依照《中华人民共和国民事诉讼法》第一百七十条第一款第（二）项的规定，于2020年9月18日作出判决：

一、维持连云港市海州区人民法院（2018）苏0706民初4652号民事判决第一、三项；

二、撤销连云港市海州区人民法院（2018）苏0706民初4652号民事判决第二项，即连云港苏宁置业有限公司苏宁广场购物分公司不承担责任。

本判决为终审判决。

袋鼠公司案的圆桌会谈

胡天浩　杨博宇　梁一村　袁崇霖　梁上上*

目　次

摘　要　袋鼠公司案为《最高人民法院公报》案例。该案例的主要争议为消费者剩余课时费的计算,以及《消费者权益保护法》第43条的适用是否以"维权困局"为前提。终审判决认为,剩余课时费的计算应该按照剩余上课次数计算。终审法院认为袋鼠公司与苏宁公司之间的关系为柜台租赁关系,应该适用《消费者权益保护法》第43条,同时通过解释方法将该条限制为以"维权困局"为前提,得出苏宁公司不承担责任的结论。经参会成员反复推敲,认为剩余课时费的计算应该采取剩余期间的计算方法。这种计算方法不但有合同明确约

* 胡天浩,清华大学法学院硕士生;
杨博宇,清华大学法学院博士生;
梁一村,清华大学法学院博士生;
袁崇霖,清华大学法学院博士生;
梁上上,清华大学法学院教授、博士生导师,新利益法学研究中心主任。

定,而且结算方法客观明确,无须借助复杂的举证责任。预付卡的本质是支付工具,与合同履行期间并不相同,终审法院引用江苏省的规定没有实际意义。该案的法律适用与柜台认定密切相关。终审判决适用《消费者权益保护法》第43条得出的苏宁公司不承担责任的结论虽然可取,但解释方法较为复杂,一定程度上影响了判决说服力。更为可取的方法是将袋鼠公司认定为独立主体,不将其认定为租赁关系中的柜台,从而不再适用《消费者权益保护法》第43条关于柜台租赁的条款,直接以合同法得出苏宁公司不承担责任的结论。

关键词 课时计算 预付卡 柜台认定 《消费者权益保护法》第43条

一、案件事实与主要争议

梁上上:大家好,我们今天讨论袋鼠公司案。这个案例刊登于《最高人民法院公报》2022年第9期。先请胡天浩简单介绍一下案件事实。

胡天浩:这个案例主要包括4个主体,分别是晏斌、苏宁公司、袋鼠公司,还有车函倩。晏斌独自投资了袋鼠公司,袋鼠公司是一个提供早教服务的经营者,苏宁公司作为出租方提供了经营场地,车函倩是消费者。2014年,晏斌与被告苏宁公司订立了商铺租赁合同,并在之后成功办理袋鼠公司的营业执照,正式成为袋鼠公司的法定代表人。同年,袋鼠公司开始营业,然后与车函倩等消费者签订了提供早教服务的会员协议。2018年,袋鼠公司因为难以支付租金,向出租人苏宁公司提出解除商铺租赁合同的请求。随后,袋鼠公司停止营业,并向消费者张贴告示,表示会及时与消费者进行联系,办理退款手续,而没有选择卷款跑路。但是,消费者车函倩和袋鼠公司之间针对课时还有费用退还存在一些较大的争议,调解不成后诉到一审法院。消费者车函倩要求袋鼠公司和场地出租方苏宁公司对赔款承担连带责任。这是这个案件的基本事实。这个案件的主要争议包括两个方面:第一是剩余课时费的计算问题;第二是在适用《消费者权益保护法》第43条的时候,是否应加入"维权困局"的前置条件,即经营者的下落以及身份不明确。

二、剩余课时费的计算问题

梁上上:我们先来讨论一下剩余课时费的计算问题。你们认为应该是支持被告的,还是支持原告的?从计算来看,你们觉得哪个合理?

杨博宇:我支持原审法院观点,1万多元比较合理。第一,当事人没有办法控制培训机构的系统。第二,通过日常常识,当事人不可能每次刷卡,都把小票留着。第三,培训机构是可以举证的,但它没有举证。第四,一起上课的其他家小孩能够证明,实际没有按照合同约定的那种上课模式来履约,而是上一次课打一次卡。

袁崇霖:我也支持原告。

梁一村:我支持1万多元,对于这个合同条款有两种不同的计算方法。一种是根据会员合同服务期限内课次消耗计算,另一种是根据会员卡的有效期计算。原告选择了第一种计算方法。这种计算方法是先确定目前已经上了多少课,然后退剩下的课的钱。我想到的是格式合同的解释。也就是说,格式条款按照不利于合同提供方作解释。另外一个是,当事人之间有没有私自约定变更合同内容?私自约定变更合同条款是没问题的,因为他对其他上课的人的计算方式也都是有变更的。如果这样,我觉得算出来的结果就是11,224元,而不是781元。

胡天浩:我也是支持这样计算。

梁上上:你们都认为这样计算合理,但是我还是有疑问的。

大家可以看看这个合同。2017年5月6日,车函倩与袋鼠公司签订了这么一个合同。这个合同是怎么约定的?这个合同约定的课时是96课时,赠送两节课。定价是14,400元,有折扣,那么实际缴纳是12,250元。它的有效期是什么?是2017年5月6日到2018年5月6日,刚好是1年的时间。我们一年是365天,对吧?365天是52周,是吧?这个地方是96节课。96节课,这个上课的频次是1周2次,上课时间都是周中与周末,那么96节上完,基本上是全年无休,是48周,是不是?需要注意的是,这里还有一个计算到什么时候的问题。1年时间,那么这个卡它的价值是怎么计算的?就是说你每次去上课的时候是不是要刷卡的?还有小票。就刷卡而言,当然你如果刷到98次了,就刷完了,因为它赠送 2 次,98 次就完成了。你如果说没刷卡不算,怎么样?合同上写的是在会员合同服务的期限内,课次消耗与卡类有效期,两者任意一种完成,这个合同就履行完成了。合同约定是按照哪一种先行完成为依据,一旦某一种先行完成,合同就结束了。是不是?

梁一村:我觉得这个挺奇怪的,就是很难有人把 96 个课时全部上完,它时间又很短。

梁上上:这个先不管。它也没有欺诈或者压迫的问题,对吧?那么他们的纠纷是什么时候发生的?

胡天浩:袋鼠公司在 2018 年 4 月 16 日正式宣告停止营业,公告请家长及时联系办理退款手续。

梁上上:我们可不可以这样理解?就是在 2018 年 4 月 16 日之前,袋鼠公司是开业的。或者是我们甚至宽容一点。在 2018 年 3 月 23 日的时候,它不是资金周转出现困难了吗?所以,它就向苏宁公司请求延期支付,至少到那个时候,它的营业肯定是没有问题的。实际上它在 4 月 14 日向苏宁公司提出解除租赁合同。车函倩的课程什么时候到期?

梁一村:到期是 2018 年 5 月 6 日,距离 4 月 14 日 1 个月不到。

梁上上:如果说从 3 月 23 日开始算,上课到 5 月 6 日大概 1 个月半。如果从 4 月 14 日开始,大约还可以上 3 周,就是上 6 节课。如果按照合同来讲的话,她是不是 1 周 2 次?1 周 2 次的话,是不是 6 节课?如果 6 节课的话,是不是 781 元。你们觉得如果这样算有没有道理?

胡天浩:这本来应该是有道理的,但是消费者也提供了一些证据,说他们实际不是按照时间,而是上课次数算的,也就是说他们对合同内容已经有了一个修改。

梁一村:我觉得胡天浩说的是用全部课次,减去已经上的课次来计算剩余课次的方式,它不影响合同的期限。不过,我觉得不改变合同期限的话,仅改变计算方式其实没什么用,它主要的问题就是合同履行期限太短。

梁上上:你看合同中说车函倩 96 次或者 98 次课消耗完了,上完了,合同就结束了,或者说到 2018 年 5 月 6 日合同到期了,也是一种合同结束的方式。它是按照哪一种先到,就根据哪一种方式,判定合同结束了,是不是?按照最迟的就是到 2018 年 5 月 6 日,合同不就是结束了吗?是不是这样,胡天浩?

胡天浩：对，只是从合同文本来讲的话确实是这样。但是我觉得还是得从实际情况来看，根据在袋鼠公司同期上课的朱某某还有韩某某等人提供的刷课小票来看，课时并没有按照会员协议所约定的方式进行计算。在新的计算方式中，其实已经突破了 1 年的期限，比如在 2018 年 5 月 6 日之后，车函倩也可以继续去使用剩余的课时。而且，从这一点来看，课时计算方式的改变对课时使用也会有很大的影响。车函倩可能就会选择今年少上一点，明年多上一点。

梁一村：仅看这个判决书，看不出来它的期限改变。

梁上上：你说这个同期，是指同期在袋鼠公司上课的朱某某和韩某某，对吧？但关键是怎么去理解这个同期？是不是跟车函倩上课的这个时间差不多，就是同期了。它是一个很精确的概念，还是说是一个模糊的概念？

胡天浩：从这里确实看不出来。

梁上上：是不是会影响我们的判断？

梁一村：我觉得如果考虑这些方面那就很复杂。因为判决书给的信息太少了，甚至不知道朱某某和韩某某与车函倩上的是不是同一堂课。

梁上上：还有一个问题是什么呢？朱某某与韩某某等人不是该合同的当事人，能不能够说他们的证词证明力很强，你们怎么看这个问题？

杨博宇：我刚想找一审判决，但没找到。其实我想看当事人提供的证据。比如说同期上课的朱某某和韩某某。他们的合同也许在 2018 年的 3 月就结束了，但他们 4 月可能还在上课；或者说 2017 年 12 月结束，但是他们 2018 年还在上课。也就是说，合同到期之后还是继续上的，还是在履行合同的话，我认为法官判得比较有道理，因为他们没有按照合同约定来履约。

梁上上：它就存在这个问题，比如说朱某某和韩某某他们的合同是什么时候结束的。

梁一村：判决书中很多东西没说，万一这两个人跟袋鼠公司之间没有单独的书面协议，可能的情况是，我多付点钱，你把这个合同的履行期限改掉。在这里，朱某某和韩某某两人与车函倩的唯一的共同点就是他们都在袋鼠公司上课，其余的共同点只能靠猜测。

杨博宇：我觉得法官的观点透露着对培训公司的质疑，就是说你公司经营不当，要清算，那为什么你的刷课系统没了，没有保留如此关键的证据。

梁上上：那是我们的推测了，我们不管它是不是带有惩罚性。该案的关键是,袋鼠公司的设备系统消了,对吧?刷课记录没有了,所以没有办法提供准确的课时。但是,我们能不能通过客观的方法给它算出来?或者相对合理地把它算出来?就是说,我们能不能够用比较有效的一种方法把它计算出来?如果说能够计算出来的话,它刷课系统删除了问题也不大。

梁一村:如何算剩余课时也是个争议点。

杨博宇:就按现在的算法,算出来11,224元。

梁上上:其实我们也很难说,是按照781元合理还是11,224元合理,对吧?因为11,224元的话,大家想想她怎么算出来的,她的主张是有剩余88节课还没上,总共多少?总共96课时。她一年只上了8次,另外2次是赠送的。从2017年5月到2018年4月,超过11月的时间只上了10次课,你们觉得可能吗?

胡天浩:我觉得这其实也内含一个非常间接的推论,从生活实际来看,往往只有在商家和消费者之间约定可以在1年后还将合同沿用下去的情况中,消费者在这一年中才会只上10节课。要不然的话,消费者知道只有1年,怎么说也得抓紧去上几节课,稍微回点本。

梁一村:胡天浩的意思是说,如果原告知道这个东西期限到了就没了,那么她一定会去上课。

胡天浩:对,就跟吃自助餐一样,你都已经付了钱,无论吃不吃得下,总归要把能享受到的服务尽力去体验一遍,而不会在一年里只上了如此夸张的10节课。

梁一村:虽然合同上没有这么写,但其实感觉可能后面有什么口头协议,或者说是其他人很多都是习惯性这样做。

梁上上:但是问题是这样的,你如果说习惯性这样做的话,袋鼠公司的成本是很大的,当然可能它利润特别厚,否则的话它不会这样做。

梁一村:但我觉得这个课程设置就有点问题。原、被告谈合同的时候出现一个就是改期限的口头条款,我觉得不是很意外,连续49周每周上2节课是很困难的。

杨博宇:或者说,在我们的日常消费中,普罗大众不会仔细审查合同,然后严格按照合同履行。可能销售说,合同这样签,但实际不按合同履约,消费者也就信任这样的说法了。

梁上上:我们这纯粹就是猜测,我们就不去考虑了。我们按照该案件事实来，就是现在判决书确定的事实。如果按照判决书确定的案件事实来讲的话，这样的算法是不是合理的？

袁崇霖：我觉得有3个比较有力的理由可以支持原告的计算方式。其一，是刚才咱们说的刷课方式，它可能涉及合同变更的问题，这里的判断还需要其他佐证材料。其二，从证据和举证责任的角度来说，双方认可该案合同成立生效，且消费者已经履行了付款义务，而案件中是被告袋鼠公司无法继续履行合同，导致发生了退款纠纷。袋鼠公司应当举证证明自己适格履行了相应的合同义务。对于这一点，该案最直接的证据就是袋鼠公司的刷课系统，其实袋鼠公司只要把这个系统澄清就不会再有计算问题，所以这是一个非常关键的证据。然而袋鼠公司在没有正当理由的情况下拒绝提供这个由自己控制和保存的证据，因此应当承担不利后果。退一步讲，即便认为对于实际上课情况应当由消费者举证，那根据最高人民法院《关于民事诉讼证据的若干规定》（法释〔2019〕19号）第95条规定，“一方当事人控制证据无正当理由拒不提交，对待证事实负有举证责任的当事人主张该证据的内容不利于控制人的，人民法院可以认定该主张成立”，也应认可消费者主张的剩余课时数。其三，这个合同约定确实也涉及格式条款效力的问题，而且一审裁判文书还援引了《江苏省消费者权益保护条例》第27条的规定，其中提到预付费金额不得超过5000元，且不得设定有效期。在这个案件中袋鼠公司与消费者之间的预付费合同是既超过了5000元，又设定了1年有效期，然后约定方式还疑似是通过格式条款的方式作出的，所以袋鼠公司提出的课时计算和退费方式的前提恐怕就有问题。另外，该案案情在我国消费者权益保护法实践中被称为“单用途预付费卡纠纷”，这类案件普遍存在商家利用优势地位欺压消费者乃至欺诈的情形。比如说，商家只计划开业1年，然后骗大家都来店里充值，承诺一个较长的使用期限，到时候却把这个钱卷跑了，这种做法比较常见。所以我觉得从这个角度上去理解，结合格式条款和当地消费者保护条例这两点，也应当作出有利于消费者的解释和计算。

梁上上：我个人认为这个课时费的计算：原告讲了几个理由，第一是袋鼠公司掌握上课系统，完全有能力举证证明剩余课时。那么，这个地方有一个问题是什么，剩余课时应该由谁来证明？这也是一个问题，举证责任在谁？按照民事诉讼法的原理，“谁主张，谁举证”。那么，车函倩自己认为剩余88课时，这个证明责任应该是分配给谁？

袁崇霖：我认为分配给商家没问题，因为消费者的合同义务就是付钱，付完钱之后围绕后续服务发生纠纷的，商家得举证自己提供了相应的服务，该案商家拒绝提供证据。至于消费者提出已经上过 8 节课，那是她自认的问题。因为商家不举证，消费者完全可以说自己 1 节课也没有上过。

梁一村：《江苏省消费者权益保护条例》也写了，就是说经营者应当保存合同及履行的相关资料，方便消费者查询，然后应该到履行完毕之后 2 年还保存。我觉得问题是消费者没有什么能力去证明。

杨博宇：举证责任在袋鼠公司这里。如果小朋友上了那么多课，你上课总得人来上，可以是物证，也可以是人证。比如公司可以找跟他孩子一起上课的家长或者老师，但是这些好像袋鼠公司都没做，它只是说我提供不出来了，就没有继续努力证明了。袋鼠公司有很多方法能去证明这个事儿的。

梁上上：这个地方究竟是买次数还是买期限？如果说是买次数的话，那么原告的算法是没有问题的。但是，这个合同明确约定，任意满足其一的话，合同解除期限到了，或者说课上完了都算结束。你们觉得还是支持原告，是吧？

杨博宇：其实我们初看都觉得第一个争议焦点，感觉好像没什么可想的，但是您提示后，我觉得这是个大问题。

梁一村：我觉得他最主要的问题其实还是一个合同的履行期限。

梁上上：对，这是怎么算的一个问题。其实它有两种方法可以计算，一种是按照课时来算，另一种是按照时间来算。如果说按照时间来算的话，我是可以算出来的。问题是，如果说按照时间可以算出来，那么法院为什么根据算不出来的方式来判？

梁一村：因为法院可能考虑到并肯定了对格式条款的后续更改。

梁上上：不，你不能说更改了格式条款。另外两个小朋友的培训合同的事情，与该案合同没有直接关系，只能说是一种辅助性的证据。所以它就存在一个问题，我是可以用时间来算出来的，剩余时间是比较确定的结果。相反，根据课时方式是算不出来，是搞不清楚的，系统没了，家长也证明不出来。那么，我为什么要放弃一种能够获得客观性结果的方法？

梁一村：我觉得这不行，这相当于是鼓励机构不提供证据，提供证据也不利于机构。而机构不提供，反而还对它更有益，因为它不提供的话直接就按照对它有利的方法去算。

梁上上:我的想法是,能不能这样？如果按照前面讲的这个合同什么问题都没有的话,比如说,这个合同现在距离履行期届满还剩下3周,即使是欺诈的话,3周的时间乘以3倍,这当然我可能把问题弄得复杂了。我讲这3周的3倍,按照《消费者权益保护法》第55条的最高惩罚率就3倍。

梁一村:但这里没有欺诈。

梁上上:是没有欺诈。我是按照欺诈这个计算方法,不是说有欺诈,是不是？这个是最高,根据这个我就可以划定一个最高的赔偿额度,我就乘以3,给你这么一个额度。

袁崇霖:但这样会不会"退款"的性质就变了？像是对于欺诈的赔偿？

梁上上:不是的。我不是说被告欺诈,我指的是计算的最大额度。因为欺诈是最严重的,是按照3倍来计算的。在该案中,我不说他欺诈,但是为了保护消费者,因为现在确实大家都提不出来,我叫他3倍赔你。

袁崇霖:明白。这听上去是一种中庸的解决方法。如果这样裁判的话,会不会在后续其他案件中法院都要求消费者承担比较高的举证责任,要求他提供诸如录音、录像等证据材料,否则就只能按不利于消费者的计算方式作出一个有上限的赔偿？

梁上上:那不是,不存在这个问题。我只是说我放弃了搞不清楚的,算不清楚的计算方法。

袁崇霖:明白了,您说在该案特定情形下,应当采取这种方式。

梁上上:我们为什么要把这个案例扣得这么细？我们在这里就是要给大家提供一种思考的方式。因为这里有两种方法,两条道路。一条路是很清楚的计算方法,另一条路是算不清楚的计算方法。为什么要去采用算不清楚的计算方法呢？什么是算不清楚的计算方法？一个说系统毁掉了,另一个说找不到刷课小票,原告与被告之间扯不清楚。

梁一村:我感觉他们不一定这么想。法官可能会顺着结果想判决方法。

梁上上:对,但我们现在讨论的是怎么样的结果更合理。我们讨论问题的前提是案件事实,这个案件事实是判决书明确认定的事实。但是,在这里,我们是从学者角度来考虑的。那就变为能不能给大家提供一种启发性的思考？你们觉得我这个前面说的,是不是有点道理？

袁崇霖:我有一点疑惑的是,法院的职责就是查明事实,分清是非,因此法院能不能因为不好算或者不好查明,从而就适用一种权宜的计算方式呢?

梁上上:他是可以算,也不用查明。我用剩余时间来算,不是就算出来了吗?

杨博宇:如果法官真这样判的话,反而会让消费者关注到事实,会让大众去关注到履行期限的问题。

梁上上:是啊,那是不是也是一种促进。

杨博宇:对。而不是让大众感觉我无所谓,反正签个合同。之后出现纠纷了,公司就得担责。而是让大家慢慢养成关注合同的习惯。

袁崇霖:有道理。

杨博宇:可能在该案中,因为法官肯定亲身经历了审判,他看到了原告、被告的表现。可能在该案中,如果给原告判个几百元或者3倍赔偿,原告吃亏了。但是从整个社会层面上来讲,会让大家养成认真对待自己合同的习惯。

梁上上:权利需要认真对待。我就给你消费者,也就是弱者,给你3倍的最高额度。对,我说的是最高的额度。但是在具体案件中,可以根据具体情况具体把握,比如说2倍。

袁崇霖:我还有一点小疑问,就是这里的"3倍"是怎么得出的呢?是因为即便是欺诈也最多只能给相应的3倍赔偿吗?

梁上上:我的意思是说不能超过3倍,不能达到11,224元。我觉得按照最高,最高就只能给你2000多元。但是具体多少?根据案件具体情况,我只能给你框定一个范围。

袁崇霖:那就变成781元了?

梁上上:那不是。比如说,根据你的过错,这个数据你确实提供不出来。

袁崇霖:数据又涉及次数的问题。咱们这里推理的前提是不按次数算,这个逻辑会不会出现问题?

杨博宇:为什么我们现在按时间算?是因为商家提供不出来数据。

袁崇霖:我还是认为数据的问题仍然是个诉讼法的问题,举证责任在商家,而商家却提供不出来。

梁一村:所以我刚才说这东西有个问题。商家提供不出来一个应该提供的东西,结果最后反而采取了有利于他的计算方式。

杨博宇:没有有利于他,袋鼠公司会被罚2倍。

袁崇霖:这个方法是折中的。

梁一村:我觉得是有利于他的。因为如果商家需要举证的话,他举证不能,承担的是11,224元。

杨博宇:可是这个原告也没有证明课时。

梁一村:我觉得肯定是服务提供者举证,举证责任肯定在服务提供者。

梁上上:这是最大的一个东西。就是说你再怎么弄,最多的赔偿也就是不能超过3倍。车函倩主张剩余88课时。其实这不叫自认吧,这叫自认吗?

杨博宇:是主张。那我们按合同来,期限只剩3周了。3周之内消费者也上不完88次。

袁崇霖:嗯,可以理解其中的逻辑。

梁上上:而且3周,其实是每周只提供2次培训。

杨博宇:对,现在是剩88课时,可是现在只剩3周,消费者能上得完吗?你上不完的话,那商家的利益呢?彼此约定的合同,消费者就不遵守了吗?

梁一村:这个判决书可能没考虑这么多。

梁上上:所以我的想法是,可以考虑采取时间的计算方法。因为它明确,是双方合同白纸黑字清楚写着的,所以不能舍近求远。课时的算法导致举证责任、论证这么复杂,时间算法就很简单,现在只剩下3周,一共781元。

这里的一个教训是,商家远比消费者聪明。如果培训机构答应可以按照次数算,建议消费者要及时修改合同。这样,消费者可以避免因为缺少证据而败诉,防止吃亏。

三、预付卡的问题

梁上上:预付卡确实在实践中也是常见的。特别是这些教育培训机构,预付卡的金额往往会超过5000元。还有一个问题就是,这个使用期限,像教育培训中一般都是有期限的。《江苏省消费者权益保护条例》第27条对预付卡作了规定,法院在判决中也引用了该条文。但是,不管是论证还是说理等其他方面,这个条款好像没有发挥什么作用。你们怎么看这个问题?

袁崇霖:商家可以不采用预付费的方式,这样的话就可以上一次付一次,或者把5000元预付款设为一档。我觉得江苏省的规定提供了一个合理的政策性引导,正是因为现在存在太多类似欺诈行为,给消费者权益带来了比较大的危害,才会有这样的规定。

梁上上:为什么你愿意一次性付款呢?能不能够说这也属于合同履行中的一次性付款?因为它实际上是原价 144,00 元,现在变成 12,500 元。这个算是对价,一个是打折,是赠送 2 次课时。

袁崇霖:如果从双方力量对比的角度来说,在解释的时候,既然现在没有其他证据,还是要偏向于保护消费者。因为我们现在做的推理只是在模拟当时的情形,也没有证据证明当时是不是明确约定说预付是一个价格,不预付是另一个价格。

梁上上:不是,他在合同中有规定。定价是 14,400 元,实际缴纳的是 12,500 元。所以是不是相当于一次性付款?

梁一村:肯定是一次性付都会变便宜,所以这个合同是有对价的。

梁上上:如果每次单次刷的话,可能就不够了。

胡天浩:但是我觉得它就相当于一种买多少送多少的模式,如果说以这种模式去规避预付的这种规制的话,是不是从解释上来看会不太合理。

梁一村:我觉得肯定规避不了。无论如何都是违反了《江苏省消费者权益保护条例》,里面明确写着预付卡不得超过 5000 元。

梁上上:就是这么一个问题。这是不是属于预付卡?什么叫预付卡?

袁崇霖:我看到预付费消费合同的概念是指在消费市场中,消费者根据经营者提供的营销内容,与经营者订立的先交付费用后获得商品或服务并进行结算的合同。我理解的该案情形应该算是预付费,也可以说是预付卡。

梁一村:我觉得这个肯定叫作预付卡。

梁上上:如果是预付卡的话,那么不得设定有效期。如果超出的话,会不会影响合同的效力呢?

梁一村:但是我觉得这里有一个问题,《江苏省消费者权益保护条例》可能会有保护过头的问题。预付卡不得设有效期限可能过于严格,让提供方责任过重。那么,企业经营者基本上就不会采取这种预付形式了。

梁上上:这地方是不是存在这么一个问题,是不是说所有的预付卡都不得设定有效期?比如说,在理发店的预付卡是这样的,交 2000 元打 9 折,交 3000 元打 8 折,交 5000 元可能就打 5 折。就这样,但也没有期限,随便你一年、两年都可以使用。它没有期限,但是教培行业有没有期限?

杨博宇:应该要有,比如早教,也就孩子那几年需要,毕竟不可能终身早教。

胡天浩:对,不然可能就需要改变被服务的主体了。

梁上上:让消费者来选择。

杨博宇:换句话说,预付卡设了期限,又会怎么样?

袁崇霖:期限实际上对消费者是不利的。

梁上上:当然是不利的,但是从客观来看,它是不是在不同的行业是不一样的,是不是?比如说像儿童早教不同于理发行业。

梁一村:如果说预付卡不得设期限就相当于终身制,我感觉按照美国法的思路,他们一般在合同中是讲究要有对价的。如果说这个东西不是一个法律规定的话,可以想象到一个合同要把它期限无限延长的话,一定要给很多的对价。但它在这里相当于是一个强制性的免费性的权利赋予。

梁上上:长期以来,像刚才袁崇霖说的,这种预付卡欺骗消费者比较多,欺诈比较多。有的时候,一家理发店,大家把钱存进去,过了 1 个月理发店就卷款逃走了。

胡天浩:《江苏省消费者权益保护条例》还是建议商家不要去搞这种预付卡形式,这个预付卡就是比较容易出现这些风险的。

梁上上:另外,比如健身房,有的健身房的卡可能是 1 年期,你不去不就无效了吗。

袁崇霖:但它那个是期限卡,似乎还不太一样。健身房一般在 1 年内会不限次数地提供服务。该案的服务内容是以课程节次作为单位,而健身房主要就是提供一些健身设施供消费者使用。

梁一村:它这个更准确地说应该是像健身房的私教课。比如,我家门口那间健身房,他的私教课是没有时间限制的,隔了好几年还有效。

梁上上:我们能不能说这个合同是无效的?如果说这是一个有效合同,我是不是该按照合同来执行?

袁崇霖:我觉得它不影响合同本身的效力,只是部分条款可能会无效,因为它的服务内容本身不违法。

梁上上:只是支付条款无效。

梁一村:自始没有法律约束力。

袁崇霖：这可能会比较复杂，里面涉及3个部分，一个是储值的约定，一个是次数的约定，还有一个是期限的约定。

梁上上：就是说，在《江苏省消费者权益保护条例》第27条中，支付条款就是预付卡条款。那么一个是不能超过5000元，一个是不得设有期限。

梁一村：但问题是原告钱也付了，履行期限基本上也到了。

胡天浩：如果按照条款无效的立场，那5000元内的预付款应该是有效，但是1年期限的约定应该是无效的。

梁上上：能不能认为预付款条款就是无效的，或者说如果无效怎么来处理？这其实也是一个挺难的问题。或者说这一个预付卡条款不得设定有效期，它只是对预付款的一种管理性规定？

杨博宇：老师，其实您看判决书，这里也很有意思，法官把《江苏省消费者权益保护条例》第27条说了以后，没有做任何评价或者法律推理，使得他的结论和《江苏省消费者权益保护条例》之间是没有关联的。

杨博宇：违反之后，怎么进行法律评价？如果违反了预付款不得超过5000元的规定，合同就无效的话，那大范围的合同全无效。

梁一村：期限的问题，可能他们在履行过程中已经解决了。

梁上上：不，它一个是合同的期限，一个是预付卡的期限，是两个不同的概念。

梁一村：为什么会不同呢？

梁上上：如果说我这个合同的履行到期了，那么我的履行义务就已经完成了。也就是说，你这个在卡里的钱也就用完了。

胡天浩：他写在这里还是为了给后面课时计算铺垫政策上的背景，不过更多的是体现在有效期上而不是5000元的额度上。

梁上上：有效期。预付卡的有效期跟合同的有效期，是两个概念。虽然说你这预付卡，比如说你存10万元，你可以终身使用，但是我这个合同履行期届满了，比如说合同履行1年的对价就是3万元，我3万元是1年后到期的，那么根据这个合同，要把你这3万元给我了，剩下的7万元可以继续存在。对吧？就像你的这个账户或者这个钱包一样。你合同履行到期的话，你这个合同的12,500元，你还是要给我的，是不是这个道理？

袁崇霖：不过，预付的那部分会不会涉及期限届满之后返还的问题？

梁上上:这里说的是江苏省的材料,这个条例规定预付卡不得设有效期。我们就说它长期有效,对不对?但是这个合同是可以设定履行有效期的,是不是1年?所以合同的有效期跟预付卡的有效期是两个不同的概念,完全不同的概念。只要这个合同履行到期了,我的履行任务就完成了,那么这个钱就应该给我了。这里的对价是多少?12,250元,这个钱就要给我了。

梁一村:你的意思就是用这个合同去绕开这个预付卡条款是吧?

梁上上:不是绕开了。

胡天浩:就是说,我的履行以时间而不是以次数为单位,我履行完1年后,合同义务已经完成,所以我可以直接取走你放在预付卡里的对应的钱。

梁上上:对。如果预付卡里存了5万元,扣除12,250元,还有37,750元,它可以继续交易,这里是没有期限的,是不是这个意思?

胡天浩:这个更像是健身房那种以期限为计算方式的模式了。

梁上上:对,以期限为基本标准,所以这里的关键是写了两种计算标准,一种是你98次全上完了,你就完成履行义务;另一种方式是以1年为期。而且规定这两种计算方式,只要有一个满足,合同就算履行完成。

梁一村:按照合同法的思路,合同中存在不符合法律的强制性规定条款的,把这部分不符合的条款剔除之后如果合同完整,则合同仍然有效。按照江苏的在预付卡条款中不能设有期限的规定,就按次数计算,合同正好不是已经提供了一个算次数的方式了吗?就是把8次已经上的课时全计算上,就按照这个计算就可以了,把期限的计算方式给剔除掉。

梁上上:为什么剔除掉?

梁一村:因为它与强制法相违背。剔除违背强行法的部分,也不影响合同成立。

梁上上:它没有违反强行法的规定。

梁一村:不是设有期限吗?期限不是1年吗?

梁上上:这里的1年是我合同的履行期限。比如说,我是提供早教服务的机构,我说我给你服务1年,能够说这个合同是无效的吗?

袁崇霖:这个不行,因为这里的期限只是针对合同义务的履行而言,它不是针对预付费设定的。

梁上上:对。如果说我这个合同是有效的,你就按照合同来履行。

袁崇霖:如果是这样的话,所有的预付费的期限都可以转为约定的合同履行的期限,似乎又产生了原来的问题。

梁一村:我感觉这个思路就像是通过设一个合同来绕开预付费的限制。比如说,预付卡永久有效,预付卡与合同又是两部分,合同的履行期限是1年,预付卡期限是无限的。

胡天浩:我感觉跟预付卡所处的行业还是有关系。健身房约定1年肯定没问题,但是这个早教课或者说健身房的私教课还是应该以次数,也就是消费者具体享受到几次课程服务来作为履行对价,不然这对消费者来说似乎不太有利。

梁一村:我感觉这预付卡特像一个账户,这个账户里面是现金。比如说,你在这个预付卡里面投了5万元,合同履行期就1年,然后你在这一年里花了2万元,剩下的是3万元。这意思就是在账户里的钱就冻结住了,除非你继续跟我们签订下一个合同。

梁上上:你3万元都是长期有效,但是这个合同履行期结束了,也就是我的对价也给你了,我对价不是履行了吗?一些培训服务,我提供的课时完成了,时间的完成,就算完成履行了。

杨博宇:这个很奇怪,在各地消费者保护立法中关于无期限的预付卡规定好像不多,我刚刚看了一下,上海、甘肃都没有这个规定。

梁上上:挺有意思的,是吧。反正有一点是肯定的,预付卡的有效期跟合同的履行期不同,一个是预付卡,叫有效期,另一个是合同,叫履行期,是不是?这两个是完全不同的概念。

袁崇霖:履行期是不以预付费为前提的,其他合同也都可以约定。如果是约定在履行期内提供特定服务,履行期届满,没有其他情况,合同义务就算履行完成了。

梁上上:我给你提供家教,给你辅导1年语文课。我们说好是1年,你付我1万元,然后我们的履行期是多少?1年。我们的计算标准是按照1年来计算的。

胡天浩:无论你去不去,这1年到了,就视为梁老师已经完成任务了。

梁一村:我明白了。博宇怎么理解这个?

杨博宇:梁老师的意思是期限卡。

梁上上：两个意思，跟卡没关系。一个是合同的履行期，履行期结束，这个合同就履行完成了，你要给我1万元。那么，你这1万元，可以从你的微信转给我，是不是？你也可以从银行里取现金给我，你也可以在我这里办一个预付卡，预存10万元。假如这样现在的对价是1万元。我把1万元提走了，你在我的预付卡里面还有9万元，那么对于剩余的9万元，它是没有期限的。

梁一村：我觉得这就是通过合同去绕开预付卡不得设有期限的规定。

梁上上：预付卡条款本身不是指预付卡设定期限。比如说，预付卡里有10万元，你只能用1年，如果1年不用完的话，你这个卡就没收了，9万元就归他了。

梁一村：我觉得《江苏省消费者权益保护条例》第27条的根本意思就是想让预付卡不设有期限。它的法益可能就是让消费者权益的期限可以再延长一点，在实现期限方面可以延长一点。但是，如果我们把合同和预付卡区别开来，我感觉我们理解的预付卡跟《江苏省消费者权益保护条例》的好像不一样。

梁上上：因为这个预付卡就是这样来的。怎么来的？就是你把钱存到卡里去，在一定的时间内用不完，那么你就把这个钱给他了。所以，预付卡的关系跟合同的关系是两个不同的关系。

梁一村：它其实就像个银行账户，对吧？

杨博宇：可是法官为什么把这个列在消费者条例中，也不进行法律评价。

梁上上：这就是我们要说的，要通过对这个案例的分析促进法律的一点进步。如果说我们今天下午讨论的无非就是传授知识点，仅仅传授知识点，这对促进法律没有大的帮助，是不是？我觉得这个预付卡的问题已经搞清楚了。那么，超过5000元的合同怎么来解决？

杨博宇：我刚看了一下北京关于教培的规定，也写到不能收超过60课时的费用。它的核心逻辑是通过降低消费者预存的额度来控制风险。

梁上上：对，从立法的本意来看肯定是这样。

杨博宇：对，但是它又造成一个事实，就是普遍违法。我也看了湖北省条例，它就没有提这个事，而是认为商家可以搞预付，金额也可以不设上限，也可以设有效期，但是你的资金得监管。因为别人只是把预付的钱放在你的账户里面，但是那一部分还不是你的钱，你得通过你的服务或者商品把它转换成你的钱,所以监管的逻辑应该不在于通过额度和期限来控制风险,应该通过监管账户来实现。

梁上上:对,这是一个方向。

梁一村:那预付卡的意义在哪里?

梁上上:预付卡就是你把钱打给服务提供方之后,这个服务机构就拿到这笔钱了。他拿到这笔钱之后,他就可以充分把它利用出来了。比如说,他可以去投资,他可以到银行去理财。

梁一村:他可以直接把给他的所有的钱都拿出来去投资吗?不行吧?

梁上上:但是这个钱已经交给他了。

杨博宇:按照刚刚的监管逻辑,如果消费者协会具有这个功能的话,钱就放在消费者协会。就像我们用的支付宝一样,像我们用校园卡一样,你为什么去刷校园卡?那样方便结算。

梁上上:我们不是也向饭卡里面打钱进去吗?这个功能和我们打钱入卡的功能是一模一样的。

梁一村:我觉得它不一样。打钱入卡是因为在食堂里只能刷校园卡。我觉得,如果说在校园里所有地方能用微信的话,其实没人会去圈这个钱,没人会把钱放到卡里。所以,我觉得他们不太一样。

梁上上:对,从方便的角度来看,不一样,你讲的也对。

梁一村:预付卡的逻辑是留住客户?意思就是钱放到预付卡里,他就拿不出来了。

梁上上:那是的。

袁崇霖:不过这里我觉得是消费者保护条例为了保护消费者的权益,才特别把这种交易模式固定下来,设定了对于商家比较严苛的规范。它本质上表达的是不鼓励预付费的立法倾向。

梁上上:对。它是不鼓励,但它没有禁止。

杨博宇:但是没有预付也不行,因为也得保护商家的利益。比如说,我们说搞教培的,我对市场得有个稳定的预期,才好确认聘用老师的人数。商户能够通过预付金来预测未来的经营情况。

梁上上:预付卡有很多的功能。一个就是刚才说的可以预测我有多少的生源,我要雇多少老师,可以对我的管理成本、运营成本做一个测算。另外,收到这个钱之后，我也可以进行利用。

梁一村：主要目的是圈住客户。

杨博宇：按照之前的监管逻辑，商家自己用这笔预付款，应该不太可以吧？

袁崇霖：现在一般都是商家根据自己的意愿任意使用这笔预付款，甚至成为一种负面的“商业模式”，所以大家往往对此深恶痛绝。

杨博宇：商家事实上也可以挪用，但我们觉得应然上商家不可以。

梁上上：那是的。但是，这个地方怎么样去理解它这个概念？因为这是一种金钱，金钱转到他的账户之后，不就他的了吗？

袁崇霖：对，那肯定。

梁一村：一般来讲，一个人在预付卡里放钱，一定是因为有什么对价，对吧？

梁上上：对。比如，本来是14,400元，现在是12,500元，便宜了1900元。再赠送2次，这样96次变98次了，相当于是2000元。

袁崇霖：所以它在这里要设定期限和金额，不然的话就变成一种金融性质的证券了。

杨博宇：并且我觉得讨论下来，《江苏省消费者权益保护条例》第27条其实挺没道理的，就是你控制风险的方式，你是让他以普遍违法的方式来实现。第二点，更好的方式应该是监管。你把账户监管起来，其实这个东西交给消费者去决定就可以。

梁上上：账户怎么监管？

胡天浩：要把预付金打到他们一个固定的账户。

梁上上：就是打到第三方账户吧。

梁一村：可以跟支付宝一样。支付宝是用户点“收货”，这个钱才打给商户。在此之前，钱是放在支付宝里面的。

梁上上：这也是一种办法。

杨博宇：现在北京的做法是在区级文化和旅游部门的指导下，自主选择一家北京辖区的商业银行，作为存管银行，并与银行签署预付费存管服务协议，开立唯一的资金存款账户，将预收资金转入该账户，然后纳入监管范围。

梁上上：这是关于预付卡的，是吗？

杨博宇：就是预付这种消费方式，北京的一个规定。就是说，你得选一个银行，跟它签那个协议，然后你的预售资金只能进入这个账户。但它也规定了不得一次性收取或变相收取超过 60 课时，或者时间跨度超过 90 日的培训费用，且不得超过 5000 元。

梁上上：具体的名字给我说说。

杨博宇：叫《北京市营利性文化艺术类校外培训机构培训课程预付费管理办法（修订）》。

梁一村：主要是这种预付账户，它应该是培训机构去开的，对吧？洗头剪头发这些也有预付费，实际上这些提供服务的服务方，它要怎么保证这些资金不会混同？

袁崇霖：专户专用这个问题，我记得赵廉慧老师之前说预付费应该设计成预付费信托。

梁上上：我们刚才说设置专户也是一种方法。但是它存在一个问题，比如说额度比较小，对，我是不是要每次去，如果额度比较小，比如说 3000 元，像我们理发也要去这样弄吗？

杨博宇：是的，银行托管也是有成本的。

梁上上：我觉得这个有点类似于商品房买卖中的三方监管账户，有的也可能是统一管理起来的一个账户，这个账户是一个资金池，在这个资金池里面就无法区别是我的还是你的，怎么监管？

杨博宇：对，总额控制。

梁一村：就是说我今天收了 100 个人的费用，我放到一个账户里，形成资金池。账户被银行或者政府监管，比如要从里面将资金提取出来转换成培训机构的钱，就要给一个培训记录，这个培训记录是两边都能看得见的。银行也可以看到培训了多少课时。这时资金池就有一个潜在的担保的意义，因为消费者害怕的就是培训机构或者服务方卷钱跑路。

梁上上：对，主要是这个问题。

梁一村：它的主要问题是数额很小，性价比低。

梁上上：对，成本太大。你像房地产这样的行业应该有独立账户，像信托也有独立账户，信托公司破产的话，是不影响受益人的利益的。

杨博宇：可不可以这样理解：所有的这种有预付性质的款项都应该把它监管起来？

梁上上：这个地方存在一个问题，监管是应该的，但是肯定不能全部监管。

比如说，我们是不是应该设定一个额度，超过多少额度我们才监管，比如超过1000元。否则，你想情况多复杂，如果一人一个账户的话，假设你在一个理发店把1000元存进去，他去银行给你开一个你的账户，每次扣钱要经过你的同意，那多复杂啊。预付卡问题太复杂，与该案关系也不是很大，我们就讨论到这里吧。

四、柜台认定与法律适用的两种路径

梁上上：我们进行下一个话题。下一个话题是苏宁公司要不要承担责任，要承担的话，承担什么样的责任？胡天浩，这个案子是怎么判决的？

胡天浩：在这个问题上，一审法院与二审法院是有分歧的。

一审法院认为应该依照《消费者权益保护法》第43条，要求苏宁公司对原告承担连带赔偿责任。一审法院主要提出了4点理由：第一点，苏宁公司与袋鼠公司之间不是简单的房屋租赁关系，苏宁公司对袋鼠公司的营业工作有一些限制性规定，所以苏宁公司应当被认定为第43条中的柜台出租者。第二点，袋鼠公司已经停止运营，苏宁公司也已将案涉商铺收回，双方之间的合同已经结束，也就是满足第43条所说的柜台租赁期满。第三点，苏宁公司有一笔袋鼠公司提供的保证金，它是有能力去承担赔偿责任的，所以苏宁公司代替袋鼠公司去承担赔偿是可行的。第四点，苏宁公司作为商场的管理者，获得了经济效益，也需要承担此类责任风险；而且消费者选择进行预付款消费也是部分基于对苏宁广场的信任，所以从保护消费者权益的角度出发，苏宁公司应当对消费者承担连带赔偿责任。

二审法院的意见跟一审法院相反，认为苏宁公司不应当承担连带赔偿责任。二审法院主要提出了3点原因。第一点，苏宁公司作为商场，并没有与车函倩签订合同，而且也不属于袋鼠公司与车函倩之间的合同的一方当事人，承担责任没有合同的依据。第二点，法院认为第43条的立法本意，包括一个非常重要的前提，就是消费者无法找到具体的交易对象或者说商场租赁柜台的主体不清；在这种情况下，消费者才可以要求出租方承担责任；但在该案中，袋鼠公司主动与消费者联系后续的退款事宜，并没有存在经营者不明的情况。第三点，苏宁公司对袋鼠公司的管理,仅涉及对自己商场的正常经营,保证金也只是用以确保租赁合同的履行,而不是用以代替处理纠纷的,所以说不应该以保证金为由要求苏宁公司承担这个责任。

梁上上:一审、二审出现了不同的观点。大家怎么看这里的法律适用?

梁一村:我感觉很奇怪。我不知道二审法院对第 43 条的理解是从哪里来的。因为我在网上没有找到这种依据。那是什么意思?好像说第 43 条就一定要在消费者没有方法,或者说难以辨认主体是谁,或者说没法联系到原合同的相对方的时候才能适用。二审法院对第 43 条有一个缩限解释。法院说这个条款不应无限扩大,应有明确范围限制,但法院没有相关依据,这范围是谁定的,也没有司法解释。

梁上上:二审法院把它叫作维权困局。

梁一村:我觉得是存疑的。这个维权困局是法院能定义的吗?或者说对第 43 条进行理解的依据是什么?反正我觉得法院这个理解可能有点超出它的解释权限了。因为很明显,第 43 条就给出几个要件,在展销会或者类似地方接受服务或者销售,期满之后可以向展销会的举办者(或者出租者)要求赔偿,然后举办者应当承担连带责任,但举办方可以向原合同的相对人追偿。但是,我觉得如果说二审法院认为这一法律条款不应该适用,也就是说法院认为第 43 条不能适用,苏宁公司不应承担连带责任,应该换个方法去论证。法院应该说这个东西跟商铺,跟展销会不一样,我觉得从这里论证法院缩限法条的适用范围,要更合适一点。就是说,通过论证这个东西可能跟我们传统的展销会不是一个概念,就可能驳回一审法院认为它是展销会的推论。我觉得这样可能会好一些。因为我认为展销会是有流动性的,像什么宠物大会、美食节那种只开一周的,或者说什么电子设备展,这种才是传统意义上的一种展销会。

梁上上:既然这个结束之后可以找展会举办者承担责任,那解释一下为什么柜台不可以?柜台租赁期满也可以找商场承担责任。

梁一村:这个算柜台吗?我觉得柜台也是挺老旧的一个说法。

杨博宇:这个法条在 1993 年《消费者权益保护法》中就有,到现在都没改,你说得很对,它看着就很古老,到现在都没改过。

梁一村:二审具体怎么去解释,怎么去推断,那是后面的事情。我就是说二审这个论证不能按照法院自己的理解去改这个法条的内容。

杨博宇：法官没改，法官说第一不是展销，第二不是租赁柜台。

梁一村：二审说，应该在存在维权困局的情况下才用，然后缩限了第43条的适用。

梁上上：现在是不追究苏宁公司的责任。

梁一村：我的观点是，这第43条的要件写得很清楚，一审法院对要件逐个进行了分析。二审法院如果要驳回一审法院的判决，就应该从这几个要件来驳回。

杨博宇：对。第一层，它是不是构成展销和租赁柜台。可能这个法条比较老，是1993年立法的。那我去银泰商场里面租一个展柜，比如说我租一个商铺卖知名品牌，那这商铺算不算租赁柜台？或者，我在某个商场里面租一个小柜子，这个可能算柜台，但是对于我刚说的第一种情况，那个很难界定叫租赁，我可能租赁的是商铺。第二层，维权困局确实是法官解释出来的。第三层，一审法院在判决中提到了保证金的事情。

梁一村：我觉得完全没有必要提保证金，以及车函倩是不是看在苏宁平台的信誉商誉的情况下进行消费，因为法条没有提及。杨博宇的观点是哪个？结论是什么？

杨博宇：跳出该案来看，就看第43条，其实现在展销会还是很多的，但像租赁柜台，比如说像我们去逛商场，其实很少有看见的。二审法院的观点就是以维权困局为前提的。

梁上上：这一点我们可能是需要明确一下，什么叫租赁柜台？租赁柜台的话，大家可以去五道口优盛大厦，其实这里面都是租赁柜台。比如说华为店，苹果店，周大福，然后像楼上卖衣服的，其实这些都属于租赁柜台。

梁一村：你觉得全聚德是柜台吗？

梁上上：全聚德不是，它是很明确的一个，分门别类的一个。

杨博宇：但有些店也是在商场里租的。比如海底捞，这种店面很大的商家也经常开在商场里。

梁一村：像学校旁边的全聚德，它占了一整层楼，它是不是？

梁上上：柜台租赁或者说商铺租赁，它都是在一个市场里面的，我们这边是不是要有一种共识？

杨博宇：比如说像开在非常豪华的写字楼里面的律师事务所，它算租了一个办公室。在写字楼里面,它算租了一个租赁柜台吗?这好像跟我们说的全聚德,或者海底捞那种差不多。

梁上上:这写字楼跟商场是不是一样的?

袁崇霖:这肯定不一样,因为商场有一个统一的商号,一定程度上是统一对外营业的。

杨博宇:但它也没有规定必须是写字楼。

袁崇霖:我理解的租赁柜台,更像是我们小时候那种老式的国营百货大楼里面,围起来一圈,或者各自一个铺位各自经营的那种柜台。

梁一村:我也觉得就是那种。

袁崇霖:它的一个重要特征似乎是它会有一个统一的柜台来结算。不管商家是卖 a 品牌还是 b 品牌,届时成交后商家会给我开一张小票,然后我到最中间的柜台去结算,签完票我再去把商品拿走,这个是我理解的最直观的租赁柜台。这个时候我很难区分我的交易相对方是谁,而百货大楼是很好识别的,毕竟它收了钱、开了票。但是像现在新式的商场,基本上都是我直接和商家做交易,而且大家也都有一种惯常认识,就是认为每个商家都是一个独立的公司,它有自己的商号、标识、门牌。在这种情况下恐怕很难认为各商家与商场的经营者是同一个主体,因为大部分人都能清楚地知道,比如万达广场、万象城,它是商业地产商,里面入驻的商家则是不同的商家。

梁上上:对。其实我可能搞混了,我觉得在该案中袋鼠公司跟商场是两回事,是吧?商场是商场,公司是公司。那二审为什么会把袋鼠公司认定为柜台呢?一审说是可以向苏宁公司请求赔偿的。我觉得在该案中,其实我是支持你们的观点的。该案其实跟苏宁公司没有关系,是不是?这个肯定就是这样,袋鼠公司是袋鼠公司,苏宁公司是苏宁公司。

杨博宇:老师,现在关于租赁柜台的认定在实践中形成了 3 个看法。第一个是承租人的租赁点是否固定,面积大不大,是不是能够有别于我们大众常识中的商场柜台。第二个区分点就是承租人是否有高度辨识的品牌标识,是否以自己的品牌进行活动,如果说消费者进行消费是依赖于品牌商誉,那么就应认定承租人不属于租赁柜台。第三个就是是否存在统一收银。袁崇霖师兄刚刚说的那种,就是说如果是统一收银,那么可以默认商场对它进行了一个管理,所以说商场应承担相应的一些责任。这是关于租赁柜台认定的 3 种观点。

梁上上：二审是苏宁公司不承担责任，一审是承担责任的。这就是一审合理还是二审合理的问题。

胡天浩：但是，如果这么去考虑租赁柜台的认定的话，它跟展销会的差距就好像太大了。如果说租赁柜台要满足统一收银等条件，那么在第43条中，它与展销会的并列是不是会有点问题，毕竟展销会并没有这些形态。第44条把它们放在一起，要求承担连带责任，肯定是因为两者之间存在共性，而且这个共性也应该是判断租赁柜台的重要标准。如果说满足了这个条件，即使没有满足各位师兄前面说的条件，我觉得还是应该被认定为租赁柜台。

梁上上：这也是一个问题。

杨博宇：对。然后还有一个问题就是如果说我们采取那种标准，租赁柜台现在好像都已经不存在了。现在基本上很少有像以前一样统一结算的商场了，那相当于租赁柜台都已经被架空了。按照我们刚才理解的那种，就是统一收银，然后你又不能有自己的标识，你又不能有自己的太大的商标印在上面，我们去逛商场不都是看商品的商标嘛。

梁上上：袋鼠公司租的其实是像五道口这种，袋鼠公司其实租的是场地。

梁一村：博宇，你是支持一审还是二审？

杨博宇：其实我比较偏向于一审。

梁一村：那胡天浩呢？

胡天浩：我还是支持二审。

袁崇霖：我也支持二审。

梁一村：我支持一审。

梁上上：梁一村、杨博宇，你们说说为什么支持一审？

梁一村：我刚刚说了，因为一审的说服力明显比二审强。一审根据《消费者权益保护法》第43条的要素进行论证，然后发现苏宁公司满足所有要素，所以苏宁公司需要承担连带责任，因为法条是这么写的，但是二审法院就作出了一些改变。

杨博宇：我跟梁一村的观点相同。而且我还认为，从案子实质性解决的角度来看，你将责任判给一个都已经搬走了的人，消费者最终是无法得到赔偿的，此案如此，其他的案件也是如此。从更大意义上来讲，我觉得要加强商场对自己商家的甄别。当然我知道其实二审的逻辑也是说得过去的，但是二审逻辑有个问题，它还是没有关注到适用“租赁柜台”的前提，就是说袋鼠公司是租了一个商铺还是租赁了柜台，二审没有回答这个问题。

梁上上：袁崇霖的意见呢？

袁崇霖：首先在文义上，现在这种商铺，尤其是该案面积达到650平方米的独立商铺，是没有办法涵摄进《消费者权益保护法》第43条“展销会”或者“租赁柜台”范畴的。而且《消费者权益保护法》的规定是封闭列举，所以不能直接依据文义适用这一条。其次就要看是否要进行目的性扩张。按照“同类事物同类处理”的原则，就要考虑这种商铺和租赁柜台的本质是否相同，是否可以落入相应的立法目的范畴。我有两个理由认为它们是不同的。第一，它们本身所具有的利益关系特性不同。展销会和租赁柜台在本质上有一个相似的地方，就是它们的出租方（或组织方）和承租方（或展销商）利益具有比较高的同向性，而消费者往往是出于对出租方的信任，才到这些场合消费，通过与承租方的交易，进一步巩固了这种信任。比如，进口商品博览会或者食品博览会，它是有一个销售主题、展会品牌的。在这种情况下，消费者更可能是为了整个展销会来消费的，在这个过程中若在某个商家处消费了，消费者甚至很难分辨自己具体是在哪个商家消费的。那么，将来消费者受到损害，办会的一方可能就要去承担责任。还有统一结算的老式商场，消费者也是因信赖商场本身的信用和信誉，才作出了在柜台上消费的决定，消费者无须再识别柜台背后的承租方是谁。此时，如果还要经过商场统一收银结算，就更加强了这种利益特征。更不用说这些出租方在招商时，利益就与承租方有了一定程度的捆绑。但是，现在的新型商场与其中商铺之间是一种比较纯粹的商业地产租赁关系，店铺经营的好与坏，与商场本身利益没有直接关联。消费者也可以直接识别店铺的经营者，冲着具体店铺来消费。第二，它们的经济实质也不一样。《消费者权益保护法》第43条在经济上之所以是合理的，是因为对于过去这些临时性的展销铺位、租赁柜台，对它们的产品质量和经营能力最有能力进行监督和评估的，就是组织者和出租方。此时把责任分配给组织方和出租方，就可以督促他们发挥监督作用，以最低的成本去监督承租商家。但是，综合性商场的经营者作为地产商，很难说有能力去对各色独立商铺的履约能力进行评估。如果给这些没有能力监督的人施加一个严苛的责任，不仅在经济上不效率，而且按照经济学的推理来说，给他设定的负担，只会通过涨租金传导至商家，进而又传导给消费者。最后就等于是广大消费者一起分担了部分消费者所面临的潜在风险，这是不合理的。所以我认为不能进行目的性扩张解释。因此按照原意去理解和适用的话，那本案情形就不属于《消费者权益保护法》第43条应该适用的范围。

梁上上：好的。胡天浩呢？

胡天浩：但是，我觉得袋鼠公司仍然属于租赁柜台。租赁柜台的范围非常广，应该是能把商场里面大多数的主体给囊括进去的，法条设定的准入标准重点更多应该是场景而不只是主体。法条要求展销会结束或者柜台租赁期满之后才能成立连带责任；但如果理解为是出于对商场的认可、信任等理由，那么消费者应该在展会进行的时候，柜台租赁期没满的时候，就可以进行追偿，不应该设定这么一个特殊的时间要件。所以说这里边的指向就非常明确，期满之后会形成一个什么后果？自然是很有可能找不到人了。找不到人时，你让商场去承担责任，我觉得这是立法所设想的情境。如果将消费者信任或者成本控制作为认定的根本要素，就不需要期满或者结束这样的时间要素。所以说我觉得应该是在一个很难找到商家的情况下，让商场或举办展会者去承担这个责任，也就是二审法院说的维权困局的情形。

梁上上：为什么规定期满？是因为很难找到。如果说我可以找到的话，我就可以先直接向承租人要求赔偿。

胡天浩：对，没结束前，责任人还是容易找到的。所以，法条去区分这两种情况，这就说明它的目的应该是指向这方面。

梁上上：所以在文义中有一个为什么要规定期满的问题。其实，这是第一个问题，就是该案被告算不算是柜台的问题，是不是？如果说不是柜台的话，第43条就没有适用空间了。袁崇霖的意思是说这不是柜台，是吧？

袁崇霖：对。

梁上上：这是一种思路，那么第二种思路呢？

其实这个很好，这两种思路出来就很好。这是因为，在这个判决中只有一种思路。我们在这里就提供两种思路了，非常好。我们提供的一种思路是认为它是柜台，另一种思路认为它不是柜台，是不是？如果说认为它不是柜台的话，那就不能适用《消费者权益保护法》第43条，我们就直接找袋鼠公司了，不能找苏宁公司来承担责任。这样，解决问题就很简单了。我们可以讨论一下这种思路。另外一种思路就是袋鼠公司是租赁柜台。一审、二审都是采取这种思路，这种思路也可以。胡天浩,你对这种思路是有充分准备的,大家可以听听。

胡天浩:刚才说的是第一点理由,就是从法条的文义本身可以判断它的立法目的。

第二点理由,通过立法者提供的阐明立法目的的文件,也可以直接了解该条的设置原因。在《消费者权益保护法》第43条设置之时,出现了很多承租方卷款跑路,然后消费者找不到人的情形,因为消费者能获得的信息相对来说其实是比较有限的。于是在这种情况下,立法者认为应该赋予消费者一个去向更容易找到的商场寻求损失填补的权利。因此,从义务的视角来看,商场的义务更类似于事后找到经营者,而不是事先进行筛选。

第三点理由,是从各方利益结构的衡量来看。将维权困局作为《消费者权益保护法》第43条的适用前提,虽然更有利于该案中的出租方以及出租方群体的利益,不利于该案中的消费者以及消费者群体的利益,但更符合消费者权益保护法的制度利益。《消费者权益保护法》并非一部仅保护消费者,而排除经营者权益的法律,它的核心利益仍在于维护消费活动中买卖双方诚信交易的有序。而在经营者明确的情况下要求商场承担责任,无疑是将商场对经营者的筛选义务提高到了一个几乎无法达到的地步,是对消费者的过度保护,违背了制度利益。

第四点理由,大家可以看《消费者权益保护法》的第44条,该法第43条与第44条的结构非常相似,甚至在上次修改的时候,二审审议稿是把这两条放在同一个条文中的,说明两者之间其实存在比较大的共性。当然,它们有一些不太一样的地方,所以最后还是拆分出来了。

梁上上:这是从立法解释的角度来看,是吧?大家注意一下第44条,对吧?第44条是怎么规定的?

杨博宇:第44条第1款的规定是,消费者通过网络交易平台购买商品或者接受服务,其合法权益受到损害的,可以向销售者或者服务者要求赔偿。网络交易平台提供者不能提供销售者或者服务者的真实名称、地址和有效联系方式的,消费者也可以向网络交易平台提供者要求赔偿;网络交易平台提供者作出更有利于消费者的承诺的,应当履行承诺。网络交易平台提供者赔偿后,有权向销售者或者服务者追偿。第2款的规定是,网络交易平台提供者明知或者应知销售者或者服务者利用其平台侵害消费者合法权益,未采取必要措施的,依法与该销售者或者服务者承担连带责任。

胡天浩：特别是第 44 条第 1 款与第 43 条非常相似。但是第 44 条有一个比较特殊的地方，它有一个要件，网络交易平台不能提供销售者或者服务者的真实名称、地址和有效联系方式的。其实，这个要件跟维权困局非常相似，维权困局也是找不到，第 44 条第 1 款只不过是以网络平台的提供义务来表述这种情形。两者的情形非常相似，都是向网络交易平台以及商场这样易于寻找的主体寻求损失填补。所以，我觉得基于体系上的统一性，其实第 43 条也暗含着这样一个前提。

梁上上：你是说用第 44 条来解释第 43 条。因为第 43 条跟第 44 条是可以形成一个体系的，所以类似的或者相似的情形，可以互相解释。

杨博宇：但是我觉得不对。

梁一村：我感觉两个法条不一样，首先网络和展会能不能完全类比，这是一个问题。两个法条会有一个矛盾，我认为网络交易平台对消费者的保护，我不知道事实上是不是这样，但给我的感觉应该是弱于展会对消费者的保护的。毕竟网络是虚拟的，但是在网络这种情况下，网络交易平台都只在不能提供销售者或者服务者的地址、名称等有效联系方式的情况下才承担连带责任。展会一般来讲，对消费者的保护能力要强于网络交易平台，包括消费者在这个地方进行消费的时候，它的辨识能力也应该更强，因为一个是虚拟，一个是现实。在这种情况下，展销会主办方的承担责任的方式居然比网络交易平台的更加严格，我觉得这个地方有点矛盾。

杨博宇：我跟梁一村的观点一样，但我可能论证方式不一样。因为第 44 条说了你不能提供这些信息，既然经过多次修法的话，第 43 条也可以改成，展销会的举办者、租赁柜台的出租者不能提供这些信息的，承担连带责任，这对立法来说不是很难，所以说第 43 条、第 44 条的差异点，反而证明了第 43 条应该按文义理解，就应该去找出租者或者举办者要求赔偿。

梁上上：这地方就出现了你们对文义的一个不同的理解。杨博宇说的不同点，恰恰就说明两个法条是不一样的，法律条文的不同点恰恰说明法条规范的是不同事物。

杨博宇：这恰恰说明立法者关注到了这个问题。假如二审认为租赁柜台的出租者适用连带责任的前提是维权困局，就应该像第 44 条那样去规定。

梁上上:其实有一种解释方法,立法解释或者叫作历史解释,这个是很重要的。那么,什么叫立法解释或者历史解释?

胡天浩:立法解释就是用法条制定过程中立法者的制定目的去解释。

梁上上:从立法的材料中去寻找法律条文的含义,对不对?那你有没有找到这方面的材料。

胡天浩:我看的是全国人民代表大会常务委员会法制工作委员会编的《中华人民共和国消费者权益保护法释义》。它在里面提到了第43条,这个条款的立法目的在于:当时发生了很多展销会、租赁柜台经营者卷款跑路的情况,那么在这种情况下,消费者利益受到了非常大的损害,因为他不知道找谁去索求赔偿。因此,立法者认为应该让商场或者举办者先去承担这样一个责任,然后他们可以向经营者追偿,相当于把找经营者的任务最后交给了商场。

梁上上:第43条怎么去理解?什么叫展销会?展销会是有一个或者几个经营者举办的,在特定的场所或者期限之内,有多个经营者集中展示各自的商品,并且以现货或者预售的方式对外销售商品的一种交易活动。展销会有很多,有各种名字,包括展览会、博览会、展销、订货会等,都属于展销会的范畴。那么,这个展销会为什么要规定在第43条中呢?就是因为展销会的举办时间很短,或者有的就几周,但有的也长一点,只有个别是常年展销,一旦结束之后就找不到他了,找不到他怎么办?消费者得不到保护了。所以第43条是专门规定了这种情况。展销结束之后找不到销售者了?我们找谁?就只能找展销会的举办者,是不是?立法目的就是这样。为什么说展示会结束,柜台租赁期届满之后,可以由展销会的举办者或者柜台的出租者来承担赔偿责任?就是因为找不到承租人的联系方法,找不到他的地址,所以就由展销会的举办者来承担责任。

梁一村:我觉得不能得出这个结论,因为要得出这个结论还得有前提a和b。这里我们管展销会叫a,管租赁柜台叫b,a和b同时出现在一个法条里面,如果你只证明了a是短时间的,你还得证明b也是,万一b是个长时间的,而租赁柜台恰恰很难说和展销会一样是短时间的。

梁上上:对。什么叫租赁柜台?租赁柜台有一定的租赁期限,立法者认为它与展销会有相近似的特点,是吧?它也存在这么一个问题,就是租赁期届满的时候,承租人撤出柜台以后,消费者就很难找到它了。所以展销会用的词是“结束”之后,柜台用的词是“期满”之后,此时可以要求柜台的出租者来承担责任,是这样的。从立法的原理上是这样的,而且第43条到现在为止一直没改。

梁一村:为什么不能改成商铺？我觉得哪怕多列举几个也比柜台强。

杨博宇:老师,胡天浩不是发了两个案子？还有一个就是卖家具案例,那里面二审法院是支持承担连带责任的。其实,这两个案子最大的区别就在于租户是否有去积极地承担责任。在那个案子里,承租人都不太能找到,最后法院要开庭了才找到他。所以,我觉得本质上是说能不能找到这个人,因为出租方承担责任之后,最终还是去找承租方追偿。

胡天浩:所以它围绕的就是经营者的身份和下落,能不能确定下来。你只要确认下来,那可能法院觉得就不该让商场再去承担连带责任。

梁上上:确认什么？

胡天浩:确认经营者的身份和下落。

梁上上:经营者身份是袋鼠公司吗？

杨博宇:对,能找到袋鼠公司。

胡天浩:那就让原告去向袋鼠公司求偿就行了。

杨博宇:它就承担责任。

梁上上:杨博宇,你改变观点了。

杨博宇:我只是觉得这个公报案例的第二点论述存在问题。要么你就论述它不是个租赁柜台,按照袁师兄的逻辑来。

梁上上:我们是两种方法去论证。

梁一村:是的。二审得出这个结论,它的论证方式是有问题的。

杨博宇:如果要得出适用的前提是维权困局,如果立法者真的这样想,其实可以把法条写得更好一点,就像第44条那样写。

梁上上:是这样,第43条,立法者是不是觉得没有问题？胡天浩,你查了立法修改稿,条文是怎么变化的？

胡天浩:第43条一直没有变。

梁上上:修订草案中第43条和第44条放在一起,是以什么样的形式？

胡天浩:二审稿第43条第1款规定,消费者在展销会、租赁柜台或者通过网络交易平台等购买商品或者接受服务,其合法权益受到损害的,可以向销售者或者服务者要求赔偿。展销会结束,柜台租赁期满或者网络交易平台上的销售者、服务者不再利用该平台的,也可以向展销会的举办者、柜台的出租者或者网络交易平台提供者要求赔偿。展销会的举办者、柜台的出租者或者网络交易平台提供者赔偿后,有权向销售者或者服务者追偿。然后第 2 款规定,网络交易平台提供者知道销售者或者服务者利用其平台侵害消费者合法权益,未采取必要措施的,与该销售者或者服务者承担连带责任。

与现行《消费者权益保护法》对比来看,现行法条在文义上存在一点调整,将原先的"网络交易平台上的销售者、服务者不再利用该平台"修改为了"网络交易平台提供者不能提供销售者或者服务者的真实名称、地址和有效联系方式"。全国人民代表大会法律委员会《关于〈中华人民共和国消费者权益保护法修正案(草案)〉审议结果的报告》这一文件解释了这处修改,委员会认为,"网络交易不同于实体交易,具有虚拟性的特点,在网络交易平台上销售商品的电商数量庞大",即使商家仍然在使用平台,消费者仍然有可能无法像寻找柜台等一样找到他们的联系方式和地址。因此应把"不再利用该平台"这样的时间要件转化为网络交易平台的义务,这是在网络这一特殊场景下,为有效帮助消费者找到侵权人,解决维权困局而设置的特殊要件。

杨博宇:我认同立法解释。但还是之前的观点,如果立法是这样解释,那第 43 条就应该像第 44 条那样去写。从常识上来看,首先租赁的门面是不是租赁柜台。在袋鼠公司案件中,法官没有否认袋鼠公司租的门面是柜台,那就应该按照第 43 条来看,现在属于租赁期限满了,出现问题了,向出租者去要求赔偿了。换言之,我们不用靠体系解释,就从第 43 条文义来解释。袋鼠公司是柜台,确实也届满了,消费者的合法权益也受到了损害,现在需要找出租者去赔偿。这是一个很符合第 43 条文义的解释。如果说适用条件是维权困局,可能立法要把第 43 条写得像第 44 条一样,写清楚、写明确。

胡天浩:但是第 43 条如果没有以维权困局作为前提的话,文义的内在逻辑就有一个问题,为什么这边单单写上在结束或者期满后才可以请求赔偿?如果说没有把维权问题考虑进去的话,直接写在任何时候都可以请求赔偿不就行了。

杨博宇:这种理解还是你解释出来的。就按文义来看,该案是不是租赁期满了,合法权益受损了,第 43 条说可以让消费者选择出租方,那消费者就选择出租方。

胡天浩:我觉得其实它存在文义表述上的瑕疵,不够清晰。但我们在解释的时候应该优先考虑的是让这句话自身不存在逻辑上的矛盾，所以其实也只是表述不清。

梁一村：它第 44 条说了，但第 43 条没说，显得很奇怪，像是刻意而为之的那种。

胡天浩：但它没有论证，或许修法的时候也没有认真考虑这个问题。

梁上上：怎么样准确理解第 43 条，就成为问题。刚才胡天浩说的是，如果租赁期没有届满，是可以找到承租人的；如果租赁期届满，就找不到承租人了。所以，是届满之后才可以向出租人要求赔偿，对吧？这样，他就反推出，在租赁期内是可以找到的，在期内的话，是不能去找出租人要求赔偿的。这就是说，存在一个维权困局的问题，是不是这样？实际上是怎么样准确理解第 43 条。那么，如果说是可以这样推理的话，那么后面还存在一个问题，就是胡天浩第 44 条的引入。把第 43 条与第 44 条作为一个体系来进行解释，对不对？但现在看起来，第 44 条对你这个理解第 43 条的目的，就是你解释法条的需求，能不能达到？现在又出现这么一个问题了，是不是？按照他们的说法，第 44 条反而是不利的。如果仅是第 43 条的话，我反而能够得出在维权困局的情况下，才可以要求承担责任。在该案中是不存在维权困境的，所以苏宁公司不承担责任。但是，如果根据杨博宇的说法，网络交易平台提供者不能提供销售者或者服务者的真实名称、地址和有效联系方式的话，消费者“也可以”，这个“也可以”其实是“才可以”的意思，是不是？才可以向网络平台提供者要求赔偿。胡天浩，你是怎么来理解他们说的，第 43 条没有出现不能提供销售者和服务者真实联系方式或地址这句话的？

胡天浩：我的理解是这样的。首先，我觉得第 44 条的要件暗藏了这两条的整个体系，无论是提供信息的义务还是期满的要件，都指向查明经营者的下落和身份，这个是可以理解的。第 43 条我前面也说过，通过对文义内在逻辑的解释就可以得出，而第 44 条更是直接就写了。如果要这个体系不存在矛盾，第 43 条就必须有维权困局条件。其次，第 44 条本来也可以没有这一条，但是它与第 43 条的情形毕竟存在区别，第 43 条以时间点作为要件，它的隐含条件是，除非最终找到销售者或者服务者，否则出租方仍应承担责任，这是以结果为导向的。而第 44 条达成目的的方式，是以提供信息为导向的，事实上是为了适应网络这一特殊场景才进行的转变，把维权困局反向转化成了对交易平台的责任，所以它会有点差异。这是现实生活中的维权困局在期满后往往才会形成和网络中的维权困局或许时刻存在的差异,但不涉及"消费者难以找到经营者,损失难以填补"的基本情境,只是第44条规定了这么一种特殊方式去救济。

梁上上:就是说,它们本身的内在含义是一样的。

袁崇霖:我同意胡天浩的观点,尤其是结合新增的关于网络交易平台的规定,可以看到立法者前后的倾向都是通过设定相似的规则,使消费者在难以找到交易方进行直接维权时,由交易平台先承担起相应的责任。相较之下,网络平台的不确定性更强,曾经也有学者将网络交易平台类比为网上的虚拟"租赁柜台"。我想正是因为在网络交易中出现的维权困局可能更复杂,超出了立法所能有效列举的范畴,所以为了避免影响第44条的规范功能,才设置了"不利用该平台"这样概括式的规定。

杨博宇:但是,我觉得第43条没写清楚。

梁上上:没写清楚是可以推导出来的。

杨博宇:适用该案案情来说,其实我也认为立法本意可能是维权困局。但是放到该案例,其实我们什么时候去立法解释?如果文义是清楚的情况下,我就没有必要去用体系解释,也没有必要去用立法解释。在该案中,如果二审法院真的认为出租方不承担责任,它就认为袋鼠公司租赁的不是柜台,不满足第43条的适用前提就可以了。

梁上上:那不是。就是说我们在求助立法解释的时候,并不是说必须在文义是模糊的时候。文义清楚的时候,但得出的结论不合理的时候,我们也可以去求助立法解释。那这个地方是这个意思吗?

胡天浩:刚才杨师兄说的确实也是很多法院认定的方式。法官在裁判的时候,可能更愿意按基本的文义进行要件分析,所以很多法院在论证的时候完全没有考虑这项规定的内在逻辑,没有考量是否存在维权困境。甚至在公报案例出来之后,绝大多数法院仍然不会主动去论证维权困境的内容,也不知道在具体裁判的过程中究竟有没有考虑这个问题,法条可能确实写得不是很清楚。

杨博宇:所以从某种意义上来说,第43条导致了一种人为的选择性。按照法条的文义,可以得出一个不利于出租方的判法;按照立法解释,可以得出一个有利于出租方的判法。而且两种方式都是有道理的,这就给了法官一个非常大的解释空间。

所以说我是觉得可能第43条写得不太好，你也可以写成展销会结束后或者出租期届满后，然后举办者、出租者不能提供承租人的真实姓名或者有效联系方式的，消费者也可以找出租方追偿。其实加一句话进去，把第44条的内容加进去，立法本意也会体现得更清楚。

梁上上：关键现在是存在一个法律漏洞，所以说需要去弥补。怎么样去弥补法律漏洞，怎么才是一个好的漏洞的弥补方法？是不是？

袁崇霖：是的。我没有其他的意见，我觉得也是。

梁一村：但是我觉得有没有可能第43条是故意这么写的。

胡天浩：如果只按要件去理解的话，第43条中其实就存在矛盾了。那些没有期满的，商场反而就不用去承担赔偿责任。这是不太合理，照道理来讲，不考虑维权困局，应该是在大家没有期满的时候，商场管理着这些租户，反而更应该去承担责任。

杨博宇：万一存在这样一个情况，展销会没结束或者柜台的租赁期没满，承租人走了，如果按照立法解释中的维权困局，是不是展销会主办方或者出租方应该去承担一个责任。可是现在，如果按照第43条的话，还能让主办方、出租者承担责任吗？

胡天浩：是的。要是像第44条一样去规定，可能会更好地涵盖这些内容。

杨博宇：对，就是说在主办方、出租方不能提供，或者说联系不上承租人的情况下，消费者也可以向出租方追偿。那么，主办方、出租方就会对参与展销的销售方或承租人的身份更认真地甄别。总之，感觉第43条的文义跟它的立法本意有一点不贴切。

袁崇霖：我觉得这里可能是因为立法的年代问题，所以在表述上与今天的一般理解有些差异。就像老师说的，条文现在可能出现了漏洞。作为教义学的讨论，更多要着眼于如何去填补漏洞方面。至于它未来有没有更好的修改方法，我觉得确实是像杨博宇说的，仍然可以优化明晰。

梁上上：关键现在还没修改，是吧。还有一个问题就是：什么叫租赁柜台，或者什么叫典型的柜台？因为我们现在有两条路径可以走。

梁一村：典型的柜台跟商户是不一样的。

杨博宇：典型柜台应该是袁师兄说的那种，统一结算。我也看了与第43条相关的案例，像北京这边，法院普遍就不会从立法或文义去分析，而是认为出租方不是租赁柜台,不是靠出租者的商场的声誉,就没让商场承担连带责任。

胡天浩:有一个案例涉及商场旁边的相对独立的一个小空间,虽然或许大家去那里消费也会说是去某某商场消费,但法院也认为两者之间这个关系不够紧密,难以被视为柜台。

梁上上:其实这个很重要,所以我觉得我们应该把这个也讨论一下。像该案,我感觉有点不太像柜台。

杨博宇:是的,老师。我也觉得不像。

梁一村:我去百度上搜柜台,没有一张图片是这样的。

梁上上:是不是?胡天浩?这不影响我们前面谈的价值问题,所以这就是我为什么把这个"什么叫柜台"放到后面。什么叫柜台?能不能归纳出几个特点出来?或者说什么不能叫作柜台?什么不是柜台的典型方式?在商场里边,但是不是柜台的那种。

梁一村:比如说一些比较高端的餐厅,我觉得很难把它叫柜台。

梁上上:我前面说的不对,我刚才所说的"柜台"有一点糊涂。像五道口的优盛大厦那种,里面有华为店、周大福店。你一进优盛大厦,就可以看到周大福、华为这些很明显的标志。它们是柜台吗?不是的。

梁一村:我看百度百科说柜台是企业和商店用以隔开本单位工作人员,与顾客进行交易的长柜,感觉普遍的大众对柜台的认知应该就是一个小桌子。

梁上上:这是典型的。

胡天浩:但是周大福不是的话,那种商场里比较小的金饰商铺,在化妆品旁边的那种,它可能也有自己的标识,但大家都会叫它柜台,那周大福难道只是因为店面较大吗,或者说有一些门面吗?

梁一村:现在很多商铺里面也放了很多的柜台。

梁上上:比如说去优盛大厦的局气吃饭。你说局气是柜台吗?

胡天浩:它不是。

梁上上:就相当于局气,其实是一样的。

杨博宇:老师,我甚至想得更深一点,同处一个商场,柜台与商铺有如此大的区别吗?

梁上上:我觉得这一点杨博宇讲得很对,可能在一个商场里边既有柜台又有商铺。比如像五道口的优盛大厦,有的就在电梯的旁边摆什么小饰品,但是像周大福那种，还能够说它是柜台吗？那就不对了，周大福的标识是很明显的。所以这地方从方法上怎么去看？可能第一个问题是什么叫典型的柜台？什么叫不是柜台的典型？那么像华为、苹果的标志，你不会搞错的，这是苹果，那是华为，是吧？所以在该案中，我估计袋鼠公司也是一眼就能看清楚的。这样一来，最高人民法院公报的案子判决就有问题了。对，就是说结果是没问题的，但是判决的说理就不一定要适用第 43 条了。不适用第 43 条，我们就可以认为袋鼠公司与苏宁公司本身没有关系，苏宁公司就不用承担责任了，对不对？

杨博宇：再追问的话，按照立法本意，如果出现维权困局，应该让出租方商场承担连带责任。那商铺的承租人出现维权困局，按照立法本意，也应该让出租方的商场承担连带责任。可是第 43 条没有考虑这种情况。商铺和柜台的差别有如此之大吗？

梁一村：我觉得博宇说得很有道理。商铺和柜台的承租人都可能出现找不到的情况，所以它没有必要做区分。

梁上上：对。还有一个问题是什么？就是标识，其实是你看了标识之后，你的心里肯定就相信它是一个独立主体。它是不是一个独立主体，可能会是柜台的一种标准。

杨博宇：它只是规模问题，其实现在柜台一般都有标识，比如化妆品柜台。

梁上上：对。你要注意化妆品品牌的标识，跟你柜台本身的标识是不一样的，但袋鼠公司的标识它本身就是明确放在那边的。

袁崇霖：柜台是没有隔断，没有自己标识的。

梁上上：柜台是没有标识的，这可能是最主要的标准。

从我们今天对柜台与第 43 条的讨论来看，法律适用有两种不同的路径。一种认为袋鼠公司不是柜台，不适用第 43 条；另一种认为它属于柜台，适用第 43 条，但是第 43 条是需要作限缩解释才能适用。比较起来，可能认为袋鼠公司不是柜台更合理。

好了，我们今天就讨论到这里吧。

四、裁判前沿

论共有财产的强制拍卖

陈纪豪*

目　次

摘　要　在执行中应采取何种强制拍卖模式,从而平衡申请执行人的利益与其他共有人的合法权益已成为共有财产强制拍卖制度的最大焦点问题。本文从共有财产强制拍卖的现状出发,检视共有财产强制拍卖的立法现状、实践困境和相关理论问题。在此基础上,通过利益衡量的方法,以典型案例为切入点,从当事人利益、当事人群体利益、制度利益、社会公共利益四个层次比较共有财产强制拍卖的两种拍卖模式,得出整体拍卖为更优解的结论。本文还探析了共有财产强制拍卖的配套制度的完善,旨在为共有财产强制拍卖问题的解决提供一点思路。

关键词　共有财产　强制拍卖　整体拍卖　份额拍卖　利益衡量

---

*　陈纪豪,广东省江门市蓬江区人民法院员额法官。

一、绪言

共有财产的强制拍卖牵涉申请执行人、被执行人以及其他共有人的利益，在执行中如何平衡申请执行人的利益与其他共有人的合法权益已成为共有财产强制拍卖程序的焦点问题。在我国目前的法律渊源中，关于共有财产强制执行的相关依据主要有最高人民法院《关于人民法院民事执行中查封、扣押、冻结财产的规定》第 12 条的概括性规定。立法层面的供给不足，给共有财产强制拍卖制度的实践带来了不少困扰。共有财产的强制拍卖问题是实践中的难题。

共有财产的强制拍卖到底是采取份额拍卖模式还是整体拍卖模式，是共有财产强制拍卖制度中最核心和争议最大的问题。在已有的文献中，学界对共有财产的强制拍卖模式问题给予了一定的关注，但目前尚无学者通过利益衡量的方法对共有财产的强制拍卖模式问题进行全面系统的研究。本文的最大创新点，是通过利益衡量的方法，以典型案例为切入点，从当事人利益、当事人群体利益、制度利益、社会公共利益四个层次比较共有财产强制拍卖的两种拍卖模式，得出了整体拍卖为更优解的结论。

本文的第二创新点，是在探析共有财产强制拍卖的配套制度的完善时，引入了协商机制前置原则。在已有的研究中，民法领域的研究聚焦于共有财产的分割等，而诉讼法领域的研究和实践探索则聚焦于共有财产的拍卖模式、夫妻共有财产的执行、共有财产分割之诉、析产诉讼等。虽然在民法领域，共有人之间注重内部的协商，可针对共有财产进行协议分割，但在共有财产强制拍卖的完善措施方面，在牵涉法院、申请执行人、被执行人、其他共有人等主体时，我国目前仅有申请执行人、被执行人、其他共有人等主体可通过协商达成分割协议的规定，仍缺乏细化的规定，尚无研究提出该协商机制的前置原则。本文借鉴协议分割的理念，对此进行一点探索。

二、共有财产强制拍卖制度的现状与困境

共有财产的强制拍卖有整体拍卖和份额拍卖两种模式。然而两种强制拍卖模式蕴含着不同的实体依据和价值取向,在法律依据、权利属性、适用条件、法律效果等方面存在诸多不同。采取不同的强制拍卖模式会对执行程序中的申请执行人、被执行人与共有人之间的利益实现产生截然不同的影响。在执行中应采取何种强制拍卖模式,从而平衡申请执行人的利益与其他共有人的合法权益已成为共有财产强制拍卖程序的最大焦点问题。因此,有必要以此为重心,对共有财产强制拍卖制度的立法现状和实践情况进行检视,以便破解共有财产强制拍卖制度中的难题。

(一)共有财产强制拍卖制度的立法现状

1. 法律规定仅聚焦共有关系

我国《民法典》第二编第八章对共有的概念、处分、分割等内容进行了详细的实体法规定。《民法典》第 297 ~ 299 条规定了共有、按份共有和共同共有的概念。按份共有是指共有人按照其份额对共有财产享有所有权。共同共有是指共有人对共有财产共同享有所有权。《民法典》第 301 条规定了共有物的处分,重大修缮和性质、用途变更。除了共有人另有约定以外,按份共有财产的处分需经 2/3 按份共有人同意,共同共有财产的处分需经全体共同共有人的同意。《民法典》第 303 ~ 304 条规定了共有物的分割理由和方式。共有人可通过协商来确定分割的方式,分割的方式有实物分割、折价分割、变价分割。《民法典》第 305 条规定了按份共有人的份额处分权和其他共有人的优先购买权。《民法典》第 308 ~ 309 条规定了按份共有及按份共有份额的推定。但这些规定主要是针对共有人之间对共有财产的处分与分割,除了优先购买权的相关规定以外,并未涉及第三人与共有人之间就共有财产的处分与分割,以及共有财产强制拍卖模式。在程序法方面,亦没有针对共有财产强制拍卖模式的直接规定。

2. 最高人民法院司法解释指引性不足

最高人民法院通过《民法典》的配套司法解释对共有财产作出了实体方面的解释,而执行程序相关的司法解释则对共有财产的处置进行了解释。

最高人民法院《关于适用〈中华人民共和国民法典〉物权编的解释(一)》(以下简称《民法典物权编解释(一)》)第10条规定了同等条件的认定。按份共有人行使优先购买权时的同等条件,应当通过共有份额的价款履行期限、转让价格、价款履行方式等因素综合判定。《民法典物权编解释(一)》第12条规定了按份共有人行使优先购买权的例外情况。

最高人民法院《关于人民法院民事执行中查封、扣押、冻结财产的规定》第12条规定了共有财产的查封、分割。法院可查封被执行人与他人享有的共有财产。在债权人认可的前提下,共有人就共有财产达成的分割协议有效。此外,债权人代为析产或共有人申请析产的,应予准许。

最高人民法院《关于在执行工作中进一步强化善意文明执行理念的意见》第11条规定了整体拍卖与分批次拍卖被执行人财产的适用情形。对于同一类型的财产,会从实现处置财产价值最大化的角度,来确定是分批次拍卖还是整体拍卖。

这些司法解释虽然规定了在执行程序中共有财产的分割以及析产诉讼,但规定过于简单,在实践中仍存在不少问题。

3. 各地方高级人民法院指导意见存在分歧

由于目前尚无统一的规范,各地法院对共有财产的强制拍卖进行了积极的探索,但就共有财产的强制拍卖模式问题分歧较大。如浙江省高级人民法院、上海市高级人民法院、山东省高级人民法院均采取整体拍卖共有财产后分割价款的方案。广东省高级人民法院和江苏省高级人民法院则同时认可拍卖被执行人享有的共有份额以及整体拍卖共有财产后分割价款两种方案。

由此可见,我国的法律和司法解释均聚焦于共有人内部之间对共有财产的处分和分割,甚少涉及共有财产的强制拍卖规定。虽然各地方高级人民法院对共有财产的强制拍卖问题作出了积极探索,但就共有财产强制拍卖是采取份额拍卖还是整体拍卖的问题仍然分歧较大。

(二)共有财产强制拍卖制度的实践困境

我国共有财产强制拍卖制度在立法层面供给的不足,给共有财产强制拍卖制度的实践带来了不少困扰,主要表现除了共有财产强制拍卖模式分歧明显以外,还包括共有财产强制拍卖中的案外人异议偏多,析产诉讼适用率不高等。

1.共有财产强制拍卖模式分歧明显

笔者在淘宝拍卖平台中将开拍时间设定为自2022年1月1日起至12月31日止，把搜索条件设定为同时满足“份额拍卖”“住宅用房”“拍卖已结束”，筛选出结果732项，涉及19个省级行政区法院，分别位于广东、四川、重庆、贵州、湖南、广西、湖北、云南、江苏、北京、山东、山西、上海、天津、浙江、江西、河北、安徽、山东，其中广东的搜索结果占比超50%，居各省首位。在我国共计34个省级行政区法院中，有19个省级行政区法院在淘宝拍卖平台中存在拍卖房屋份额的情况，所占比例约为56%。不同的强制拍卖模式，会对拍卖结果产生截然不同的影响，从而直接影响申请执行人、被执行人与共有人的利益。再加上，共有财产强制拍卖模式在全国范围内的实践分歧如此之大，同一份判决在不同地区执行，可能产生不同的执行结果。共有财产的强制拍卖模式问题亟待解决。

2.共有财产强制拍卖中的案外人异议偏多

正因为不同的共有财产强制拍卖模式会对申请执行人、被执行人与共有人的利益产生不同影响，所以当法院确定以某种拍卖模式强制拍卖共有财产时，作为案外人的共有人认为拍卖损害自身合法利益的，会通过案外人异议程序寻求救济。北京市第二中级人民法院曾对该法院2015年的共有不动产拍卖情况进行调研，调研结果显示在共有不动产执行案件中提出了案外人异议的主体中，其他共有人所占比例接近90%。[①] 换言之，在共有不动产的强制拍卖案件中，其他共有人主张案外人异议的情况极为常见。诚然，共有财产强制拍卖中的案外人异议偏多，既受共有人本身的利益需求因素影响，也受拍卖模式分歧的因素影响，但无论基于何种因素的影响，案外人异议的提出和审查会影响法院对共有财产的强制拍卖，从而拖延执行进程。因此，有必要解决共有财产的拍卖模式问题，并在此基础上有的放矢地针对此种拍卖模式下共有人的核心需求去完善配套制度，从而减少不必要的案外人异议，提高执行效率。

3.析产诉讼适用率不高

共同共有是共同共有人对共有财产共同享有所有权，无论是共同共有人还

---

① 参见胡建勇、潘冰、马鸿雁：《切中执行难点　加强法律规制——北京市二中院关于共有不动产执行问题的调研报告》，载《人民法院报》2015年12月17日，第8版。

是申请执行人，在一般情况下都不能随意主张分割共同共有财产，只有在存在重大理由需要分割或共有基础丧失时方可请求分割。若要强制拍卖共同共有财产，则需先启动析产诉讼，在共同共有转化为按份共有后再作处置。但在执行实践中，析产诉讼适用率却不高，主要表现为：部分执行机构以执代诉，即在现有法律对代位析产诉讼的规定较少，亦未将析产诉讼设定为共有财产强制执行前置条件的情况下，为了提高执行效率，执行机构在执行实践中会告知共有人分割财产。若共有人逾期不分割，则通过形式审查直接确定被执行人就共有财产的所占份额，并执行该共有财产。② 在析产诉讼中分割共有财产会采取实体审查，而在执行程序中径行分割共有财产，则会采取形式审查。这导致通过两种分割共有财产的方式可能会产生不同的财产分割结果，进而会影响共有财产的强制拍卖效果。因此，在强制拍卖共同共有财产时，析产诉讼应否适用以及如何适用的问题有待解决。

综上，共有财产的强制拍卖模式问题，是共有财产强制拍卖制度中的最核心问题。抓住问题的本质，解决拍卖模式及其相关配套问题，能很大程度上缓解共有财产强制拍卖的困境。

三、共有财产强制拍卖制度的基本理论

要解决共有财产的强制拍卖问题，需要先梳理共有财产强制拍卖制度的基本理论。共有财产强制拍卖制度的基本理论，包括有共有财产的基本内涵和强制拍卖的性质问题。通过梳理和剖析这些基本理论问题，为后文的共有财产强制拍卖核心问题的解决和配套完善奠定基础。

（一）共有财产的基本内涵

因共有人的处分权与强制拍卖的方式相关，共有人的分割请求权与共有财产的析产和强制拍卖存在关联，故厘清共有财产的特殊内涵和制度内容，对于探究共有财产的强制拍卖制度至关重要。

---

② 参见陈丽萍、陈纪豪编著：《民事执行实务精要》，人民法院出版社 2021 年版，第 30 页。

1. 共有的权利属性

(1)按份共有

关于按份共有的性质,目前我国通说为权利范围说。[③] 据权利范围说,按份共有的应有份额是按份共有人之间行使权利和承担义务的范围。虽然按份共有人仍可行使占有、使用、收益、处分等所有权的各项权能,但是受按份共有的份额限制,按份共有人在行使其占有、使用、收益、处分的权能之时,需要和其他共有人之间进行协调。

(2)共同共有

共同共有主要有两个基本特征:一是共同关系是共同共有产生的前提。这种共同关系既可以基于特殊身份关系产生,例如夫妻关系或其他家庭关系;也可以通过约定产生,例如我国《民法典》第 308 条规定,共有人可对共有财产约定为共同共有,《民法典》第 1065 条规定,夫妻双方可约定婚前财产和婚姻存续期间财产共同共有。二是共同共有财产不存在应有部分(共有份额)。由于共同共有是各共同共有人基于共同关系而共有一物,各共同共有人的权利及于共同共有财产的全部,而非按照应有部分(共有份额)享有其所有权,因此对该共同共有财产的全部,共有人并无应有部分(共有份额)的存在。[④]

2. 共有人的处分权

共有人的处分权能,包括对份额的处分和对共有财产的处分。[⑤] 在按份共有方面,首先,共有人对共有份额本身拥有独立的处分权。《民法典》第 305 条就规定了按份共有人可对其享有的共有份额自由处分,体现了共有份额的所有权属性。其次,共有人对按份共有财产的处分,受到共有份额的制约,需要遵从团体决策规则。我国采取的是多数意见说的立法例。如果共有人所持有的份额在 2/3 以上,则其可根据自己的意愿处分共有财产;如共有人所持有的份额不足 2/3,则需要与其他共有人共同行使处分权。

在共同共有方面,因共同共有财产不存在共有份额,故共同共有财产的处分,通常是两种情况:一是共有财产的整体处分。对于共同共有财产,必须经全

③ 参见梁慧星、陈华彬:《物权法》(第 5 版),法律出版社 2010 年版,第 235 页。

④ 参见王泽鉴:《民法概要》,中国政法大学出版社 2003 年版,第 529 页。

⑤ 参见孙宪忠、朱广新主编:《民法典评注物权编 2》,中国法制出版社 2020 年版,第 345 页。

体共同共有人同意方可行使处分权。换言之，其中一位共有人无权处分共同财产。二是在财产分割后处置共有份额。在共同共有财产分割以后，共有人可处分其共有份额。该共有份额的处分与按份共有的共有份额处分一致，在此不再赘述。

3. 共有人的分割请求权

分割请求权，是共有人请求分割共有财产的权利。关于共有财产分割请求权，在学理上有请求权说、形成权说、物权说。虽然上述学说存在分割请求权是否受诉讼时效限制，是否可以单方产生法律变动的效果等方面的差异，但是其均认可分割请求权属于独立权利。故本文在分割请求权为独立权利这一共识下进行论述。

在分割请求权的行使理由方面，需分四种情况进行讨论。首先，在共有人有约定的情况下，对分割请求权的行使有约定的优先适用。若共有人之间为维持共有关系而约定不得分割共有财产，则应当遵循约定；而无论是事前的约定还是诉讼中的约定，如共有人就共有财产的分割达成一致意见，亦应按照约定分割。其次，即使共有人之间约定共有财产不得分割，但是共有人有重大理由需要分割的，亦可主张分割。需要注意的是，主张分割的理由必须为“重大理由”，而非一般的奢侈消费等理由。再次，按份共有人之间没有约定或约定不明确之时，其可根据自身需要随时行使分割请求权。这是因为按份共有的基础关系相对不具有人身属性和紧密性。⑥ 最后，仅在有重大理由需要分割共有财产或共有财产共有的基础丧失时，共同共有人方可行使请求分割权。此处的基础丧失是指共有人之间的共有关系如婚姻共同体、家庭共同体等不复存在。

在共有财产的分割方式方面，共有物分割请求权的行使可分为协议分割和裁判分割。协议分割是基于私法自治原则和依全体共有人的合意消灭共有关系的分割形式，由于分割行为是处分行为，应有部分已经抽象地存在于共有财产的全部上，故对共有财产的全部或特定部分进行分割应以全体共有人合意为必要条件。⑦ 换言之，共有财产分割协议，必须经全体共有人一致同意。而在不

⑥ 参见最高人民法院民法典贯彻实施工作领导小组主编：《中华人民共和国民法典物权编理解与适用》（上），人民法院出版社 2020 年版，第 502 页。

⑦ 参见谢在全：《民法物权论》（上册），中国政法大学出版社 2010 年版，第 522 页。

存在分割协议或达不成分割协议,但存在分割的事由时,只能通过裁判分割来进行分割。

裁判分割主要有实物分割、折价分割、变价分割三种方法。

第一是实物分割。当共有人之间没有就财产分割达成一致意见时,实物分割是首选的共有财产分割方式。实物分割必须同时符合两个条件:共有物具有物理上的可分割性;分割不会减损共有财产的价值。在同时符合上述两个条件的情况下,动产或不动产的分割均可适用实物分割。例如,共有人对若干价值相当的房屋进行分割;又如,两个共有人对物理上具有可分割性的商铺进行砌墙分割。

第二是折价分割。折价分割是指由部分共有人取得共有财产的所有权,并由该共有人向其余的共有人给付价金或其他对价补偿的一种分割方式。相对于变价分割,折价分割只需要价格评估机构参与,无须另行变价,更加简便,但由于价格评估机构对共有财产的价格评估可能偏离于市场价值,因此存在一定的局限性。

第三是变价分割。变价分割是将共有财产变价为价金,并由共有人对价金进行分割。在变价分割的适用上必须注意两点:一是在共有财产难以分割或者分割会减损共有财产价值的情况下适用;二是变价方式为拍卖、变卖。在德国,分割拍卖是强制拍卖中的最重要的特别情形。根据德国《强制拍卖与强制管理法》第180~185条规定,当多人对土地按份共有或共同共有,且该权利共同体应被废止时,就可适用分割拍卖。⑧

(二)强制拍卖的法律性质

就本文讨论的议题而言,强制拍卖的性质关系到共有财产强制拍卖模式的选择,影响到共有财产拍卖的法律效果。因此,有必要探析强制拍卖的性质问题。

1.强制拍卖的性质争论

关于强制拍卖的性质问题,目前主要有私法说、公法说、折中说三种观点。

(1)私法说

私法说认为,强制拍卖与民法的买卖关系无明显差别,其本质上属于私法

⑧ 参见[德]弗里茨·鲍尔、[德]霍尔夫·施蒂尔纳、[德]亚历山大·布伦斯:《德国强制执行法》(下册),王洪亮、郝丽燕、李云琦译,法律出版社2019年版,第7~10页。

行为。基于私法说的强制执行，强制的渊源是债权人，而非国家，因此，司法拍卖体现了债权人的意思主义。[⑨] 从历史渊源来看，私法说源于欧洲 18 世纪末 19 世纪初的绝对自由主义思潮。在此背景下，执行吏为私人身份，且债权人可对执行程序自由控制和参与，使得执行拍卖在外观上与私法买卖类似，由此，产生了私法说的基础。

(2)公法说

公法说认为，司法拍卖属于民事强制执行行为，是执行程序中财产变价的一种方式，司法拍卖应当受民事诉讼法规范的调整，而非受私法的调整。[⑩] 强制拍卖本质上是以法院强制力为基础的公法行为，只是借用了拍卖的形式，法院在拍卖阶段作为出卖人与买受人达成买卖契约不影响司法拍卖的本质属性。[⑪] 从历史渊源的角度来看，19 世纪末，随着民事诉讼理论的发展，自由主义民诉观逐渐转化为社会化诉讼观。受民事诉讼公法化的影响，强制执行由私法执行向公法执行全面转变，强制拍卖公法说开始出现。如德国 1897 年《强制拍卖与强制管理法》第 56 条规定，拍定人不得主张担保请求权。不动产拍卖的性质认定为公法说。1913 年以后，德国全面采取强制拍卖公法说。

(3)折中说

折中说认为，强制拍卖的本质兼有私法上的买卖和公法上的处分之性质和效力。根据该学说，法院在拍卖程序中适用一般拍卖规则，具有私法上的效果，这是强制拍卖私法性的表现。而强制拍卖的强制性则体现在法院启动强制拍卖不以被执行人的同意为前提，只要被执行人拒不履行生效法律文书确定的还款义务，且符合拍卖条件，法院即可启动强制拍卖程序。

2. 强制拍卖公法说的采纳

相较于私法说和折中说，公法说更加合理和符合我国民事执行实践，主要基于以下理由：

首先，私法说忽视了强制执行权的性质。私法说认为强制拍卖在效力上等

---

⑨ 参见江伟、肖建国主编：《民事诉讼法》（第 8 版），中国人民大学出版社 2018 年版，第 504 页。

⑩ 参见江必新、刘贵祥主编，最高人民法院执行局编著：《最高人民法院执行最新司法解释统一理解与适用》，中国法制出版社 2016 年版，第 53 页。

⑪ 参见江必新、刘贵祥主编，最高人民法院执行局编：《最高人民法院关于人民法院网络司法拍卖若干问题的规定理解与适用》，中国法制出版社 2017 年版，第 58 页。

同于一般买卖,然而,在我国的强制拍卖中,法院作为启动强制拍卖的主体,以国家强制力为保证,体现了强制执行权的公法性。如将强制拍卖等同于一般买卖,则忽视了强制执行权的性质。此外,在私法说中,各分支学说亦难以解释谁是出卖人的问题。

其次,折中说不符合我国的民事执行实践。根据《拍卖法》第 39 条规定,买受人悔拍的,承担违约责任,此为适用私法买卖规则的违约责任。与之对比,根据现行司法解释,买受人悔拍的,法院裁定重新拍卖,并对买受人采取相应的限制措施。换言之,司法拍卖本质上仍具有公法性的特点,其虽采用拍卖的方式,但不完全适用一般拍卖规则。如采用折中说则无法合理解释我国强制拍卖程序和效果的特殊规定。

再次,强制拍卖公法化符合发展趋势。如前文所述,私法说源于欧洲 18 世纪末 19 世纪初的绝对自由主义思潮。随着民事诉讼公法化的影响,强制执行由私法执行向公法执行全面转变。德国在 1913 年之后全面采取强制拍卖公法说,确立了强制执行程序的公法性。如今大陆法系主要国家的强制拍卖的法律性质发展趋势为公法化。[12] 故从历史发展趋势的角度来看,强制拍卖公法化更符合发展趋势。

最后,强制拍卖公法化有利于维护司法权威和司法公信力。强制拍卖之所以能成为民事执行制度的基本变价方式,主要是因为其不仅可以维护裁判权威性和执行公信力的公共利益要求,而且能够使私人利益最大化,既最大限度地实现债权人的债权,又使债务人的利益受到最低限度的损害。[13] 权威性和公信力是执行程序的基石,虽然强制拍卖借用了一般拍卖的部分规则,适用了部分契约理论,但其适用拍卖规则和契约理论的前提,是不得损害司法权威和司法公信力。

综上,强制拍卖公法说更加合理和符合我国民事执行实践。

(三)共有人的处分权、分割请求权与强制拍卖的冲突

1. 共有人的处分权、分割请求权与强制拍卖的冲突根源

在我国现行实体法中,关于共有财产的处分和分割的规定,主要是针对共

---

⑫ 参见毋爱斌:《民事执行拍卖制度研究》,厦门大学出版社 2014 年版,第 46 ~ 47 页。

⑬ 参见肖建国:《中国民事强制执行法专题研究》,中国法制出版社 2020 年版,第 150 页。

有人之间的内部权利义务关系而言的。而从强制拍卖公法说的立场来看，在作为被执行人的共有人不履行生效法律文书确定的义务之时，法院可对共有人的共有财产采取强制拍卖等措施。此时，国家公权力介入本为内部关系的共有关系之中。这是共有人的处分权、分割请求权与强制拍卖之间发生冲突的根源。

2. 共有人的处分权、分割请求权与强制拍卖的冲突表现

并非所有共有财产的处分和分割都会与强制拍卖之间产生冲突。不同形态共有财产的情况会有所不同。根据分割以后的共有财产是否会损害物的用途和价值，共有财产可分为可分共有财产与不可分共有财产。在法院强制拍卖可分共有财产时，由于实物分割是在共有人之间达不成分割协议的前提下的首选共有财产分割方式，而且可分共有财产同时符合实物分割的两个条件，即共有物具有物理上的可分割性和分割不会减损共有财产的价值，因此法院可对可分共有财产进行实物分割，并强制拍卖被执行人所享有的该部分财产。据此，在强制拍卖可分共有财产时，共有人的处分权、分割请求权与强制拍卖之间并没有冲突。

然而在执行实践中，法院强制拍卖如不动产、汽车这类不可分共有财产的情况更为常见。因不可分共有财产在强行分割以后物的用途的价值会被损害，故在法院强制拍卖不可分共有财产时，共有人的处分权、分割请求权与法院的强制拍卖之间会发生冲突。这种冲突表现在：如法院采取份额拍卖，强制拍卖作为被执行人的共有人所享有的份额，强行分割不可分共有财产会损害物的用途的价值；如法院采取整体拍卖，强制拍卖整个共有财产，则可能侵害非被执行人的共有人的合法权益。换言之，在共有财产强制拍卖模式的选择上，不仅要考虑共有人之间的内部关系，还需要衡量申请执行人的利益，以及考虑强制拍卖公法性等因素。

四、共有财产强制拍卖模式的争议与评析——以利益衡量法为切入点

由于共有财产的强制拍卖模式问题是共有财产强制拍卖制度中最核心和争议最大的问题，因此，共有财产强制拍卖制度的完善，需先从解决共有财产强制拍卖模式问题开始。在不可分共有财产的强制拍卖中，份额拍卖与整体拍卖

主要在权利属性、法律依据、适用条件、法律后果、拍卖交付等方面存在差异。无法确定两者中的何种模式能从绝对意义上优于另外一种模式。鉴于我国目前在法律层面上并没有规定共有财产强制拍卖的模式，虽然各地方法院进行了积极探索，但在实践中仍存在乱象，共有财产强制拍卖制度存在法律漏洞。而利益衡量方法强调利益在法律适用中的重要性，从技术的层面提供了价值判断的方法论，法律漏洞如何弥补都是利益衡量的结果，利益衡量才是法律漏洞填补的核心。据此，可通过利益衡量的方法弥补法律漏洞，进而建构共有财产强制拍卖的利益衡量模型，在份额拍卖与整体拍卖中进行选择。

（一）利益衡量方法的可行性

在利益衡量的过程中，需要面临各种各样的利益类型。既有同质利益的衡量，还有异质利益的衡量。在同质利益衡量的层面，同质利益的衡量相对容易，可以找到某一标准对其对比和衡量，最后作出可接受性的判断。在异质利益衡量的层面，虽然利益是复杂多样的，异质利益之间呈现出来的似乎是不可相容性和不可公度性，但是可以通过从抽象命题到具体案件的路径求解难题。

在具体案件进行异质利益衡量的过程中，妥当的利益衡量应基于两个基本条件：一是基本共识，二是妥当的程序之中。[14] 此处的共识，是指人类社会对法律秩序的共识，既可以为正义、效率等价值共识，也可以是人类基本行为规范的共识，还可以为利益位阶的基本共识，属于一种抽象的共识。

利益的层次结构从具体到抽象，依次可分为当事人的具体利益、群体利益、制度利益和社会公共利益 4 个层次结构。[15] 在衡量具体法律案件的利益时，需要遵循如此的思维过程来防止专断行为：在社会公共利益的前提下，从当事人的具体利益出发，并联系群体利益和制度利益进行综合衡量，最终得出结论，以确定当事人的利益是否应予保护。

（二）共有财产强制拍卖模式的利益衡量

前文已阐述，利益衡量需要通过从抽象命题到具体案件的路径来求解难题。为便于讨论，现引入（2017）浙 1003 执 2379 号案。具体案情如下：

---

⑭ 参见梁上上：《异质利益衡量的公度性难题及其求解——以法律适用为场域展开》，载《政法论坛》2014 年第 4 期。

⑮ 参见梁上上：《利益衡量论》（第 3 版），北京大学出版社 2021 年版，第 118～121 页。

关于原告连某与被告管某房屋买卖合同纠纷一案，浙江省台州市黄岩区人民法院作出执行依据，确定管某应向连某履行还款义务。管某逾期未履行还款义务，连某向法院申请执行。经查明，被执行人管某与其已离异的配偶陈某共同共有房屋一间，且双方在离婚协议中未约定对上述财产的分割和权属问题。由于在陈某与管某办理离婚登记后才发生该案债务，因此该债务应为管某的个人债务。在案件执行过程中，执行法院向被执行人管某和共有人陈某发出告知书，告知其双方可在限期内提起析产诉讼，但陈某和管某均逾期未主张权利。在此情况下，执行法院通过审查后，确定陈某对上述共有房屋享有50%的财产份额，径直作出共有财产分割裁定。考虑到上述房屋为不可分财产，难以作物理上的分割，执行法院裁定整体拍卖上述共有房产，拍卖成交后，50%的拍卖成交款支付给共有人陈某，50%的拍卖成交款用于偿还该案债务。法院作出上述裁定并送达给申请执行人连某、被执行人管某以及共有人陈某后，各方在限期内均没有提出异议或通过其他途径救济。最终，上述共有房屋经法院强制拍卖成交，拍卖成交款的50%返还给陈某，其余款项用于清偿该案债务。[16]

下文通过结合(2017)浙1003执2379号案的具体案情进行利益衡量，从而在份额拍卖与整体拍卖中进行选择，以此解决共有财产强制拍卖的核心争议问题。

1. 当事人的具体利益分析

在(2017)浙1003执2379号案中，主要牵涉三方当事人的利益，包括申请执行人连某，作为被执行人的共有人管某，以及涉案房屋的共有人陈某。在该案中，申请执行人连某的利益诉求是，实现其在民事调解书中享有的债权，申请法院将被执行人管某欠其的21万元本金及利息执行到位。在法院将被执行人管某与案外人陈某共同共有的房屋裁定由两人各占1/2的份额以后，如果法院对被执行人管某享有的1/2份额进行份额拍卖，则拍卖标的为非完整独立的房屋，除了价格因素以外，潜在的竞买人可能会授予共有人一同管理、使用共有房屋及其他因素的影响，份额拍卖可能不利于拍卖成交价的提高，甚至有流拍的风险，无法最大化实现申请执行人连某的债权。如果法院对被执行人管某享有的

⑯ 参见柯澄川、王亚红：《对被执行人与他人共同共有的房产可裁定份额后拍卖》，载《人民司法（案例）》2018年第32期。

1/2份额进行整体拍卖，则拍卖标的为完整独立的房屋，潜在的竞买人基本只需要考虑价格等主要因素即可，与其他一般的房屋拍卖无异。相较于份额拍卖，整体拍卖有助于拍卖标的的成交，从而有助于实现债权人利益最大化。

被执行人管某在该案的核心利益是，最大可能地清偿自己的债务。份额拍卖可能不利于拍卖成交价的提高，甚至有流拍的风险，无法最大可能地清偿被执行人的债务。与份额拍卖相比，整体拍卖更有利于提高拍卖的成交率和提高拍卖成交价，从而有助于清偿管某的债务。(2017)浙1003执2379号案最终对拍卖标的采取整体拍卖，被执行人管某在整个案件的拍卖程序中均未提出异议，可见管某对法院采取整体拍卖这一共有财产强制拍卖模式是认可的，认为该整体拍卖能最大可能地清偿自己的债务。

共有人陈某在该案的核心利益是，将自己享有的房屋份额实现价值最大化。一方面，陈某在整个拍卖过程中，并没有主张对拍卖标的折价分割，即陈某将被执行人管某享有的份额取得，并以折价的方式进行补偿，再由共有人陈某独自享有拍卖标的的所有权，说明共有人陈某自身没有意愿或者没有足够的经济能力来独享整个拍卖标的，只能由法院强制拍卖。另一方面，关于份额拍卖与整体拍卖的选择问题，整体拍卖更有助于整个拍卖房屋以更高的价格成交，从而使陈某享有的房屋份额实现价值最大化。法院在(2017)浙1003执2379号案采取整体拍卖的模式，陈某并无异议，可见陈某也认同整体拍卖能满足其在该案中的核心利益。

综上，在(2017)浙1003执2379号案中，相较于份额拍卖，整体拍卖更符合申请执行人连某，作为被执行人的共有人管某，以及涉案房屋的共有人陈某的核心利益。

2. 群体利益分析

群体利益，是指在类似案件中对类似当事人作相似判决或裁定所产生的利益。[17] 在一般的执行案件中，申请执行人的群体利益、被执行人的群体利益、其他共有人的群体利益会与(2017)浙1003执2379号案中的连某、管某、陈某的利益表现有所不同。

申请执行人的群体利益是最大化实现拍卖标的价值，从而尽可能实现其债

---

[17] 参见梁上上：《利益衡量论》(第3版)，北京大学出版社2021年版，第119页。

权。此情况与(2017)浙 1003 执 2379 号案中的申请执行人连某的情况基本一致。若法院采取份额拍卖,则拍卖标的不是完整的拍卖标的,属于有瑕疵的拍卖标的。拍卖成交后买受人需要与共有人一同占有、管理、使用拍卖标的,这些因素会打击潜在竞买人的积极性,不利于拍卖标的在强制拍卖中的价值最大化,会影响申请执行人债权的实现。[18] 若法院采取整体拍卖的,拍卖成交以后,竞买人可以取得产权清晰、使用独立、自主支配的物权,这就会导致拍卖竞价更充分,拍卖成交率也会更高。

广东省是全国适用不动产份额拍卖和整体拍卖均最多的省份,其不动产强制拍卖的数据最具有代表性,更能客观准确地反映不动产份额拍卖与整体拍卖的效果差异。最高人民法院邵长茂法官和上海财经大学周青松博士曾对广东地区法院的淘宝拍卖平台上的住宅用房拍卖数据进行统计,开拍时间设定为 2018 年 1 月 1 日至 2019 年 12 月 31 日,由此得出表 1、表 2 数据。[19]

表 1　2018 ~ 2019 年开拍住宅用房整体拍卖的数据情况

拍卖阶段	拍卖数	成交数	成交率	起拍价成交数	起拍价成交率
一拍	30,363	14,267	46.99%	2819	19.76%
二拍	12,427	6273	50.48%	1649	26.29%
变卖	4647	1355	29.16%	1087	80.22%

表 2　2018 ~ 2019 年开拍住宅用房份额拍卖的数据情况

拍卖阶段	拍卖数	成交数	成交率	起拍价成交数	起拍价成交率
一拍	332	59	17.77%	33	55.93%
二拍	230	78	33.91%	52	66.67%
变卖	114	23	20.18%	19	82.61%

从表 1、表 2 的数据可知:从成交率来看,无论是第一次拍卖、第二次拍卖还是变卖阶段,整体拍卖的数据均明显优于份额拍卖,说明竞买人更加认可整体拍卖这种强制拍卖的模式。从起拍价成交率来看,在第一次拍卖、第二次拍卖

[18] 参见郝庆进:《对按份共有财产的整体处置规则》,载《人民司法》2020 年第 23 期。

[19] 参见邵长茂、周青松:《民法典背景下不动产共有份额的执行变价》,载《法律适用》2022 年第 4 期。

和变卖阶段,份额拍卖的起拍价成交率均高于整体拍卖,说明整体拍卖的成交价普遍高于起拍价,整体拍卖的竞价更加充分。因此,在拍卖成交率和竞价充分的角度,整体拍卖均优于份额拍卖。整体拍卖更能促进拍卖标的的价值最大化,更符合申请执行人的群体利益。

一般情况下,被执行人的群体利益是最大限度清偿自身的债务。如前文论述,在拍卖成交率和竞价充分的层面,整体拍卖均优于份额拍卖,可使被执行人的财产在强制拍卖程序中实现更大的价值,从而能让被执行人偿还更多的债务,更符合被执行人的群体利益。此外,部分被执行人与其他共有人存在特殊身份关系或其他关系,该部分被执行人的群体利益可能是帮助其他共有人以更低的价格竞得拍卖标的。根据最高人民法院《关于人民法院网络司法拍卖若干问题的规定》第 10 条、第 26 条的规定,网络司法拍卖的第一次拍卖起拍价可以低至评估价的 70%,第二次拍卖的起拍价可以低至第一次拍卖起拍价的 80%。如共有人放弃折价分割,且法院采取份额拍卖,则基于拍卖成交后需要与共有人一同占有、管理、使用拍卖标的等因素的影响,潜在竞买人的积极性会受到打击,最终共有人可能会以明显低于评估价的价格竞得原属于被执行人的共有份额。针对该部分希望帮助其他共有人以更低的价格竞得拍卖标的的被执行人,份额拍卖可能会满足其群体利益,整体拍卖则无法实现该部分被执行人的群体利益。

然而,这种帮助其他共有人以更低的价格竞得拍卖标的的被执行人的群体利益不能作为普遍意义的参考标准。首先,并非所有被执行人都有这种利益诉求,其不能代表所有被执行人的群体利益。其次,如采取份额拍卖,拍卖标的以更低的价格成交,则被执行人无法偿还更多的债务,被执行人的债务利息将随着时间的增加而不断增加,被执行人的债务负担将日益加重。据此,被执行人的群体利益应当是最大限度清偿自身的债务。整体拍卖更符合被执行人的群体利益。

共有人的群体利益较为复杂。首先,共有人的群体利益可以与(2017)浙 1003 执 2379 号案中的共有人陈某一致,即希望将自己享有的共有财产份额实现价值最大化。此外,共有财产的强制拍卖可能损害共有人的利益,导致共有财产份额无法实现最大化。《民法典》第 303 条规定,共有财产的分割造成其他共有人损害的,应当赔偿。由于整体拍卖的拍卖成交率和竞价程度均优于份额拍卖,故份额拍卖造成其他共有人损失的可能性大于整体拍卖。从这个角度出发,整体拍卖同样更符合该部分共有人的群体利益。其次,共有人的群体利益也可以是以更低的价格竞得拍卖标的。由于共有人不是案件的被执行人,且并非所有共有人都与作为被执行人的共有人存在非常紧密的特殊关系,因此在法院采取份额拍卖的情况下,拍卖标的若以低于评估价的价格由共有人成交,即使拍卖成交款不能清偿更多债务,亦不一定与共有人存在必然的联系。如共有人以低于评估价的价格竞得共有财产份额,共有人是实际获利的。该部分共有人的群体利益具有一定的代表性。份额拍卖更有利于实现该部分共有人的群体利益。

那么,到底何种拍卖方式更符合共有人的群体利益？根据前文援引的北京市第二中级人民法院在 2015 年的调研报告,在对共有不动产执行案件提出了案外人异议的主体中,其他共有人所占比例接近 90%,由此推断,共有人并不倾向于法院在执行程序中强制拍卖共有财产。无论是整体拍卖还是份额拍卖,都没有完全符合共有人的群体利益。

3. 制度利益分析

共有财产的强制拍卖,牵涉共有财产的制度利益与强制拍卖的制度利益。

共有规定在我国《民法典》物权编。我国《民法典》物权编的立法宗旨是定分止争、物尽其用。《民法典》物权编通过明确物的归属,以物权“定分”,划分出“人己界限”,使人们和谐相处而又各得其所。除此之外,共同共有财产通过特定程序可转化为按份共有财产,而按份共有在性质上遵循权利范围说,即按份共有人可行使所有权的各项权能,包括占有、使用、收益、处分的权利。但因按份共有的份额限制,按份共有人在行使其占有、使用、收益、处分的权能之时,需要和其他共有人之间进行协调。如法院采取份额拍卖,买受人不是其他共有人或者与之有特殊关系的主体,则拍卖成交后的新共有人与原共有人之间很可能在共有财产的日常使用和管理上产生诸多纠纷,难以实现定分止争、物尽其用的制度利益。如法院采取整体拍卖,拍卖成交后则可简化物的利用关系,提高物的效用,符合定分止争、物尽其用的制度利益。

根据本文强制拍卖公法说的立场,强制拍卖属于强制执行法的范畴。其为执行程序中财产变价的一种方式,本质上是以法院强制力为基础的公法行为。在被执行人逾期不履行生效法律文书确定的义务之时,法院便可强制拍卖被执行人所有的财产,将被执行人的财产进行财产变现,以最大限度实现申请执行人的债权。其一,凭借更高的拍卖成交率以及更充分的拍卖竞价,整体拍卖能更充分地实现申请执行人的债权。其二,最高人民法院《关于人民法院网络司法拍卖若干问题的规定》第 6 条规定,拍卖成交后的财产交付是法院的职责。在不可分共有财产的份额拍卖中,拍卖成交后往往会出现难以进行财产交付的情形。虽然法院可以在拍卖公告中明示,共有财产进行份额拍卖,法院不负责拍卖成交后的交付,但强制拍卖以法院强制力为基础,若法院在拍卖成交后不负责拍卖标的的交付,则不利于维护强制拍卖的权威性和公信力。因此,整体拍卖比份额拍卖更符合强制拍卖的制度利益。

综上,无论是从共有财产还是从强制拍卖的角度,整体拍卖均比份额拍卖更符合制度利益。

4. 社会公共利益分析

在利益衡量体系下的社会公共利益,可以是抽象的公共利益,也可以是具体的公共利益。抽象的公共利益,既可以与具体法律制度所承载的抽象利益相勾连,还可以为公平、正义、和平等价值功能的承载。[20] 就共有财产的强制拍卖而言,在最大限度实现申请执行人的债权,清偿被执行人的债务,以及保护共有人的私有财产不被侵犯之间寻找最佳平衡点,会更能让社会公众感受到公平正义,体现社会公共利益。一方面,整体拍卖比份额拍卖更有助于将共有财产的价值最大化地变现,从而能够最大限度地实现申请执行人的债权,清偿被执行人的债务。另一方面,共有财产的整体拍卖,本质是共有财产分割请求权的正当行使。通过整体拍卖分割共有财产,其他共有人可以根据其占有的份额获得相应的价款,其他共有人的权益并未受到侵害。据此,整体拍卖比份额拍卖更能让社会公众感受到公平正义,符合社会公共利益。

由此分析,整体拍卖在当事人利益、群体利益、制度利益、社会公共利益方面均优于份额拍卖,具体结果可见表 3。实际上,我国于 2022 年公布的《民事强制执行法(草案)》针对共有财产执行的相关问题作出了规定。对于需强制拍卖的共有财产,草案采取的是整体拍卖的模式,而非份额拍卖的模式。从立法趋势来看,其也印证了整体拍卖比份额拍卖更加可取。

---

[20] 参见梁上上:《利益衡量论》(第 3 版),北京大学出版社 2021 年版,第 232～233 页。

表 3 共有财产强制拍卖模式的利益衡量结果

被保护对象	结果								
	当事人利益			群体利益			制度利益		社会公共利益
	申请执行人连某利益	被执行人管某利益	其他共有人陈某利益	申请执行人群体利益	被执行人群体利益	其他共有人群体利益	共有财产制度利益	强制拍卖制度利益	公平正义等利益
份额拍卖	×	×	×	×	×	×	×	×	×
整体拍卖	√	√	√	√	√	×	√	√	√

注:表格中的"√"表示利益可以受到法律保护或满足需要;"×"表示不能受到法律保护或受到损害;"○"表示没有影响。

五、共有财产强制拍卖制度的配套完善

虽然前文已解决了共有财产的强制拍卖模式这一共有财产强制拍卖制度中的最核心和争议最大的问题,但在共有财产的强制拍卖制度中,还有案外人异议偏多,析产诉讼适用率不高这些实践难题亟待解决,仍需完善共有财产强制拍卖的配套制度。

（一）确立协商机制前置原则

针对共有财产强制拍卖中的案外人异议偏多的情况,建议重构共有人的救济机制,确立协商机制前置原则。通过事前救济的方式,让共有人的合法诉求尽可能在强制拍卖启动前以协商的机制得以救济。

1. 设置协商机制的必要性

根据我国《民法典》第 300 条、第 301 条、第 302 条之规定,由于按份共有的份额限制,按份共有人在行使其占有、使用、收益、处分的权能之时,需要和其他共有人之间进行协商。即使是在财产分割之时,我国《民法典》第 303 条、第 304 条亦明确规定按份共有人可协商共有财产分割的分割理由和方式。而共同共有则是共同共有人对共有财产共同享有所有权。共同共有人对共有财产共同享有所有权,共同行使其占有、使用、收益、处分的权能。可见在共有人内部,协商是共有人行使权利的一项重要机制。

然而在执行程序的强制拍卖中,并没有协商前置机制的直接规定。根据强

制公法说，在一般的情况下法院启动强制拍卖的条件，是被执行人拒不履行生效法律文书确定的义务，并没有协商机制。即使是在共有财产的强制拍卖中，亦无必须征询被执行人或其他共有人的意见的规定。

那么，在共有财产的强制拍卖中是否完全无须征询其他共有人的意见？本文的观点是作为共有财产强制拍卖制度的配套完善机制，协商机制是必要的。这是因为：其一，协商机制可有效减少其他共有人提起案外人异议的情况。在执行实践中，其他共有人提起案外人异议的原因是多样的，较为常见的诉求是通过案外人异议程序主张其对拍卖标的享有所有权，主张法院的拍卖侵害了其实体权利，请求法院停止拍卖其享有的财产份额。其他共有人在提起这类案外人异议之前，通常不会提前与法院联系，而是会在共有财产起拍之日前直接向法院提起案外人异议。这样的后果是，法院依照案外人异议程序审查其他共有人的请求，既耗费司法资源又降低执行效率。如果在启动共有财产的强制拍卖之前，落实协商机制，由法院组织申请执行人、被执行人、其他共有人就共有财产的变价方式等进行协商，如能协商一致，则可降低其他共有人提起案外人异议的情况，有效提高执行效率。

其二，协商机制的设置是有法律依据的。一方面，在实体法上，《民法典》第304条规定了可通过协商解决共有财产的分割方式问题，即共有财产的分割可协商通过实物分割、折价分割、变价分割的方式进行。另一方面，在程序法上，申请执行人、被执行人、其他共有人的协商实际属于广义执行和解的范畴。根据《民事诉讼法》（2021修正）第237条第1款和最高人民法院《关于执行和解若干问题的规定》第1条第1款的规定，当事人在执行程序中可以达成执行和解，变更生效法律文书确定的履行方式、履行标的、权利义务主体等内容。在狭义的执行和解中，和解协议的主体为案件当事人，不包括其他共有人。而最高人民法院《关于执行和解若干问题的规定》第16条第1款规定，利害关系人若认为和解协议侵害了其合法权益，可主张和解协议无效或申请撤销和解协议。在牵涉利害关系人利益的和解协议中，利害关系人可依法进行法律救济。也就是说，利害关系人可以是广义执行和解中的主体之一。共有财产强制拍卖的协商势必会牵涉其他共有人的利益，如利害关系人即其他共有人认为申请执行人和被执行人达成的和解协议会损害其合法权益，可申请启动执行异议或案外人异议程序救济。申请执行人、被执行人在就共有财产强制拍卖等事宜进行和解时，将其他共有人纳入协商的主体，便可避免此问题。因此，其他共有人可以是广义执行和解中的主体，协商机制的设置在程序法上也是有法律依据的。

2. 协商机制应当前置

这里的前置，是指协商机制应当在共有财产启动强制拍卖程序之前完成。这是因为，在共有财产分割方式中，实物分割和折价分割的优先顺位高于变价分割。尤其是折价分割的方式，如协商一致由被执行人承受共有财产，则拍卖共有财产，并从拍卖成交款中优先向其他共有人支付折价款；如协商一致由其他按份共有人承受共有财产，则责令其他共有人按期支付折价款，其未按期支付折价款的，申请执行人可以请求执行法院强制拍卖该共有财产，折价款从拍卖成交款中优先支付给申请执行人，清偿被执行人的债务。跳过折价分割方式，直接由法院强制拍卖共有财产，可能会造成其他共有人的损失。为此，协商机制应当在对共有财产启动强制拍卖程序之前完成。

（二）完善案外人异议配套机制

针对共有财产强制拍卖中的案外人异议偏多的情况，除了通过确立协商机制前置原则这一事前机制解决以外，还需要完善案外人异议配套机制，包括建立案外人异议滥用防范机制以及准确适用案外人异议的停止执行机制。

1. 建立案外人异议滥用防范机制

其他共有人所提的异议请求，既有主张其对共有财产享有所有权，请求法院在执行中保护其合法权益的，也有协助被执行人恶意规避执行，阻碍执行的。针对前者，可引导其他共有人适用前文的协商机制解决问题，如其所提的异议并非案外人异议的适用范围，可向其释明其他恰当的救济途径；针对后者，则通过建立案外人异议滥用防范机制来解决。

案外人异议滥用，与虚假诉讼紧密关联，因此在执行实务时可参照虚假诉讼的防范机制，建立屏障。[21] 例如可提高案外人异议审查效率。法院审查案外人异议之时，争议标的处于被执行状态，为了避免异议的审查拖延标的物的执行，法院可加强审判部门和执行部门的协调，提高审查效率，尽可能地缩短审查期间。

2. 准确适用案外人异议的停止执行机制

鉴于案外人异议的提出和审查可能会影响到法院对共有财产的强制拍卖，

---

[21] 参见曹春梅：《第三人异议之诉研究》，西南政法大学2015年博士学位论文，第133页。

从而拖延执行进程，因此，有必要统一法律适用标准，准确适用案外人异议的停止执行机制，避免因共有人提出异议就“一刀切”地停止执行。

案外人异议的适用条件是案外人对执行标的主张实体权利，且该权利主张足以阻却执行。然而，在共有财产强制拍卖的实践中最常见的情况是，共有人对登记在被执行人名下或者登记在被执行人与案外人名下的共有财产主张其享有相应的份额权利。关于该权利主张是否足以阻却执行，在执行实践中存在不同的观点。有观点认为，共有人对共有财产主张份额权利，该权利主张本身足以阻却拍卖，应当适用案外人异议程序审查，法院审查结束后再根据审查结果确定共有财产能否继续拍卖。也有观点认为，共有人对共有财产主张份额权利，该权利主张本身不足以阻却执行，应当适用执行异议程序审查，根据最高人民法院司法解释的规定，法院在执行异议审查期间不停止强制拍卖。还有观点认为，共有人对共有财产主张份额权利，该权利主张足以阻却执行，但不影响共有财产的强制拍卖。

本文的观点是，在共有人对登记在被执行人名下的财产主张其享有 50% 的份额这种最常见的异议情形中，该权利主张足以阻却执行，但不影响共有财产的强制拍卖。建议统一法律适用标准，准确适用案外人异议的停止执行机制。首先，在共有财产采取整体拍卖的前提下，共有人对共有财产主张份额权利，并不能阻却拍卖。前文已论述，共有财产的强制拍卖模式采取整体拍卖，而非份额拍卖。如共有人对共有财产主张份额权利而提出异议，无论异议审查结果是否支持共有人的请求，确认共有人对共有财产享有相应的份额，均不影响法院对共有财产的整体拍卖。其次，共有人对共有财产主张份额权利，可阻却后续的执行程序。虽然法院对共有人的异议审查结果不影响拍卖，但如法院支持共有人的异议请求，即确认共有人对共有财产享有份额权利，则法院需根据共有人所享有的份额权利，在共有财产的拍卖成交款中扣留相应的款项支付给共有人。因此，共有人对共有财产主张份额权利，可阻却拍卖成交后的执行程序。如强制拍卖结束后，共有人的异议尚未审查结束，法院需停止后续的执行程序，在共有人的异议审查结束后再继续执行。最后，共有人对共有财产主张份额权利，应当适用案外人异议程序处理，不适用执行异议程序处理。案外人异议程序与执行异议程序在适用条件上的主要区别在于：案外人异议的适用条件要求案外人主张的权利是实体权利，且可阻却执行；执行异议的适用条件则无此要求。因共有人对共有财产主张份额权利可阻却强制拍卖之后的执行程序，故应适用案外人异议，而非执行异议程序审查共有人的份额权利主张。

据此，准确适用案外人异议的停止执行机制可提高执行效率，有效应对因案外人异议而拖延强制拍卖进程的问题。

（三）优化析产诉讼制度

针对析产诉讼适用率不高的问题，建议优化现有的析产诉讼制度。一方面，明确在共同共有财产强制拍卖中，析产诉讼是必要的前置程序。另一方面，优化析产诉讼的诉讼请求，力争在析产诉讼程序中提前解决执行程序中的关于共有财产的分割方式等焦点问题的争议，提高制度效率。

1. 析产诉讼的必要性

要完善析产诉讼制度，首先要明确析产诉讼是否有存在的必要性，法院能否在执行程序中按照等分原则通过形式审查径行确定被执行人的所占份额，并代替析产诉讼制度。

本文认为，结合我国的执行实践情况，执行法院不能在执行程序中通过形式审查的方式径行分割被执行人与共有人所占的财产份额，必须通过析产诉讼进行分割。这是因为：其一，执行实践中的送达难现状降低了径行分割方案的实际价值。径行分割的做法实质是将责任和风险都转移至被执行人及共有人身上。然而，被执行人及共有人均可能下落不明，法院可能存在送达难的情况。如被执行人及共有人在共有财产处置完毕前均未实际收到径行分割的方案，自然难以在合理期限内进行法律救济，从而可能造成被执行人及共有人的利益受损。在送达难的大背景下，径行分割方案不能兼顾公平与效率。其二，诉讼和执行承担的功能不同。虽然执行程序在价值取向上注重效率，但在执行过程中因涉及共有人的利益而需启动诉讼程序时，不能为了尽快实现债权人的债权而片面牺牲共有人的利益，而应以追求程序和实体的公正为其基本使命。通过形式审查径行确定被执行人的所占份额的做法，虽然有利于债权人的债权实现，但也可能损害共有人的利益。[22] 何况共有财产仅在存在重大理由需要分割或共有基础丧失时方可请求分割，这更需要通过诉讼程序全面实体审查，而非直接

---

[22] 参见童付章：《共同共有财产的执行与代位析产之诉的制度构建》，载《政治与法律》2014年第5期。

在执行程序中通过形式审查解决。其三,与执行程序的径行分割相比,析产诉讼有助于打击规避执行行为。在实践中,部分被执行人为了妨碍执行,与其他共同共有人串通,怠于行使权利。申请执行人通过析产诉讼程序救济,由法院全面审查当事人的权利义务后作出裁判,不仅能追及被执行人财产,有利于实现申请执行人的债权,还能兼顾其他共有人的合法利益,避免被执行人通过共有关系这一障碍逃避债务。

在前文(2017)浙1003执2379号案中,执行法院就并非通过析产诉讼,而是径直作出了共有财产的分割裁定,确定被执行人管某与共有人陈某等额享有上述共同共有房产的财产份额,其中被执行人管某占1/2的财产份额,并由法院整体拍卖上述共有房产,成交后保留一半份额的变价款归共有人陈某所有。在该案中,虽然申请执行人连某、被执行人管某及共有人陈某均未就法院作出的共有财产分割裁定提起异议,但法院以执代审的做法并不能完全排除前文所述的所有法律风险。

综上,析产诉讼是有存在必要性的。

2. 优化析产诉讼的诉讼请求

析产诉讼的诉讼请求不但关系到诉讼的审理内容、诉讼当事人的实体权利和程序权利,而且还与后续的执行程序密切关联。因此,在审理析产诉讼时,不能仅仅着眼于原告最初提出的诉讼请求本身,在必要的时候法官还需要行使释明权,阐明共有财产分割方式等焦点问题的重要性,让原告优化其诉讼请求,力争在析产诉讼程序中提前解决执行程序中的关于共有财产的分割方式等焦点问题的争议,使析产诉讼的制度价值最大化。

我国《民法典》第304条规定了共有财产的分割方式。2022年公布的《民事强制执行法(草案)》关于共有财产的相关规定亦借鉴了《民法典》第304条的规定。本文认为,在析产诉讼的司法实践中,亦可借鉴《民法典》关于共有财产的分割方式的规定进行优化。首先,根据实际案情和《民法典》等相关规定,确定被执行人对共有财产所享有的份额。其次,再结合实际案情裁判共有财产的分割方式:如被执行人与共有人就共有财产的分割达成协议,且申请执行人同意,则根据该协议分割共有财产;协商不一致的,根据实际案情,在实物分割、折价分割、变价分割中确定合法且合理的方式分割共有财产。

六、结论

本文从共有财产强制拍卖的现状出发，检视共有财产强制拍卖的立法现状和实践困境，进而剖析共有财产强制拍卖制度的理论内核，探析共有权的内涵，指出强制拍卖的性质。在此基础上，通过利益衡量的方法，以典型案例为切入点，从当事人利益、当事人群体利益、制度利益、社会公共利益四个层次比较共有财产强制拍卖的两种拍卖模式，得出整体拍卖为更优解的结论。此外，本文还探析了共有财产强制拍卖的配套制度的完善，包括确立协商机制前置原则，完善案外人异议配套机制和优化析产诉讼制度。

上述内容以先主后次的逻辑进行阐述，先讨论共有财产强制拍卖最核心、最大的争议问题即强制拍卖模式问题，再探析共有财产强制拍卖的配套制度的完善。综上所述，在执行实践中，共有财产强制拍卖问题应遵循如下思路解决：

首先，法院审查共有财产为按份共有还是共同共有。如共有财产是按份共有，则先启动协商机制，由申请执行人、被执行人和其他共有人进行协商。协商一致的，根据协商结果分别处理共有财产：共有财产可实物分割的，拍卖被执行人所得实物财产；协商由被执行人承受共有财产的，拍卖共有财产，折价款从拍卖成交款中优先支付给其他共有人；协商由其他按份共有人承受共有财产的，责令承受人按期支付折价款，其未按期支付折价款的，申请执行人可以请求执行法院拍卖该共有财产，折价款从拍卖成交款中优先支付给申请执行人；协商变价分割共有财产的，法院整体拍卖共有财产。协商不一致的，法院可根据被执行人、其他共有人的申请，根据共有财产的实际情况，以实物分割、折价分割、变价分割的方式分割共有财产，以清偿被执行人的债务。被执行人怠于申请分割的，除非该共有财产可实物分割，由法院直接拍卖被执行人享有的共有部分，否则申请执行人可申请法院对共有财产整体拍卖，属于被执行人的拍卖成交款份额用于清偿债务，属于其他共有人的拍卖成交款份额支付给其他共有人。

如共有财产是共同共有，则先启动析产诉讼程序。在共同共有转化为按份共有后，再参照上述按份共有财产的处置模式进行处理。

五、硕士学位论文

有限责任公司接受本公司股权质押有效性研究

刘宇豪*

目　次

摘　要　有限责任公司作为我国最为常见的企业类型，其股权质押的相关规定并不完善，其中，涉及有限责任公司接受本公司股权质押的有效性的规定空白是典型的规范缺位。本文主要从两个角度切入，讨论有限责任公司接受本公司股权质押的有效性问题。从狭义的法律解释的进路，《公司法》第142条第5款的适用是核心问题。无论是文义解释还是法意解释、目的解释，都指向了该条款并不能适用于有限责任公司的结论。本文还对《公司法》的结构、两类公司的优位关系进行了扩展分析，进而认为使用狭义的法律解释方法，不能对有限责任公司类推适用《公司法》第142条第5款的相关规定。从利益衡量的进路，在抽象化的"公司—股东—债务人"和"公司债权人—公司—股东"关系中，本文

* 刘宇豪，招商银行总行工作人员。本文系清华大学法学院2023届法律硕士毕业论文。

认为对公司债权人的保护不应以限制公司接受本公司股权质押为方法，无论是在各层次利益内部，还是在不同层次利益之间，都应当采取允许有限责任公司接受本公司股权质押的态度，如此更为妥当。本文还对上述抽象利益衡量的结果在具体的案例中予以了验证。

关键词 有限责任公司 股权质押 法律解释 利益衡量 债权人保护

一、导论

（一）概念界定

在讨论有限责任公司接受本公司股权质押的有效性之前，需要明确这一问题中的几个关键的概念，进而明确本文所提问题的含义、讨论的范围。

首先需要明确的是本文研究的行为主体，即“有限责任公司”这一概念。本文的研究将以中国法为基本法域，对“有限责任公司”的界定将以我国《公司法》对“有限责任公司”的定义为标准。换言之，本文的“有限责任公司”将特指我国《公司法》体系中的对有限责任公司和股份有限公司二分后的“有限责任公司”，虽涉及其他国家、地区法律对于有限责任公司的规定的讨论，但本文所研究问题的主体是我国法律语境下的，与“股份有限公司”相对的“有限责任公司”。因此，除非另有说明，本文所涉及的“公司”均指我国有限责任公司。

其次，需要明确所研究问题的行为本身，即“股权质押”。股权质押制度目前已经为大多数大陆法系国家的民商事法律所认可，我国股权质押制度的首次出现，是在1995年颁布的《担保法》中。其后，股权质押制度不断发展演变，我国新颁布的《民法典》在担保相关规则的“权利质权”部分对其进行了系统性的阐明和认可。所谓股权质押，简单而言，是指“出质人以其所拥有的股权作为质押标的物而设立的质押”①。综合各国立法对股权质押的定义，本文认为股权质押是指民事主体为担保自己或他人债务的履行，与债权人约定将其享有合法处分权的股权凭证转移给债权人占有或将股权质押事实登记公示，如果债务履行期届满，债务人未能履行债务，债权人有权变卖质物以获得债权的优先清偿。

① 阎天怀：《论股权质押》，载《中国法学》1999年第1期。

其中,以股权提供担保的人为出质人,享有变卖质物获得优先清偿权的人为质权人,质权人所享有的担保物权为质权,而移转占有的股权凭证或登记公示的股权则为质押的标的。

(二)问题提出

1.研究意义

近年来随着现代经济的不断发展,股权质押作为一种高效的融资或履约担保方式,在商事活动中发挥着越来越重要的作用。而目前,涉及有限责任公司接受本公司股权质押的实践——无论是司法裁判还是股权质押登记,对这一问题都无统一的结论。并且,现有的实践作出的判断,以否定上述质押效力的观点居多,一定程度上制约了股权质押制度为经济提供活力的作用。从商事法律裁判实务、股权质押登记、公司法解释三个方面来看,有限责任公司接受本公司股权质押的有效性这一问题的答案都尚不清晰,难以满足经济活动日益增长的制度供给需要。因此,厘清"有限责任公司接受本公司股权质押有效性"这一问题无论是在理论上还是在社会经济实践中都具有相当的必要性。

(1)商事司法裁判不清

在商事活动实务中,涉及有限责任公司接受本公司股权质押,存在不同类型的情形,这些商事活动迫切需要一个明确的、统一的观点来指导。目前来看,最新的有关这一问题的实践出现在有关公司业绩对赌的实务中。对赌的其中一种形式是投资者要求原股东对目标公司的业绩进行承诺,并约定在目标公司无法实现承诺业绩时,原股东需向目标公司进行差额补足。而其中涉及有限责任公司接受本公司股权质押的疑问是,为了确保原股东对目标公司差额补足义务的履行,投资者是否可以要求原股东将其持有的目标公司股权质押给目标公司,以作为差额补足义务的担保?目前,尚未出现因采用上述交易结构设计而引起的最终见诸司法裁判的纠纷,但是这一交易结构已经被一些股权投资协议所采用。

而更为广泛的相关争议出现在债权转让和股东借款中,在这类交易中,虽公司获取债权的方式不同,但都是股东为债务人或提供担保与反担保的主体,公司为债权人的交易结构,因而更为直接地需要确认该等股权质押的效力。此外,部分公司与股东的关联交易(在有限责任公司较为常见)也涉及公司接受本公司股权作为质押标的的问题。

以上只是涉及该问题的一部分商事活动，而商事活动只有在相关争议的裁判中有可以预期的裁判观点，才能真正释放出活力，统一的司法裁判观点和尺度，是保持可预期性的重要因素。目前，我国对于这一问题的司法裁判观点不一，往往还涉及质押合同效力和质权设立有效性问题的混同，因此，商事实践对厘清这一问题存在现实需要。

(2)股权出质登记实践需要纠偏

我国《民法典》规定，股权质押需要办理登记方可设立质权，而由于股权登记的具体办法由各地登记机构自行制定，所以登记作为质权设立的生效要件，实际上是将具体的对有限责任公司接受本公司股权质押的质权生效判定权力在一定程度上下放到了地方登记部门。

目前来看，很多地方登记机构对有限责任公司能否接受本公司股权质押的规定并不明确，而办理出质登记的地方规范文件虽有部分已经被废止，但仍存在一些现行有效的禁止为有限责任公司办理本公司股权质押出质登记的文件。因此，对该问题进行全面而明确的讨论，符合对现行股权出质登记部门的不合理限制进行纠偏的需要。

(3)公司法中的公司类型相关问题的分析方法

多数学者论证这一问题的出发点集中在"有限责任公司接受本公司股权质押，是否应当适用《公司法》第142条第5款"这一问题上。②

事实上，如果将这一问题抽象化，更为一般性的问题是，涉及《公司法》上有关公司类型的相关问题应当如何解决？因为我国《公司法》将有限责任公司和股份有限公司分立的结构，部分问题并没有明确地规定在两种类型的公司章节下，对于仅规定在某一类型的公司章节下的条款，在另一类型的公司相关规范中的引致条款③也并未覆盖全部问题，造成了许多不明确之处，在如何"参照适用"的问题上造成了些许混乱。如果能对有限责任公司接受本公司股权质押这一问题细致拆解、正本清源，本文希望能够一定程度上为如何解决类似的问题

② 2018年《公司法》第142条对应2013年《公司法》第162条，新法仅调整条文序号，未作实质性内容修改。

③ 我国《公司法》中的引致条款仅限于股份有限公司章节中，即对股份有限公司的部分规定适用有限责任公司的相应规定。

做出一些贡献。④

2. 现行法规范与司法争议

我国现行法律规范和司法裁判实践,对于有限责任公司接受本公司股权质押这一问题规定不明确,在司法实践中也无统一观点,这也正是本文问题的主要背景。

(1)法律规范的不明确

目前,我国对于有限责任公司能否接受本公司股权作为质押标的,在《民法典》和《公司法》中都无相关明确规定,既无允许性规定,也无禁止性规定。在私法上,如无相关规定,对该问题似应采取"允许"的态度。

然而,一方面,本文的研究问题作为一个横跨民法和商法两个领域的问题,如果从民法的担保角度来看,无禁止性规定意味着尊重当事人的意思自治,这一情况如出现应当被允许;如果从商法(公司法)的角度来看,则需要考虑是否会违反《公司法》作为组织法的一般性原则,如资本维持原则。另一方面,基于我国《公司法》的立法结构,这一问题虽未在有限责任公司的相关章节中予以规定,但是在《公司法》第 142 条第 5 款⑤,有关股份有限公司的章节中予以了禁止。而由于《民法典》要求股权的出质需办理股权质押登记方可设立质权,因此这一问题还涉及各个地方的股权出质登记管理相关规范。在实践中,各地市场监管部门多不加区分股份有限公司和有限责任公司,对接受本公司股权质押一律采取了否定态度,如《江苏省工商行政管理机关公司股权出质登记暂行办法(2008)》第 4 条⑥等。

如上所述,由于《公司法》对相关的问题有明确规定,因而创造出了一个核心问题:《公司法》第 142 条第 5 款的有关规定是否可以类推适用于有限责任公司?这一问题也是历来学者争论的焦点。同时,除这一法解释学上的讨论以外,我们还应注意到,在法律规范不明确的情况下,应当就有限责任公司接受本

---

④ 类似的问题还包括有限责任公司回购本公司股份的情形是否适用《公司法》第 142 条,股份有限公司股东是否有异议股东回购请求权等。

⑤ 《公司法》第 142 条规定,公司不得收购本公司股份。但是,有下列情形之一的除外:(一)减少公司注册资本;……公司不得接受本公司的股票作为质押权的标的。

⑥ 《江苏省工商行政管理机关公司股权出质登记暂行办法(2008)》第 4 条规定,有下列情形之一的,不得办理股权出质登记:(一)将股权出质给本公司的……

公司股权质押本身的利弊进行讨论。

(2) 司法实践中的裁判争议

在司法实践中不乏因上述法律规范不明确而产生的争议，而由于缺少直接可以适用的法律规范，对于有限责任公司接受本公司股权作为质押标的的效力判断，各个法院判决不尽相同。

在"江苏湘商投资咨询有限公司与苏州益方动力机械有限公司、昆山市紫金花置业有限公司借款纠纷案"中，法院认为，"《公司法》第一百四十二条第四款规定：公司不得接受本公司的股票作为质押权的标的。因此，原告主张昆山紫金花公司、苏州紫金花公司、田某伟对上述债务承担连带还款责任，本院予以确认"⑦。该案虽未明确适用该条判定质押无效，但是该案事实上是由股东益方公司以自身持有的债权人湘商公司股权为质押标的的，原告并未提出相关实现质押权的诉求，而法院在支持原告实现其他担保诉求的同时，说明了《公司法》第 142 条的规定，似表明法院认为《公司法》第 142 条第 5 款的规定一定程度上适用于有限责任公司。

在"张某等诉贵州惠水太和建材有限公司企业经营承包合同纠纷再审案"中，一审法院认为，《公司法》规定的只是股份有限公司不得接受本公司的股份作担保，并未限制有限责任公司接受本公司的股份作担保，而且"有限责任公司的股东将其持有的本公司股权向本公司出质，公司股权总数并没有变化，注册资金并未减少，并不会损害公司利益，亦不违背公司法限制股权出质的立法原意"。相关股东会决议不违反法律法规禁止性规定，决议内容合法。再审法院认为，"公司能否接受自己公司的股份作为抵押担保，对此一、二审判决阐述很清楚，法律对于有限责任公司接受自己公司股份作为抵押担保没有限制性规定，故该担保的设立有效"⑧。

在"左某霞与上海津麦投资有限公司金融借款合同纠纷案"⑨"扬中市国银农村小额贷款有限公司与吴某、吴某庆民间借贷纠纷案"⑩中，法院均支持了有限责任公司接受本公司股权质押的有效性。

⑦ 江苏省南京市建邺区人民法院民事判决书，(2016)苏 0105 民初 3528 号。

⑧ 贵州省黔南布依族苗族自治州中级人民法院民事判决书，(2017)黔 27 民再 9 号。

⑨ 河南省高级人民法院民事判决书，(2018)豫民终 1307 号。

⑩ 江苏省扬中市人民法院民事判决书，(2017)苏 1182 民初 1482 号。

上述司法实践中的裁判结果虽然以支持相关质押有效性的观点为主，但并不统一，缺乏一致性，其核心还是集中在是否要对有限责任公司适用《公司法》第142条第5款的规定上。这种不一致无法给予商事行为主体以可预测性，造成了一定程度的混乱，也使得这一问题变得更为突出。

（三）文献综述

从目前检索到的文献来看，直接、完整地研究有限责任公司的学术文献较少，多数学者并未将这一问题当作一个独立的问题加以研究，而是将其置于更大的研究框架下做简要讨论。因此，在本文的文献综述部分，将简要综述学者现有的对于有限责任公司接受本公司股权质押有效性的观点，将着重点放在学者论证自身对于上述问题的观点进路分析上。

1. 有关有限责任公司接受本公司股权质押的效力

如上所述，各方学者对这一问题的现有观点大体上可以分为两派：其一是肯定有限责任公司接受本公司股权质押的效力（肯定说）；其二是否定有限责任公司接受本公司股权质押的效力（否定说）。本文将对两派观点的不同进路做简要分析。

（1）肯定说：肯定说的不同进路

在肯定有限责任公司能够接受本公司股权作为质押标的的学者中存在相对不同的观点进路，但是基本上都使用了法律体系解释方法，区别在于解释的维度。

持肯定说的学者多以法律的体系解释作为观点进路。一些学者认为，“股份有限公司和有限责任公司是两个法律地位迥然有别的商事主体”，我国《公司法》既然将两者区别立法，说明两者存在实质性差异，而一般而言，股份有限公司由于可以向社会公开募集股份甚至上市公开交易，《公司法》对其的规制理应更为严苛，因而“对股份有限公司的法律规制不能当然地类推到有限责任公司中去”⑪。

另一些学者则从《公司法》对于两类公司的规范原则上予以讨论，认为对于

⑪ 胡鸿高、胡冰：《论股权质押制度——以有限公司股权质权为中心》，载上海市社会科学界联合会编：《上海市社会科学界第六届学术年会文集（2008年度）》（政治·法律·社会学科卷），上海人民出版社2008年版，第135~143页。

有限责任公司,《公司法》的规范表现出了“原则允许,例外禁止”的任意性特点,而对于股份有限公司的规范则有鲜明的强制性特点,因此,基于两种公司规范原则的不同,不仅不能直接将股份有限公司的规则直接适用到有限责任公司中,还应当依据任意性的原则允许有限责任公司接受本公司股权质押。⑫

（2）否定说:否定说的核心观点

持否定说的学者的观点进路多集中在我国公司法的“立法精神”或“立法原则”上,认为有限责任公司接受本公司股权质押是对资本维持原则的突破,有公司资本流失之危险。

最早提出公司不可以接受本公司股权作为质押标的的学者是阎天怀教授,其根据1993年《公司法》第149条第3款规定“公司不得接受本公司的股票作为抵押权的标的”,《关于外商投资企业投资者股权变更的若干规定》第6条规定“投资者不得将其股权质押给本企业”,认为以上两部法律表明了我国“严格禁止”股东将股权质押给本公司。⑬ 阎天怀教授并未讨论上述规定对于有限责任公司是否适用,但从其文章中的表述可以推知,阎天怀教授认为该条所述“公司”即包括所有公司。

而另一些研究则指出,虽然《公司法》将“不得接受本公司股票作为质押标的”的规范放在了股份有限公司章节,在文义解释上仅仅是规范股份有限公司的股票质押,但是其体现出的立法精神是明确的,应当遵循这种立法精神,认为我国是禁止有限责任公司接受本公司股权作为质押标的的。⑭ 还有研究认为,将该条放置于公司回购自身股权的条文中,本身就蕴含了维护资本维持原则的用意,在考虑股权质押时不能忽略债务不能偿还的情况,允许公司接受本公司股权质押实际上是为公司减资开了一个法律漏洞,因而应当禁止公司接受本公司股权质押。⑮

---

⑫ 参见张旭昕:《有限责任公司股权质押的标的、程序与效力》,载《山东青年政治学院学报》2017年第1期。

⑬ 参见阎天怀:《论股权质押》,载《中国法学》1999年第1期。

⑭ 参见黄建文、李银芬:《论〈物权法〉中有限责任公司的股权质押制度》,载《学术界》2008年第1期。

⑮ 参见钟丹:《股权质押合同效力研究》,北方工业大学2017年硕士学位论文,第15页。

(3)现有学说的不足

综上所述,上述持肯定说观点的学者对该问题的分析多集中在对《公司法》做体系解释的角度,试图通过对《公司法》有限责任公司和股份有限公司分立式的立法结构等方面的分析,阐明"不应当类推适用股份有限公司规定"的观点。上述论述进路固然可行,但是仅从法律解释角度切入存在片面性,缺少从应然层面论述的"有限责任公司接受本公司股权质押"的"法的利益"。而仅就法解释角度,也缺少对我国《公司法》立法结构的全面剖析,对《公司法》立法中的有限责任公司与股份有限公司何者应当为立法中的"目标公司"或双方的核心区别论述不够深入。

而对于持否定说的观点,一方面,早期的文献论述过于简单,陷入了"存在即合理"或是简单解释法律的逻辑的不足中,对《公司法》的解释缺少体系性视野;另一方面,对于"有限责任公司接受本公司股权质押如何影响资本维持原则"的论证也不够深入,尤其是在近年来对于公司回购股权限制趋向逐步放开的情况下,基于"质押可能导致现实上的回购"的论证显然被逐渐动摇了根基。

综合来看,无论是持肯定说还是持否定说,上述研究都有值得进一步挖掘之处,同时上述文章仅在其中简单提到相关的问题,而并无对于有限责任公司接受本公司股权质押有效性这一问题的系统性论证。因此,一方面,现有研究不够充分、系统,还是存在一定的空白空间;而另一方面,从现有文献的研究进路来看,对该问题的研究存在一定的扩展到其他相似问题的可能。

2. 我国《公司法》的立法结构和体系

在现有有关有限责任公司接受本公司股权质押有效性的问题研究中,最为广泛的是从法律解释的角度出发,正如前文所述,围绕一个核心问题,即"《公司法》第 142 条第 5 款能否类推适用于有限责任公司"来分析。这涉及我国《公司法》的立法结构,下文将对有关文献进行梳理。

(1)对我国现行《公司法》体系的讨论

在我国《公司法》的体系中,公司法自首次立法以来就将"有限责任公司"和"股份有限公司"进行区别规范,但又没有学习德国将两类公司分别立法,而是统合在同一部法律中,这引发了学者对我国《公司法》体系的讨论,主要有以下几个问题。

其一，在我国《公司法》是否有目标公司的问题上，部分学者认为在我国《公司法》的立法模式下，股份有限公司有多条规范引致有限责任公司规范，且针对股份有限公司的多为强制性规范，限制更多，显然遵循了以有限责任公司为目标公司的立法模式。⑯ 也有学者认为在我国公司法“统分结合”的立法模式下，并无显著的目标公司一说，而是“统中有分，分中有统”，统与分是相对的，在总体规定上有对不同公司类型的分别规定，在分别规定上也有通过引致条款达成的共性规则。⑰ 当然，即使在目标公司的问题上存在争议，不同的学者也都认为，“公司法的结构是有不同意义的”⑱，即公司法对于股份有限公司和有限责任公司的区别立法结构，明确表明了二者在我国的法律体系下应有区别，且公司法的立法结构应当在上述问题的讨论中作为重要的参考。

其二，也是在上述问题的讨论前提下，需要提出：如果有目标公司，在我国公司法中何者为主要参照公司类型？有学者认为，通过考察立法历史、《公司法》编排顺序和引致规则，显然有限责任公司在当前《公司法》中处于优位，但考虑到经济运行实践，应当以股份有限公司为目标公司。⑲ 而另有学者指出，两者在法律上存在优位关系，即有限责任公司的规范为股份有限公司所引致，但是在实践中，确有股份有限公司规定更为详尽之处，应当在有限责任公司规范中引致，归根结底是法律之漏洞。⑳ 还有学者认为，应当完善有限责任公司立法，以封闭性小公司为目标公司，对公开性的股份有限公司加以特殊限制。㉑

（2）对我国公司法两类公司的区别研究

对于我国公司法上两类公司的区别，大部分学者均指出目前公司法上两类公司的区别不甚显著，但是对于两类公司的核心区别和如何进行后续界分，则有不同的观点。

---

⑯ 参见叶林、刘向林：《论我国公司法立法结构的变革》，载《政法论丛》2010年第3期。

⑰ 参见钱玉林：《我国〈公司法〉体系的重构——一种解释论的观点》，载《政治与法律》2021年第2期。

⑱ 王保树：《公司法律形态结构改革的走向》，载《中国法学》2012年第1期。

⑲ 参见叶林、刘向林：《论我国公司法立法结构的变革》，载《政法论丛》2010年第3期。

⑳ 参见刘斌：《中国公司法的立法技术革新——以立法技术瑕疵评估为中心》，载《大连理工大学学报（社会科学版）》2021年第3期。

㉑ 参见钱玉林：《我国〈公司法〉体系的重构——一种解释论的观点》，载《政治与法律》2021年第2期。

有学者通过考察大陆法系传统上对于两类公司的界分历史，认为“有限责任公司与股份有限公司在本质上应存在如下几点区别：公司规模、股东人数、公开性”，然而目前无论是从公司规模还是从股东人数上来看，都存在较大的有限责任公司和较小的股份有限公司，因此，“从结果上看，股份有限公司与有限责任公司的本质性区别实际上只剩下募集资本的公开性与股权转让的自由性这一方面”。因此，建议以规模区分不同的公司。[22] 另有学者指出，一方面，有限责任公司股东人数少，中小企业多，具有封闭性和人合性，“股东愿意也必须保持对公司的控制”，即公司股东对公司经营的控制力强；另一方面，股份有限公司具有很强的契约性，注重股东协商，高度自治，甚至“有限责任公司与合伙企业的距离比它与股份公司的距离更近些”，主张将两类公司分别立法。[23] 而其他一些学者则指出，“公开性”和“封闭性”是区别两类公司的核心因素，应当改革我国的《公司法》，使得有限责任公司成为“名副其实地使投资者简便易行的封闭性公司”。[24]

综合来看，基本上学者对我国《公司法》有关有限责任公司和股份有限公司的区别的讨论的共性是认为两类公司的区别在事实上已经较为不明显，主张对这一体系进行调整更改。而从不同学者的讨论中也可以看出，学者对于两类公司区别的认识，多涉及广义的“公司股权转让”，而本文研究的股权质押，往往被视为一种股权的“半转让”[25]，与这一区别息息相关，因此，从这一角度上来看，股权转让上的区别似乎也应当自然地表现在股权出质的问题上。

二、司法实践实证分析

鉴于这一问题与法律实务紧密联系的属性，本文广泛检索了与有限责任公

---

[22] 参见刘小勇：《论股份有限公司与有限责任公司的统合——日本及其他外国法关于公司类型的变革及启示》，载《当代法学》2012 年第 2 期。

[23] 参见甘培忠、曹丽丽：《我国公司法体系的重构——有限责任公司法和股份有限公司法的分立》，载《环球法律评论》2004 年第 4 期。

[24] 参见王保树：《有限责任公司法律制度的改革》，载《现代法学》2005 年第 1 期。

[25] 在原《担保法》中有“股权出质适用股权转让规定”的类似规定，在前注 11 中胡鸿高、胡冰文也提到了相关观点。

司接受本公司担保相关的案例,希望能够通过对现有相关争议的检索来对当前我国司法环节对这一问题的态度进行梳理。在该部分,本文会对检索方式方法、检索结果、既有裁判依据和在当下相关司法裁判中存在的问题进行阐述。

(一)样本分析

本文对相关案例的检索遵循以下方法:

首先,在检索案例的范围上,对案例的审理法院不做限制,但考虑到案例表现出的司法观点的代表性,以中级人民法院及以上法院的案例为主;而由于我国《公司法》对公司回购股权的限制逐步放开,对公司接受自己股权质押的相关司法裁判也存在较大影响,且过于久远的案例对分析当下的司法态度意义不大,因此,本文对案例的检索以《公司法》近年来较大的修改即2013年之后的案例为主。其次,在检索案例的选取方法上,在广泛检索案例的基础上确定本部分实证分析的案例范围,即严格地以在争议焦点中涉及"有限责任公司接受本公司股权质押"相关问题的案例为主要案例进行详细分析,同时考察《公司法》第142条第5款对于股份有限公司以外的企业类型适用的司法裁判观点。最后,在数据库的选取上,由于绝大多数仲裁案件不公开,因此以我国已公开的司法裁判案例为基础,选取中国裁判文书网、威科先行等多个数据库,合并其检索结果使检索结果更为详尽。

经过检索,本文发现检索到的案例样本呈现以下整体特点:

第一,案例样本整体较小。在经过各数据库的检索后,明确涉及有限责任公司接受本公司股权质押争议的案例不足10件,即使将范围扩展到有限责任公司外的其他性质企业,案例数也仅仅不到20件,说明本问题至少在司法环节并不是一个热点问题。本文认为出现这一问题的原因可能有三:其一,由于权利质权的有效设立需要以登记为要件,而全国各地方负责股权质押登记的工商机关发布的地方规范性文件多数以简单方式禁止一切公司接受本公司的股权质押,因此在这一条件下,很难有符合条件的登记设立的股权引发争议;其二,商事实践中有偏好以仲裁来解决争议的倾向,导致了较少有公司选择由法院来管辖相关争议,而仲裁庭的案例大多不予公开,导致能够检索的公开的相关裁判文书极少;其三,该问题自身的特点,决定了与该问题相关的争议往往发生在股东(同时也是债务人)和公司之间,而有限责任公司封闭、人合的特性导致二者之间的争议,尤其是公开的争议并不多见,即使出现,可能也不会以法院诉讼的方式加以解决。因此，即使公开的案例较少，也不能据此得出相关问题的争议较小的结论。

第二，案例样本审理法院多为基层和中级人民法院，以各地中级人民法院的案件最多。本文认为，由于多数有限责任公司规模较小，案涉金额也往往不大，因此相关案件作为一般的民事案件很少能够达到高级人民法院或最高人民法院的审理级别。同时，多地中级人民法院的判决基本上已经较好地对这一问题进行了裁判，所以相关判决还是具有一定的参考性的。

第三，案例样本的审级一般为二审，当然也存在一些适用其他审理程序的案件，如再审、执行案件，从这一点上，可以看出涉及该问题的多数案件争议较大。案例样本的总量虽然不大，但是上诉率很高，仅有一例案件未出现上诉，同时，在相关上诉理由中均出现了对本文研究问题的争议。

第四，在案例样本中，法院的案件案由以合同纠纷为主，其中以借贷纠纷为多；而在扩展到了其他性质企业的案例中，借贷纠纷，尤其是改制前的农村信用合作社借款纠纷占到了案件数量的绝对多数。在案例样本中，虽然尚未出现与投资协议有关的纠纷，但合同纠纷类型多样，包括与对赌协议类似的股东承包经营承诺业绩补偿的相关争议，其表明围绕有限责任公司股权质押可进行的经济活动是多样的，对这一问题进行明晰能够释放更多类似的创新性安排的活力。

（二）既有典型案例分析

虽然检索到的直接涉及相关问题争议的公开司法判决较少，但正如前文所述，其涉及的商业活动类型多样且法院的裁判观点、依据并不统一，有一些典型案例具有较强的参考价值，因此在这一部分本文希望对既有的典型案例进行讨论，以梳理和分析现有司法裁判对本文研究问题的几种典型观点。

1. 支持相关质押有效性的观点

首先，在最为普遍和简单的借款纠纷案中，以（2017）苏1182民初1482号判决书“扬中市国银农村小额贷款有限公司与吴某、吴某庆民间借贷纠纷案”为例，法院明确表明了《公司法》第142条仅规范股份有限公司的态度。

被告股东认为，根据《公司法》第142条的规定，公司接受自身股权出质由于违反该条强制性规定而无效。扬中市人民法院认为，首先，股权作为法定可以出质的财产，以登记作为生效要件，而“被告吴某庆与原告就股权出质签订书面合同，被告吴某庆亦向本市工商部门申请办理登记，故该质权依法设立”。其次，《公司法》中的对于公司接受本公司股权质押的禁止性规定，应当结合其所在的章节来判断，以规制股份有限公司为限，即“此条是针对股份有限公司股份转让的规定，原告是有限责任公司，吴某庆以其股权出质并无不当”。

在该案中，扬中市人民法院的观点十分明确，即对《公司法》第 142 条的解释与适用，不能超出其章节。同时，扬中市人民法院在其判决理由中的表述也表明了其对《公司法》第 142 条的性质、效力范围的认定，即“股份有限公司股份转让的规定”，进而认为该条仅能规制股份有限公司。需要注意的是，在该案中，该理由仅作为法院判断质权成立与否的标准之一，该案中的股权质押经过了合同签订、质权登记等全部流程，因此从各个角度来说该质权的设立都是相对完善的。但是，在大多数情况下，由于工商登记机关的限制，很多有限责任公司将股权质押给本公司是难以完成登记的，也不乏为了规避上述登记限制而另立虚假债权质权关系从而引发纠纷的相关案例。[26]

其次，在相对复杂的交易结构中，以(2017)黔 27 民再 9 号判决书“张某等诉贵州惠水太和建材有限公司企业经营承包合同纠纷案”为例，法院从限制向本公司出质股权的立法原意出发，表明对股权质押设立和质押权实现两阶段二分的判断立场，认可仅接受股权质押并不损害公司利益。

在该案中，被告付某远作为原告太和建材的股东，与公司签订了承包经营协议，约定由其负责 1 年内的公司承包经营及销售活动，并承诺实现 480 万元利润以及按比例分红。同时，由其他 5 位公司股东(公司共 10 位股东)以各自持有的公司股权为保证上述利润及分红的实现向公司缴纳“风险抵押金”。后付某远提前终止了承包经营，并未实现上述利润，因此原告公司将付某远与其他提供担保的股东诉至法院。

双方其中一个主要争议焦点在于上述承包经营的合意是由公司以股东会决议的形式体现的，而对于这一决议的担保部分的有效性双方存在争议。一审贵州省惠水县人民法院认为，在上述决议担保部分的性质上，“根据股东的真实

---

[26] 如(2018)琼民终 936 号民事判决书、(2016)苏 04 民终 4131 号民事判决书等，均是为了规避上述规定而引入第三方作为显名债权人，另立协议形成“代持”债权和质押权的关系，引发了部分争议并造成了一定程度上适用法律的混乱。

意思表示及对该决议的理解,应视为质押担保”。而在上述担保是否有效的问题上,惠水县人民法院认为,“公司法规定的只是股份有限公司不得接受本公司的股份作担保,并未限制有限责任公司不得接受本公司的股份作担保,而且有限责任公司的股东将其持有的本公司股权向本公司出质,公司股权总数并没有变化,注册资金并未减少,并不会损害公司利益,亦不违背公司法限制股权出质的立法原意”。二审黔南州中级人民法院亦支持了一审法院的观点。在再审中,黔南州中级人民法院再次申明,“公司能否接受自己公司的股份作为抵押担保,对此一、二审判决阐述很清楚,法律对于有限责任公司接受自己公司股份作为抵押担保没有限制性规定,故该担保的设立有效”。

在该案中,各级法院的观点基本一致,都支持了上述股权质押不违反法律强制性规定。然而与前述民间借贷案的裁判出发点有所不同,在该案中法院不仅以法条具体规定的范围作解释,还以立法原意为进路,认为接受本公司股权质押“公司股权总数并没有变化,注册资金并未减少”,而上述出质行为,由于并未实际减少注册资本,因而不损害公司利益,也不违背“公司法限制股权出质的立法原意”。本文认为,在该案中,法院似将股权质押行为和质押权的实现做了两阶段划分,认为单纯地接受本公司股权质押,并不减少注册资本,亦不损害公司利益,而质权的实现则可能分别讨论。

本文认为,具体到该案中,由于公司并未为该质押实际付出借款等,股权质押仅作为公司未来业绩收入的担保,所以公司实际上并不应该股权质押可能受到“损害”,而最多仅是预期收入的减少,也不会因该等质押付出原有的用以保障公司债权人的公司资产作为对价。因此,法院虽未阐明,但是本文认为法院所说的“公司法限制出质的立法原意”,应当是更进一步的公司债权人利益保护。

2. 否定及其他态度的观点

首先需要指出的是,在多数相关案例中,并未出现直接否认有限责任公司接受本公司股权质押有效性的案例。但是,在部分案例中法院虽然未直接指出上述质押的无效,却在不同角度体现出了对有限责任公司质押股权的限制,在此选取部分典型案例予以分析。

首先,依靠逻辑能够推知部分法院裁判理由对这一问题持相对否定的态度。如前文所述,在(2016)苏0105民初3528号判决书,即“江苏湘商投资咨询有限公司与被告苏州益方动力机械有限公司、昆山市紫金花置业有限公司借款纠纷案”中，实际上出质股权的是借款人益方公司，而其他当事人则是提供了相应的无限保证。在该案中，原告仅对提供无限保证的当事人提出承担保证责任的诉讼请求，并未提到要求实现上述出质的本公司质权，而法院在裁判中却并未仅裁判其他当事人承担担保责任，而是先阐明了《公司法》第 142 条的规定，并使用“因此”链接后续的由其他当事人承担保证责任的裁判理由。

本文认为，结合原《物权法》第 176 条㉗关于混合担保清偿顺序的规定，事实上在该案中应当优先以债务人提供的股权质押实现债权，而法院加入上述的说理，实际上是解释了为什么要跳过债务人自己提供的物的担保而直接要求担保人承担保证责任。事实上，通过这一逻辑，可以推断出法院是使用了《公司法》第 142 条有关股权质押的规定，直接将其适用于有限责任公司，从而否定有限责任公司接受本公司股权质押的有效性，进而完成裁判理由的说理。当然，也不应当排除该质押并未经过登记，法院为了避免更多问题而作出妥协的可能。类似的可以通过裁判说理的内在逻辑推知法院持否认态度的案件还有（2016）苏 04 民终 4131 号判决书涉及的“王某新等诉宜州市宝山矿业有限公司等损害公司利益责任纠纷案”等。

其次，还有部分案件虽不一定涉及有限责任公司接受本公司的股权质押问题，但是其在法律适用和说理上体现了对《公司法》第 142 条类推适用于其他类型企业的态度。如在（2017）桂 11 民终 99 号判决书，即“袁某贤与梁某连等股权转让纠纷案”中，原股东因公司经营分歧谋求退出公司，而公司考虑到无法持有自身股份，约定由公司员工代为完成股权转让并代持公司股份。后因股权已发生变更但股权转让款项尚未结清，原股东提起诉讼。广西壮族自治区贺州市中级人民法院在裁判理由中指出，《公司法》第 142 条“是由公司法‘资本维持’原则派生的原则性规定，是为防止公司资本虚构，侵害投资者和债权人权益而设立的条款，也是与股东必须如数缴付出资义务，股东不得抽回出资义务相一致的，是公司股东有限责任得以成立的基本要件之一，适用于有限责任公司”。

本文认为，该说理虽然是在对上述股权转让和代持行为做裁判时做出的，

㉗ 由于该案发生时间较早，该案适用的法律为原《物权法》，而《民法典》颁布后相应适用的法条为第 392 条，其规范内容与原《物权法》第 176 条基本一致。

但是按照法院判决的表述,法院认为《公司法》第 142 条适用于有限责任公司的原因是基于对该条性质的认定,即“公司法‘资本维持’原则派生的原则性规定”是股东有限责任的“基本条件”。因此,从这一角度上看,法院似乎认为该条作为基础性的规定,类推适用到有限责任公司是不必加条件限制的。进而可以说,根据法院对于该条的态度,可以推知有限责任公司接受本公司的股权质押也会因自然适用该条而无效。

类似的案件还有占案例多数的农村信用社等主体的借贷争议,如在(2018)豫民终 1307 号判决书,即“左某霞、上海津麦投资有限公司金融借款合同纠纷案”中,法院就明确指出:“第 142 条第 4 款主要规范股份有限公司,而延津农商行的性质为股份合作制,对延津农商行是否能够接受其股金作为质押权的标的,目前尚无禁止性规定。”此类案件数量虽多,却由于其企业性质与股份有限公司差别更大,因而对有限责任公司的参照适用作用有限。但是,多数此类案件体现了司法裁判中的原则,即无禁止性规定一般认定为有效。

(三)既有司法观点的不足与完善

从既有司法裁判来看,对于有限责任公司接受本公司股权质押的问题,虽然多数判决支持相关质押合同有效(质权的最终设立与否还要依据质押登记情况进行判断),但很难说形成了相对一致的意见。综合对现有司法实践的检索,本文发现,对于本文所研究问题,司法观点存在以下不足:

首先,司法裁判缺乏统一明确的裁判观点。在有限的相关案例中,虽然多数案例认可质押合同的有效性,但正如前文所述,还有部分案件的裁判表现出了对这一质押行为予以限制,或不认可该质押的合法性的观点。结合《公司法》第 142 条的主要规范目的,对股票质押的限制是包括在对公司回购股票行为的限制中的。实际上,如果将案件范围予以扩充,对于应用范围更广的回购行为,对其的限制在有限责任公司和股份有限公司之间适用存在的争议更大,司法裁判也更加缺乏明确的一致性观点。

其次,司法裁判缺乏统一充分的裁判理由。如上所述,虽然在多数明确涉及有限责任公司接受本公司股权质押争议的案件中法院支持了这一质押的有效性,但是法院的裁判理由切入的角度并不相同。有法院从法体系解释角度,阐明《公司法》第 142 条的适用范围受限,进而论证相关质押合同的有效性,实际上是遵循“法无禁止即自由”的民法意思自治原则;也有法院从目的解释角度，认为有限责任公司的股权质押不会减少注册资金，不会损害公司利益，不违反相关条款的立法原意，似乎暗含了质权的设立和实现二分的意味。本文认为，无论法院采取何种裁判理由，似乎都不够充分且存在可以商榷之处，比如为何有限责任公司接受自己股权出质不违反公司法的立法原意而股份有限公司则不可以接受自己股权出质？

再次，部分法院的裁判过分僵化，或缺乏说理而直接适用相关法条。部分法院几乎没有相关说理部分，而是直接以引用法条的形式“跳过”了对相关问题的分析和裁判。而部分判决存在不加解释就直接将规定在股份有限公司部分的法条直接适用于有限责任公司的问题。同样地，即使是在认可相关质押合同有效性的判决中，也存在单纯套用法条而不考虑如何解释法条的问题。

最后，特别需要注意的是由于对股权质押权设立的判断事实上“前置”在了工商登记部门，多数裁判实际上并不直接对质押权的设立进行判断。这造成了一种情况，即在立法和司法部门都未能对某一法律问题做出判断的情况下，负责“执行”的登记机关首先对这一未决问题做出了判断，进而由司法体系传导到最终的判决上去，事实上造成了由登记机关最终决定这一权利质权设立有效性的情况，其根本原因还是地方规范性文件的不严谨和不成体系。

综上所述，现有司法裁判在总体态度上虽然倾向于支持该质押的有效性，但是在法律适用、说理、裁判一致性等方面存在一定的不足。这种不足实际上造成了一定程度的争议和混乱，同时从部分案例中可以明显看到为了规避这一不明确的预期，经济活动中的成本已经出现了不必要的增加，因而对这一问题进行系统性的分析和整理看起来是必要和紧迫的。

三、有限责任公司接受本公司股权质押的法律解释进路

结合对于现有司法案例的分析，本文认为，承认有限责任公司接受本公司股权质押的有效性，允许有限责任公司接受本公司股权质押，是符合立法原意，也是有利于解除不合理限制，激发经济活力的。本文从解释的和应然的、法律解释的和利益衡量的两个角度、两条进路对这一问题进行分析。

第一条进路是从现有法律入手，以解释学的方法尝试在现有的法律制度下

对这一问题予以辨明，即立足于现行法，抽象出能够解决该问题的三段论中的大前提。而本节所指的“法律解释”，意指“狭义的法律解释”，即“确定法律规范意义内容的作业”㉘。然而，在进行法律解释前，需要首先进行辨析，即确定该问题能否适用法律解释的方法予以解决。

（一）法律解释与法律漏洞填补的辨析

在解决这一问题之前，首先需要对这一问题进行法律解释和法律漏洞填补辨析的原因在于，我们必须首先明确这一问题是否属于法律漏洞，因为用狭义的法解释的方法一般无法解决法律漏洞的问题。

狭义的法律解释和法律漏洞的填补属于解决未定法律问题的不同的两种方法，法律解释是通过解释有疑惑的法律规定来解决尚存在于法律中的未决问题，要立足于现行法的规定；法律漏洞填补是通过法律补充来修补法律，即“前者是对制定法意志的贯彻，后者是根据具体的法律秩序的精神对漏洞进行填补”㉙。而判断某一问题是否存在法律漏洞，可以从其定义即“法律体系上之违反计划的不圆满状态”㉚来判断，亦可以进一步去考察何者为所谓的“不圆满”状态，即穷尽法律解释方法后是否能够为该问题提供答案，如以法解释的方法无法为该问题提供足够清晰的答案，则该问题即为一个需要填补的法律漏洞。

从法律漏洞的定义上看，“有限责任公司接受本公司股权质押的有效性”这一问题并未在现行法律中予以规定，那么需要讨论的就是，这一问题是不是“计划”中的一个应解决的问题？换言之，这一问题是不是立法者认为需要规制的问题？本文认为，与民法不同，《公司法》作为商法、组织法，其立法原则和民法有所不同，存在特别法的特征，因而，“当民事立法上欠缺对商事特别情形在规范上加以考虑时，便形成了商法的漏洞”㉛。同时，商法自身如果对某些应予规范的特别情形未予规定，则也成为商法自身的漏洞。

从这一角度看，考虑到《公司法》第142条对股份有限公司接受本公司股权质押有效性的问题予以了规定，本文讨论的应当是“应予规范”的问题，然而，也

㉘ 梁慧星：《论法律解释方法》，载《比较法研究》1993年第1期。

㉙ 陈克：《再论股东除名制度中的表决权限制——从填补法律漏洞视角下展开》，载《法律适用》2015年第12期。

㉚ 黄茂荣：《法学方法与现代民法》（第5版），法律出版社2007年版，第378页。

㉛ 钱玉林：《商法漏洞的特别法属性及其填补规则》，载《中国社会科学》2018年第12期。

正因如此,立法者在意识到“接受本公司股权质押”这一问题应予考虑时,并未对有限责任公司在这一情形下进行特别规定,似乎并不能得出对有限责任公司的相应规范属于“应予规范而未予规定”的问题。如就因此扩张“应予规范”的问题,则似乎《公司法》应当为每一条在有限责任公司或股份有限公司类别中的规定在另一类别公司中予以相应规定,这样其中的法律漏洞将极大增多,形成一个极端不合理的状态。

当然,也有学者认为,在《公司法》中存在的部分股份有限公司引用有限责任公司规定的引致条款如第99条、第108条、第113条等条款,引发了有限责任公司可否参照适用股份有限公司规则的争议,加之在部分情形下股份有限公司的规定更为细致,确有参照适用的必要,因而认为此种引致标志的缺失实际上是一种“引致漏洞”。[32] 本文认为此种观点值得商榷,如前文所述,在考虑情形是不是“应予规范”的情形前,此种引致条款的缺失并不必然成为法律漏洞。一方面,《公司法》引致条款都存在明显的引致标志,这意味着两类公司之间的不同规定的引致应为特别规定的情形,对特别情形的认定应当更为谨慎;另一方面,就本文讨论的问题而言,对有限责任公司引致股份有限公司的情况未有明例,将其直接认定为整体有限责任公司对股份有限公司条款引致上(而不是存在类似其他引致股份公司条款的情况时,有某一规定未引致)的漏洞似乎过于草率了。如果过分扩张“应予规范”的情况,将使得《公司法》走向过分的约束与限制,偏离了其作为“民法特别法”应当遵循的意思自治原则。

综上,本文认为,从狭义的法律解释角度出发,“有限责任公司接受本公司股权质押有效性”的问题,从法律漏洞的定义上看似乎并不是一个严格意义上的“法律漏洞”,而是一个可以用狭义的法律解释方法解决的问题。而“穷尽法律解释的方法”的工作,也就是本文之后需要做的“尝试用法律解释的方法解决这一问题”。

(二)法律解释方法的尝试

有关法律解释的方法论直至今日仍在讨论之中,方法论层面的论述一直不曾间断。对法律解释方法的研究虽然不断变化,但是似乎一直存在法律解释并

---

[32] 参见刘斌:《中国公司法的立法技术革新——以立法技术瑕疵评估为中心》,载《大连理工大学学报(社会科学版)》2021年第3期。

未实现最终的目标的质疑,对法律解释的元规则问题的研究亦长盛不衰。本文无意讨论法律解释的元规则是否存在和采取何种法律解释的元规则更为合理的问题,仅希望能够从法律解释的角度出发尝试是否能够依靠这一方法对本文的研究问题做出解答,因此,本文希望采取一种相对更被公认的规则,采取不同的法律解释方法解答这一问题。

梁慧星教授是相对较早提出法律解释方法规则的学者之一,其引入的和提出的运用各种法律解释方法的规则至今仍是相对较为公认的观点。因此,本文以梁慧星教授所代表的主流观点为主,即语义解释或文义解释优先,若文义解释能够得出无歧义之结论,则无须使用其他解释方法;只有在文义解释存在"复数解释之可能性"㉝时,才考虑论理解释中的体系解释;当上述解释不能解决问题或有瑕疵时,则进一步考虑法意解释,进而进行扩张或限缩解释,再结合目的解释的方法予以验证;而比较法解释和社会学解释则是放置于最后。㉞ 当然,考虑也有被广泛认同的观点认为排序靠前的解释并不是固定不变的,排序靠前仅意味着"更高的被采用频率"㉟,因此,本文希望按照这一排序采用不同的解释方法进行论述,而不是停留在某一个"无歧义"的解释为终止。

结合本文的研究问题,需要法律解释的具体问题聚焦于"《公司法》第 142 条第 5 款对于有限责任公司的约束力"上,本文认为在该问题上,比较法解释和社会学解释似乎难以成为其主要的解释方法,因此,本文将重点放在文义解释、体系解释等解释方法上。

(1)文义解释的方法

文义解释作为优位的解释方法,其解释结果决定了后续解释方法的使用,一般要求采取语句的通常意义进行解释,而在已经被法律特化的名词上,则按照法律的特殊意义解释。

《公司法》第 142 条第 5 款规定:"公司不得接受本公司的股票作为质押权

㉝ 梁慧星:《论法律解释方法》,载《比较法研究》1993 年第 1 期。

㉞ 这一方法的概括主要参见梁慧星:《论法律解释方法》,载《比较法研究》1993 年第 1 期;梁慧星:《民法解释学》,中国政法大学出版社 1995 年版,第 243~246 页;张志铭:《法律解释操作分析》,中国政法大学出版社 1999 年版,第 170~176 页;陈金钊:《目的解释方法及其意义》,载《法律科学·西北政法学院学报》2004 年第 5 期;陈金钊:《文义解释:法律方法的优位选择》,载《文史哲》2005 年第 6 期。

㉟ 桑本谦:《法律解释的困境》,载《法学研究》2004 年第 5 期。

的标的。”其中需要解释的重点在于“公司”和“股票”两点。

首先，此处所指的“公司”，由于没有特别指定，并且由于“公司”作为一个企业类型的总体名称，按照一般的理解，其理解结果和法律意义上的理解结果是相近的，故“公司”应当被理解为“全部类型的公司”。因此，在这一词汇的解释上，有限责任公司既然属于公司类型的一种，看起来就当然包括在这一词语的含涉范围之内。

其次，此处所指的“股票”，按照一般的社会化的理解，“股票”往往指上市公司在交易所公开发行和交易的等分的股份；而“股票”实际上是被法律特化了的一个名词，因此在法律用语的体系下解释，应当被解释为股份有限公司将股份均等划分后的形式，是持有股份有限公司股份的特殊凭证。因此，在遵循法律解释优先的情况下，这一词汇的解释是不包括有限责任公司的。

整体来看，虽然“公司”的解释更大，但是从语义逻辑的角度上看，能够发行“股票”的公司只能是股份有限公司，因此，似乎对该法条语句的整体理解应当不包括有限责任公司。但是，需要指出的是，这种文义解释的结果似乎并不能完全地排除“复数解释的可能性”，因为在这一文义解释的逻辑中，存在与现有有明文的制定法不匹配的情况，即《公司法》第 2 条规定：“本法所称公司是指依照本法在中国境内设立的有限责任公司和股份有限公司。”而《公司法》第 125 条第 2 款又规定：“公司的股份采取股票的形式。股票是公司签发的证明股东所持股份的凭证。”未明文规定“股票”限定于股份有限公司。由此，似乎仅以“股票”的定义在逻辑上对适用有限责任公司的可能进行否定不够全面，进而似乎需要进一步地用到体系解释的方法。当然，结合本文的目的，本文也将从多角度对这一问题进行解释。

(2)体系解释的方法

本文对该问题的体系解释主要依靠两种具体方法来进行。

其一，依靠该法律条款在法律体系中的位置，即依据该法条所处的编、章、节、条以及其前后之关联进行解释。具体到本文的研究问题，《公司法》第 142 条第 5 款的规定，处于《公司法》第五章“股份有限公司的股份发行和转让”的第二节“股份转让”。从这一角度来看，该条款应当特别地属于对股份有限公司的规定，同时，其属于对于股份转让规定的子规定。而第 142 条本身主要是针对股份有限公司回购本公司股权的特殊规定，第 5 款处于该条之下，应当属于股份有限公司回购本公司股权规定中的子款项之一,该条款应当在出现股份有限公司持有本公司股票的可能性时予以适用(质押即是这种可能性)。本文所讨论的条文的所处位置,似乎指明了该条款仅能规范股份有限公司,而有限责任公司不在此列。

其二,依靠该法条与相关法条的关联性和法律体系及用语的一致性进行解释。具体到本文的研究问题,事实上该条款本身与《公司法》各条款的互动关系并不显著,因为本身该条款规定的主要内容即股权质押,在整个《公司法》体系中仅此一处。当然,该条款还包括了与法律体系中的其他条款的互动关系,如前文提到的《公司法》第 2 条对“公司”的定义,第 125 条第 2 款对“股票”的定义。事实上,前文所述的有关“公司”的定义的不明确,在整个《公司法》体系中并不罕见,且很难说形成了逻辑上或习惯上的不明确。换言之,结合《公司法》的具体条文,“公司”一词广泛用于两类公司各自的条款中,而这些数量庞大的条款,均没有明确特别指出“有限责任公司”或“股份有限公司”的表述,显然并不能将每一条款中的“公司”都理解为两类公司。由此,《公司法》第 2 条的规定,应当被解释为对于“公司”一词的概括性表达,是为了避免与其他企业形式、外国公司产生混淆而设立,也就不能因此去判断在单独的某一条款中,这一词汇指向两类不同的公司。

事实上,通过体系解释,进一步明确了由简单的文义解释生成的疑惑,从体系解释的两个不同角度上来看,《公司法》第 142 条第 5 款的规定,显然应该严格地被限制在股份有限公司的范围之内。

(3)法意解释与目的解释

如上所述,体系解释的方法虽然已经能够较为清晰地得出问题的结论,但是法意解释和目的解释无论是在本文的论证丰满程度还是在论证的严谨性上,仍有重要的意义。

从法意解释的角度上看,本文的研究问题涉及的股权质押条款在我国公司法的立法和修改历程中基本上未经过大的修改。自 1993 年《公司法》首次施行以来,该条款就一直存在于公司法的体系下,也一直处在公司回购或持有本公司股份的法条下,其在法律体系中的位置并未发生变化。唯一发生更改的是在 2005 年《公司法》的修改中将之前沿用的“公司不得接受本公司的股票作为抵押权的标的”表述中的“抵押”更改为了“质押”,而这一更改也是在处理历史遗留问题，即1993年《公司法》颁布时，原《担保法》还未颁布，因而使用了“抵押”的概念，这一更改也仅仅是对法律一致性的修补。

回溯《公司法》1993年立法和2005年修改时的相关立法文件，并未找到直接的材料证明立法者在该条上的立法意图，因此，很难从立法史的角度对立法者所欲实现之目的以及立法者的意思进行推断。因而，只能转而以目的解释为方法，寻求对该规定的规范目的予以分析并据此解释该条款。

从目的解释的角度上看，应当讨论法律本身的整个目的与个别法条、个别规范的目的。㊱

从《公司法》法律本身的整个目的来看，我国的立法文件和法律本身的条文阐述得很清楚。《公司法》第1条就规定：“为了规范公司的组织和行为，保护公司、股东和债权人的合法权益，维护社会经济秩序，促进社会主义市场经济的发展，制定本法。”从该条中我们可以看出《公司法》的主要目的有6个，而具体到本文的研究问题，似乎与保护公司、股东和债权人的权益，维护社会经济秩序，促进社会主义市场经济的发展都有关系，甚至其中不同的利益之间还存在不协调与冲突，需要更为细致的梳理和平衡，因此，该等利益的均衡我们将在后文利益衡量部分予以详细讨论。

而具体到《公司法》第142条第5款的规范目的，如前文所述，部分学者和法院的裁判认为其规范目的在于维护公司的资本维持原则，而禁止接受本公司股权质押的条款放置在股份有限公司回购本公司股权的部分，也是为了防止公司的资本因持有本公司股权而流失，损害公司、股东和债权人的利益。本文并不否认对该条款在资本维持原则上目的的判断，但是禁止股份有限公司接受本公司股票质押的条款的目的，是否能够当然地推至有限责任公司，甚至依据这一目的将这一条款解释为适用于有限责任公司，是值得商榷的。

诚然，该条款表现出了资本维持的立法精神无疑，但是该条款一旦脱离原则性的“立法原则”而细化，本文认为其可能存在因股份有限公司特殊性而特别规范的立法目的。在我国的公司法体系中，相较于有限责任公司，股份有限公司显然存在更多具体化的限制，事实上在商法遵循民法“意思自治”原则的大前提下，这种更为繁多的限制是更为特别性的存在。上述对股份有限公司的规

㊱ 参见钱玉林：《商法漏洞的特别法属性及其填补规则》，载《中国社会科学》2018年第12期。

定,无疑可以推断出基本性的原则,但是,这种股份有限公司的特别性决定了股份有限公司的相关规定,是在普遍原则的基础上或多或少加入了股份有限公司特别性考量的基础上做出的——至少不能否认这种可能性的存在。

因此,上述学者和裁判的推理逻辑就存在明显的缺失和不足,这就演变成了一个充分性和必要性的辨析,即大的公司法资本维持原则是这一条款的“必要目的”而不是“充分目的”。进而,这种通过条款的“必要目的”去“充分地”推论出另一个类型的公司也应当因这一目的而有这样特别的规定的推论,是站不住脚的。

综上,从法意解释和目的解释的角度虽然不能直接推断出有限责任公司不适用于该条款的结论,但是通过上述的解释检验,似乎由目的解释也不能推断出“应当适用”的结论。

综合来看,本文通过上述法律解释方法,基本上从法律解释的角度承认了有限责任公司接受本公司股权质押的有效性。然而,上述传统的解释方法似乎仍存在一些不足,本文希望能够在上述法律解释方法的基础上予以拓展,将本文的研究问题放到更开放和深入的话题下予以讨论。

(三)《公司法》的法律解释拓展问题

如上所述,本文已经在法律解释的一般层面进行了讨论,但是更多的分析并不深入,尤其是在体系解释的角度。事实上,在上述讨论中,有很多问题可以进一步扩展开来,为本文的观点提供更为全面和基础的支持。

(1)我国《公司法》的结构

在上述体系解释的讨论中,本文提出《公司法》第142条处于股份公司章、股份转让一节下,认为这表示该条仅约束股份有限公司。实际上,这一判断隐含了一个重要的前提,即认为在我国《公司法》中有限责任公司和股份有限公司各自的规定仅约束各自的公司形式。这个隐含前提的成立与否直接决定了上述体系解释是否有逻辑上的缺失,因此,需要进一步证明这一隐含前提的正确性和严谨性。

本文认为,这一隐含前提是基于我国《公司法》的结构作出的判断。如前所述,绝大部分学者认为我国《公司法》的立法结构属于“统分结合”的形式,当然也有部分学者提出“统分结合”中的“统”和“分”并不严格区别,而是存在少部分相互渗透的情况。[37] 本文也认同这一观点。由于我国《公司法》"统分结合"的结构，以及基于法律本身清晰、简洁和条理性的追求，我们可以认为我国《公司法》在两类公司分立的章节中，一般是不会加入对另一公司的规范要求的。如果我们认为在我国《公司法》对某一类公司进行分别规定的章节中存在较多适用于另一类公司的条款，事实上是针对《公司法》立法结构的一种质疑，因为若将公司法规范的仅有的两类公司皆适用的条款规定在"分"的部分，再通过引致条款加以引述甚至不加引致条款，似乎使得整个立法更加赘余。因此，本文认为，基于《公司法》的整体结构，在分别规范的部分将条款适用于另一类公司似乎不应当常见，进而可以说两类公司的分别规定仅约束自身，是我国《公司法》"统分结合"结构的基本要求。

而考察我国《公司法》的立法文件，会发现在《公司法》立法之初，这类问题就似乎已经纳入过考察范围。全国人民代表大会常务委员会法制工作委员会在对《公司法》草案进行审议的说明中提到："全国人大常委会委员们在审议有限责任公司法草案时提出，为适应社会主义市场经济发展的需要，应当制定一部覆盖面更宽一些、内容比较全面的公司法。"[38]同时，在之后的草案意见汇报中，也提到了对于《公司法》规定公司类别的扩充问题。[39]

上述立法文件表明，我国的《公司法》立法脱胎于分别立法，进而追求统一立法，立法内容包括对于各类型公司的共性规定，以求能够更好地统一规范公司活动。而我国《公司法》在制定完成后就再未有结构上的修改，一直遵循统一立法的模式，这也在客观上印证了：上述公司法结构表明两类公司的分别规定与共性规定在一般情况下是不共通的。

当然，在《公司法》中并不是没有对这一结构的突破，如前文提到的在部分对股份有限公司的规定中有引致有限责任公司规定的情况，这类条款共 5 条即

---

[37] 主要的参阅文献参见叶林、刘向林：《论我国公司法立法结构的变革》，载《政法论丛》2010 年第 3 期；王保树：《公司法律形态结构改革的走向》，载《中国法学》2012 年第 1 期；刘俊海：《推动公司法现代化，优化营商法律环境》，载《法律适用》2020 年第 1 期；钱玉林：《我国〈公司法〉体系的重构——一种解释论的观点》，载《政治与法律》2021 年第 2 期。

[38] 卞耀武：《关于〈中华人民共和国公司法（草案）〉的说明》，1993 年 2 月 15 日在第七届全国人民代表大会常务委员会第三十次会议上。

[39] 参见卞耀武：《全国人大常委会关于对〈中华人民共和国公司法（草案）〉的意见的汇报》，1993 年 6 月 22 日在第八届全国人民代表大会常务委员会第二次会议上。

第99条、第108条、第113条、第117条、第118条等。然而,这类引致条款更多的是处于两类公司具有特性、分别规定的大章节中,上述5条均出现在《公司法》“第五章　股份有限公司的设立和组织机构”中。其规定的内容并不多,如股东会职权、董事任期等,如果将其提取出来放入统一规定的章节则格格不入,但另立新的章节又会使得章节间重复和杂乱。因此,可能基于此种考虑使用引致条款保证立法的简洁性。不过需要注意的是,既然出现了类似的“特例”,我们就有必要分析该种“特例”是否能够类推到有限责任公司对股份有限公司规定的引致上,以及这种“特例”是否会对整体的判断造成影响。

(2)有限责任公司与股份有限公司的优位关系

讨论引致条款的适用性,不可避免地需要讨论有限责任公司与股份有限公司在公司法体系中的关系。本文在文献综述中提到了,在我国公司法是否有目标公司的问题上,学者们的意见并不统一。事实上,从法律解释的角度来看,这一问题似乎争议更小一些。本文认为,我国《公司法》不仅存在目标公司,且有限责任公司处于优位的位置。

首先,考察公司法的立法历史,正如前文所提到的,我国公司法的制定起因,是有限责任公司法的制定,换言之,甚至可以说现行《公司法》脱胎于有限责任公司法。因此,至少在法律渊源上,可以说有限责任公司是我国《公司法》的基础或目标公司。

其次,在立法结构上,“公司法的结构是有不同意义的”[40]。我国《公司法》采用了“先有限责任公司,再股份有限公司”的立法结构,在总则之后首先对有限责任公司的部分内容进行了规定,其次再对股份有限公司进行规范。而在股份有限公司的规范中,引致了有限责任公司的部分规范,本文认为除了前后关系造成的方便之外,这种引致本身也说明了《公司法》立法的态度。根据这两点可以从结构上推断,我国《公司法》是以有限责任公司作为目标公司的。

最后,从立法内容上看,有学者认为股份有限公司的规定更为详尽,并以此作为有限责任公司应当予以参照的理由。而本文认为,这种股份有限公司规范的详尽,恰恰证明了在《公司法》立法的语境下,股份有限公司是作为特别形式存在的公司类型。在我国“民商合一”的背景下,商法虽然具有其特殊性,但是

㊵ 王保树:《公司法律形态结构改革的走向》,载《中国法学》2012年第1期。

在多数情况下仍然遵循民法的一般准则，《公司法》作为组织法虽然以限制性规定为主，更具有特殊性，但是如果将其放在整体的尊重意思自治的语境下，“规制”本身就是一种特殊性，这种特殊性也是商法相对于民法的特殊性。而相比有限责任公司，股份有限公司更详尽的规定也就意味着更多的“规制”，其相对于一般的尊重意思自治的原则反而代表了一种特殊性，所以股份有限公司在《公司法》中的地位应当是普遍规定下更为特殊的形式。因此，要求更为一般的公司类型去引致和适用特殊公司类型的规定，似乎有本末倒置之嫌。

综上，本文认为，有限责任公司作为现行《公司法》体系下的优位公司类型，不应当引致适用股份有限公司的相关规定。而这种引致，更多的是对“统分结合”的《公司法》立法结构的突破，仅适用于股份有限公司对有限责任公司的引致。

通过对上述拓展问题的讨论，本文认为对《公司法》第142条第5款的体系解释能够更加完善和严谨。在以有限责任公司为优位公司的《公司法》体系下，基于分别规定条款的不共通性，规定于股份有限公司的条款不能作为普遍的条款适用于有限责任公司，退一步讲，即使存在引致对分别规定不共通的突破，也只能进行单向的引致而不是双向的适用。

四、有限责任公司接受本公司股权质押的利益衡量进路

前文所述的法律解释的进路，更多的是在狭义的法律解释层面，甚至可以说是在概念法学层面，以《公司法》的规定符合立法原意以及公司法的目标为前提，严格使用狭义的法律解释方法进行分析。而在这一部分本文希望能够从应然层面，以利益衡量的方法为进路，分析允许有限责任公司接受本公司股权质押的利益平衡。

（一）利益衡量的必要性与适用性

在使用利益衡量的方法前，需要首先明确该等问题是否能够运用利益衡量的方法，换句话说，需要明确本文的研究问题是否在利益衡量的“界碑”之内。

在多数有关利益衡量的著述中，法律漏洞的不可避免性往往被作为利益衡量必要性的大前提，但是利益衡量并不一定仅仅作为填补法律漏洞的方法，在

法律解释中也需要运用到利益衡量的方法，即“法学者与法官在进行法律解释时，不可能不进行利益衡量”[41]。而事实上，狭义的法律解释、填补法律漏洞的法律内的续造和超越法律的法的续造，应当并没有明显的三分，而是在法律适用过程中的3个阶段。[42] 国内研究利益衡量领域的学者梁上上教授也指出，利益衡量作为一种方法论，在法律适用的过程中予以应用和讨论时无须特别区分法律解释和法律漏洞的填补。[43]

因此，这一进路区别于前文所述的狭义法律解释进路，并不需要严格区分法律解释与法律漏洞的填补，而是将这一问题的分析放在法律适用的大的过程中，去从另一个角度对该问题应然层面的利益平衡做讨论。

具体到本文的研究问题上，“有限责任公司接受本公司股权质押的有效性”问题无论是一个法律解释的问题还是一个法律漏洞的问题，其本质上都是法律适用的问题。之所以出现这种问题，是因为这一问题无论是在一般法律规范的理解上，还是在法律原则的适用上，都存在模糊不清之处。这种模糊不清，既可以说出自《公司法》条款的不完备，也可以说出自当前普遍对于《公司法》条款的理解不足，但是最终还是会聚焦于《公司法》第142条第5款，甚至第35条等体现资本维持原则的条款的适用上。因此，本文的研究问题作为一个具体的法律适用问题，在存在模糊不清的情况下，利益衡量可以作为一个妥当的解决方法。

确定了利益衡量的适用性后，需要考察在本问题中使用利益衡量的方法，是否在利益衡量的“界碑”之内。这一问题的答案看起来是要依据不同的案例的具体情况来进行分析，但是实际上无论案例以何种形式展开，由于本问题的特性，最终都会得出肯定的结果。

一般国内较为公认的“利益衡量的界碑”的论述来自梁上上教授，其提出了多个利益衡量的具体界碑，如“法外空间不应衡量”“妥当的法律制度选择”“在同一法律关系中进行衡量”等。[44] 以“扬中市国银农村小额贷款有限公司与吴某、吴某庆民间借贷纠纷案”为例，该案抽象为法律关系即是“公司股东为他人

---

[41] 梁慧星：《电视节目预告表的法律保护与利益衡量》，载《法学研究》1995年第2期。

[42] 参见[德]卡尔·拉伦茨：《法学方法论》，陈爱娥译，商务印书馆2003年版，第246～247页。

[43] 参见梁上上：《利益衡量论》（第3版），北京大学出版社2021年版，第50页。

[44] 参见梁上上：《利益衡量的界碑》，载《政法论讨》2006年第5期。

从公司获得借款提供自己持有的公司股权作为质押担保”。在这一案例中，显然这一案件的各方当事人形成了明确的民事法律关系，属于“法内空间”；而公司股东与公司的担保关系，显然在民法上并无争议，其争议的核心在于该关系《公司法》上的规定适用；而在“有限责任公司接受本公司股权质押”的问题上，公司股东与公司的担保关系，甚至加上对于公司债权人的保护是处于同一法律关系之中的。因此，从这些角度上看，对该案例在《公司法》上进行利益衡量显然是处于“界碑”之内的。

本文认为，本文的研究问题基于其特性，是可以使用利益衡量的方法的。为了使本文的结论具有更好的适用性和行文方便，本文在后续进行利益衡量时将对这一问题进行抽象化和简单化，抽象出“公司—股东（担保者）—公司债务人”的关系，进而讨论包括当事人具体利益、群体利益、制度利益和社会公益在内的利益衡量，并辅之以讨论在具体的案例适用情形中的利益平衡。当然，考察利益衡量的“界碑”，更多的是需要在使用利益衡量的方法时注意防止滥用，本文会在利益衡量的过程中注意体现这一点。

（二）利益衡量的展开

讨论有限责任公司接受本公司股权质押的利益衡量，不是单纯地强调对某一方或某一类利益的保护，而是要从利益平衡的角度出发，对不同具体情形下的情况进行利益衡量。最终的目标是达到在我国《公司法》第 1 条中阐明的立法目标，也即需要达到的社会公共利益。当前的社会经济运行是一个参与者繁多且相互联系的复杂体系。利益关系是复杂的、多样的，但利益主体或利益类别是可以相对抽象化为更易理解的角色的，而利益主体之间的互动，构成了法律需要调整的利益关系。在利益关系之中基于不同利益主体和利益类型的立场，在抽象化的法律适用中和具体的个案中产生了不同的利益矛盾，而利益衡量即是通过比较和妥协去解决这类矛盾。因此，需要在利益衡量前明确本问题涉及的利益主体和其各自的利益类型，结合相对较为公认的利益的层次结构，在通过对利益主体进行区分的基础上可以将本问题涉及的利益为 4 类：当事人的具体利益、群体利益、制度利益和社会公共利益。[45]

---

[45] 此类利益的层次结构的判分最早见于梁上上教授，参见梁上上：《利益的层次结构与利益衡量的展开——兼评加藤一郎的利益衡量论》，载《法学研究》2002 年第 1 期。

然而,由于本文的研究问题聚焦于探讨抽象的、一般的法律适用问题而不是具体的案例,因此,在利益衡量的展开上当事人的具体利益应当抽象为“群体利益”(事实上,提出这一判分的学者也指出,这4类利益是“具体到抽象、包容和被包容的关系”[46]),之后提到的“公司”“股东”等表述应当是指抽象化的处于该法律关系中的“有限责任公司”和“有限责任公司股东”等,而在最后再在具体的案例验证中加入当事人的具体利益予以讨论。

1. 有限责任公司接受本公司股权质押的利益类型

(1)各利益主体的群体利益

在经过抽象化后,需讨论本文的研究问题的利益类型,首先体现在各直接参与该经济活动和法律关系的群体利益上。由于本文的研究问题包含了横跨公司法和民法的两部分法律关系,因此,需要将其置于两类语境下分别讨论。

首先,在民法语境下,该问题会抽象为一个“债权人—债务人—担保人”的关系,因而,有三个方面的群体利益。其一,作为债权人的公司的群体利益。公司作为债务关系中的债权人,其核心利益在于按期获得债务的足额偿付,包括财产利益和期限利益。无论接受何种担保,其最终的目的是不变的,“借贷—偿付关系”也是这一法律关系的核心。其二,债务人的群体利益。债务人的角色可以随着不同案件的具体情况发生不同的转变,但是债务人的利益往往相对比较一致,债务人的群体利益更多地体现在“能够方便获得借贷”,或者说“协议的方便达成”上,当然也包括期限利益。其三,作为担保人的股东的群体利益。股东在上述关系中可能扮演直接的债务人的角色,同时,也可能作为第三人的担保人。单从担保人的角度来看,其利益可能在于“协议的方便达成”。但是担保人的利益可能更为复杂,在担保物权尚未实现时,可以说担保人的利益包括了如果要承担担保责任,其对承担方式所拥有的期待利益;而在担保物权实现后,实际上担保人的利益又变为了获得追偿债务的利益。

其次,在公司法语境下,该问题抽象为了“公司债权人—公司—股东”的关系,也有三个方面的群体利益。其一,公司债权人的利益在于对公司能够维持适当的偿债能力。公司接受本公司的股权担保,存在担保股权不能实现的可

[46] 梁上上:《利益的层次结构与利益衡量的展开——兼评加藤一郎的利益衡量论》,载《法学研究》2002年第1期。

能，若公司被迫持有自身股权，相应债务得不到有效的偿还，将影响公司的偿债能力。其二，公司自身的利益。公司在这一法律关系中，其利益基于公司的法人人格独立，为公司维持自身资产的利益，换言之，更具体一些，是公司防止股东抽逃出资的利益。其三，股东的群体利益。事实上，股东作为一个群体包括提供担保的股东和其他股东，提供担保的股东的利益与前述担保人重合，更重要的利益在于其他股东的"人合性"利益，由于股权存在转移所有权的可能性，因此有限责任公司股东基于公司的"人合性"，对于该等股权的所有权变化是有相应的如优先购买权等具体利益的。

综上所述，在本文的研究问题上虽然会抽象出两个三方关系，但是最终的实际参与者仅有五方，并且相应的部分利益会有合并等情况。因此，五方利益除债务人和公司债权人的利益外，公司出质股东的利益应当是包括了"促成交易"的利益、"期待权"利益、财产利益，而公司的利益可以概括为财产利益，公司其他股东的利益可以概括为"人合性"利益。

（2）制度利益

如上所述，虽然对于本文的研究问题着重讨论公司法条款的适用，但是由于条款的内容涉及了民法的权利质押，因此在确定制度利益时，需要讨论的是民法和公司法两个体系下具体制度的利益。

在民法语境下，具体的制度利益应当是权利质押这一制度的利益，更具体一些，是股权质押这一制度安排所要达到的目标，在某种意义上可以说，是这一法律制度的价值。有学者将股权质押这一制度安排的价值概括为安全价值、公平价值和效率价值，也即对债权人的债权安全、交易安全予以维护的安全价值，对债权人和出质人同等保护的公平价值，以及降低债务人的担保成本，并进而为债权人节约监管成本，为双方当事人节约清偿成本的效率价值。㊼ 而本文认为，该制度的关键价值在于降低担保成本，促成交易，这也是在利益衡量中要求厘清的"核心利益"。㊽

而在公司法语境下，具体的制度利益相对来说较为模糊，似乎存在不同但

㊼ 参见林建伟：《股权质押制度的反思与重构——以制度价值为中心的考察》，载《现代法学》2005 年第 5 期。

㊽ 参见梁上上：《利益衡量论》（第 3 版），北京大学出版社 2021 年版，第 171 ~ 172 页。

层层递进的制度利益。铺陈该规定的制度利益,最为直接的制度利益是防止公司持有自己的股权,再进一步讨论,应当是公司资本维持原则的具体体现,而资本维持原则维持了公司制度存在的基础,资本维持原则的目标之一,是保护公司债权人的利益。概括下来,本文认为,公司法语境下的制度利益,应当是维护资本维持原则,目的是保护债权人的利益。而禁止公司接受本公司的股权质押,杜绝公司持有本公司股权并造成偿债资产减损的可能性,是达成这一制度利益的手段。如果再进一步,将保护债权人的利益再向后推,考虑公司制度对于社会的作用,事实上已经进入社会利益的范畴了。

(3)社会公共利益

实际上,如果作为具象的概念理解,制度利益和公共利益的界限可能会容易混淆,但是如果作为抽象的概念理解,即"不特定多数社会成员的利益"[49],则对于分辨制度利益和社会公共利益能够有较好的效果。

对于本文来说,虽然社会公共利益并不依附于具体的法律制度存在,但是却从具体的法律制度中表现出来。依然从民法和公司法两个体系来分析,事实上在得出前文"降低担保成本,促成交易"的股权质押的制度利益后,只需要一点点前进就可以推出"提高社会经济活动效率"的社会公共利益。而对于公司法的语境,正如前文所述,资本维持原则构成了公司制度必须遵守的基础,而公司制度对社会的利益,似乎也会归结到"提高社会经济活动效率,促进社会生产力发展"上。

因此,本文认为,无论是从民法还是从公司法的角度,最终的社会公共利益的落脚点都在于对"社会不特定成员"参与的整个社会经济活动的效率的提高,并提高生产力,增进全社会的物质层面的福祉。事实上,这也就是前文所提到的《公司法》第1条所表明的,"维护社会经济秩序,促进社会主义市场经济的发展"。

2.潜在的利益冲突

利益冲突是利益衡量隐含的基本前提,如果利益之间并不存在分配上的冲突或是对立,则也无利益衡量之必要。在本文的研究问题上,利益的冲突体现在两个维度上:同一层级内的利益冲突、不同层级之间的利益冲突。

同一层级内的利益冲突,主要体现为不同群体之间和不同制度利益之间的

㊾ 王泽鉴:《民法总则》(增订新版),2014年自版,第622页。

冲突。

在不同群体利益之间,主要为在公司债权人和公司债务人之间的利益对立的冲突。公司债权人基于对公司偿债能力的评估而选择与公司建立债权债务关系,此时,基于公司债权人对公司按期偿债的预期,公司尽量减少一切不必要的风险是符合公司债权人利益的。公司接受本公司的股权质押显然存在债权不能实现,而质权最终也不能实现的风险,此时公司失去了偿债资产,仅持有自身股权,损害了公司债权人的利益。而对于公司债务人来说,无法用公司股权质押则限制了其可以出质的资产,提高了其担保难度和借贷成本。而对于公司、出质股东、其他股东来说,公司能否接受本公司的股权质押,其利益事实上都不会受到影响,此部分论述将在下文利益衡量部分进行。

在不同制度利益间,是民法上质押的制度利益与公司法上资本维持原则的制度利益产生冲突,而这种冲突,某种意义上是债权人利益和公司债务人利益之间冲突上升到制度层面的产物。当然,这也不完全是两群体之间利益冲突的上升,还存在降低担保成本和债权人保护之间利益分配上的冲突。

在不同层级间的利益冲突上,仅就本文讨论的问题而言,仅存在公司债权人的利益与股权质押的制度利益和社会公共利益之间的冲突。正如上文所述,公司债权人在具体的债权债务关系中,需要的是公司尽量保持偿债能力,期望的是一种“不变”,而这种利益需要与降低担保成本,发展经济需要的“变化”与“活力”是有冲突的。

3. 具体利益衡量的展开

梳理完上述各方利益和其间的冲突后,我们可以展开具体的利益衡量。

(1)对群体利益的衡量

首先,本文先分析前文提到的几个群体的利益为何没有产生变化。

对于公司利益来说,公司作为民法关系上的债权人,能否接受本公司的股权质押对于债权人的利益并无太大影响,因为债权人在包括担保关系在内的整个债权债务关系中处于相对优势的地位。正是由于这种优势地位,民法才规定了禁止流质流押这样的条款用以保护担保人。[50] 而处于优势地位的公司,并不

---

[50] 相应的观点参见刘静:《论流质契约的禁止》,载《法律适用》1999年第6期;季秀平:《论流质契约的解禁》,载《河北法学》2005年第4期。

会因为可用于担保的权利种类减少而受到利益上的损失，换言之，公司依然能要求债务人提供其他担保，其能够获得的债权利益并不因能否接受自身股权质押而发生显著的变化。

对于出质股东的利益来说（这里讨论的是债务人和担保人不为同一人的情况），出质股东并非债务人，能否使用股权出质对其的担保效果缺乏影响，换言之，出质股东作为担保人，其即使没有提供其他物保的能力，还可以提供人的保证。并且，由于出质股东并非债务人，除非出质股东与债务人之间存在明确的财产利益上的关联关系（如股东为自己担任股东的 A 公司向 B 公司的借款提供 B 公司的股权作为质押担保），否则其也不会受到该等债权债务关系未形成的显著影响。

而对于公司的其他股东来说，情况则相对复杂一些。其他股东的利益可以概括为与"人合性"相关的利益，包括优先购买权，异议股东回购请求权等（当然也可能包括一些与股东权利相关的期待利益，如与出质股东协商一致行动选举董事等）。事实上，对于这类与"人合性"相关的利益，《公司法》有相对明确的保护条款，如在股权被强制执行时股东仍享有优先购买权，这种优先购买权也杜绝了公司最终获得自己股权带来的投票权变更损害其他股东利益的情况。综上来看，质押带来的可能的利益损害，都可以在股权转让的相关规定中得到救济，这也使我们更好地理解了其他股东的"人合性"利益不因此而受损。相对来说，其他担忧如公司股权变化导致投票权等期待利益受损则会小很多，影响可以忽略不记。

其次，在衡量公司债权人与公司债务人之间的利益冲突时，需先评估在不同情况下二者各自的利益变化。如前所述，在允许有限责任公司接受本公司股权质押的情况下，公司债权人增加了公司偿债能力受损的风险，而债务人则是可担保的担保物减少，担保成本增加。两者的利益从某种程度上可以说都是财产利益，但是二者并不是可以进行简单比较的"同质性利益"，其原因在于本文所讨论的是一般性的抽象情况，而不是在具体的案件语境中进行讨论，由此，实际上对二者的利益的比较，是对其背后所代表的规则和价值的利益比较。

那么是否由于二者属于"异质利益"而无法衡量呢？按照一般的思维，这种"异质利益"的衡量应当存在一个"赋值"或"权重"，需要在利益之间存在"可交换性”，这也是部分学者对于前述利益衡量方法提出的不同见解。[51] 而梁上上教授提出了对“异质利益”衡量的求解方法，即“从抽象命题到具体案件”，依靠社会共识、制度共识和妥当的程序来求解。[52]

如果将这一抽象情形带入具体案件，则利益的比较会更为清晰。如公司尚有偿债资产1000万元，此时其接受价值100万元的本公司股权质押，是否会影响到持有公司200万元债权的唯一债权人的利益？显然在这一利益衡量上，债权人的利益似乎有充分的保护，此时对各方利益的衡量应当偏向降低债务人的担保成本，即认可这一质押的有效性。而如果上述案例的情况变为除这一债权人外，还存在多个债权人，共持有公司800万元的债权，此时，利益衡量的天平是否还应当偏向债务人就需要商榷了。再进一步，如果上述质押的目的并非担保借贷，而是担保公司未来的收入（如前文付某远与太和建材承包经营合同纠纷案），则债权人实际上不会受到任何本公司股权质押造成的风险。

然而，从本文研究目的来看，如果在抽象语境下，这一利益衡量该如何展开？事实上，本文认为，即使在抽象语境下，本文的研究问题利益衡量的天平仍应当偏向于债务人。如上所述，公司债权人的利益损失是公司偿债能力受损的风险增加，然而本文认为，这一风险的核心实际上并不来自债务人提供何种担保，而是来自公司借贷本身。债权人无法控制公司的经营，也无法在一般情况下对公司借贷行为有任何限制，在此情况下，公司的债务人为公司提供何种担保，似乎反而成为更为次要的问题。换言之，无论公司接受何种类型的担保，只要公司存在借贷行为，债权人承受的风险就存在，而法律并未赋予债权人对公司借贷行为进行限制或救济的手段[53]，这决定了无论公司获取何种担保，债权人都将因该借贷行为而承受风险。从这一角度来看，公司甚至可以不要求债务人提供任何担保而借贷，这种行为没有因法律考虑债权人利益保护而受到限制，明显比接受本公司股权质押的借贷更为损害债权人的利益，举重以明轻，可见在公司法体系下，对债权人的保护是有限度的，而接受本公司股权质押不应受到限制。

---

[51] 参见蔡琳：《论“利益”的解析与“衡量”的展开》，载《法制与社会发展》2015年第1期。

[52] 参见梁上上：《利益衡量论》（第3版），北京大学出版社2021年版，第71～108页。

[53] 最为接近的法律规定是《民法典》对债权人撤销权的规定，但是该规定并未涉及“债务人向外借贷”或“获取债权”的行为，并且该规定需以“影响债权人债权实现”为前提。

(2)制度利益的衡量

在本文的研究问题上,对于制度利益的衡量本文仍持有一个观点,即在本文的研究问题下,制度利益更多地表现为群体利益的抽象与上升,制度利益的衡量表现为质押降低担保成本,降低融资难度和保护债权人利益的衡量。然而,仍然需要注意的是,质押担保的制度利益和资本维持原则的制度利益存在分配的问题。

质押担保的制度利益相对来说较为简单,即降低担保成本的利益效果是十分显著的。而对于资本维持原则,则有商榷的余地。对于有限责任公司接受自己股权的出质,本文认为在现行规范下其并不一定与资本维持原则相悖,而如果能对规范进行完善和微调,则能够防止其损害资本维持原则。

首先,接受本公司股权质押并不意味着公司持有自己的股权。对于股权质押的性质,目前主流观点认为质权和抵押权为权利物权或担保物权,属物权的一种,如王泽鉴先生认为权利质权和权利抵押权属于权利物权。[54] 也有学者认为由于股权质押的系统性规定见于原《物权法》,属于担保物权的部分,表明法律将股权质押明确为物权的一种。[55] 就实质而言,无论股权质押性质为何,质押仅仅转移了占有而不变更所有权,上述争论都不是直接表明股权为公司所有。

其次,接受本公司股权并不必然导致公司最终持有自己的股权。其一,股权质押作为一种担保,其仅有在债务人不履行债务或出现约定情况时才会实现;其二,在股权质押的实现上,《民法典》对质押权的实现规定了折价和拍卖、变卖价款优先受偿两种并行的方式,公司在接受本公司股权质押后,即使要实现上述质权,也可以选择拍卖、变卖上述股权,而不是就股权进行折价;其三,即使公司最终获得了上述股权(无论是以折价方式还是最终拍卖无果),公司也可以选择将这部分股权以交予员工持股或其他方式继续转让出去。

最后,即使公司最终获得了本公司的股权,也不必然与资本维持原则相悖。其一,各国法律包括我国《公司法》已经逐渐放开了对公司回购股份的限制,这

---

[54] 王泽鉴:《民法物权》(第2版),北京大学出版社2009年版,第67页。

[55] 参见黄建文、李银芬:《论〈物权法〉中有限责任公司的股权质押制度》,载《学术界》2008年第1期。

是对资本维持原则的有限突破，也表明资本维持原则并非绝对意义上禁止公司持有本公司股份。其二，在公司持有本公司股权后，可以对相应股权进行处置，有学者将有限责任公司回购本公司股份后对股权的处置方式归纳为减资和转让两类，[56]本文认为以这两类方法都可以在现行规范中保护公司的资本维持原则。公司如果采取减资方式处置上述股权，则可以适用《公司法》上对于公司减资的规定，履行对于公司债权人的通知义务，进而保护债权人利益；公司如果采取转让方式处置股权，则可以适用有限责任公司股权转让的相关规定，但是考虑到防止股东不正当控制的目的，也有学者提出将以转让方式处置股权视作发行新股，适用有关规定。[57] 同时，转让价格的限制也可以通过适用《民法典》的债权人撤销权相关规定来予以保障。其三，公司即使长期持有自身股权，在某些情况下也是不违背资本维持原则的。当前不少外国公司法允许公司长期持有一定数量的"库藏股"[58]，这实际上也是对"公司不可成为自己的社员"的原则的突破。虽然多数"库藏股"的规则与本文讨论的情况有所不同且限制颇多，但并不意味着如果放开本文讨论的本公司股权质押问题，不可以参考上述规则进行制度构建。如果存在能够通过精细的制度而达到两方利益平衡的效果的可能，仅仅追求立法上的"简便"，似乎是一种立法上的不足和缺憾。

因此，本文认为，即使在现有的法律框架下，允许有限责任公司接受本公司股权质押，似乎也并不与资本维持原则相悖，即使某一分支有产生相悖的可能，其逻辑链条也过长，仅作为多个结果中的其中一个，其逻辑也比较脆弱。综上所述，事实上，资本维持原则的制度利益在本文的研究问题下很难说受到了损害，更多的是不变或是分配权重多少的问题，相较之下，放开相关质押能够对股权质押的制度利益有明显增益。

(3)社会公共利益的衡量

在社会公共利益的衡量上，可以讨论的有两个问题：其一是公共利益如何在其他层次的利益衡量中实现；其二是其他层次的利益与公共利益的冲突。

---

[56] 参见刘小勇：《论有限责任公司股权的回购》，载《北方法学》2011 年第 6 期。

[57] 参见刘小勇：《论有限责任公司股权的回购》，载《北方法学》2011 年第 6 期。

[58] 如日本在 2001 年修改公司法，放开公司回购时，建立了"库藏股"制度，参见崔文玉：《日本公司法最新修改之简述——以 2012 年〈公司法制纲要〉为视角》，载《河北法学》2012 年第 4 期。同时，英国《2006 年公司法》也对"库藏股"进行了规定，但欧盟公司法对"库藏股"的持有期限有所限制。

在第一个问题上，实际上前述的制度利益最终都会与公共利益挂钩，即包容和被包容的关系。而通过前述的比较，可以相对明确地得出结论，在允许有限责任公司接受本公司股权质押的情况下，能够明确地降低担保成本，降低交易难度，提高社会经济运行的效率。而在此情况下，基于存在可用的救济手段，即使出现问题也不会明显地损害公司债权人利益和公司制度的根基即资本维持原则，因此，交易安全和交易信心并不会受到显著影响，社会总的经济效率也能够获得提高。

在第二个问题上，对于不同层次利益的冲突，有相对明确的处理方式，即“高阶利益与低阶利益相冲突时，高阶利益获得保护，低阶利益则不能获得保护”[59]。在这一问题中，债权人的利益是公司偿债能力的稳定和无风险，但如果其与社会公共利益即社会经济的发展与活力产生冲突，则应当服从高位阶的公共利益。

(4)小结

综上所述，在本文的研究问题抽象化后的利益衡量中，可以做如下总结：

如果允许有限责任公司接受本公司的股权质押，公司债权人的群体利益可能略有减损，但是与能够达到的降低担保成本的债务人利益相比，似乎法律在公司借贷的问题上已经作出了利益衡量的判断。并且，在制度利益的衡量上，本文认为放开有限责任公司接受本公司股权质押并不会造成对资本维持原则的背反，也不会造成值得注意的对交易安全的损害，但却可以明确地降低社会融资的成本，提高经济运行的效率，相比之下，似乎利益的天平应该倒向“允许”一边。最后，允许有限责任公司接受本公司的股权质押，无疑将会提高整个经济的活力，促进整体经济的发展。

因此，通过上述抽象化问题的利益衡量，本文认为，允许有限责任公司接受本公司股权质押，相比禁止的态度，能够实现利益的更好平衡，并且实现社会整体利益的最大化。

(三)利益衡量的验证

在得出上述利益衡量的结果之后，我们可以，也有必要通过具体的案例对上述抽象化的利益衡量结果做一个简单的验证，以巩固本文的观点。

---

[59] 参见梁上上：《利益衡量论》(第3版)，北京大学出版社2021年版，第131页。

本文以相对属于一般情况且典型的(2017)苏1182民初1482号判决书“扬中市国银农村小额贷款有限公司与吴某、吴某庆民间借贷纠纷案”为例。在该案中,被告吴某向原告国银小贷公司借款200万元,被告吴某庆以自己所持有的原告的5%股权及分红为吴某提供质押担保,后吴某未能按期偿还本金及利息,因而原告诉至法院要求吴某偿还本金及利息,并要求就吴某庆出质的股权及分红享有优先受偿权。

需要明确的是,由于该案属于“公司(债权人)—股东(担保人)—债务人”的交易结构,而借款纠纷在民事纠纷中相对来说较为普遍,本文利益衡量的模型基础也是基于上述交易结构,因此本文选取该案作为典型的案例予以分析。

首先,在该案中,显然明确的一组关系是“公司—股东—债务人”的关系,在这一关系中,具体的利益衡量见表1。

表1　有限责任公司接受本公司股权质押利益衡量(公司—股东—债务人)

选择 判决结果	当事人具体利益			群体利益			制度利益	社会 公共利益
	公司 利益	股东 利益	债务人 利益	公司 群体利益	股东 群体利益	债务人 群体利益	交易安全和 交易效率	社会 经济发展
认可质押 有效	√	×	○	○	○	√	√	√
否认质押 有效	×	○	○	○	○	×	×	×

注:表格中的“√”表示利益可以受到法律保护或满足需要;“×”表示不能受到法律保护或受到损害;“○”表示没有影响。

在这一组关系的利益衡量中,如果认可质押有效,对债务人来说无影响;对该案公司来说,其有了一个明确的优先受偿权,相较于无担保或者人保的情况,公司的利益实际上获得了保护;而对于股东本人来说,如果认定质押无效,股东可能不需要承担保证责任,最少也可以获得一个不需要拍卖股权而仅承担人的保证的情况;而对于公司、股东的群体利益来说,该案的判决并无影响,但对于债务人的群体利益,由于“新的担保方式”得到了认可,一定程度上会降低融资成本，债务人的群体利益得到了保障；同时制度利益和社会公共利益也能够得到保护。

相应地，如果否认质押有效，则该案公司利益受损，股东利益、债务人利益无影响(因为在一般情况下，即使该质押被认定为无效，法院还是会判决股东承担一般保证责任)；而对于群体利益来说，与认可质押有效的情况正相反；不同点在于，制度利益和社会公共利益都得不到保护。

同时，在该案中除了明确的"公司—股东—债务人"关系外，还需要考虑隐藏的公司法语境下的另一组关系即"公司债权人—公司—股东"的关系，本文将该组关系的具体利益衡量见表2。

表2　有限责任公司接受本公司股权质押利益衡量(公司债权人—公司—股东)

选择判决结果	当事人具体利益			群体利益			制度利益	社会公共利益
	公司利益	股东利益	公司债权人利益	公司群体利益	股东群体利益	公司债权人群体利益	交易安全和交易效率	社会经济发展
认可质押有效	√	×	○	○	○	×	√	√
否认质押有效	×	○	○	○	○	√	×	×

注：表格中的"√"表示利益可以受到法律保护或满足需要；"×"表示不能受到法律保护或受到损害；"○"表示没有影响。

在这一组关系的利益衡量上，首先由于在该案中并无公司债权人提出执行异议等质疑，因此，核查当事人具体利益层面，无论是否认可质押有效，公司债权人的利益都并不会受到影响。如果认可质押有效，与前述关系基本相同，公司的当事人利益得到保障，股东的当事人利益受损；公司和股东的群体利益不受影响，而公司债权人的群体利益受到损害；制度利益和社会公共利益都能得到保障。而如果否认质押有效，则该案公司利益受损，股东利益、债务人利益无影响；而对于群体利益来说，也与认可质押有效的情况正相反，公司债权人的利益得到了法律保护；不同点在于，制度利益和社会公共利益都得不到保护。

在上述两组关系的讨论中，都表明了在具体的案例中，认可质押有效能够更多地保障各方利益。因此，综合上述分析，本文认为，在个案中认可有限责任公司接受本公司股权质押的有效性是妥当的，也因此验证了本文在前文提到的结论。

五、结论与展望

本文主要讨论了有限责任公司接受本公司股权质押的有效性问题。

目前，有限责任公司依然在我国占到了公司总数的大部分，为了有效促进资金流动，利用起有限责任公司的股权价值，我国逐步建立起了有限责任公司股权质押的法律体系。但是在有限责任公司接受本公司股权质押的问题上，法律法规、司法裁判，乃至学术理论都存在模糊不清的情况，在一定程度上限制了包括借贷、股权投资协议、承包经营在内的一些有关股权质押的经济活动安排。本文通过对这一问题现有研究、司法裁判的梳理，指出现有的研究不够充分系统，司法裁判缺少细致的说理和一致性。进而，本文通过两条进路分析了有限责任公司接受本公司股权质押的有效性问题。

从法律解释的角度来看，《公司法》第 142 条第 5 款不仅在文义上、体系上都不能被解释为适用于有限责任公司，在法意解释和目的解释的方法上其适用的边界也不能随意拓展。同时，如果从体系解释的角度拓展开来，我国《公司法》“统分结合”的结构事实上隐含了共性与特性不互通的意涵；而以有限责任公司为目标公司的优位关系，决定了相互引致条款这种对“统分结合”结构的突破仅能存在股份有限公司对有限责任公司条款的单向引致上。

从利益衡量的角度来看，本文认为，允许有限责任公司接受本公司股权质押，与包括债权人保护、资本维持原则在内的群体、制度利益并没有本质冲突。而对于参与交易结构的各方主体，现有的法律法规体系基本可以覆盖对多数主体的权利保护和救济。允许有限责任公司接受本公司股权质押，能够在一定程度上释放有限责任公司股权质押的活力，为新的经济业态提供稳定的预期，创造新的活力，同时，这种制度安排并不会极大损害其他各方（主要是公司债权人）的利益。而上述分析，也通过带入具体案例得到了检验。在此种利益平衡的考量下，允许有限责任公司接受本公司的股权质押，似乎是更为妥当的安排。

当然,如果允许有限责任公司接受本公司股权质押,虽然现有的法律法规体系一定程度上可以较好地平衡各层次利益,但是仍存在一些模糊和缺失的地带,如有限责任公司最终持有自己的股权的处置细则并不明确(甚至有限责任公司依据《公司法》第 74 条收购的本公司股权该如何处置也并不明晰)。公司法作为一个体系,类似本文对某一条款的讨论仅能解决公司法某一点或某一处的问题,而类似的缺失和模糊的问题,仍需要更加完善和细致的立法予以解决。同时,还需要明确相关部门在“执行”环节的权力,对股权质权设立事实上由登记部门进行判断的情况进行纠偏,对相应的各地出台的条例进行整顿修改。一个协调、精细的法律体系,才能让允许有限责任公司接受本公司股权质押潜在的收益更好地实现。

最后,鉴于有限责任公司和股份有限公司两类公司二分的合理性及其本质区别仍在争论之中,限于篇幅,本文虽无意讨论这一区别,但本文认为,在当前传统的两类公司界限逐渐模糊的情况下,上述分析的思路也许能够适用在股份有限公司解禁接受本公司股票质押的讨论中。希望本文的研究能够对后续这一问题的研究有所帮助。

稿　　约

一、《利益法学》以利益法学为特色，欢迎与利益法学相关的来稿。例如：

1. 利益法学经典作品的译文；

2. 利益法学代表作家的生平事迹与讲演报告；

3. 利益法学（含域外国家或地区）的各类研究成果；

4. 涉及利益衡量（含域外国家或地区）的各类典型判例。

本刊主题不限于利益法学，欢迎不同学科、不同流派的理论界与实务界同仁踊跃来稿。

二、《利益法学》以连接法学理论与司法实务为目标，以论文本身的理论性、学术性、创新性为标准筛选稿件。

三、来稿基本规范

1. 标题。标题应能体现全文主要观点思路，保持凝练。

2. 作者。用上标星号“*”及脚注介绍作者，写明作者姓名、单位及职称。

3. 目录。请在标题、作者与摘要之间罗列正文一级标题。

4. 摘要与关键词。正文前为300字左右之摘要，并附3至6个关键词。

5. 正文。正文宋体小四号字。

6. 注释。参见《法学引注手册》。

四、来稿须附作者的基本信息和联系方式，包括电话、电子邮箱、通信地址等。

五、投稿联系方式

电子邮箱：lyfxjournal@163.com

通信地址：北京市海淀区清华大学法学院——廖凯原楼640室　《利益法学》编辑部

邮编：100084

《利益法学》热烈欢迎各位作者赐稿！